國立歷史博物館出版書目提要
1955-2000.11
—慶祝建館四十五週年—

Summary of Major Catalogues Published by
the National Museum of History from
1955-November 2000：45ᵀᴴ Anniversary Edition

國立歷史博物館
NATIONAL MUSEUM OF HISTORY

序

　　博物館是增加民眾知識的場所。具有研究、典藏、展示、教育的功能，並且是學習、休閒、文化的中心，除了提供民眾多元性的生活需要外，更是一個國家、社會開發程度的象徵。

　　博物館之所以成為二十世紀人文發展的偉大工程，就是因為它彰顯的精神價值，成為人類生活的共同理想。有理想才有希望，就能開拓更廣闊的人生。博物館的意義，成為宗教性與教育場所，也是資訊的來源，和社會進步的媒介體；其本質在於研發歷史的經驗，與社會成長的智慧，造福人類，提昇生活品質。

　　然在博物館運作上，其研究工作是實務中深度的要素，必須有很勤奮的研究人員，針對博物館的發展與社會需要，評析、說明、探究典藏品與展出品的要義，作為與民眾溝通的管理。這些作為博物館靈魂人才的研究者，必然有其研究的成果，也有其獨到的心得，不管深邃哲理、或是簡易說明，其成果必然可觀，若能把這些成果集結成冊，留存知識，以為推廣之效，則有其恆久的意義。

　　國立歷史博物館，自建館以來，就朝向學術、教育、文化性發展，對於資訊、圖書、出版特別關注。尤其近五年來，不僅有館內同仁積極研究的成果，也受到社會各個領域專家的協助，使本館專業書冊的出版達到很高的水準，質量並重，頗受到國內外的同業的鼓勵與讚許，不僅是本館為社會服務的一項貢獻，更是提昇博物館事業的具體成效。

　　當然，本館出版類別多方，其中學報、叢刊、年報、專輯圖錄，以及策劃專刊等等，可說是同仁日以繼夜工作的成果，而歷史文物月刊、錄影帶、光碟等的普遍發行，更深入社會各階層，受到大眾無比的重視。並在其出版內容上擴及博物館學、宗教藝術、民俗、服飾、文物賞析與考古、甚至歷史文化、陶瓷、書法與繪畫等藝術性研討，都有令人感佩的成績，在此除了對研究者表示尊敬以外，對本館同仁、尤其研究組以及圖書室同仁的辛勞，也一併致謝。

　　博物館出刊業務的蓬勃發展，正代表該館業務的積極態度，邁向國際社會的一份子，博物館事業正待進一步的開發，其出版工作也將日益茁壯。於四十五年館慶前，綴寫數語，特為序。

國立歷史博物館館長

黃光男　謹識

中華民國八十九年十二月四日

目　次

專　文

博物館因知識留存而永恆
—淺談國立歷史博物館出版《書目提要》

陳永源

　　早期的博物館，其功能大多以文物標本之蒐集、保存、研究為主，若有文物的相關資料多離不開文物標本的記述範疇，根本談不上研究文獻之發表出版；論其功能，充其量不外是一個保存文物的貯物場所罷了。晚近的博物館，隨著為滿足社會大眾對人類文化之探索需求，博物館機能才開始有了劃時代的更張，已不再是徒具蒐藏文物的典藏功能而已。如何深化蒐藏文物的研究機能，及如何活化館藏文物的教育展示機能，為社會大眾提供有益的知識，傳遞正確的文化訊息，儼然已成為當今博物館不能迴避的社會責任與義務。

　　博物館為了教化社會大眾，常常會藉由各種展覽活動結合研究出版物來提供知識，傳遞文化訊息，配合展覽之出版物常居間為展覽活動激發出加成的觸媒效果，無論是深化展覽內容，或擴及各個文化階層，或時空環境更迭，都可讓展覽活動之教育觸角無遠弗屆，永保文化餘溫；有關出版物，其作用應該還不止於此，它更具有為人類活動留存知識的永恆意義。另一方面，館藏文物可說是博物館的核心，雖說文物靜而不動，語而不語，但無論就其文化、社會或藝術等面向，它蘊育人類先民無窮的智慧與生命力，如果能藉助博物館研究人員之研究、考證、詮釋、發表、出版，除可讓文物留傳有據，文物鑑別有方之外，先民的生命智慧更得以能綿延發揚。因此，博物館常會出版發行定期刊物、專刊、文物研究叢書、展覽圖錄、典藏圖錄、及製作錄影帶等出版品，讓觀眾從中獲取古物新知的知識性滿足，這條日常生活中文物鑑賞怡情養性的管道，也是博物館創造知識留存知識的有效途徑。

　　國立歷史博物館自一九五五年創館，迄今已有四十五年的歷史，它曾走過時局極為動盪不安的年代，更是在物資條件極端艱困匱乏的環境下奠基立業，以致今天飲譽博物館界；因而，博物館從業人員常會有一股想去讀「它」的衝動，一份鑑往知今策勵未來的期待，希冀自己能有效掌握歷史博物館知識泉源創造新知識。不過，物換星移、人事皆非的不變鐵律，印證逝去的歷史歲月是無法倒帶重演，同樣的，過往的場景也無法再現重溫；唯一可能者，莫過於憑藉博物館留存的籍冊、影像、或圖冊等出版物，或許尚可幫助後人從中體會略知二三，或重組建構片段的歷史記憶。

　　從歷史博物館四十五年的成長歲月中，在歷任館長勵志領航下著書立言所留存之知識籍冊頗為豐碩。根據初步資料統計，從一九五五年起至公元二○○○年之間，共出版各類圖書達六九九種之多，錄影帶也多達四十三種，以及數位光碟三種；論內容，廣及宗教藝術、民俗工藝、文物賞析、歷史考古、文物考證、美術研究等等。如按其出版類別形式分，則有：《歷史文物月刊》、《學報》、《年報》、《展覽圖錄》、《學術研討論文集》、《史物叢刊》、《系列專書》等七大系列。如從出版物發行量看，不難窺知歷史博物館長期以來研創知識能量之可觀，尤其是在最近這幾年；若從出版物多元化的類別看，也不難看出歷史博物館亟欲傳達給社會大眾文化訊息的用心。由於留存累積書冊實在豐美可玷，瀏覽縱觀，合縱掉闔見證歷史博物館在台灣文化藝術發展史上之卓著貢獻，引領中華文化復興運動風騷近半個世紀。

　　研究組基於保存本館出版物之重要性體認，試圖在整理諸多出版品中尋回前人的智慧珍寶，對人類知識結晶作有系統的知識管理，供爾後能充份有效地使用這份知識財富。在將本館歷年來發行之出版物整理之後，用書目提要的形式編輯出版以饗讀者，讓大家有機會再次重享發自歷史博物館的文化溫度。本《書目提要》，爲方便使用者閱讀與使用資料，採分如下列篇目編排：（一）歷史博物館出版品分析、（二）1955年至2000年出版品一覽表、（三）1955年至2000年出版品分類提要、（四）國立歷史博物館館訊、（五）歷史文物月刊、（六）學報、（七）年報、（八）錄影帶及光碟片等八個重要篇目。

　　〈歷史博物館出版品分析〉。這一篇目，其目的在細數博物館四十五年來各種出版品的種類與數量，和歷年出版之成長狀況；有助於了解博物館過去在展覽、研究、推廣教育上所佔有之份量與地位。此篇目，還運用分類統計圖的方法，分析呈現出版品的內容趨向，未來歷史博物館如要加強主題研究，釐訂今後努力方向，均具有實際的參考性。

　　〈出版品一覽表〉。是將歷史博物館歷年來出版物，從1955年開館起至今公元2000年11月止，依出版年份先後順序編排，表中還附有「索引號」，方便對照出版品分類提要。全表編排似如一場歷史博物館出版品展，瀏覽縱觀可測知歷史博物館知識經營之縱深，體會其歷程艱辛，與爲國家社稷所作之貢獻。

　　〈出版品分類提要〉。此篇目，除叢書、套書、主題系列圖書之外，其餘圖書、圖錄共分十五類編輯，各類之下則依其年代先後順序排列，方便使用者查閱運用。每一本書名還附上原書封面圖照、中英文書名、出版年月日、長寬規格、裝訂形式、價格、國際書號、政府出版品統一編碼，核實記錄屬於歷史博物館出版品的眞實身分，方便國內外讀者查詢流通。書的提要部分言簡意賅，不僅有助讀者用很短的時間解讀每一本書當時當年的時代背景、出版旨意、展覽過程、展覽內容及研究發展方向；想全面了解歷史博物館學術研究成就，可以由此入門。

　　〈國立歷史博物館館訊〉。館訊始自1986年10月發刊至1994年元月停刊。館訊是以報導歷史博物館在上述期間重要展覽與活動、館藏珍品介紹、博物館學有關之新知譯介，及台北市當月藝文活動主題、時間、地點，在書目提要中特別逐一列表刊出。如想作主題研究，或想了解該時期台北市全域的文化活動、藝文風潮、藝術風貌，本篇目提供的藝文訊息，或許還能爲有志於此者提供管道，按圖索驥探訪文化活動的活水源頭。

　　〈歷史文物月刊〉、〈學報〉。爲了讓讀者能充份利用本館知識寶藏，本《書目提要》還特別把歷年來在歷史文物月刊，與學報中發表之文獻加以蒐錄編排；並將文物月刊中多達一○六六篇文章，及學報中多達一六二篇研究論文，製作分類索引，讀者利用此索引讀取資料可迅速方便多了。

　　〈錄影帶〉、〈光碟片〉。本館迄今留存的影像紀錄，如光碟、錄影帶就有四十三種之多，大致區分爲九類，多是以歷史博物館舉辦之特展，或館藏文物珍品爲主要的錄製主題。這些留存影像紀錄均屬寫實性，活生生的場景，實實在在的文物，配上深入淺出的導覽賞析，讀來還眞有幾分眞實。若不是此篇目的最後還附有圖版及製片時間一覽表，還眞會讓人有時空錯置的感覺。

　　總之，歷史博物館在歷經四十五年之後，用回顧歷史之情懷整理幾十年來博物館發行的出版物，並彙編成《書目提要》一書，上千的出版物盡收在此方塊間，像是歷史博物館的「聚寶盒」。《書目提要》一書，是歷史博物館執行知識管理建立核心知能的策略之一，它的出版希望能有助於建構一個有效的知識體系，讓博物館所需的知識能夠有效地再創造、流通與加值。這本《書目提要》沒有在學理上著墨，亦沒有所謂觀念上實質的陳述；它純粹是一本完全從工具書的編輯實務上考量，作為參考工具相當實用。未來，若能再配合與國立歷史博物館發展有關之書相互使用，可作為輔助工具彌補資料之缺漏。《書目提要》一書，是在工作時間受擠壓下如期完成，資料疏漏是難免的事；不過，兩位工作同仁勇於任事倒是真實的，願在這裡向兩位工作同仁李素真與簡玉珍小姐表達感謝與尊敬之意。最後，期待這本《書目提要》能使館員在工作上有所增益，伴隨大家共同創造人類新知識。

博物館出版理論與實務

─兼述本館四十五年來出版業務之發展

蘇啓明

博物館與出版

在當今各種型態的教育及學術機構中，博物館可能是具備最多知識資源的一種文化機構。

早期的博物館，其功能多以文物標本的蒐藏和研究爲主，其文字資料自然多離不開文物標本之記述。晚近以來，隨著公共博物館的建立，博物館的功能已不再只是文物標本的保存處所而已；它還肩負著教育、研究，和休閒的作用，有爲社會大眾提供知識、傳播文化訊息的義務。因此，現代的博物館乃是以實物的論證而作教育工作的組織及探討學問的場所。在如此定義下的博物館，其文字工作自不能只以博物館本身所收藏的文物標本爲限；它必需延伸其觸角、擴大其範圍於可能涉及的每個文化層面去才有意義。

就博物館的運作機能言，把文字資料和實物圖像結合在一起而編印成一種或幾種出版物是不可免的傳播方式。蓋現代化的博物館不是靜靜的待在市區某一角落等待人家來看就行的，它得主動提供相關的文化資訊予社會大眾，因此出版物成爲一種必要的宣傳媒介。又現代博物館常常舉辦很多展覽，展覽總有期限，而能來看展覽的人亦十分有限，出版物正可以彌補這種缺憾；況且有些展覽具有學術價值，則相關的研究資料或成果就更非出版不可。以教育機能言，博物館也有責任作一種典範，告知國民正確的文物保存觀念和知識，此亦非出版不爲功。博物館也是個鑑定單位，透過專業人員的研究，登錄標準文物的特徵和其基本資料，使文物流傳有緒、判別有據，這種出版不但不可少，還要公開才行。現代博物館又常是民眾休閒的場所，如何讓民眾得到知性與感性上的滿足，怡情養性的出版物應該也是博物館資源可以發揮和運用的對象。

一般而言，博物館根據其業務性質，所製作的出版物大致有下列幾類：

第一是典藏目錄。這是所有博物館最原始也最基本的出版物，無論博物館有多少典藏品，都要按照典藏門類和收藏次序逐件編列成書並公開出版。

第二是展覽圖錄。理論上博物館所舉辦的每一項展覽都應編印並出版展覽內容圖錄，以作爲展覽推廣和資料留存之用。但現在的展覽性質趨於多元，爲避免圖錄編印流爲形式或被參展者作不當的使用，博物館對於展覽圖錄的編印出版似乎宜以具學術和教育價值者爲前提。

第三是研究叢書。爲發揮博物館的學術研究機能，博物館必需有專門的學術著作出版；而這類出版則不限於博物館自己研究人員所寫的著作，它也可以爲博物館外的專家學者出版其論著，以達到學術資源與研究成果共享之目的。

第四是教育叢書。博物館的教育屬性係社會教育，它必需針對各階層社會民眾的需要，編印並出版各種系列的教育叢書；這種教育叢書不必當教材看，但以能啓發青少年或一般人士欣賞文物的興趣，提供其起碼的歷史文化知識爲主即可。

第五是期刊。博物館的資源不斷擴充，與社會的互動關係日見密切，根據博物館本身的特性定期編印出版一些刊物乃至爲必要。期刊的種類有學術性和一般性兩種。

前者可提供館內研究人員發表研究成果，並作為同學術界交流之媒介；後者以傳播博物館的文化資訊為目的，幫助館內外人士了解博物館及其社會文化環境之脈動。

第六是專刊。一般專刊都是不定期但有特定意義的出版物，如館務發展專刊、館慶特刊、年報等，其內容多為綜合性，形式亦不固定。專刊的性質不全為紀念，為溝通館員觀念、建立博物館與外界的對話管道，也可以發行專刊；這種專刊是促進博物館成長很重要的出版物。（註一）

在現在傳播方式多元化的時代裡，博物館的出版物早已不限於圖書式的平面出版格式，它也可以利用影像和語音錄製，更可以運用電腦作成多媒體的播放系統；換言之，現代博物館的出版方式是立體式的。它應該依據出版對像的性質選擇最適合的出版方式；而在經費許可的條件下，多種方式和管道的出版同步發行更是求之不得。但是，博物館不以營利為目的，博物館一切的出版考量端以服務社會、便利公眾接觸及運用博物館的知識資源為原則，所以博物館對出版對象的選擇及其出版方式之決定，不能全依有形成本來計算，特別是公共博物館。

關於博物館的出版業務之執行也很值得討論。最初博物館剛剛興起的時候，博物館本身不處理出版事務，它將藏品及展品資料開放給學界和藝文界，讓有興趣和有研究的人自己去評述及出版專書討論。後來博物館的專業人員漸漸多了，並且變成職業化，有一些藏品的提供者或展覽的贊助者便出資請這些博物館的專家就所提供的藏品或贊助的展覽編寫專書，並以博物館的名義出版，以提高或確定藏品及展品的價值，於是出版也變成了博物館不可少的一項工作。時至今日，博物館的獨立地位早經確立，不大可能會再為某些指定的藏品或展品作「背書式」的出版工作，但歐美一些有歷史的博物館對於一些有時間性的展覽出版品，仍以是否在贊助項目之內為考量，即是延續上述傳統而來。（註二）

法國的博物館事業非常發達而先進，其各級博物館在政府中都有主管部門，並由官方和博物館界共同組織學會互通訊息。法國政府規定所有的國立博物館除了教育推廣用途的小冊子外，一切有關藏品和展品的正式出版物必經其國家博物館聯合會同意才得印行出版。其出版經費由法國政府補助，文化部得推薦相關的學者專家參與出版事宜。（註三）義大利也是實行類似的作法，而其範圍且及於所有的公私歷史文物之維修與鑑定。（註四）

台灣地區的博物館事業方興未艾；目前博物館的出版業務是處在各自為政的情況下，即使是同一所博物館內，其出版業務也是各自為政。這種現象有利有弊，往好處看，博物館重視出版業務，表示博物館不以靜態和被動的展示與收藏為滿足，此對調動博物館的資源、活絡文化的社會關係自有正面影響。但缺乏共同標準的出版，有時難免會造成資源浪費，甚至出現良莠不齊的現象，這對博物館的學術地位就會有負面影響。最低限度，每個博物館內部都應該有一個專門的出版部門，它除了要執行部分館的出版業務外，更應負責監督及協調所有的館內出版品品質和其相關的出版事宜。

博物館是文化櫥窗，也是文化生產單位，其出版工作有很強的社會性；它的學術功能根基在社會大眾而不在少數的學院式研究，所以博物館可能是具備最多知識資源的一種文化機構。博物館學術地位之建立固有賴於專精的研究活動，但它比單純的學術機構還多一分教育傳播的職能，博物館的出版業務當循此特性規劃及要求才是。

本館出版業務之發展

國立歷史博物館建館迄今屆四十五年，據初步統計，從民國四十五年到目前（民

國八十九年九月）已出版了各類圖書六百四十一種，錄影帶四十三種，光碟片三種。依類別分，有典藏目錄、展覽圖錄、研究叢刊、專刊（含年報、館慶特刊、各種研討會的論文集、圖書目錄等）、期刊五類。其出版業務之發展概可分為三個階段：

第一個階段為民國四十五年至七十三年。本館創建伊始，首任館長包遵彭便極重視出版工作，惟當時處於草創階段，館中專業人才有限，而經費復十分拮据，實無力從事出版工作，故如民國四十五年至四十六年只編印出版了二本有關展品介紹的小冊小。包館長鑒於政府從大陸輾轉帶來台灣並交本館保存的前河南省博物館所藏之商周青銅器、玉器，和兩漢時期的碑版等大批文物非常重要，其出土記錄與當初參與考古發掘的學界先進且多健在，為使這些文物納歸正式的國家典藏系統，俾提供學術界及教育界研究運用，乃多方奔走，卒獲國立編譯館支持，由中華叢書編審委員會與本館合作，就本館所藏文物進行編印「歷史文物叢刊」一種。這套叢刊自民國四十七年開始，至民國七十二年止，共編印出版《國立歷史博物館藏品舉偶》等文物介紹或研究成果之著作二十六種：參與撰寫的學者有董作賓、高去尋、譚旦冏、屈萬里、趙鐵寒、石璋如、凌純聲、勞榦等五十餘位，俱一時俊彥。此為有關本館藏品及相關研究的首次出版。

民國五十年，為使本館研究人員有發表研究成果之園地及向社會介紹本館發展狀況，又創辦《國立歷史博物館館刊》一種，惟係不定期出刊，直到民國八十二年才改為季刊形式出版，是現在《歷史文物》月刊的前身。

本館建立初期經費常感不足，而包遵彭、王宇清、何浩天三位館長體認博物館的社會文化使命重大，常竭盡所能開發本館的出版資源。如運用各種私誼請藝文界人士將重要創作交本館印行出版，以省成本支出，同時也可藉此建立本館與藝文界良性之互動關係。《張大千畫集》（前後共出版七冊）便是此類出版物中的典型，這套圖錄同張大千贈予本館典藏的百餘件畫跡一樣，都為本館早期發展增益不少。

第二個階段是民國七十四年至八十三年。隨著國內經濟繁榮滋長，文化活動也日漸蓬勃起來，本館在陳癸淼和陳康順兩位館長領導下也順應時代環境變遷，在館務上做了許多興革。此時期在出版業務方面最顯著之突破首是展覽圖錄之編印；次為推廣教育性的套書之出版。

本館早期出版重心主要在館藏文物及其相關之研究，對於展覽圖錄之編印，因預算有限往往心有餘而力不足。民國四十八年五月，本館舉辦，「溥心畬書畫特展」，六十二年十二月出版《溥心畬書畫集》，大概是本館第一本專門「配合」展覽所編印的圖錄。民國七十四年以後，本館為充實展覽研究內容、提高展覽品質，乃配合年度預算實施年度展覽規劃，精減掉不必要的小型展覽，同時爭取外縣市及國外巡迴展之機會，使所辦展覽更具效益。於是從此開始有比較正式的展覽圖錄出版，其中較重要並裝聲國內外者如《吳昌碩書畫集》（七十四年出版）、《馬雅文明》（七十六年出版）、《林風眠畫集》（七十八年出版）《清代玉雕藝術》及《江兆申書畫集》（皆七十九年出版）、《劉海粟書畫集》及《顏水龍畫集》（皆八十一年出版）、《十九世紀歐洲名畫展特輯》與《渡海三家收藏展—張大千、溥心畬、黃君璧》（皆八十二年出版）、《西藏文物特展圖錄》及《中國古代貿易瓷特展—大英博物館館藏》、《李可染書畫集》、《傅抱石畫集》（皆八十三年出版）等。

套書方面以七十六年開始編印的《中華文物之美》最有代表性，計有玉、唐三彩、青花瓷、陶俑、中國古陶、中國繪畫、中國刺繡、商周銅器、中國書法、清代家

具、清代服飾、雕刻等十二冊，所選文物不限於本館所藏，負責撰稿者皆當時國内學有專精之一方專家。全書以中英文排版、有圖有文，極受海内外歡迎。

又此時期本館與國際博物館界交流非常熱絡，除經常舉辦國際性的展覽外，也舉辦學術研討會，如七十八年辦理「張大千學術研討會」，八十三年辦理「中國古代貿易瓷國際學術研討會」等，均有論文集出版。

第三階段為民國八十四年迄今。黃光男館長出掌本館後，首先爭取本館組織編制之合法化及營運之合理性，同時積極拓展國際交流，落實文化生根政策，本館因此產生體質上的變化，成為名符其實的國家博物館。

在出版業務方面最具革新性的創舉是在本館組織編制中增設「編譯小組」，專門負責協調各業務單位的出版事宜，並監督全館出版物之品質。此對本館出版業務之推動有非常重要之作用。

黃館長非常重視本館的研究情況，為鼓勵同仁致力研究工作，提昇本館在學術界的競爭力，他首先於八十四年將《國立歷史博物館館刊》改為雙月刊，並更名為《歷史文物》，且對外發行銷售。是年十二月，規劃經年的《國立歷史博物館學報》亦正式出版，這是代表本館研究水準的期刊，内容僅限於本館同仁撰寫的論文，每季出版一期，迄今已出十七期，共發表論文一百六十二篇。

為結合學術界力量，開拓本館視野，同時發揮文化資源共享之義，本館自八十四年起亦編印館内研究人員及館外重要學者專家之專題論著，以「史物叢刊」形式出版。這套叢書是國内博物館界僅有的兩套學術專著叢刊系列之一（另一套為台北市立美術館印行的「現代美術論叢」，原來也是黃館長任職該館時所創刊），目前已出版了二十四種論著。

由於本館在藝文界地位臻臻日上，館内人員素質亦有顯著提高，於是近幾年來本館所辦理的展覽逐漸朝具有研究性質的專題展規劃；在黃館長的要求下，所有展覽均能於開展之前便將展覽圖錄印成出版，鮮有例外者。這些圖錄除了收輯所有展品圖版和展品的基本資料外，更有三至五篇的研究專文，此不僅大大提昇了本館同仁策劃展覽和對展品進行學術研究的能力，也大幅提高本館所辦展覽的信度和深度。這種能力目前國内只有本館做得到。

這五年來本館學術活動倍逾以往，統計自八十四年迄八十九年一共舉行了十四次學術性的研討會，都有論文集出版，並發行海内外。

本館建館之初館藏不到萬件，早年以經費困難無法即時全部予以編目出版，然創館之包館長重視此項工作可謂不遺餘力，直至逝世之前猶念茲在茲。其後本館隨著館務發展，藏品漸豐且精，而活動亦趨於多元，繼任諸位館長亦有心完成藏品編目出版工作，惜因種種因素耽擱而致未能實現。黃館長來館後，各方捐贈及按預算購買的藏品超過以往任何時期，乃至今日已然擁有館藏近八萬件；為使本館藏品内容明白有徵，接受社會監督，及提供學界研究參用，黃館長上任伊始即積極督促相關部門著手進行館藏品編目出版事宜。經二年努力，終於八十五年十月正式出版《國立歷史博物館典藏目錄》國畫類（一）壹巨冊；八十七年再出版文物篇（一）及藝術篇（一）；至八十八年再出版文物篇（二）及藝術篇（二）。同年並編印出版《國立歷史博物館典藏品捐贈目錄（一九九五年五月至一九九九年三月）》一種。本館豐富的收藏至是全然公諸於世。

　　爲迎接新世紀的來臨，本館更自八十六年起進行「中華文化百年」、「世界文化百年」、「台灣文化百年」的研究及出版計畫，至八十八年底在跨世紀的前夕終於以論文集的形式正式出版。全套論文集共分三部，計有館內外學者專家四十六位，五十二篇論文，總字數一百一十五萬餘。這不僅是國內博物館界的研究出版盛事，也是國內文史藝博學術界最有意義的時代獻禮。

本館四十五年來出版各類出版品六百九十九冊，其中黃館長主持的第三階段六年中便出版了三百七十一冊，占全數比例百分之五十三。這種文化生產能量誠空前未有也。

註釋：

註一：例如大英博物館爲改建部份建築，特別在1992年編印《未來內部中庭的使用》(Guidelines for the Future Use of the Inner Courtyard)小冊一種，發給館內外 ─ 特別是建築界參用。此種小冊便是博物館爲加強與社會對話所出版的專刊形式之一。見RGW Anderson，"Renewing a Great Institution"，《博物館與建築：邁向新博物館之路─博物館館長論壇論文集》，國立歷史博物館編印，台北_民國八十九年，頁引。

註二：王雅各譯，Carol Duncan原著，《文明化的儀式：公共美術館之內》(Civilizing Rituals：Inside Public Art Museums, Routledge Press,1995)，遠流出版社，台北，1998年，頁152~153。

註三：A .Malraux, Museum without Walls, trans. S. Gilbert and F. Price, Garden city, NY, Doubleday & Co.1967, pp.135~p.137。

註四：F. Haskell, Patrons and Painters：Art and Society in Baroque Italy ,New York and London, Harper & Row ,1971, p.84、.88。

國立歷史博物館出版品分析

李素眞

前言

　　爲慶祝國立歷史博物館建館四十五週年紀念，本館特別整理出歷年之出版品，其中歷經圖書的蒐集、各種出版品之分類、圖書圖錄提要的編撰、每本書封面的拍攝、索引製作、數量統計與內容分析等工作，過程雖然辛苦，但是想到此次大規模的整理工作，可以帶給多數人使用上的便利，興奮之情即油然而生。

　　鑒於文化教育推廣的使命，國立歷史博物館不斷的以服務使用者的導向爲依歸，致力於觀眾第一的觀念，除策劃精緻的展覽、提供民眾欣賞與學習之外：印製圖書圖錄等出版品，亦是推動文化、藝術、終身教育，不可忽略的一環。尤其黃光男館長積極推動的「一展一書」之政策，不僅使國立歷史博物館在提供給大眾觀賞展覽之餘即可手握圖錄，有效的自我學習與導讀之外，讓參觀者更有興趣於主題的探討與研究，這是其它館所很難貫徹的工作。經過本館同仁的努力，秉持服務的熱誠，亦都能達成館長交代的任務。在整個保存文化資產的過程中，一個社教文化機構出版品的編印與文獻資料的流傳，將是學術文化機構是否更加發揚光大的重要關鍵。期待國立歷史博物館的努力與貢獻，對藝文學術界能發揮最大的助益與影響。亦願此書的付梓，在西元2000年和本館45週年館慶的同時，能夠緬懷過去、並策勵未來。

壹、本館所有出版品之統計分析圖表：

一、民國45至89年的年份統計（見表1：表2）

　　此書所收錄的範圍爲民國45年至民國89年11月國立歷史博物館所出版的各種出版品（不包含活動表、專冊、展覽說明書等小冊子），年份跨越45年、種類多達八種：包含圖書、圖錄、叢書、套書、期刊、光碟與錄影帶。圖書（含圖錄、史物叢刊、叢書、套書）在45年間總計出版466冊、館刊共86期、館訊共80期（83年元月停刊）、學報至今17期、年報自86年至今共出版4冊、光碟3片以及錄影帶43卷，總共出版699冊書。從圖表中清晰可見本館出版品的成長狀況。

二、每五年爲一單元之百分比統計（可參考表3-1：3-2）

　　以五年爲一單位所製成的統計數量對照表中，清楚反映本館出版數量的百分比，因早期經費拮据，因此民國45-75年20年間出版品數量只佔總出版品的21%，平均每五年佔4%；至民國76年到80年五年間，相對於過去的二十年，明顯出現出版高峰期，佔所有出版品總數量20%，到了民國81-85年，亦延續正常出版業務，佔了總數的20%，民國86年至今（民89.11）不到五年的時間，其出版量便佔了39%，由此可見，國立歷史博物館爲發展學術研究、推廣文化教育所作的努力與成長。

三、出版品種類百分比統計（見表4）

　　國立歷史博物館出版品的種類多元化，可分爲圖書圖錄、叢刊、館刊、館訊、學報、年報、光碟、錄影帶等八種，當然另有海報、展覽摺頁、活動表、專冊等，但由於歸屬爲小冊子，不屬於此書統計範圍。

　　從統計圖表中，了解到本館的出版品比例，以圖書圖錄64%居首，其次是館刊、

館訊佔23%，錄影帶居三爲6%，民國84年始發刊的史物叢刊佔總數的4%，學報佔2%，年報光碟佔1%。由此可知，圖書期刊仍是本館的出版重心，面對科技的進步與網路的盛行，本館未來將更努力於增加光碟、錄影帶等非書資料之出版，提供民眾更多、更好、更生動、活潑的有聲出版品。

貳、本館分類圖書統計與分析

一、圖書、圖錄之分類統計（不含叢書、期刊、非書資料）（參考表5-1；5-2）

本館不含叢書、期刊、非書資料的圖書圖錄共計465冊，本書將此部份分爲15類，合博物館類、宗教藝術類、民俗服飾類、文物綜論與考古類、陶瓷類、歷史文化類、藝術綜論類、美術展國際展類、雕刻類、書法類、繪畫類、版畫年畫類、攝影類、應用美術類以及技藝類。從統計圖中，明顯看出本館所出版之圖書以繪畫類爲最多數，共138冊佔總數29%；其次是文物考古類（陶瓷類45冊加上文物綜論與考古類68冊）共113冊佔總數23%；美術展國際展36冊佔總數8%（有些國際展、美術展的展覽圖錄已歸其類）；博物館類圖書32冊佔總數7%，其餘各類約佔總數30%。由統計比例上，可知本館繪畫類、文物類之圖書，佔總出版量的52%，從這個數據可了解本館歷年的展覽走向亦是以帶領民眾進入繪畫、文物與陶瓷之世界爲主要訴求，當然整個展示的設計，仍是以歷史文物及美術史之發展演變，與文化教育意義爲其重心，使大眾在欣賞之餘能領悟前人對文化事業所作的偉大貢獻。

二、《歷史文物叢刊》之分類統計（參考表6）

歷史文物叢刊爲本館早期出版品，當時是與中華叢書編審委員會合作編印而成，提供社會大眾研究與欣賞的參考。從分類統計表中，可以了解叢書內容趨向歷史文化、文物考據、博物館學、宗教藝術、服飾與書法篆刻等，舉凡中國博物館史、火藥的發明、造紙的傳播及古紙的發現、圖書版本志要、漢代樓船考、鄭和下西洋之寶船考、行神研究、明監國魯王壙誌之研究、漆飾、琺瑯器、唐三彩、服飾、藏印及銅器等總計27冊。此叢書內容相當多樣化，反映本館早期仍以文化之推廣、文物之研究以及推動博物館事業爲職志，帶領社會大眾進入中華文化世界的領域之中。

三、《中華文物之美》分類統計（參考表7）

中華文物之美系列總共出版12冊，顧名思義內容即是中華文物美的欣賞，有清代服飾、中國刺繡、唐三彩、商周銅器、陶俑、中國古陶、中國書法、中國繪畫、青花瓷、雕刻、玉以及清代家具。以整套系列叢書的百分比來看，以陶瓷類仍佔最大的比例，佔全部34%，其次是文物綜論佔17%，其餘各項分布相當平均，整套圖書的特色在於提供國人欣賞文物之美、進而了解其所賦予之文化涵意。全套書給人有種多元性的導讀，對有興趣探索文物世界的讀者來說，是一套最佳的研讀叢書。

四、《史物叢刊》內容統計與分析（參考表8）

自民國八十四年開始，本館積極出版學術專著，「史物叢刊」即是本館當時的代表叢書，本館特別邀請專業領域中佼佼者，提出精闢研究成果，供大眾參研。此套叢書至今出版25冊，將其分爲博物館類、宗教藝術類、民俗服飾類、文物綜論與考古類、陶瓷類、歷史文化類、藝術綜論類、書法類及繪畫類共九類。就其比例的呈現，

此叢刊以藝術之綜論爲最大比例，佔總數之44%、藝術綜論內容包括了建築與文化、藝術史研究與評析、美術鑑賞教育、美術發展史等；其次爲繪畫與書法佔總數28％、博物館類佔8％、其它分布均約佔4%。未來本館之主題研究，則可依此分配比例，加強其不足之部分，爲學術研究做更大的貢獻。

　　五、論文集內容統計與分析（參考表9）

　　爲對專業主題做更深入的探討與研究，本館近幾年來積極籌辦多場專業性學術研討會、座談會以及出版研究性論文集、再加上史物叢刊的論文發表，總計爲47冊書。學術研討會之主題包含張大千學術研究、中國古代貿易瓷學術研討會、亞太地區博物館館長會議、博物館行銷、博物館實務研討、東方美學之探討、水墨畫的發展以及文學與美學之研究等等。從表9的分類比例上，可看出博物館項的比例幅度大爲提高，佔全部論文集中21%，顯見博物館的議題，與博物館的社會教育功能和影響力，漸漸受到學術界的重視，博物館事業的積極推展和多元性的服務，更爲社會大眾所殷切企盼。

參、館刊、歷史文物月刊文章分類統計與分析（見表10-1、10-2）

　　館刊的創立，伴隨著國立歷史博物館的成長，所有的記載，皆是相關學界努力與研究的心血結晶，可以反映四十多年來博物館與藝文界在文化教育推廣中的轉型與變動，並了解從被動的社會參與如何化爲主動積極行銷的過程。從民國50年創刊到89年9月期間，經過不定期、季刊、雙月刊到月刊等多種形式，共出版了86期，而文章總篇數更多達1066篇。內容主要仍以器物佔最大比例共345篇，爲總篇數的32%，文物研究爲歷史博物館之主要探研之主題，藉由不斷的發表與討論，使文化資源得以源源流長；其次爲博物館類共223篇，佔總數的21%，這項類別比例的增加，映證博物館漸漸走入社會，而觀眾也日益依賴博物館所提供的資訊，不管是對國內外博物館的相關內容感到興趣，或是藉由活動消息共同參與和學習，都明白透露民眾追求自己文化天空的熱衷。另外，書畫類的文章，佔總數的19%，顯見中華傳承之書畫藝術，仍爲後代子孫推崇與鑽研。

肆、學報文章分類統計分析（見表11-1、11-2）

　　民國八十四年十二月，「國立歷史博物館學報」正式發行，歷經年刊、半年刊以及季刊的形式，至今共爲17期。從表11-1的統計表中，得知其各類分布之數量，總共162篇。透過學報，展現本館對於學術研究向上提昇的決心，其文章皆爲館內研究人員所撰寫，不向外邀稿，藉以促使本館同仁對於專業之課題（不管是行政專業或者是典藏品專業研究）負起自行研究之責任，以提高學術風氣和條件。從表11-2中分析出學報文章的趨向面，仍是以書畫與博物館、圖書館類佔較重的比例，各佔總篇數21%和20%，在13類中總共佔了四成多，另外藝術綜論及文物考古類，各佔14%亦佔了將近3成，而其餘9類只佔30%，由此分析可作爲今後搜羅主題性文章的參考。

伍、錄影帶分類統計分析（見表12）

　　爲使觀眾具有身歷其境的感受，國立歷史博物館從民國83年的「國立歷史博物館

文物欣賞簡介」錄影帶的發行，到這幾年配合教育部終身學習的政策實施，陸續出版了多元化藝術教育錄影帶，諸如國際展、文物、服飾、書法、繪畫、插花等專題性節目。為的就是提供生動、活潑的畫面，引發觀眾的興趣，進而親近中華文化藝術。國立歷史博物館自製錄影帶至今共發行43卷，以文物綜論之相關內容佔大多數、其次為繪畫賞析的節目，在製作錄影帶的過程中，如何將最真實最菁華的部份介紹給大眾，使之在短短的時間內領悟中華文化的浩瀚，帶領社會大眾從認識到了解以至於欣賞中華傳統文化，我想應該是博物館從業人員所應該積極推展的工作。

結論

　　國立歷史博物館本著追求「源」與「原」的精神，在慶祝建館45週年的時刻，將本館的所有出版品，做一系列的整理與分析，除了溯源于過去同仁的努力與成果之外，並彰顯國立歷史博物館在45年來對於國家社會文化所做的種種貢獻，當然，過去的成就只是將來進步的推進器，期望本館在黃光男館長的領導，與全館同仁的共同努力下，能夠再創造博物館的奇蹟，戮力於文化再出發的新時代使命。

〈　表　1　〉
國立歷史博物館出版品種類與數量

年　份	圖　書	史物叢刊	館　刊	館　訊	學　報	年　報	光　碟	錄影帶	合　計
45	2	0	0	0	0	0	0	0	2
46	1	0	0	0	0	0	0	0	1
47	2	0	0	0	0	0	0	0	2
48	0	0	0	0	0	0	0	0	0
49	3	0	1	0	0	0	0	0	4
50	1	0	1	0	0	0	0	0	2
51	0	0	1	0	0	0	0	0	1
52	1	0	1	0	0	0	0	0	2
53	2	0	0	0	0	0	0	0	2
54	2	0	1	0	0	0	0	0	3
55	3	0	0	0	0	0	0	0	3
56	2	0	1	0	0	0	0	0	3
57	5	0	0	0	0	0	0	0	5
58	1	0	1	0	0	0	0	0	2
59	2	0	0	0	0	0	0	0	2
60	2	0	0	0	0	0	0	0	2
61	0	0	0	0	0	0	0	0	0
62	3	0	0	0	0	0	0	0	3
63	3	0	1	0	0	0	0	0	4
64	1	0	0	0	0	0	0	0	1
65	6	0	1	0	0	0	0	0	7
66	7	0	0	0	0	0	0	0	7
67	8	0	0	0	0	0	0	0	8
68	3	0	2	0	0	0	0	0	5
69	8	0	1	0	0	0	0	0	9
70	12	0	1	0	0	0	0	0	13
71	7	0	0	0	0	0	0	0	7
72	7	0	2	0	0	0	0	0	9
73	11	0	1	0	0	0	0	0	12
74	9	0	0	0	0	0	0	0	9
75	5	0	1	3	0	0	0	0	9
76	22	0	1	12	0	0	0	0	35
77	15	0	2	12	0	0	0	0	29
78	20	0	2	12	0	0	0	0	34
79	14	0	0	12	0	0	0	0	26
80	6	0	1	12	0	0	0	0	19
81	8	0	2	12	0	0	0	0	22
82	4	0	4	4	0	0	0	0	12
83	6	0	4	1	0	0	0	1	12
84	23	10	5	0	1	0	1	0	40
85	31	4	6	0	2	0	0	12	55
86	39	6	9	0	4	1	0	5	64
87	37	1	12	0	4	1	1	12	68
88	49	3	12	0	4	2	1	10	81
89.1-89.11	48	1	9	0	2	0	0	3	63
合　計	441	25	86	80	17	4	3	43	699

〈　表　2　〉

國立歷史博物館出版品種類與數量

年　份	圖　書	史物叢刊	館　刊	館　訊	學　報	年　報	光　碟	錄影帶	合　計
45-50	9		2						11
51-55	8		3						11
56-60	12		2						14
61-65	13		2						15
66-70	38		4						42
71-75	39		4	3					46
76-80	77		6	60					143
81-85	72	14	21	17	3		1	13	141
86-89.11	173	11	42		14	4	2	30	276
總　計	441	25	86	80	17	4	3	43	699

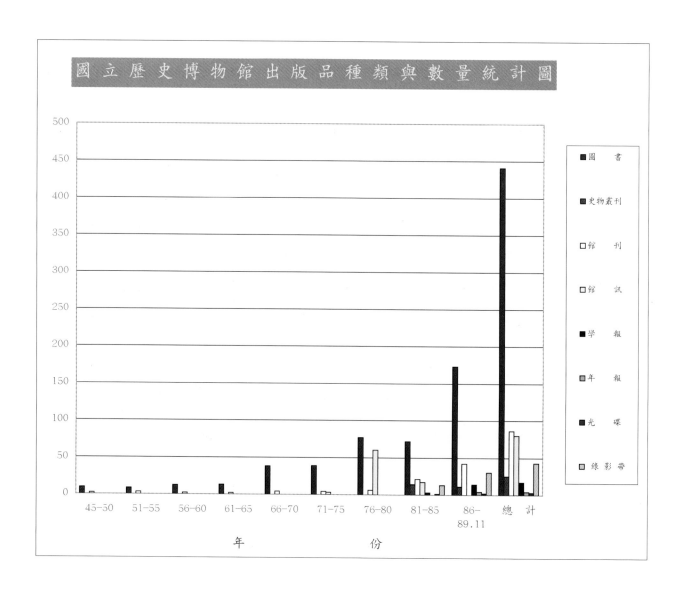

國立歷史博物館出版品種類與數量統計圖

〈　表　3-1　〉

國立歷史博物館出版品統計數量對照表

年　　份	出版數量
45-50年	11
51-55年	11
56-60年	14
61-65年	15
66-70年	42
71-75年	46
76-80年	143
81-85年	141
86-89年11月	276
合　　計	699

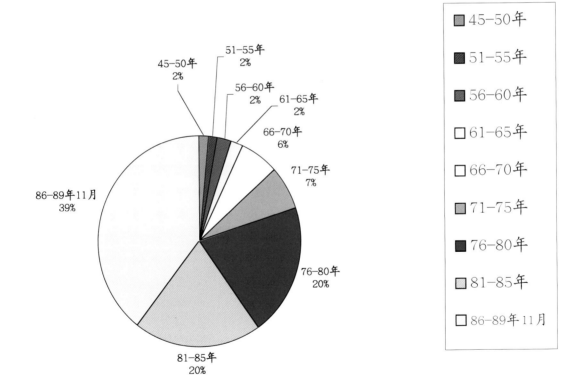

國 立 歷 史 博 物 館 出 版 品 數 量 百 分 比 統 計 圖

〈表3-2〉

國立歷史博物館出版品數量統計圖

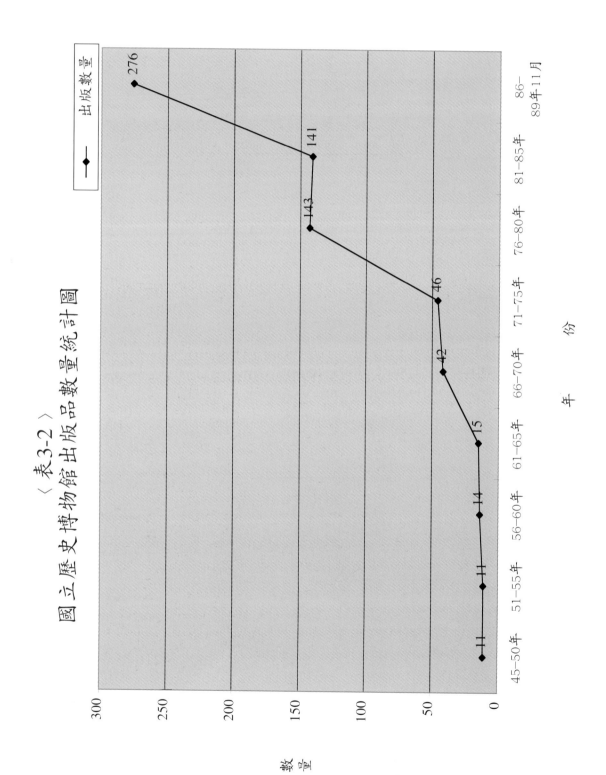

〈　表　4　〉

國立歷史博物館出版品種類數量對照

種　　　類	數　　　量
圖　　　書	441
史物叢刊	25
館　　　刊	86
館　　　訊	80
學　　　報	17
年　　　報	4
光　　　碟	3
錄影帶	43
合　　　計	699

國立歷史博物館出版品種類百分比統計圖

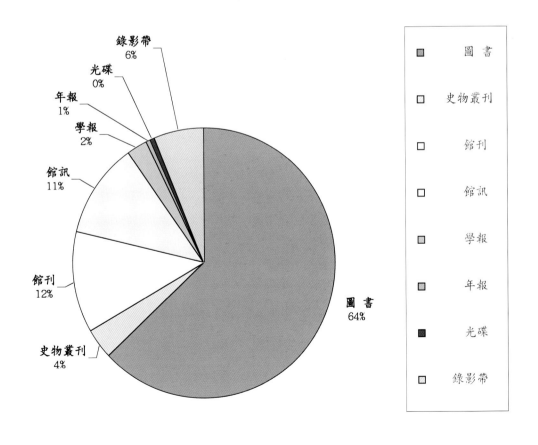

〈 表 5-1 〉

國立歷史博物館圖書、圖錄之分類統計表
〈不含叢書、期刊、非書資料〉

分　　類	數　　量
博物館	32
宗教藝術	12
民俗、服飾	16
文物綜論與考古	68
陶瓷	45
歷史文化	21
藝術綜論	21
美術展、國際展	36
雕刻	7
書法	21
繪畫	138
版畫、年畫	8
攝影	13
應用美術	11
技藝	16
總　　計	465

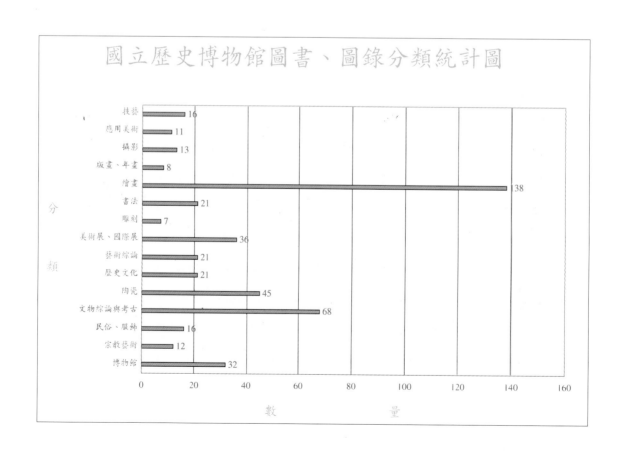

〈表5-2〉　國立歷史博物館圖書、圖錄分類百分比

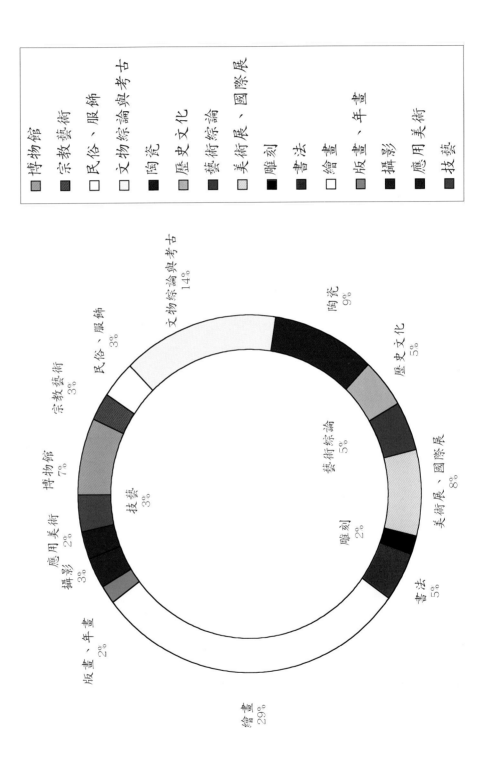

圖例：
博物館
宗教藝術
民俗、服飾
文物綜論與考古
陶瓷
歷史文化
藝術綜論
美術展、國際展
雕刻
書法
繪畫
版畫、年畫
攝影
應用美術
技藝

博物館 7%
宗教藝術 3%
民俗、服飾 3%
文物綜論與考古 14%
陶瓷 9%
歷史文化 5%
藝術綜論 5%
美術展、國際展 8%
雕刻 2%
書法 5%
繪畫 29%
版畫、年畫 2%
攝影 3%
應用美術 2%
技藝 3%

〈　表　6　〉

國立歷史博物館歷史文物叢刊之分類統計表

分　類	數　量
博　物　館	4
宗教藝術	3
服　　飾	1
文物綜論	9
歷史文化	9
書法篆刻	1
總　　計	27

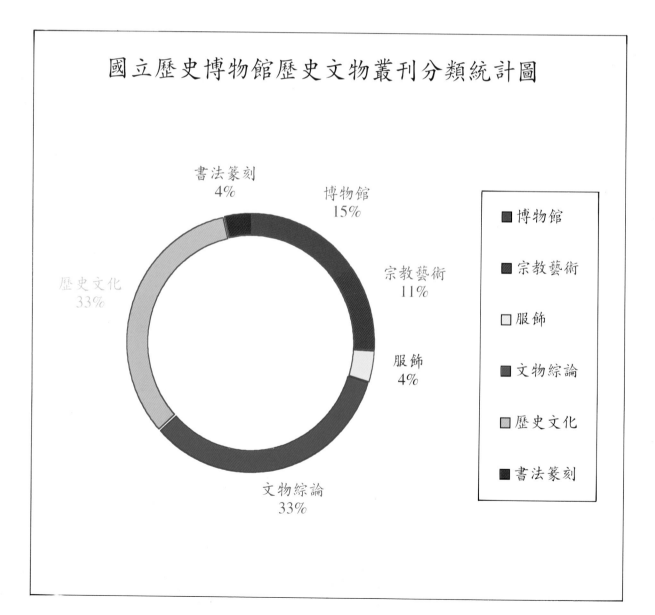

國立歷史博物館歷史文物叢刊分類統計圖

書法篆刻 4%
博物館 15%
宗教藝術 11%
服飾 4%
歷史文化 33%
文物綜論 33%

■ 博物館
■ 宗教藝術
□ 服飾
■ 文物綜論
■ 歷史文化
■ 書法篆刻

〈　表　7　〉

國立歷史博物館中華文物之美分類統計表

分　　類	數量(篇)
服　　飾	2
文物綜論	2
陶　　瓷	4
雕　　刻	1
書　　法	1
繪　　畫	1
家　　具	1
總　　計	12

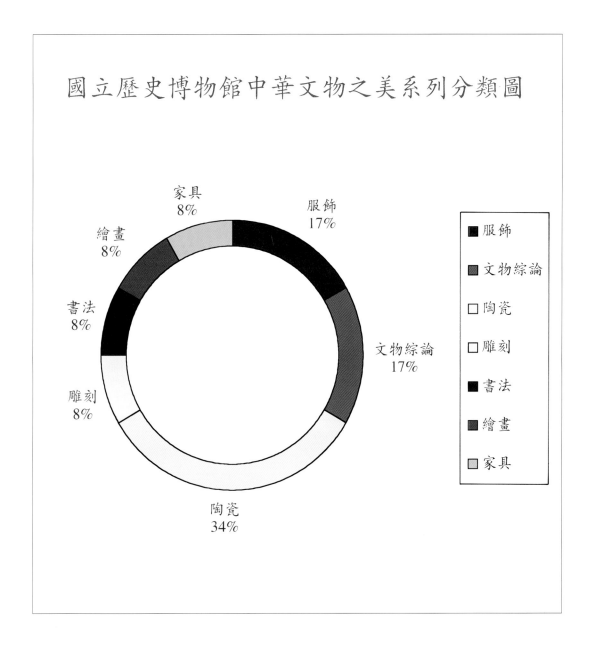

國立歷史博物館中華文物之美系列分類圖

〈 表 8 〉

國立歷史博物館史物叢刊統計分析表

分　類	數　量
博物館	2
宗教藝術	1
民俗、服飾	1
文物綜論與考古	1
陶瓷	1
歷史文化	1
藝術綜論	11
書法	2
繪畫	5
總　計	25

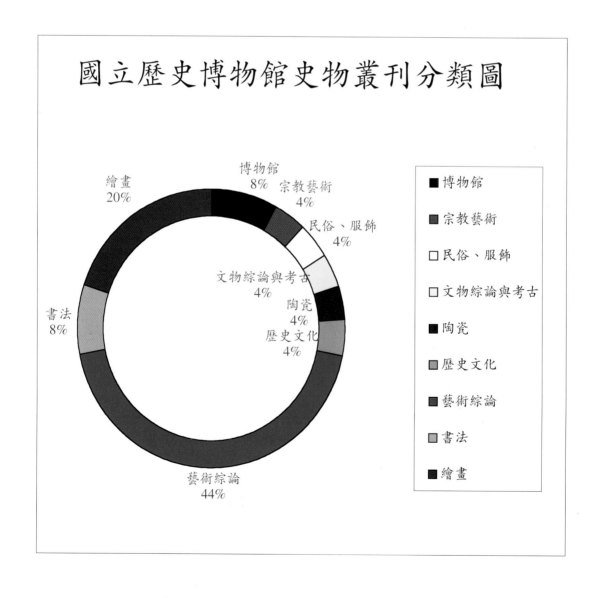

國立歷史博物館史物叢刊分類圖

〈　表　9　〉

國立歷史博物館論文集分類統計表

分　類	數　量
博物館	10
宗教藝術	1
民俗、服飾	1
文物綜論與考古	1
陶瓷	2
歷史文化	7
藝術綜論	16
書法	2
繪畫	7
總　計	47

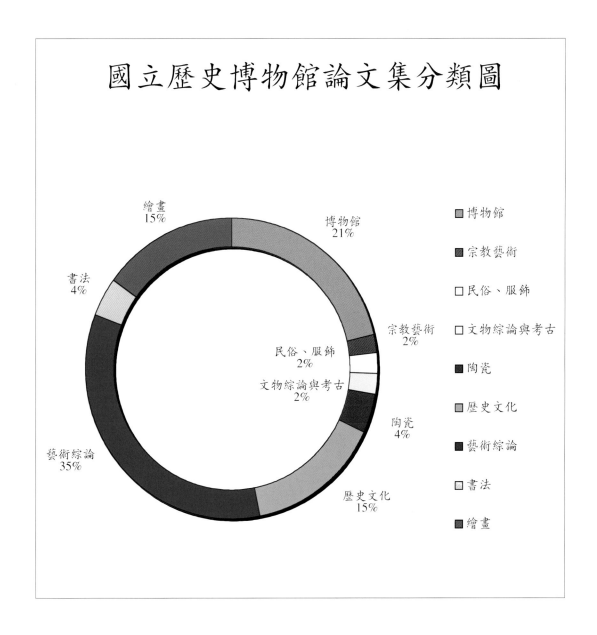

國立歷史博物館論文集分類圖

〈　表　10-1　〉
國立歷史博物館館刊、歷史文物月刊
文章之統計分析表

分　　類	數量（篇）
器　　物	345
書　　畫	198
文獻史料	48
風土民俗	46
宗教藝術	40
藝術論叢	66
原始藝術	10
博物館學	223
文教機構	90
總　　計	1066

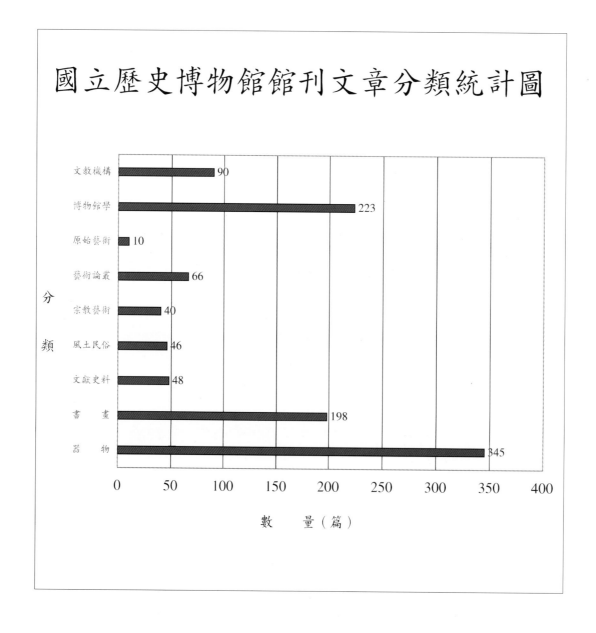

〈表 10-2〉 館 刊 文 章 分 類 比 例 圖

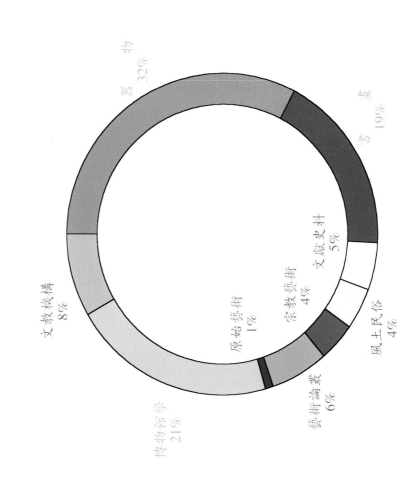

〈　表　11-1　〉

國立歷史博物館學報文章之統計分析表

分　類	數　量(篇)
博物館、圖書館	33
宗教藝術	6
原始藝術、民俗、服飾	9
史料	7
文化、古蹟	8
文物、考古	23
藝術綜論	22
建築	2
雕塑、篆刻	7
書畫	34
紋飾	5
技藝	5
其他	1
總　計	162

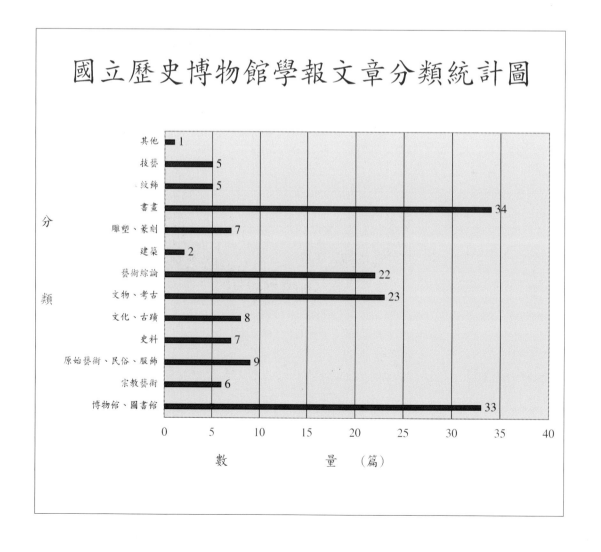

國立歷史博物館學報文章分類統計圖

〈表 11-2〉 學 報 文 章 分 類 比 例 圖

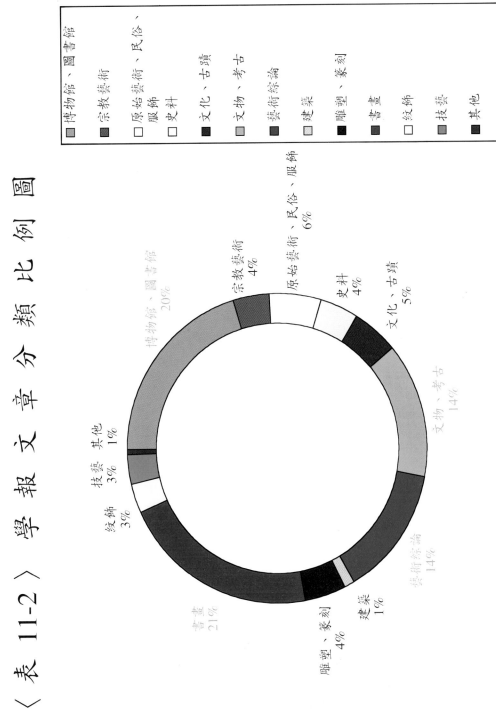

博物館、圖書館 20%

宗教藝術 4%

原始藝術、民俗、服飾 6%

史料 4%

文化、古蹟 5%

文物、考古 14%

藝術綜論 14%

建築 1%

雕塑、篆刻 4%

書畫 21%

紋飾 3%

技藝 3%

其他 1%

博物館、圖書館
宗教藝術
原始藝術、民俗、服飾
史料
文化、古蹟
文物、考古
藝術綜論
建築
雕塑、篆刻
書畫
紋飾
技藝
其他

〈　表　12　〉

國立歷史博物館錄影帶之統計分析表

分　　　類	數　量(篇)
宗教藝術	2
服飾、刺繡	3
文物綜論	18
建築	2
國際展	1
書法	1
繪畫	13
玻璃、家具	2
插花	1
總　　　計	43

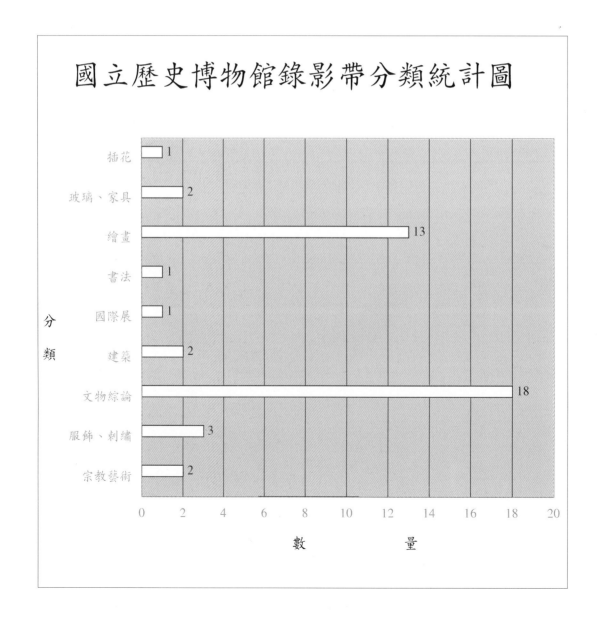

國立歷史博物館錄影帶分類統計圖

出版品一覽表

國立歷史博物館出版品一覽表

【自民國45~83年止】

（含圖書、歷史文物叢刊、館刊、錄影帶）

◆中華民國四十五年至五十九年出版品一覽表◆

編號 NO.	圖書名稱 BOOKS	出版日期 DATE	長X寬（CM）	頁數 PAGE	裝訂 BINDING	定價 PRICE	索引號 INDEX NO.
1.	國立歷史文物美術館第一期展出文物簡介 INTRODUCTION TO EXHIBITS, FIRST EXHIBITION OF THE NATIONAL MUSEUM OF HISTORY, CULTURE AND ART	1956.3.	19X13	87	平裝		文物 45001
2.	國立歷史文物美術館展品概説 INTRODUCTION TO EXHIBITS, NATIONAL MUSEUM OF HISTORY, CULTURE AND ART	1956.7.	19X13	22	平裝		文物 45002
3.	中國博物館史稿 HISTORICAL TEXTS OF CHINESE MUSEUMS	1963.10.	26X19	48	平裝		博物館 52001
4.	青華學院收藏.金石書畫古玩展覽會目錄 CATALOGUE OF THE EXHIBITION OF ART WORKS COLLECTED BY CHIN-HWA COLLEGE	1966.3.	19X14	54	平裝		文物 55001
5.	白水畫選 THE PAINTINGS OF MA PAI-SHUT	1968.9.	31X26	58	平裝		繪畫 57003
6.	再接再厲的國立歷史博物館 GO FOR IT！NATIONAL MUSEUM OF HISTORY	1970.7.	27X19	54	平裝		博物館 59002

編號 NO.	歷史文物叢刊編號	中華叢書 CHINESE CLASSICS SERIES	出版日期 DATE	長X寬（CM）	頁數 PAGE	裝訂 BINDING	定價 PRICE	索引號 INDEX NO.
7.	第一輯	敦煌藝術（勞榦著） FRESCOES OF TUNHUANG（BY LAO KAN）	1958.3.	18X13	全一冊	平裝	32.00	歷史文物叢刊 47001
8.	第一輯	歷代圖書板本志要（羅錦堂著） THE EVOLUTION OF CHINESE BOOKS（BY CHIN-TANG LO）	1958.7.	19X13	全一冊	平裝		歷史文物叢刊 47002
9.	第一輯	造紙的傳播及古紙的發現（李書華著） THE SPREAD OF THE ART OF PAPER-MAKING（BY LI SHU-HWA）	1950.2.	19X13	全一冊	平裝		歷史文物叢刊 49001

10.	第一輯	火藥的發明（趙鐵寒著） THE INVENTION OF GUNPOWDER （BY CHAO TIEH-HAN）	1950.9.	19X13	全一冊	平裝	24.00	歷史文物叢刊49002
11.	第一輯	商周銅器（譚旦冏著） YIN AND CHOU BRONZE（BY T'AN TAN-CHUNG）	1950.12.	19X13	全一冊	平裝	32.00	歷史文物叢刊49003
12.	第一輯	鄭和下西洋之寶船考（包遵彭著） ON THE SHIPS OF CHENG-HO（BY PAO TSEN-PENG）	1951.12.	19X13	全一冊	平裝		歷史文物叢刊50001
13.	第一輯	中國博物館史（包遵彭著） A HISTORY OF CHINESE MUSEUMS（BY PAO TSEN-PENG）	1964.6.	20X14	全一冊	精裝	45.00	歷史文物叢刊53002
14.	第一輯	殷周青銅器求真（張克明著） A STUDY OF BRONZE IMPLEMENTS OF YIN AND CHOU DYNASTIES（BY CHANG K'O-MING）	1965.5.	19X13	全一冊	平裝	24.00	歷史文物叢刊54001
15.	第一輯	古物保存法（包遵彭著） CHINESE PROTECTIVE LEGISLATION ON CULTURAL PROPERTIES（BY PAO TSEN-PENG）	1966.5.	19X13	全一冊	平裝	23.00	歷史文物叢刊55002
16.	第一輯	冕服服章之研究（王宇清著） A STUDY OF REGALIA（BY WANG YU-CHING）	1966.10.	19X13	164	平裝		歷史文物叢刊55003
17.	第二輯	國立歷史博物館展覽器物舉隅（高去尋等著） SELECTED EXHIBTS OF THE NATIONAL MUSEUM OF HISTORY（BY KAO CHU-SHUING）	1964.3.	19X13	98	平裝		歷史文物叢刊53001
18.	第二輯	想像的歷史與真實的歷史之比較（李濟著） THE COMPARISON OF IMAGINATIVE HISTORY AND AUTHENTIC HISTORY（BY LI-CHI）	1965.8.	19X13	32	平裝		歷史文物叢刊54002
19.	第二輯	漢代樓船考（包遵彭著） STUDY OF THE LOU-CHUAN OF HAN PERIOD（BY PAO TSEN-PENG）	1967.3.	20X14	全一冊	精裝		歷史文物叢刊56001
20.	第二輯	行神研究（葉郭立誠著） A STUDY OF PATRON GODS（BY YEH-K'UO LI CHENG）	1967.11.	19X13	全一冊	平裝		歷史文物叢刊56002

21.	第二輯	國立歷史博物館藏周磬之研究（莊本立著） A STUDY OF THE CHIME STONES（BY CHUANG PEN-LI）	1968.3.	19X13	全一冊	平裝		歷史文物 叢刊 57001
22.	第二輯	國立歷史博物館藏蔣鳳墓誌銘研究（黃典權著） A STUDY OF THE EPITAPH OF CHIANG FONG（BY HWANG TIEN-CHUAN）	1968.5.	19X13	全一冊	平裝		歷史文物 叢刊 57002
23.	第二輯	明監國魯王壙誌之研究（包遵彭主編） RESEARCH ON INSCRIPTIONS OF THE STELE ESTABLISHED BY THE COUNSELOR OF MING DYNASTY, KING LU（BY PAO TSEN-PENG）	1968.11.	19X14	70	平裝	20.00	歷史文物 叢刊 57004
24.	第二輯	國立歷史博物館藏品舉隅（包遵彭編著） THE COLLECTIONS OF THE NATIONAL MUSEUM OF HISTORY（BY PAO TSEN-PENG）	1968.12.	19X14	全一冊	平裝	38.00	歷史文物 叢刊 57005
25.	第二輯	漢畫與漢代社會生活（何浩天著） SOCIAL LIFE DURING THE HAN DYNASTY AS SEEN FROM HAN PAINTINGS（BY HO HAO-T'IEN）	1969.8.	19X13	全一冊	平裝	45.00	歷史文物 叢刊 58001
26.	第二輯	國立歷史博物館創建與發展（包遵彭著） THE FOUNDING OF THE NATIONAL MUSEUM OF HISTORY（BY PAO TSEN-PENG）	1970.1.	19X14	231	精裝	60.00	歷史文物 叢刊 59001

編號 NO.	國 立 歷 史 博 物 館 館 刊 BULLETIN OF THE NATIONAL MUSEUM OF HISTORY		出版日期 DATE	索 引 號 INDEX NO.
27.	第一期	NO. 1	50.12.	50002
28.	第二期	NO. 2	51.12.04	51001
29.	第三期	NO. 3	52.12.04	52002
30.	第四期	NO. 4	54.12.04	54003
31.	第五期	NO. 5	56.10.10	56003
32.	第六期	NO. 6	58.04.04	58002

◆中華民國六十年至六十九年出版品一覽表◆

編號 NO.	圖 書 名 稱 BOOKS	出版日期 DATE	長X寬 （CM）	頁 數 PAGE	裝　訂 BINDING	定價 PRICE	索引號 INDEX NO.
32.	包遵彭先生紀念論文集 ESSAYS IN MEMORY OF PAO TSEN-PENG	1971.2.	27X20	全一冊	精裝		論文集 60001
33.	歷運服色考 A STUDY OF RELATIONS BETWEEN COLORS OF OFFICIAL ATTIRE AND RISES AND FALLS OF DYNASTY	1971.10.	19X13	82	平裝		服飾 60002
34.	張大千畫集 CHANG DAI-CHIEN'S PAINTINGS	1973.2.	29X21	115	精裝	320	張大千 62001
35.	吳炫三人體動態素描 MOTION SKETCH WU SHIUAN SHAN	1973.10.	37X27	17	平裝		繪畫 62002
36.	溥心畬書畫集 P'U HSIN-YÜ'S PAINTINGS	1973.12.	29X22	107	精裝	320	繪畫 62003
37.	王濟遠書畫集 WANG CHI-YUAN'S PAINTINGS	1974.2.	21X19	52	平裝	100	繪畫 63001
38.	李奇茂歐遊畫集 CHINESE PAINTINGS BY LI CHI-MAO	1974.5.	23X20	98	精裝		繪畫 63002
39.	黃君璧畫集 HUANG CHUN-PI'S PAINTINGS	1974.10.	29X22	106	精裝	350	繪畫 63003
40.	中華民國當代畫展 THE EXHIBITION OF CHINESE CONTEMPORARY PAINTINGS	1975.11.	20X20	全一冊	平裝		繪畫 64001
41.	中國剪紙藝術 THE ART OF CHINESE PAPER CUTTING	1976.1.	28X22	112	精裝	400	技藝 65001
42.	中日現代美術展 AN EXHIBITION OF CHINESE AND JAPANESE MODERN ART	1976.2.	21X15	全一冊	平裝		國際展 65002
43.	張大千作品選集 THE PAINTINGS OF CHANG DAI-CHIEN	1976.5.	29X22	134	精裝	450	張大千 65003
44.	亞太地區博物館研討會議 A CONFERENCE OF ASIA-PACIFIC MUSEUMS	1976.5.	22X16	40	平裝		博物館 65004
45.	廖繼春畫集 THE PAINTINGS OF LIAO CHI-CHUN	1976.5.	22X20	95	精裝		繪畫 65005
46.	胡克敏畫集 THE PAINTINGS OF HU K'E-MING	1976.10.	28X21	120	精裝	500	繪畫 65006
47.	唐三彩 TRI COLOR POTTERY OF THE T'ANG DYNASTY	1977.7.	29X22	88	精裝		陶瓷 66004

48.	中華民俗版畫 THE GRAPHIC ART OF CHINESE FOLKLORE	1977.10.	29X22	139	精裝	400	版畫 66005
49.	中國古代名畫選集 WORKS BY ANCIENT CHINESE PAINTERS	1977.10.	38X27	79	精裝	600	繪畫 66006
50.	中國袍服織繡選萃 CHINESE COSTUMES BROCADE EMBROIDERY	1977.12.	29X22	113	精裝	400	服飾 66007
51.	中國佛教藝術 BUDDHIST ART IN CHINA	1978.1.	29X22	全一冊	精裝	400	宗教藝術 67001
52.	浙江石谿石濤八大山人書畫集 FOUR MONKS OF THE LATE MING	1978.3.	38X27	209	精裝		繪畫 67002
53.	中國古代陶器 ANCIENT CHINESE POTTERY	1978.4.	29X22	129	精裝	400	陶瓷 67003
54.	耿殿棟荷花攝影集 PHOTOGRAPHY BY KENG TIEN-TUNG AN ALBUM OF LOTUS	1978.4.	29X22	50	精裝	400	攝影 67004
55.	歐豪年畫集 CHINESE PAINTINGS BY PAOFESSOR HO-NIEN AU	1978.5.	29X22	125	精裝	650	繪畫 67006
56.	黃君璧作品選集 THE PAINTINGS OF HUANG CHUN-PI	1978.8.	29X22	130	精裝	450	繪畫 67007
57.	黃金樹攝影選集 HUANG CHIN-SHU PHOTO SERIES	1978.10	29X22	84	精裝	280	攝影 67008
58.	張大千巴西荒廢之八德園攝影集 (王之一攝) A PHOTOGRAPHICAL RECORD OF CHANG DAI-CHIEN' PA TEH GARDEN IN BRAZIL (PHOTOGRAPHED BY WANG ZE-I)	1979.7.	31X23	72	平裝		張大千 68002
59.	孫雲生畫集 THE PAINTINGS OF SUN YUN-SHENG	1979.12.	28X22	82	精裝	320	繪畫 68003
60.	張大千書畫集(一) THE PAINTINGS AND CALLIGRAPHY OF CHANG DAI-CHIEN Vol.1	1980.1.	31X22	145	精裝	550	張大千 69001
61.	包遵彭文存 ESSAYS OF PAO TSEN-PENG	1980.2.	22X16	549	精裝		博物館 69002
62.	中華民俗文物特展 CHINESE FOLK ARTS	1980.2.	21X19	73	平裝	60	民俗 69003
63.	大千居士近作第一集 THE PAINTINGS OF CHANG DAI-CHIEN	1980.10.	36X26	12	平裝	120	張大千 69004
64.	趙少昂畫集 THE PAINTINGS OF CHAO SHAO-AN	1980.11.	29X22	114	精裝	550	繪畫 69005

65.	張大千書畫集(二) THE PAINTINGS AND CALLIGRAPHY OF CHANG DAI-CHIEN Vol.2	1980.12.	31X22	130	精裝	550	張大千 69006
66.	鮑少游畫集 THE PAINTINGS OF PAU SIU-YAU	1980.12.	30X22	130	精裝	550	繪畫 69007
67.	西康游展 THE PAINTINGS OF CHANG DAI-CHIEN	1980.12.	35X26	25	平裝	160	張大千 69008

編號 NO.	歷史文物 叢刊編號	中　華　叢　書 CHINESE CLASSICS SERIES	出版日期 DATE	長X寬 （CM）	頁數 PAGE	裝訂 BINDING	定價 PRICE	索引號 INDEX NO.
68.	第三輯	唐三彩（譚旦冏著） T'ANG THREE COLOR POTTERY （BY T'AN TAN-CHIUNG）	1977.1.	19X13	104	平裝	44.00	歷史文物 叢刊 66001
69.	第二輯	佛經變相美術創作之研究 （陳清香著） A STUDY ON THE ILLUSTRARIONS FROM THE BUDDHIST SUTRAS （BY CHEN CHING-HSIANG）	1977.3.	19X13	122	平裝	45.00	歷史文物 叢刊 66002
70.	第三輯	新鄭銅器（譚旦冏著） HSIN CHENG BRONZE INPLEMENTS（BY T'AN TAN-CHIUNG）	1977.6.	19X13	109	平裝	44.00	歷史文物 叢刊 66003
71.	第三輯	國立歷史博物館藏印選輯 （王北岳編拓） THE COLLECTION OF CHINESE SEALS IN THE NATIONAL MUSEUM OF HISTORY (BY WANG PEI-YUEH)	1978.5.	19X13	78	平裝	36.00	歷史文物 叢刊 67005
72.	第三輯	善業泥造像之研究（黃永川著） AN INTRODUCTION TO BUDDHIST CLAY OR SHAN YEH CLAY （BY HWANG YEONG-CHUAN）	1979.4.	19X13	91	平裝	28.00	歷史文物 叢刊 68001

編號 NO.	國　立　歷　史　博　物　館　館　刊 BULLETIN OF THE NATIONAL MUSEUM OF HISTORY		出版日期 DATE	索引號 INDEX NO.
73.	第七期	NO. 7	63.10.04	63004
74.	第八期	NO. 8	65.10.	65007
75.	第九期	NO. 9	68.01.	68004
76.	第十期	NO.10	68.12.04	68005
77.	第十一期	NO.11	69.12.04	69009

◆中華民國七十年至七十九年出版品一覽表◆

編號 NO.	圖書名稱 BOOKS	出版日期 DATE	長X寬 （CM）	頁數 PAGE	裝訂 BINDING	定價 PRICE	索引號 INDEX NO.
78.	畢卡索陶藝 CERAMICS BY PICASSO	1981.1.	25X19	全一冊	平裝		陶瓷 70001
79.	耿殿棟攝影集(第二集) THE PHOTOGRAPHIC WORKS OF KENG TIEN-TUNG Vol.2	1981.5.	30X22	80	精裝	400	攝影 70002
80.	中華民俗文物 CHINESE FOLK ARTS	1981.7.	21X20	85	平裝	550	民俗 70003
81.	張大千書畫集(第三集) THE PAINTINGS AND CALLIGRAPHY OF CHANG DAI-CHIEN Vol.3	1981.8.	29X22	128	精裝	550	張大千 70004
82.	陳樹人畫選 THE PAINTINGS OF CHEN SHU-JEN	1981.8.	26X19	全一冊	平裝		繪畫 70005
83.	中國古代玉器 ANCIENT CHINESE JADE	1981.10.	29X22	全一冊	精裝	500	文物 70006
84.	于右任拐子馬題記國立歷史博物館建館記 THE ESTABLISHMENT OF THE NATIONAL MUSEUM OF HISTORY , WRITTEN IN CALLIGRAPHY BY YÜ YU-JEN	1981.10.	30X21	全一冊	平裝		書法 70007
85.	溥儒日月潭教師會館碑 STELE MARKING FOR SUN MOON LAKE TEACHER'S HOSTEL IN CALLIGRAPHY BY MASTER P'U	1981.10.	30X21	全一冊	平裝	150	書法 70008
86.	溥心畬畫集 THE PAINTINGS OF P'U HSIN-YÜ	1981.10.	29X22	118	精裝	350	繪畫 70009
87.	漢熹平石經 HIS PING STONE SCRIPTURE OF HAN DYNASTY	1981.10.	30X21	全一冊	平裝	120	書法 70010
88.	王惟、孫佩貞梅花攝影集 PHOTOGRAPHS BY WEI WANG AND P. C. SUN AN ALBUM OF PRUNUS MUME	1981.10.	29X22	99	精裝	400	攝影 70011
89.	胡克敏書畫集 THE PAINTINGS OF HU K'E-MING	1982.1.	29X22	全一冊	精裝	600	繪畫 71001
90.	黃君璧書畫集(第一集) THE PAINTINGS OF HUANG CHUN-PI Vol.1	1982.3.	31X22	104	精裝	550	繪畫 71002
91.	中國古陶瓷展 EXHIBITION OF ANCIENT CHINESE CERAMICS	1982.4.	28X22	162	平裝		陶瓷 71003

92.	第十八屆亞細亞現代美術展 THE 18TH ASIAN CONTEMPORARY ART EXHIBITION	1982.6.	21X20	全一冊	平裝		國際展 71004
93.	日本書人會書畫篆刻展 AN EXHIBITION OF PAINTINGS AND SEALS BY JAPANESE CALLIGRAPHY CLUB	1982.7.	30X22	全一冊	平裝		繪畫 71005
94.	廖修平版畫集 THE PRINTS OF SHIOU-PING LIAO	1982.7.	31X22	126	精裝	600	版畫 71006
95.	陳丹誠畫集 CHEN TAN-CHENG PAINTINGS	1982.8.	29X22	115	精裝	360	繪畫 71007
96.	張大千書畫集(第四集) THE PAINTINGS AND CALLIGRAPHY OF CHANG DAI-CHIEN Vol.4	1983.1.	31X22	142	精裝	550	張大千 72001
97.	趙無極畫集 ZAO WOU-KI	1983.1.	29X24	全一冊	平裝	400	繪畫 72002
98.	中國鼻煙壺之研究 A STUDY OF CHINESE SNUFF BOTTLES	1983.2.	30X22	101	精裝	550	文物 72003
99.	中國古代石雕藝術 CHINESE BUDDHIST SCULPTURE FROM THE WEI THROUGH THE T'ANG DYNASTIES	1983.2.	31X22	206	精裝	600	雕刻 72004
100.	林智信版畫集 LINOLEUM AND WOOD CUT PRINTS BY LIN CHIH-HSIN	1983.2.	26X27	122	精裝	600	版畫 72005
101.	張大千書畫集(第五集) THE PAINTINGS AND CALLIGRAPHY OF CHANG DAI-CHIEN Vol.5	1983.10.	31X23	152	精裝	150	張大千 72006
102.	大韓民國創造會中華民國國立歷史博物館邀請展 THE INVITED ART EXHIBITION OF KOREA CHANG-JO CLUB BY THE NATIONAL HISTORY MUSEUM OF THE REPUBLIC OF CHINA	1984.1.	25X24	全一冊	平裝		國際展 73001
103.	明代沈周、文徵明、唐寅、仇英四大家書畫集 THE FOUR MASTERS OF THE MING： SHEN CHOU、WEN CHENG-MING、T'ANG YIN、CH'IU YING	1984.1.	39X28	107	精裝		繪畫 73002
104.	中國古代石雕藝術論集 COLLECTED ESSAYS ON THE ART OF ANCIENT CHINESE STONE SCULPTURE	1984.1.	27X19	100	平裝	150	雕刻 73003
105.	八大石濤書畫集 THE PAINTINGS AND CALLIGRAPHY OF PA-TA AND SHIH-T'AO	1984.2.	31X22	245	精裝	650	繪畫 73004

106.	國家一級古蹟專集－鄉土影展 PHOTOGRAPHS OF THE FIRSTCLASS NATIONAL HISTORICAL REMAINS	1984.3.	31X22	172	精裝	700	攝影 73005
107.	十殿閻王 TEN KINGS OF HADES	1984.2.	27X20	80	精裝	300	宗教藝術 73006
108.	瓜地馬拉現代美術展 EXHIBICION DE PINTURAS CONTEMPORANEAS DE GUATEMALA	1984.2.	21X15	95	平裝		國際展 73007
109.	陶瓷的根源 ORIGIN OF CERAMICS	1984.2.	27X19	全一冊	平裝	80	陶瓷 73008
110.	黃君璧書畫集(第二輯) THE PAINTINGS OF HUANG CHUN-PI Vol.2	1984.2.	31X22	104	精裝	600	繪畫 73009
111.	中國玉器 CHINESE JADE	1984.6.	23X21	198	平裝	300	文物 73010
112.	王壯爲書日月潭教師會館興建記 THE ESTABLISHMENT OF THE SUN MOON LAKE TEACHER'S HOSTEL WRITTEN IN CALLIGRAPHY BY WANG CHUANG-WEI	1984.12.	31X22	全一冊	平裝	150	書法 73011
113.	吳昌碩書畫集 THE PAINTINGS AND CALLIGRAPHY OF WU CH'ANG-SHUO	1985.1.	31X22	130	精裝	600	繪畫 74001
114.	楊永德收藏中國陶枕展 EXHIBITION OF CHINESE CERAMIC PILLOWS FROM YEUNG WING TAK COLLECTION	1985.2.	28X23	246	精裝		陶瓷 74002
115.	王農畫集 CATALOGUE DE PEINTURES DE WANG NUNG PAINTINGS OF WANG NUNG	1985.5.	29X22	91	精裝		繪畫 74003
116.	張大千書畫集(第六集) THE PAINTINGS AND CALLIGRAPHY OF CHANG DAI-CHIEN Vol.6	1985.7.	31X22	161	精裝	600	張大千 74004
117.	陶壽伯書畫集 THE PAINTINGS AND CALLIGRAPHY OF TAO SHOU-PAI	1985.8.	31X22	150	精裝	650	繪畫 74005
118.	清代家具藝術 THE ART OF CH'ING DYNASTY FURNITURE	1985.8.	31X22	127	精裝	600	應用藝術 74006
119.	古代埃及文物 THE ARTIFACTS OF ANCIENT EGYPT	1985.9.	30X22	128	平裝	250	文物 74007
120.	古埃及文明簡介 THE ARTIFACTS OF ANCIENT EGYPT	1985.9.	20X21	52	平裝		文物 74008

121.	耿殿棟花卉攝影集 PHOTOGRAPHY BY KENG TIEN-TUNG AN ALBUM OF FLOWERS	1985.10.	30X21	132	平裝		攝影 74009
122.	中國古典節序插花 CHINESE CLASSICAL FLORAL ARTS IN SEASONS	1986.3.	25X20	206	精裝	650	技藝 75001
123.	中華民國第一屆陶藝雙年展 THE FIRST CHINESE BIENNEAL CERAMICS EXHIBITION	1986.5.	21X19	103	平裝		陶瓷 75002
124.	郭燕橋書畫集(第二集) THE PAINTINGS AND CALLIGRAPHY OF KUO YEN-CHIAO Vol.2	1986.11.	30X22	114	平裝		繪畫 75003
125.	烏拉圭名畫展 THE EXHIBITION OF FAMOUS PAINTINGS OF URUGUAY	1986.12.	20X20	全一冊	平裝		國際展 75004
126.	中華民國1987現代繪畫新貌展 THE NEW LOOK OF CHINESE MODERN ART 1987	1986.12.	25X27	95	平裝		繪畫 75005
127.	中國刀劍武具－台灣篇 CHINESE SWORD WEAPONS－TAIWAN SECTION	1987.2.	39X27	118	精裝		文物 76001
128.	中國古代銅器 ANCIENT CHINESE BRONZES	1987.3.	29X22	123	精裝	400	文物 76002
129.	中國古代插花藝術 CHINESE ANCIENT FLOWER ARRANGEMENT	1987.3.	22X20	156	精裝	320	技藝 76003
130.	第十一屆全國油畫展畫集 11TH NATIONAL OIL PAINTING EXHIBITION	1987.4.	21X20	64	平裝		繪畫 76004
131.	中國母親花－萱草 THE DAY LILY—THE MOTHER'S DAY FLOWER OF CHINA	1987.4.	25X19	101	平裝	250	技藝 76005
132.	第二屆亞洲國際美術展覽會 THE SECOND ASIAN INTERNATIONAL ART EXHIBITION	1987.5.	26X26	57	平裝		國際展 76006
133.	國立歷史博物館簡介 THE NATIONAL MUSEUM OF HISTORY	1987.6.	19X13	40	平裝		博物館 76007
134.	中國八代陶瓷精品展 THE EXHIBITION OF CHINESE CERAMICS OF EIGHT DYNASTIES	1987.6.	28X21	99	平裝		陶瓷 76008
135.	金潤作畫集 A RETROSPECTIVE EXHIBITION OF PAINTINGS BY CHIN JUN-TSO	1987.7.	25X26	全一冊	精裝		繪畫 76009

136.	中華民國當代繪畫 CHINESE CONTEMPORARY PAINTINGS	1987.7.	25X26	64	平裝		繪畫 76010
137.	韓中藝術展 KOREA-CHINA ARTS EXHIBITION	1987.8.	25X25	183	平裝		國際展 76011
138.	葉火城八十回顧展 YEH HOU-CHENG EIGHTY YEARS RETROSPECTIVE EXHIBITION	1987.8.	26X23	64	平裝		繪畫 76012
139.	馬雅文明 THE EXHIBITION OF MAYAN ARTIFACTS	1987.9.	29X21	132	平裝	500	文物 76013
140.	馬雅文明簡介 THE EXHIBITION OF MAYAN ARTIFACTS	1987.9.	20X21	96	平裝	60	文物 76014
141.	石上徐人眾書畫金石選集 THE PAINTINGS,CALLIGRAPHY AND STONE ENGRAVING OF HSU SHIH-SHANG	1987.10.	31X22	136	精裝		繪畫 76015
142.	黃君璧書畫集(第三集) THE PAINTINGS OF HUANG CHUN-PI Vol.3	1987.10.	31X22	114	精裝	650	繪畫 76016
143.	朱德群畫集 CHU TEH-CHUN	1987.10.	25X27	107	平裝	350	繪畫 76017
144.	黃金陵書法集 THE ART OF CALLIGRAPHY BY HUANG CHIN-LING	1987.10.	39X27	96	精裝		書法 76018
145.	當代人物藝術展 CHINESE CONTEMPORARY FIGURE ART EXHIBITION	1987.11.	25X26	130	平裝		繪畫 76019
146.	十九世紀末比利時名畫 PEINTRES BELGES DE LA FIN DU 19EME SIECLE	1987.11.	26X26	全一冊	平裝		國際展 76020
147.	木刻版畫展 THE EXHIBITION OF CHINESE WOOD PRINT	1987.12.	25X26	全一冊	平裝		版畫 76021
148.	中國傳統美德的象徵—玉 JADE—A TRADITIONAL CHINESE SYMBOL OF NOBILITY OF CHARACTER	1987.12.	27X20	96	精裝	150	中華文物 之美 76022
149.	中華民國國立歷史博物館招待釜山創作美 術家會展 PUSAN CREATIVE ARTISTS ASSOCIATION EXHIBITION	1988.1.	25X25	全一冊	平裝		國際展 77001
150.	薛清茂畫集 SHÜEH CHING-MAO CHINESE PAINTINGS	1988.1.	31X22	66	平裝		繪畫 77002
151.	形色璀璨的中國陶藝—唐三彩 THE TRI-COLOR POTTERY OF T'ANG DYNASTY THE COLORFUL ART IN THE MIDDLE AGES OF CHINA	1988.1.	26X20	80	平裝		中華文物 之美 77003

152.	中華民國第二屆陶藝雙年展 THE SECOND CHINESE BIENNIAI CERAMICS EXHIBITION	1988.2.	25X26	76	平裝		陶瓷 77004
153.	張大千紀念文集 ESSAYS OF IN MEMORY OF CHANG DAI-CHIEN	1988.4.	26X19	209	平裝		張大千 77005
154.	中華民國當代藝術創作展 THE CONTEMPORARY CHINESE ART EXHIBITION	1988.5.	25X26	45	平裝		繪畫 77006
155.	冰肌玉骨－青花瓷 BLUE-AND-WHITE PORCELAIN OF THE MING AND CH'ING DYNASTIES	1988.6.	27X20	87	精裝	300	中華文物之美 77007
156.	展現中國織繡之美－清代服飾 A DISPLAY OF THE BEAUTY OF EMBROIDERY COSTUMES OF THE CH'ING DYNASTY	1988.6.	27X20	96	精裝	300	中華文物之美 77008
157.	泥塑的永恒藝術－陶俑 POTTERY FIGURINE THE ETERNAL WORLD OF CERAMIC SCULPTURE	1988.6.	27X20	96	精裝	300	中華文物之美 77009
158.	THE ART OF TRADITIONAL CHINESE FLOWER ARRANGING	1988.6.	29X22	207	精裝		技藝 77010
159.	第三屆亞洲國際美術展覽會 THE THIRD ASIAN INTERN ATIONAL ART EXHIBITION	1988.7.	25X26	46	平裝		國際展 77011
160.	亞洲服飾展 THE ASIAN COSTUME EXHIBITION	1988.7.	29X21	130	平裝		服飾 77012
161.	張大千學術論文集 ESSAYS OF THE SYMPOSIUM OF CHANG DAI-CHIEN'S ART	1988.9.	26X20	214	平裝		張大千 77013
162.	程及 CNEN CHI	1988.9.	26X27	108	精裝		繪畫 77014
163.	國立歷史博物館 NATIONAL MUSEUM OF HISTORY	1988.10.	26X19	79	平裝		博物館 77015
164.	張大千九十紀念展書畫集 THE CATALOGUE OF THE ANNIVERSARY EXHIBITION OF CHANG DAI-CHIEN'S 90TH BIRTHDAY	1989.1.	39X28	311	精裝		張大千 78001
165.	生活與智慧的結晶－中國古陶 A CRYSTALLIZATION OF LIFE AND WISDOM －ANCIENT CHINESE POTTERY	1989.1.	27X20	96	精裝	300	中華文物之美 78002
166.	林葆家陶藝專輯 CERAMICS BY LIN PAO-CHIA	1989.1.	29X21	50	平裝		陶瓷 78003

167.	崔如琢畫集 THE WORLD OF CUI RU-2HUO	1989.1.	30X21	59	平裝		繪畫 78004
168.	歐洲玻璃藝術展 THE ART EXHIBITION OF EUROPEAN GLASS WARES	1989.2.	20X20	46	平裝		應用藝術 78005
169.	水墨絪縕，氣韻生動的－中國繪畫 MISTY AND LIVELY CHINESE PAINTING	1989.2.	27X20	96	精裝	300	中華文物 之美 78006
170.	蘊藉深厚取精用弘的中國工藝－雕刻 SIGNIFICANT USEFUL CHINESE TECHNOLOGY－CARVING	1989.3.	27X20	88	精裝	300	中華文物 之美 78007
171.	巧手慧思色彩絢麗的－中國刺繡 DEXTROUS AND COLORFUL CHINESE EMBROIDERY	1989.5.	27X20	92	精裝	300	中華文物 之美 78008
172.	璀璨之珍、豐潤之源－商周銅器 BRILLIANT AND AFFLUENT BRONZES OF THE SHANG AND CHOU DYNASTIES	1989.5.	27X20	96	精裝	300	中華文物 之美 78009
173.	歐洲近五世紀壁氈畫展 FIVE CENTURIES OF FLEMISH TAPESTRY	1989.6.	25X25	115	平裝		國際展 78010
174.	飛躍靈動・幻化萬千的－中國書法 THE GRAPHIC BALLET OF THE WRITER'S BRUSH CHINESE CALLIGRAPHY	1989.6.	27X20	91	精裝	300	中華文物 之美 78011
175.	中華現代陶藝邀請展 THE INVITATION EXHIBITION OF MODERN CHINESE POTTERY	1989.6.	25X26	48	平裝		陶瓷 78012
176.	第四屆亞洲國際美術展覽會 THE 4TH ASIAN INTERNATIONAL ART EXHIBITION	1989.7.	25X27	42	平裝		國際展 78013
177.	尚象成形，備物致用的－清代家具 THE FURNITURE OF CH'ING DYNASTY THE ART PIECES WITH UTILITY PURPOSES	1989.9.	27X20	96	精裝	300	中華文物 之美 78014
178.	林風眠畫集 THE PAINTINGS OF LIN FENG-MIEN	1989.10.	29X31	全一冊	精裝	1200	繪畫 78015
179.	當代藝術作品展 SPECIAL EXHIBITION FOR THE ARTISTIC DEVELOPMENT IN MODERN TIMES	1989.11.	25X26	43	平裝		繪畫 78016
180.	黃土水雕塑展 THE SCULPTURAL EXHIBITION OF HUANG T'U-SHUI	1989.12.	25X26	82	平裝		雕刻 78017
181.	蔡文穎動感藝術 CYBERNETIC ART OF TSAI WEN-YING	1989.12.	25X26	140	平裝		應用藝術 78018

182.	宜興茶壺精品錄 A RECORD OF EXQUISITE YI XING TEAPOTS	1989.12.	28X21	90	平裝	500	技藝 78019
183.	CHINESE CONTEMPORARY CERAMICS EXHIBITIONS IN U.S.A.	1989.11.	25X26	143	平裝		陶瓷 78020
184.	劉海粟書畫集 THE PAINTINGS AND CALLIGRAPHY OF LIU HAI-SU	1992.1.	38X27	242	平裝		繪畫 78021
185.	清代玉雕藝術 THE JADE-CARVING ART IN THE CH'ING DYNASTY	1990.1.	31X22	183	精裝		文物 79001
186.	中華民國第三屆陶藝雙年展 THE THIRD CHINESE CERAMICS BIENNIAL EXHIBITION	1990.1.	25X26	94	平裝		陶瓷 79002
187.	非洲藝術 FORMS AND FUNCTIONS OF AFRICAN ART	1990.1.	31X22	137	精裝		文物 79003
188.	倪朝龍畫集 PAINTINGS OF NIE CHAO-LONG	1990.3.	26X27	全一冊	精裝		繪畫 79004
189.	張大千書畫集(第七集) THE PAINTINGS AND CALLIGRAPHY OF CHANG CAI-CHIEN Vol.7	1990.5.	31X23	143	精裝	600	張大千 79005
190.	吳學讓畫集 PAINTINGS BY WU HSUEH-JANG	1990.5.	38X27	94	平裝		繪畫 79006
191.	王修功陶瓷集 THE CERMICS OF WANG SHIU-KUNG	1990.5.	29X21	171	平裝		陶瓷 79007
192.	十九世紀歐洲名畫展 CHEFS-D' OEUVRE DES MUSEES DE LIEGE	1990.5.	25X26	63	平裝	1200	國際展 79008
193.	CONTEMPORARY CALLIGRAPHY AND PAINTING FROM THE REPUBLIC OF CHINA	1990.7.	25X26	61	平裝		國際展 79009
194.	連寶猜陶集 THE CERAMICS OF LIEN PAO-TSAI	1990.8.	25X26	59	平裝		陶瓷 79010
195.	北美印地安文物 AMERICAN INDIAN ART FROM THE DENVER ART MUSEUM	1990.8.	30X22	152	平裝		文物 79011
196.	郎靜山百齡嵩壽攝影回顧集 CHINSAN LONG'S 100TH BIRTHDAY COMMEMORATIVE PHOTO EXHIBITION	1990.11.	29X21	95	平裝		攝影 79012
197.	江兆申書畫集 THE PAINTINGS AND CALLIGRAPHY OF CHIANG CHAO-SHEN	1990.12.	40X27	180	精裝		繪畫 79013
198.	第五屆亞洲國際美術展覽會 THE FIFTH ASIAN INTERNATIONAL ART EXHIBITION	1990.12.	25X26	38	平裝		國際展 79014

編號 NO.	歷史文物 叢刊編號	中　華　叢　書 CHINESE CLASSICS SERIES	出版日期 DATE	長X寬 （CM）	頁數 PAGE	裝訂 BINDING	定價 PRICE	索引號 INDEX NO.
199.	第三輯	中華漆飾藝術（范和鈞著） THE DECORATIVE ART OF CHINESE LACQUER WARE（BY FAN HO-JUNE）	1981.5.	19X13	223	平裝	60.00	歷史文物 叢刊 70012
200.	第五輯	明清兩代琺瑯器之研究 （劉良佑著） PAINTED AND CLOISONNE ENAMEL OF THE MING AND CH'ING DYNASTIES（BY LIU LIANG-YU）	1983.9.	20X13	全一冊	平裝		歷史文物 叢刊 72007

編號 NO.	國　立　歷　史　博　物　館　館　刊 BULLETIN OF THE NATIONAL MUSEUM OF HISTORY		出版日期 DATE	索引號 INDEX NO.
201.	第十二期	NO.12	70.12.04	70012
202.	第二卷一期	VOL.II NO. 1	72.01.12	72008
203.	第二卷二期	VOL.II NO. 2	72.12.04	72009
204.	第二卷三期	VOL.II NO. 3	73.12.04	73013
205.	第二卷四期	VOL.II NO. 4	75.01.01	75006
206.	第二卷五期	VOL.II NO. 5	76.01.	76023
207.	第二卷六期	VOL.II NO. 6	77.01.	77016
208.	第二卷七期	VOL.II NO. 7	77.07.	77017
209.	第二卷八期	VOL.II NO. 8	78.01.	78022
210.	第二卷九期	VOL.II NO. 9	78.11.	78023

◆中華民國八十年至八十三年出版品一覽表◆

編號 NO.	圖書名稱 BOOKS	出版日期 DATE	長x寬 （CM）	頁數 PAGE	裝　訂 BINDING	定價 PRICE	索引號 INDEX NO.
211.	哥斯大黎加古代金玉文物展 ORO Y JADE ANTIGUO DE LA REPÚBLICA DE COSTA RICA	1991.2.	29X22	145	平裝		文物 80001
212.	劉延濤書畫集 THE PAINTINGS AND CALLIGRAPHY OF LIU YEN-TAO	1991.5.	39X27	160	精裝	800	繪畫 80002
213.	歷史博物館珍藏的漢代磚畫 THE PICTORIAL ART OF HAN BRICKS THE COLLECTION OF THE NATIONAL MUSEUM OF HISTORY	1991.6.	30X22	97	精裝		文物 80003
214.	陳慧坤畫集 THE PAINTINGS OF CHEN HWAE-KUAN	1991.11.	30X22	188	精裝		繪畫 80004
215.	中華民國第四屆陶藝雙年展 THE FOURTH CHINESE CERAMICS BIENNIAL EXHIBITION	1991.12.	25X26	154	平裝		陶瓷 80005
216.	文物捐贈特展室展覽專輯 CATALOGUE OF EXHIBITION OF DONATED ARTIFACTS		29X22	全一冊	精裝		文物 80006
217.	第六屆亞洲國際美術展覽會 THE SIXTH ASIAN INTERNATIONAL ART EXHIBITION	1992.2.	25X25	33	平裝		國際展 81002
218.	黃君璧九五回顧展畫集 COLLECTED PAINTINGS OF HUANG CHÜN-PI'S 95TH YEAR RETROSPECTIVE	1992.3.	39X27	254	精裝	1700	繪畫 81003
219.	顏水龍畫集 THE PAINTINGS OF YEN SHUI-LUNG	1992.3.	30X22	211	精裝		繪畫 81004
220.	中國古代貿易瓷國際邀請展比利時展品圖錄 ANCIENT CHINESE TRADE CERAMICS FROM MUSÉES ROYAUX D'ART ET D'HISTOIRE, BRUXELLES	1992.10.	29X27	115	精裝	900	陶瓷 81005
221.	中國名陶日本巡迴展－港台名家收藏陶瓷 精品 A CHINESE CERAMICS EXHIBITION OF PRIVATE COLLECTION FROM HONG KONG AND TAIWAN	1992.11.	35X27	255	精裝		陶瓷 81006
222.	中國古代貿易瓷國際邀請展圖錄－綜合篇 ANCIENT CHINESE TRADE CERAMICS	1992.11.	29X27	187	精裝		陶瓷 81007

223.	第七屆亞洲國際美術展 THE 7ᵀᴴ ASIAN INTERNATIONAL ART EXHIBITION	1992.11.	25X26	32	平裝		國際展 81008
224.	中華民國第五屆陶藝雙年展 THE FIFTH CHINESE CERAMICS BIENNIAL EXHIBITION	1993.8.	25X27	178	平裝	1700	陶瓷 82001
225.	第八屆亞洲國際美術展 THE 8ᵀᴴ ASIAN INTERNATIONAL AT EXHIBITION	1993.9.	25X26	41	平裝		國際展 82002
226.	渡海三家收藏展－張大千、溥心畬、黃君璧 COLLECTOR'S EXHIBITION OF THREE MASTERS CHANG DAI-CH'IEN P'U HSIN-YÜ HUANG CHUN-PI	1993.11.	35X27	423	精裝	2800	張大千 82003
227.	一九九二現代陶藝國際邀請展圖錄 THE 1992 INTERNATIONAL INVITATIONAL EXHIBITION OF CONTEMPORARY CERAMIC ART	1993.12.	29X27	243	精裝	1500	陶瓷 82004
228.	西藏文物特展圖錄 THE CATALOGUE OF TIBETAN ARTIFACTS EXHIBITION	1994.1.	38X27	201	精裝	1200	文物 83001
229.	中國古代貿易瓷特展－大英博物館館藏 ANCIENT CHINESE TRADE CERAMICS FROM THE BRITISH MUSEUM,LONDON	1994.5.	29X27	363	精裝		陶瓷 83002
230.	徐悲鴻畫集 THE PAINTINGS OF XU PEI-HUNG	1994.6.	35X27	147	精裝	1200	繪畫 83003
231.	中國古代貿易瓷國際學術研討會論文集 INTERNATIONAL SYMPOSIUM ON ANCIENT CHINESE TRADE CERAMICS:COLLECTED PAPERS	1994.10.	31X22	516	精裝		論文集 83004
232.	李可染書畫集 COLLECTED CALLIGRAPHIC WORK AND PAINTINGS BY LI KERAN	1994.11.	35X27	163	精裝	1200	繪畫 83005
233.	傅抱石畫集 PAINTINGS BY FU PAO-SHIH	1994.12.	35X27	183	精裝		繪畫 83006

編號 NO.	國　立　歷　史　博　物　館　館　刊 BULLETIN OF THE NATIONAL MUSEUM OF HISTORY		出版日期 DATE	索引號 INDEX NO.
234.	第二卷十期	VOL.II NO.10	80.03.	80007
235.	第二卷十一期	VOL.II NO.11	81.06.	81009

236.	第二卷十二期	VOL.II NO.12	81.10.	81010
237.	第三卷一期	VOL.III NO. 1	82.01.	82005
238.	第三卷二期	VOL.III NO. 2	82.04.	82006
239.	第三卷三期	VOL.III NO. 3	82.07.	82007
240.	第三卷四期	VOL.III NO. 4	82.10.	82008
241.	第四卷一期	VOL.IV NO. 1	83.01.	83007
242.	第四卷二期	VOL.IV NO. 2	83.04.	83008
243.	第四卷三期	VOL.IV NO. 3	83.07.	83009
244.	第四卷四期	VOL.IV NO. 4	83.10.	83010

編號 NO.	錄　影　帶 VIDEOTAPE	拍攝時間 DATE
245.	國立歷史博物館文物欣賞簡介 GUIDE FOR ARTIFACTS OF NATIONAL MUSEUM OF HISTORY	83年

國立歷史博物館出版品一覽表

【自民國84~89年止】

（含圖書、史物叢刊、歷史文物月刊、學報、年報、光碟、錄影帶）

◆中華民國八十四年出版品一覽表◆

編號 NO.	圖 書 名 稱 BOOKS	出版日期 DATE	國際書號 ISBN	統 一 編 號 GOVERNMENT PUBLICATION NO.	索引號 INDEX NO.
1.	常玉畫集 THE SAN YU'S PAINTING	1995.1.	957-00-4763-1(精)	006309840017	繪畫 84001
2.	鹿港民俗文物展 THE FOLK ART OF LU KANG	1995.5.	957-00-5229-5(平)	006309840037	民俗 84003
3.	國立歷史博物館館藏石灣陶 THE SHIH-WAN CERAMICS COLLECTION OF THE NATIONAL MUSEUM OF HISTORY	1995.5.	957-00-5275-9(精)	006309840047	陶瓷 84004
4.	歷代紫砂瑰寶 THE TREASURABLE VIOLET SAND TEAPOTS IN ALL DYNASTIES IN CHINA	1995.6.	957-99502-0-2(精)		技藝 84004-1
5.	吳梅嶺作品集—乙亥百齡 SELLECTED WORKS OF MEI-LING WU—FOR CELEBRATING HIS 100TH BIRTHDAY	1995.6.	957-00-5460-3(精)	006309840067	繪畫 84006
6.	唐三彩特展圖錄 THE SPECIAL EXHIBITION OF TANG TRI- COLOUR	1995.6.	957-00-5688-6(平)	006309840126	陶瓷 84012
7.	袁旃 1993-1995 YUAN JAI	1995.7.	957-00-5687-8(精)	006309840136	繪畫 84013
8.	第四屆民族工藝獎得獎作品專輯 THE FOURTH FOLK CRAFTS AWARDS	1995.7.	957-00-5975-3(平)	006309840166	應用藝術 84016
9.	中華文物集粹—清翫雅集收藏展 THE EXQUISITE CHINESE ARTIFACTS— COLLECTION OF CHING WAN SOCIETY	1995.8.	957-00-6036-0(精)	006309840176	文物 84017
10.	黃才松畫集(五) THE PAINTINGS OF HUANG TSAI-SUNG	1995.8.	957-00-6069-7(平)	006309840186	繪畫 84018
11.	館藏近代名人法書集屏 THE ART OF CALLIGRAPHY, CONTEMPORARY MASTERPIECES FROM THE COLLECTION OF THE NATIONAL MUSEUM OF HISTORY	1995.9.	957-00-6130-8(平)	006309840196	書法 84019
12.	美國當代繪畫性陶藝圖錄 AMERICAN'S CONTEMPORARY PAINTING ON CLAY	1995.9.	957-00-6134-0(平)	006309840205	陶瓷 84020

13.	中華民國第六屆陶藝雙年展 THE SIXTH CHINESE CERAMICS BIENNIAL EXHIBITION	1995.9.	957-00-6135-9(平)	006309840215	陶瓷 84021
14.	雙玉交輝—常玉畫集 THE ART OF SAN YU	1995.10.	957-00-6293-2(精)	006309840225	繪畫 84022
15.	雙玉交輝—潘玉良畫集 THE ART OF PAN YU-LIN	1995.10.	957-00-6294-0(精)	006309840235	繪畫 84023
16.	館藏漢代碑拓精品選輯 HAN DYNASTY STELAE RUBBINGS	1995.10.	957-00-6407-2(平)	006309840245	書法 84024
17.	館藏台灣早期民間服飾 THE FOLK CLOTHING IN EARLY TAIWAN, 1796 -1932	1995.11.	957-00-6433-1(精)	006309840255	服飾 84025
18.	館藏青銅器圖錄 CATALOGUE OF BRONZES IN THE COLLECTION OF THE NATIONAL MUSEUM OF HISTORY	1995.11.	957-00-6437-4(精)	006309840265	文物 84026
19.	台灣早期書畫展圖錄 EARLY TAIWANESE TRADITIONAL ART	1995.11.	957-00-6496-X(平)	006309840275	繪畫 84027
20.	台灣百年攝影展圖錄 A GLIMPSE TO HISTORICAL TAIWAN	1995.11.	957-00-6497-8(平)	006309840285	攝影 84028
21.	連雅堂紀念文物展 LIEN YA-TANG MEMORIAL EXHIBITION	1995.11.	957-00-6527-3(精)	006309840324	文物 84032
22.	慶祝建館四十週年紀念文集 COMMEMORATIVE EDITION FOR THE 40TH ANNIVERSARY	1995.11.	957-00-6528-1(精)	006309840334	博物館 84033
23.	府城文物特展圖錄 EXHIBITION OF TAINAN FOLK CRAFT	1995.12.	957-00-6592-3(平)	006309840344	文物 84034

編號 NO.	叢刊編號 SERIES NO.	史　物　叢　刊 ARTIFACTS AND HISTORY SERIES	出版日期 DATE	國際書號 ISBN	統　一　編　號 GOVERNMENT PUBLICATION NO.	索引號 INDEX NO.
24.	2	六朝時代新興美術之研究 （黃永川著） A STUDY OF EMERGENT ARTS IN THE SIX DYNASTIES（BY HUANG YUNG-CHUAN）	1995.5.	957-00-5480-8(平)	006304840050	史物叢刊 84005
25.	3	衣錦行—中國服飾史相關之研究 （林淑心著） THE HISTORY OF CHINESE TEXTILES,COSTUMES AND ACCESSORIES（BY LIN SHWU-SHIN）	1995.5.	957-00-5479-4(平)	006304840070	史物叢刊 84007

26.	1	茹古涵今集(上) ENCOMPASSING THE ANCIENT AND MODERN	1995.6.	957-00-5690-8(平)	006304840109	史物叢刊 84010
27.	1	茹古涵今集(下) ENCOMPASSING THE ANCIENT AND MODERN	1995.6.	957-00-5691-6(平)	006304840119	史物叢刊 84011
28.	4	陶瓷釋義：火燄之泥（成耆仁著） ART OF FIRING CLAY:A RAMBLE ON CHINESE CERAMICS（BY KEE-IN SUNG）	1995.6.	957-00-5692-4(平)	006304840090	史物叢刊 84009
29.	5	嘉義地區繪畫之研究（林柏亭著） THE HISTORY OF PAINTING IN CHIA-YI（BY LIN PO-TING）	1995.6.	957-00-5672-X(平)	006304840080	史物叢刊 84008
30.	6	建築與文化近思錄（漢寶德著） RECENT REFLECTIONS ON ARCHITECTURE AND CULTURE （BY HAN PO-TEH）	1995.6.	957-00-5923-0(平)	006304840159	史物叢刊 84015
31.	7	台灣美術發展史論（王秀雄著） A DISCUSSION OF THE HISTORICAL DEVELOPMENT OF TAIWAN'S ART（BY WANG HSIU-HSIUNG	1995.6.	957-00-5924-9(平)	006304840149	史物叢刊 84014
32.	9	歷史文物賞析 AN APPRECIATION OF HISTORIC ARTIFACTS	1995.10.	957-00-6638-5(平)	006304840357	史物叢刊 84035
33.	8	近代繪畫選論（劉芳如著） SELECTED ESSAYS ON MODERN CHINESE PAINTING （BY LIU FANG-JU）	1995.12.	957-00-6552-4(平)	006304840307	史物叢刊 84030

編號 NO.	歷　史　文　物　月　刊 BULLETIN OF THE NATIONAL MUSEUM OF HISTORY	出版日期 DATE	國際期刊號 ISSN	統一編號 GOVERNMENT PUBLICATION NO.	索引號 INDEX NO.
34.	歷史文物雙月刊第五卷第一期 VOL. V　NO. 1	1995.4.	0457-6276	006308840021	84002
35.	歷史文物雙月刊第五卷第二期 VOL. V　NO.2	1995.6.	0457-6276	006308840021	84002
36.	歷史文物雙月刊第五卷第三期 VOL. V　NO. 3	1995.8.	0457-6276	006308840021	84002
37.	歷史文物雙月刊第五卷第四期 VOL. V　NO. 4	1995.10.	0457-6276	006308840021	84002

| 38. | 歷史文物雙月刊第五卷第五期
VOL. V　NO.5 | 1995.12. | 0457-6276 | 006308840021 | 84002 |

編號 NO.	學　報　（年　刊） MUSEUM YEAR BOOK	出版日期 DATE	國際期刊號 ISSN	統一編號 GOVERNMENT PUBLICATION　NO.	索引號 INDEX NO.
39.	國立歷史博物館學報第一期 MUSEUM YEAR BOOK	1995.12.	1026-9584	006308840290	84029

編號 NO.	光　　碟 CD - ROM	出版日期 DATE	國際書號 ISBN	統一編號 GOVERNMENT PUBLICATION　NO.	索引號 INDEX NO.
40.	國立歷史博物館典藏精華—張大千、溥心畬 、黃君璧（附光碟） ESSENTIAL PIECES FROM THE NATIONAL MUSEUM OF HISTORY-THE WORKS OF CHANG DA-CHIEN, PU HSIN-YÜ, AND HUANG CHUN-PI	1995.10.	957-00-6509-5(平)	006309840314	84031

◆中華民國八十五年出版品一覽表◆

編號 NO.	圖　書　名　稱 BOOKS	出版日期 DATE	國際書號 ISBN	統　一　編　號 GOVERNMENT PUBLICATION NO.	索引號 INDEX NO.
1.	白俄羅斯版畫展 LES OEUVRES D'ARTISTES BELARUS	1996.1.	957-00-6653-9(平)	006309850024	版畫 85002
2.	林布蘭版畫集 REMBRANDT THE ETCHER	1996.1.	957-00-6647-4(平)	006309850034	版畫 85003
3.	陳進畫譜 THE ART OF CHEN CHIN	1996.1.	957-00-6690-3(精)	006309850044	繪畫 85004
4.	金玉青煙—楊炳禎先生珍藏明清銅爐 THE BRONZE INCENSE BURNERS OF MING AND CHING DYNASTIES FROM MR. YANG PING-CHEN'S COLLECTION	1996.2.	957-00-6707-1(精)	006309850064	文物 85006
5.	漢代文物特展圖錄 SPECIAL EXHIBITION OF HAN DYNASTY ARTIFACTS	1996.3.	957-00-6811-6(平)	006309850074	文物 85007
6.	中國傳統插花藝術展—民間插花 TRADITIONAL CHINESE FLOWER ARRANGING—FOLK ARRANGEMENT	1996.3.	957-00-6848-5(平)	006309850084	技藝 85008
7.	趙二呆紀念展圖錄 CHAU ER-DAI MEMORIAL EXHIBITION	1996.4.	957-00-6900-7(平)	006309850094	繪畫 85009
8.	建館四十週年文化藝術學術演講論文集 ACADEMIC CONFERENCE OF ART & CULTURE TO COMMEMORATE THE 40TH ANNIVERSARY OF THE NATIONAL MUSEUM OF HISTORY—A RETROSPECTIVE OF CHINESE CULTURE OVER THE LAST 50 YEARS	1996.4.	957-00-7018-8(精) 957-00-7019-6(平)	006304850106	論文集 85010
9.	清代玉雕藝術 THE JADE-CARVING ART IN THE CHING DYNASTY	1996.4.	957-00-7800-6(精)	006309850252	文物 85025
10.	澎湖海域古沈船發掘初勘報告書 THE PRELIMINARY REPORT ON THE EXCAVATION OF THE ANCIENT SHIP AT THE PONG HU SEA	1996.4.	957-00-7076-5(平)	006304850136	考古 85013
11.	趙松泉畫集 THE ART OF CHAO SUNG-CHUAN	1996.5.	957-00-7075-7(精)	006309850123	繪畫 85012
12.	館藏瓷器—長沙窯 THE NATIONAL MUSEUM OF HISTORY'S CHANGSHA PORCELAIN COLLECTION	1996.5.	957-00-6130-8(平)	006309850143	陶瓷 85014

13.	齊白石畫集 THE ART OF CHI PAI-SHIH	1996.5.	957-00-7154-0(精) 957-00-7155-9(平)	006309850153	繪畫 85015
14.	中華插花史研究 A STUDY OF THE HISTORY OF CHINESE FIOWER ARRANGING	1996.5.	957-00-7302-0(平)	006309850173	技藝 85017
15.	館藏溥心畬書畫 THE PAINTING AND CALLIGRAPHY OF PU HSING-YÜ FROM THE COLLECTION OF THE NATIONAL MUSEUM OF HISTORY	1996.5.	957-00-7347-0(精)	006309850193	繪畫 85019
16.	點燈祈福慶元宵—藝術家彩繪燈籠 LIGHT LANTERN TO CELEBRATE THE FESTIVAL—PAINTING LANTERNS BY THE ARTISTS	1996.5.	957-00-7369-1(平)	006309850202	民俗 85020
17.	絲路上消失的王國 LOST EMPIRE OF THE SILK ROAD	1996.6.	957-00-7026-9(平)	006309850113	文物 85011
18.	明清民窯青花紋飾特展 THE BLUE AND WHITE FROM COMMON KLINS OF THE MING AND QING DYNASTIES	1996.6.	957-00-7333-0(平)	006309850183	陶瓷 85018
19.	午日鍾馗畫特展 CHUNG K'UEI PAINTINGS ON THE FIFTH DAY OF THE FIFTH MONTH	1996.6.	957-00-7390-X(平)	006309850212	繪畫 85021
20.	劉國松研究 THE STUDY OF LIU KUO-SUNG'S ART	1996.7.	957-00-7637-2(精)	006309850222	繪畫 85022
21.	劉國松研究文選 SELECTED ARTICLES OF THE STUDY OF LIU KUO-SUNG'S ART	1996.7.	957-00-7636-4(精)	006309850232	繪畫 85023
22.	第五屆民族工藝獎得獎作品專輯 THE FIFTH FOLK CRAFTS AWARDS	1996.7.	957-00-7796-4(平)	006309850242	應用藝術 85024
23.	流金歲月 AN EXHIBITION OF NOSTALGIC POSTERS	1996.7.			繪畫 85024-1
24.	扇的藝術 ARTS OF FAN	1996.8.	957-00-7828-6(精)	006309850262	繪畫 85026
25.	無相之象—管執中紀念圖錄 KUAN CHIH-CHUNG MEMORIAL EXHIBITION	1996.9.	957-00-8127-9(平)	006309850272	繪畫 85027
26.	國立歷史博物館典藏目錄國畫類(一) CHINESE PAINTINGS IN THE NATIONAL MUSEUM OF HISTORY CATALOGUE OF THE COLLECTION	1996.10.	957-00-8287-9(精)	006309850301	博物館 85030
27.	赤玉丹霞—陳京先生珍藏昌化雞血石文物 THE CHEN CHING'S COLLECTION OF CHICKEN -BLOOD STONE SEALS & SCULPTURE	1996.10.	957-00-8286-0(精)	006309850311	文物 85031

28.	林智信迎媽祖版畫 THE PLATES OF CELEBRATION THE MATSU FESTIVAL EXPLANATION	1996.11.	957-00-8158-9(精)	006309850282	版畫 85028
29.	國立歷史博物館藏歷代銅鏡 ANCIENT BRONZE MIRRORS IN THE NATIONAL MUSEUM OF HISTORY	1996.11.	957-00-8323-9(精)	006309850321	文物 85032
30.	尚象成形—中國傳統竹雕藝術 THE ART OF BAMBOO CARVING	1996.11.	957-00-8326-3(精)	006309850331	雕刻 85033
31.	原生文明—館藏史前彩陶特展 AN EXHIBITION OF PREHISTORICAL PAINTED POTTERY	1996.11.	957-00-8322-0(平)	006309850341	陶瓷 85034

編號 NO.	叢刊編號 SERIES NO.	史　物　叢　刊 ARTIFACTS AND HISTORY SERIES	出版日期 DATE	國際書號 ISBN	統　一　編　號 GOVERNMENT PUBLICATION NO.	索引號 INDEX NO.
32.	10	商周青銅兵器暨夫差劍特展論文集（王振華等合著） A COLLECTION OF ESSAYS RELATION TO "EXHIBITION OF SHANG AND CHOU BRONZE WEAPONRY AND THE SWORD OF FUCHAI"（BY WANG C. H.）	1996.1.	957-00-6691-1(平)	006304850057	史物叢刊 85005
33.	11	藝術史與藝術批評的探索（郭繼生著） RETHINKING ART HISTORY AND ART CRITICISM（BY KUO JASON-C.）	1996.9.	957-00-8205-4(平)	006304850295	史物叢刊 85029
34.	12	張大千研究（巴東著） THE ART OF CHANG DAI-CHIEN（BY BA TONG）	1996.12.	957-00-8366-2(平)	006304850354	史物叢刊 85035
35.	13	書史與書蹟—傅申書法論文集（傅申著） ESSAYS ON THE HISTORY OF CHINESE CALLIGRAPHY :TANG THROUGH YÜAN（BY SHEN C.Y. FU）	1996.12.	957-00-8458-8(平)	006304850364	史物叢刊 85036

編號 NO.	歷　史　文　物　月　刊 BULLETIN OF THE NATIONAL MUSEUM OF HISTORY	出版日期 DATE	國際期刊號 ISSN	統　一　編　號 GOVERNMENT PUBLICATION NO.	索引號 INDEX NO.
36.	歷史文物雙月刊第六卷第一期 VOL. VI NO.1	1996.2.	0457-6276	006308850019	85001

37.	歷史文物雙月刊第六卷第二期 VOL. VI NO.2	1996.4.	0457-6276	006308850019	85001
38.	歷史文物雙月刊第六卷第三期 VOL. VI NO.3	1996.6.	0457-6276	006308850019	85001
39.	歷史文物雙月刊第六卷第四期 VOL. VI NO.4	1996.8.	0457-6276	006308850019	85001
40.	歷史文物雙月刊第六卷第五期 VOL. VI NO.5	1996.10.	0457-6276	006308850019	85001
41.	歷史文物雙月刊第六卷第六期 VOL. VI NO.6	1996.12.	0457-6276	006308850019	85001

編號 NO.	學　　報 JOURNAL OF THE NATIONAL MUSEUM OF HISTORY	出版日期 DATE	國際期刊號 ISSN	統一編號 GOVERNMENT PUBLICATION NO.	索引號 INDEX NO.
42.	國立歷史博物館學報第二期 MUSEUM HALF—YEAR BOOK NO.2	1996.6.	1026-9584	006308850168	85016
43.	國立歷史博物館學報第三期 JOURNAL OF THE NATIONAL MUSEUM OF HISTORY NO.3	1996.12.	1026-9584	006308850168	85016

編號 NO.	錄　影　帶 VIDEOTAPE	拍攝時間 DATE
44.	明清銅爐名品展 FINE BRONZE INCENSE BURNERS OF THE MING AND CH'ING DYNASTIES	85年
45.	漢代文物展 A SPECIAL OF HAN DYNASTY ARTIFACTS	85年
46.	連雅堂紀念文物展 LIEN YA-T'AND MEMORIAL EXHIBITION	85年
47.	館藏唐三彩 A SPECIAL EXHIBITION OF TANG TRI-COLOUR POTTERY	85年
48.	府城文物展 AN EXHIBITION OF TAIWAN FOLK CRAFTS	85年
49.	台灣早期民間服飾展 AN EXHIBITION OF THE FOLK COSTUME IN EARLY TAIWAN	85年
50.	館藏青銅器特展 A SPECIAL EXHIBITION ON THE BRONZE WARE IN THE COLLECTION OF THE NATIONAL MUSEUM OF HISTORY	85年

51.	陳進的繪畫世界 THE ART OF CHEN CHIN	85年
52.	中國傳統插花藝術—民間插花 TRADITIONAL CHINESE FLOWER ARRANGING-FOLK ARRANGEMENT	85年
53.	趙二呆紀念展 CHAU ER-DAI MEMORIAL EXHIBITION	85年
54.	千峰翠色—越窯特展 SPECIAL EXHIBITION OF EARLY CHINESE GREENWARE—PRINCIPALLY YUEH WARE	85年
55.	雙玉交輝—潘玉良、常玉作品展 THE ART OF PAN YU-LIN.THE ART OF SAN YU	85年

◆中華民國八十六年出版品一覽表◆

編號 NO.	圖　書　名　稱 BOOKS	出版日期 DATE	國際書號 ISBN	統　一　編　號 GOVERNMENT PUBLICATION NO.	索引號 INDEX NO.
1.	原眞之美—陳澄晴先生珍藏台灣原住民藝術文物 ABORIGINAL ARTS IN TAIWAN THE COLLECTION OF CHEN CHENG - CHING	1997.1.	957-00-8423-5(精)	006309860011	文物 86001
2.	黃金印象—奧塞美術館名作特展 L'ÂGE D'OR DE L'IMPRESSIONNISME—CHEFS-D'OEUVRE DU MUSÉE D'ORSAY	1997.1.	957-00-8484-7(精) 957-00-8485-5(平)	006309860031	國際展 86003
3.	晚清民初水墨畫集 LATER CHINESE PAINTING,1850-1950	1997.1.	957-00-8495-2(精)	006309860041	繪畫 86004
4.	晚清民初繪畫選 HILIGHT OF CHINESE PAINTING 1850-1950	1997.3.	957-00-8723-4(精)	006309860071	繪畫 86007
5.	1997李名覺舞臺設計回顧展 SETS BY MING CHO LEE,TAIWAN,1997	1997.3.	957-00-8764-1(平)	006309860081	應用藝術 86008
6.	易經與中國插花的六十五花相 I CHING AND THE SIXIY-FIVE STYLES OF TRADITIONAL CHINESE FLOWER ARRANGEMENT	1997.4.	957-00-8946-6(平)	006309860091	技藝 86009
7.	澎湖海域古沈船發掘將軍一號實勘報告書 AN INSPECTION REPORT ON THE ANCIENT SHIP "GENERAL NO.1" AT THE PONG HU SEA	1997.4.	957-00-8995-4(平)	006304860123	考古 86012
8.	水墨歲月 — 王壽蘐 THE ARTISTIC WORLD OF WANG SHOU-HSIUN	1997.5.	957-00-8964-4(精)	006309860100	繪畫 86010
9.	吳冠中畫展圖錄 ARTS OF WU GUANZHONG	1997.5.	957-00-9117-7(平)	006309860130	繪畫 86013
10.	馬壽華書畫紀念集 THE PAINTINGS AND CALLIGRPHY BY MA SHOU-HUA	1997.5.	957-00-9116-9(精)	006309860140	繪畫 86014
11.	清代漆藝文物特展 CH'ING LACQUER ARTIFACTS	1997.5.	957-00-9114-2(平)	006309860150	文物 86015
12.	MUSEUM MARKETING STRATEGIES--NEW DIRECTION FOR A NEW CENTURY	1997.5.	957-00-9125-8(精)	006309860160	博物館 86016
13.	古物保存維護簡易手冊 A HANDBOOK OF ARTIFACT PRESERVATION	1997.5.	957-00-9389-7(平)	006309860170	文物 86017
14.	國立歷史博物館館藏精品 CATALOGUE OF EXQUISITE COLLECTION IN THE NATIONAL MUSEUM OF HISTORY	1997.5.	957-00-9578-4(精)	006309860190	博物館 86019

15.	台灣省文物藝術收藏學會收藏觀摩展 SELECTED PIECES FROM THE COLLECTORS OF TAIWAN CULTURE ART ANTIQUARY ASSOCIATION	1997.5.			陶瓷 86019-1
16.	哥斯大黎加華裔畫家吳廣威畫展專輯 COSTA RICAN ART EXHIBITION OF ISIDRO CON WONG	1997.6.	957-00-9475-3(平)	006309860180	繪畫 86018
17.	唐雲畫集 THE ART OF TANG YUN	1997.6.	957-00-9617-9(精)	006309860200	繪畫 86020
18.	台閩文物工作小組八十六年度工作報告——金門地區史蹟文物調查實錄 A RECORD OF HISTORIC RELICS STUDY IN KIN-MEN AREA—A SURVEY REPORT OF THE RESEARCH PROJECT IN 1997 BY TAIWAN AND FUKIEN ARTIFACTS RESEARCH WORK TEAM	1997.6.	957-00-9742-6(平)	006309860212	文物 86021
19.	亞太地區博物館會議論文集 PROCEEDINGS OF A SYMPOSIUM ON THE FUTURE OF ASIA—PACIFIC MUSEUMS:THE REGIONAL MUSEUM—DIRECTOR'S PERSPECTIVE	1997.6.	957-00-9770-1(平)	006309860222	論文集 86022
20.	生活樂章心靈之旅——公務人力昇華系列活動專輯 MELODY OF LIFE , A TOURNEY OF MIND	1997.6.	957-00-9932-1(平)	006309860260	歷史文化 86026
21.	茶的文化 CONNOISSEUR'S TEA	1997.7.	957-00-9821-X(精)	006309860230	技藝 86023
22.	水殿暗香—荷花專輯 LOTUS ELITE	1997.7.	957-00-9841-4(精)	006309860250	繪畫 86025
23.	館藏中國歷代陶瓷特展 1997 SPECIAL EXHIBITION OF THE NATIONAL MUSEUM OF HISTORY'S CHINESE CERAMIC COLLECTION THROUGH THE AGE	1997.7.	957-00-9965-8(平)	006309860280	陶瓷 86028
24.	佛雕之美——北朝佛教石雕藝術 BUDDHIST STONE CARVINGS IN THE NORTHERN DYNASTIES	1997.7.	957-00-9939-9(精) 957-00-9940-2(平)	006309860270	宗教藝術 86027
25.	佛雕之美—宋元木雕佛像精品展 CHINESE BUDDHIST WOODEN SCULPTURE FROM SUNG AND YUAN DYNASTIES	1997.7.	957-00-9966-6(精) 957-00-9967-4(平)	006309860290	宗教藝術 86029
26.	法相之美——金銅佛造像特展 BRONZE BUDDHIST STATUES THROUGH THE AGES	1997.7.	957-02-0008-1(平)	006309860309	宗教藝術 86030

27.	清代玉雕之美 JADE：CH'ING DYNASTY TREASURES	1997.8.	957-02-0202-5(精)	006309860329	文物 86032
28.	董開章書畫回顧展 THE RETROSPECTIVE OF TUNG K'AI- CHANG'S CALLIGRAPHIC WORKS AND PAINTINGS	1997.9.	957-02-0294-7(精) 957-02-0295-5(平)	006309860339	繪畫 86033
29.	中國插花藝術 CHINESE FLOWER ARRANGEMENT	1997.9.	957-02-0325-0(精)	006309860349	技藝 86034
30.	盈握天地鼻煙壺 A MINIATURE WORLD OF A SNUFF BOTTLE	1997.10.	957-02-0355-2(平)	006309860359	文物 86035
31.	潘天壽畫集 THE ART OF PAN TIAN-SHOU	1997.10.	957-02-0366-8(精)	006309860369	繪畫 86036
32.	館藏牙雕暨明清銅爐特展圖錄 IVORY—CARVING OF THE MUSEUM'S COLLECTION AND INCENSE BURNERS IN THE MING AND CH'ING DYNASTIES	1997.10.	957-02-0367-6(平)	006309860379	文物 86037
33.	歷代硯台展 INKSTONES THROUGH AGES	1997.10.	957-02-0400-1(平)	006309860389	文物 86038
34.	印章之美 THE SPLENDOR OF SEAL STONES	1997.10.	957-02-0507-5(平)	006309860418	雕刻 86041
35.	雲山碧海—林玉山山水畫集 THE LANDSCAPE PAINTINGS OF LIN YU-SHAN	1997.11.	957-02-0402-8(平)	006309860408	繪畫 86040
36.	精緻＆敘事—澳洲當代工藝展 THE SOMATIC OBJECT：CONTEMPORARY AUSTRALIAN ART TO TAIWAN	1997.12.	957-02-0599-7(平)	006309860428	國際展 86042
37.	陳永森畫集 THE ART OF CHEN YUNG-SEN	1997.12.	957-02-0651-9(精)	006309860458	繪畫 86045
38.	原鄉譜曲—洪瑞麟逝世週年紀念展 THE TONE OF HIS HOMELAND： COMMEMORATION EXHIBITION OF HUNG JUI-LIN'S ART	1997.12.	957-02-0758-2(精)	006309860468	繪畫 86046
39.	原真之美—陳澄晴先生珍藏台灣原住民藝 術文物(續) ABORIGINAL ARTS IN TAIWAN：THE COLLECTION OF CHEN CHENG-CHING	1997.12.	957-02-1010-9(精)	006309860478	文物 86047

編號 NO.	叢刊編號 SERIES NO.	史　物　叢　刊 ARTIFACTS AND HISTORY SERIES	出版日期 DATE	國際書號 ISBN	統　一　編　號 GOVERNMENT PUBLICATION NO.	索引號 INDEX NO.
40.	14	博物館的文物蒐藏及典藏制度 THE COLLECTION AND PRESERVATION SYSTEM OF MUSEUM	1997.2.	957-00-8664-5(平)	006304860054	史物叢刊 86005
41.	15	七友畫會及其藝術之研究 （林永發著） THE SEVEN FRIENDS PAINTING CLUB AND ITS ART（BY LIN YUNG-FA）	1997.4.	957-00-8973-3(平)	006304860113	史物叢刊 86011
42.	16	傳統．現代藝術生活 THE APPRECIATION OF CHINESE ART IN MODERN LIFE	1997.6.	957-00-9822-8(平)	006304860242	史物叢刊 86024
43.	17	悠閒靜思—論陳進藝術文集 （石守謙等著） AN ANTHOLOGY ON CHEN CHIN'S ART（BY SHIH SHOU-CHIEN）	1997.8.	957-02-0069-3(平)	006304860311	史物叢刊 86031
44.	18	藝評家群像（呂清夫著） ART CRITICISM AND ART CRITICS（BY LU CHING-FU）	1997.10.	957-02-0415-X(平)	006304860391	史物叢刊 86039
45.	19	佛雕之美 THE SPLENDOUR OF BUDDHIST STATUARIES	1997.12.	957-02-0613-6(平)	006304860430	史物叢刊 86043

編號 NO.	歷　史　文　物　月　刊 BULLETIN OF THE NATIONAL MUSEUM OF HISTORY	出版日期 DATE	國際期刊號 ISSN	統　一　編　號 GOVERNMENT PUBLICATION NO.	索引號 INDEX NO.
46.	歷史文物雙月刊第七卷第一期 VOL. VII NO.1	1997.2.	0457-6276	006308860026	86002
47.	歷史文物雙月刊第七卷第二期 VOL. VII NO.2	1997.4.	0457-6276	006308860026	86002
48.	歷史文物雙月刊第七卷第三期 VOL. VII NO.3	1997.6.	0457-6276	006308860026	86002

編號 NO.	歷 史 文 物 月 刊 BULLETIN OF THE NATIONAL MUSEUM OF HISTORY	出版日期 DATE	國際期刊號 ISSN	統一編號 GOVERNMENT PUBLICATION NO.	索引號 INDEX NO.
49.	歷史文物月刊第七卷第四期 VOL. VII NO.4	1997.7.	0457-6276	006308860026	86002
50.	歷史文物月刊第七卷第五期 VOL. VII NO.5	1997.8.	0457-6276	006308860026	86002
51.	歷史文物月刊第七卷第六期 VOL. VII NO.6	1997.9.	0457-6276	006308860026	86002
52.	歷史文物月刊第七卷第七期 VOL. VII NO.7	1997.10.	0457-6276	006308860026	86002
53.	歷史文物月刊第七卷第八期 VOL. VII NO.8	1997.11.	0457-6276	006308860026	86002
54.	歷史文物月刊第七卷第九期 VOL. VII NO.9	1997.12.	0457-6276	006308860026	86002

編號 NO.	學 報 （季 刊） JOURNAL OF THE NATIONAL MUSEUM OF HISTORY	出版日期 DATE	國際期刊號 ISSN	統一編號 GOVERNMENT PUBLICATION NO.	索引號 INDEX NO.
55.	國立歷史博物館學報第四期 JOURNAL OF THE NATIONAL MUSEUM OF HISTORY NO.4	1997.3.	1026-9584	006308860066	86006
56.	國立歷史博物館學報第五期 JOURNAL OF THE NATIONAL MUSEUM OF HISTORY NO.5	1997.6.	1026-9584	006308860066	86006
57.	國立歷史博物館學報第六期 JOURNAL OF THE NATIONAL MUSEUM OF HISTORY NO.6	1997.9.	1026-9584	006308860066	86006
58.	國立歷史博物館學報第七期 JOURNAL OF THE NATIONAL MUSEUM OF HISTORY NO.7	1997.12.	1026-9584	006308860066	86006

編號 NO.	年 報 ANNUAL REPORT	出版日期 DATE	國際期刊號 ISSN	統一編號 GOVERNMENT PUBLICATION NO.	索引號 INDEX NO.
59.	國立歷史博物館年報（1996.7-1997.6） THE NATIONAL MUSEUM OF HISTORY ANNUAL REPORT (1996.7-1997.6)	1997.12.	1029-0176	006302860440	86044

編號 NO.	錄　影　帶 VIDEOTAPE	拍攝時間 DATE
60.	原生文明—史前彩陶展 PAINTED POTTERY	86年
61.	赤玉丹霞—昌化雞血石文物展 CHICKEN-BLOOD STONE SEALS AND SCULPTURE	86年
62.	鏡光映美—中國歷代銅鏡展 ANCIENT BRONZE MIRRORS	86年
63.	吳冠中畫展 ARTS OF WU GUANZHONG	86年
64.	水墨新視覺—晚清民初繪畫展 LATER CHINESE PAINTING	86年

◆中華民國八十七年出版品一覽表◆

編號 NO.	圖　書　名　稱 BOOKS	出版日期 DATE	國際書號 ISBN	統　一　編　號 GOVERNMENT PUBLICATION NO.	索引號 INDEX NO.
1.	「博物館學研討會─博物館的呈現與文化」論文集 A SYMPOSIUM ON MUSEOLOGY─MUSEUM PRESENTAION AND CULTURE	1998.1.	957-02-0753-1(平)	006304870021	論文集 87002
2.	中華民國第七屆陶藝雙年展 THE SEVENTH CHINESE CERAMICS BIENNIAL EXHIBITION	1998.1.	957-02-0751-5(平)	006309870039	陶瓷 87003
3.	眞善美聖─藍蔭鼎的繪畫世界 HYMN OF COLORS:THE ART WORLD OF RAN IN-TING	1998.1.	957-02-0752-3(精)	006309870049	繪畫 87004
4.	從展覽籌畫出發：博物館實務研討會論文集 PROCEEDINGS OF THE MUSEUM CONFERENCE : AUSTRALIA–TAIWAN DIALOGUE	1998.1.	957-02-0828-7(平)	006304870051	論文集 87005
5.	金門古文物特展圖錄 A SURVEY EXHIBITION OF ARTIFACTS FROM THE KINMON AREA	1998.2.	957-02-0968-2(平)	006309870079	文物 87007
6.	國立歷史博物館台閩文物工作小組八十六年度工作報告─金門地區文物調查實錄 RECORD ON THE ARTIFACTS FROM THE KINMEN AREA─A SURVEY REPORT OF THE RESEARCH PROJECT IN 1997 BY TAIWAN AND FUKIEN ARTIFACTS RESEARCH WORK TEAM OF THE NMH	1998.2.	957-02-0977-1(平)	006304870081	文物 87008
7.	唐長沙窯瓷器之研究 A STUDY OF CHANG-SHA WARE IN THE T'ANG DYNASTY	1998.3.	957-02-0944-5(平)	006309870069	陶瓷 87006
8.	絲繡乾坤─清代刺繡文物集萃 THE COSMOS OF SILK─A TREASURE OF CH'ING EMBROIDERY	1998.3.	957-02-0982-8(精)	006309870099	服飾 87009
9.	第十四屆中國傳統藝術展─書藝與花藝 THE ARTS OF CALLIGRAPHY AND FLOWER ARRANGEMENT	1998.4.	957-02-1126-1(平)	006309870128	技藝 87012
10.	館藏席德進素描特展 THE SKETCHES OF HSI TE-CHIN IN THE NATIONAL MUSEUM OF HISTORY	1998.4.	957-02-1267-5(平)	006309870138	繪畫 87013

11.	民初十二家—北方畫壇 MODERN CHINESE PAINTING,1911-49: BEIJING	1998.4.	957-02-1268-3(精)	006309870148	繪畫 87014
12.	清華印月—侯彧華捐贈書畫展 THE EXHIBITION OF CALLIGRAPHY AND PAINTING DONATED BY HOWE YUH-HUA	1998.4.	957-02-1325-6(平)	006309870158	繪畫 87015
13.	洪瑞麟素描集 AN ARTIST AT WORK : SKETCHES OF HUNG JUI-LIN	1998.5.	957-02-1408-2(平)	006309870168	繪畫 87016
14.	西漢南越王墓文物特展圖錄 ARTIFACTS IN THE NANYUE KING'S TOMB OF WESTERN HAN DYNASTY	1998.5.	957-02-1448-1(平)	006309870178	陶瓷 87017
15.	淬光連門—陳慧坤畫集 ARTS OF MASTER CHEN HOUEI-KUEN	1998.6.	957-02-1485-6(平)	006309870188	繪畫 87018
16.	曉覺禪心—曉雲法師書畫集 ARTS OF MASTER VEN. HIU-WAN	1998.6.	957-02-1486-4(平)	006309870198	繪畫 87019
17.	民初十二家：上海畫壇 MODERN CHINESE PAINTING, 1911-49: SHANGHAI	1998.6.	957-02-1619-0(精)	006309870207	繪畫 87020
18.	文化發展與民間力量座談會文集 A CONFERENCE ON CULTURE, SOCIETY, AND PUBLIC POWER IN TAIWAN, R.O.C.	1998.6.	957-02-1618-2(平)	006309870217	歷史文化 87021
19.	國立歷史博物館典藏目錄文物篇 (一) CATALOGUE OF COLLECTION THE NATIONAL MUSEUM OF HISTORY： ARTIFACTS（VOLUME I）	1998.6.	957-02-1657-3(精)	006309870227	博物館 87022
20.	國立歷史博物館典藏目錄藝術篇 (一) CATALOGUE OF COLLECTION THE NATIONAL MUSEUM OF HISTORY：ART （VOLUME I）	1998.6.	957-02-1894-0(精)	006309870247	博物館 87024
21.	中國佛教雕塑 (上) BUDDHIST SCULPTURE IN CHINA VOLUME.1	1998.8.	957-02-2290-5(精) 957-02-2291-3(平)	006309870257	宗教藝術 87025
22.	中國佛教雕塑 (下) BUDDHIST SCULPTURE IN CHINA VOLUME.2	1998.8.	957-02-2292-1(精) 957-02-2293-X(平)	006309870267	宗教藝術 87026
23.	高第在臺北—高第建築藝術展 EL ARTE ARQUITECTOINCO DE GAUDI	1998.8.	957-02-2289-1(平)	006309870277	國際展 87027
24.	楚戈結情作品展 EXHIBITION FOR CHUKO'S TIES OF AFFECTION	1998.9.	957-02-2370-7(精)	006309870287	繪畫 87028

25.	尚‧杜布菲回顧展 1919-1985 RÉTROSPECTIVE JEAN DUBUFFET 1919-1985	1998.9.	957-02-2381-2(平)	006309870297	國際展 87029
26.	中國古代陶俑研究特展陶俑論文集 ANCIENT CHINESE POTTERY FIGURINES SELECTED RESEARCH ARTICLES	1998.10.	957-02-2663-3(平)	006304870309	陶瓷 87030
27.	中國古代陶俑研究特展圖錄 A SPECIAL EXHIBITION OF ANCIENT CHINESE FIGURINES FROM THE NATIONAL MUSEUM OF HISTORY	1998.10.	957-02-2662-5(平)	006304870319	陶瓷 87031
28.	清末民初書畫藝術集(1796-1996) MODERN CHINESE CALLIGRAPHY AND INK PAINTING,1796-1996	1998.10.	957-02-2563-7(精)	006309870326	繪畫 87032
29.	吳錦源畫集 THE ART OF WU CHIN-YUAN.	1998.10.	957-02-2734-6(精)	006309870336	繪畫 87033
30.	MINOL ARAKI 荒木實	1998.10.			繪畫 87033-1
31.	追根究柢—台閩族譜暨家傳文物特展圖錄 FAMILY TREES AND HEIRLOOMS FROM TAIWAN AND FUKIEN	1998.11.	957-02-2869-5(平)	006309870346	文物 87034
32.	中國文學與美學學術研討會論文集 A SYMPOSIUM ON CHINESE LITERATURE AND AESTHETICS	1998.11.	957-02-2892-X(平)	006304870359	論文集 87035
33.	第一屆中國書法春秋大賽得獎作品集 THE FIRST ANNUAL SPRING-AUTUMN CHINESE CALLIGRAPHY COMPETITION OF THE NATIONAL MUSEUM OF HISTORY	1998.12.	957-02-2889-X(平)	006309870366	書法 87036
34.	竹塹玻璃藝術展圖錄 GLASS ART FROM HSINCHU	1998.12.	957-02-2896-2(平)	006309870376	應用藝術 87037
35.	台灣常民文物展—信仰與生活 THE POPULAR BELIEF AND DAILY LIFE SEEN FROM EARLY TAIWANESE ARTIFACTS	1998.12.	957-02-2931-4(精)	006309870386	文物 87038
36.	日本美術史(上) THE HISTORY OF JAPANESE ART(VOLUME.1)	1998.12.	957-02-3049-5(精) 957-02-3050-9(平)	006309870405	藝術綜論 87040
37.	二十一世紀博物館的新視覺—博物館館長 論壇研討會論文集 NEW VISIONS FOR MUSEUMS OF THE 21ST CENTURY—A FORUM OF MUSEUM DIRECTORS :THE ANTHOLOGY OF FORUM PAPERS	1998.12.	957-02-3110-6(平)	006304870418	論文集 87041

編號 NO.	叢刊編號 SERIES NO.	史　物　叢　刊 ARTIFACTS AND HISTORY SERIES	出版日期 DATE	國際書號 ISBN	統　一　編　號 GOVERNMENT PUBLICATION NO.	索引號 INDEX NO.
38.	20	觀賞認知、解釋與評價—美術鑑賞教育的學理與實務（王秀雄著） APPRECIATION, COGNITION, INTERPRETATION, AND JUDGMENT : THEORIES AND PRACTICE OF ART APPRECIATION INSTRUCTION（BY WANG HSIU-HSIUNG）	1998.3.	957-02-1019-2(平)	006304870113	史物叢刊 87011

編號 NO.	歷　史　文　物　月　刊 BULLETIN OF THE NATIONAL MUSEUM OF HISTORY	出版日期 DATE	國際期刊號 ISSN	統　一　編　號 GOVERNMENT PUBLICATION NO.	索引號 INDEX NO.
39.	歷史文物月刊第八卷第一期 VOL.VIII　NO.1	1998.1.	0457-6276	006308870013	87001
40.	歷史文物月刊第八卷第二期 VOL.VIII　NO.2	1998.2.	0457-6276	006308870013	87001
41.	歷史文物月刊第八卷第三期 VOL.VIII　NO.3	1998.3.	0457-6276	006308870013	87001
42.	歷史文物月刊第八卷第四期 VOL.VIII　NO.4	1998.4.	0457-6276	006308870013	87001
43.	歷史文物月刊第八卷第五期 VOL.VIII　NO.5	1998.5.	0457-6276	006308870013	87001
44.	歷史文物月刊第八卷第六期 VOL.VIII　NO.6	1998.6.	0457-6276	006308870013	87001
45.	歷史文物月刊第八卷第七期 VOL.VIII　NO.7	1998.7.	0457-6276	006308870013	87001
46.	歷史文物月刊第八卷第八期 VOL.VIII　NO.8	1998.8.	0457-6276	006308870013	87001
47.	歷史文物月刊第八卷第九期 VOL.VIII　NO.9	1998.9.	0457-6276	006308870013	87001
48.	歷史文物月刊第八卷第十期 VOL.VIII　NO.10	1998.10.	0457-6276	006308870013	87001
49.	歷史文物月刊第八卷第十一期 VOL.VIII　NO.11	1998.11.	0457-6276	006308870013	87001
50.	歷史文物月刊第八卷第十二期 VOL.VIII　NO.12	1998.12.	0457-6276	006308870013	87001

編號 NO.	學　報　（季　刊） JOURNAL OF THE NATIONAL MUSEUM OF HISTORY	出版日期 DATE	國際期刊號 ISSN	統一編號 GOVERNMENT PUBLICATION NO.	索引號 INDEX NO.
51.	國立歷史博物館學報第八期　NO.8 JOURNAL OF THE NATIONAL MUSEUM OF HISTORY NO.8	1998.3.	1026-9584	006308870102	87010
52.	國立歷史博物館學報第九期　NO.9 JOURNAL OF THE NATIONAL MUSEUM OF HISTORY NO.9	1998.6.	1026-9584	006308870102	87010
53.	國立歷史博物館學報第十期　NO.10 JOURNAL OF THE NATIONAL MUSEUM OF HISTORY NO.10	1998.9.	1026-9584	006308870102	87010
54.	國立歷史博物館學報第十一期 NO.11 JOURNAL OF THE NATIONAL MUSEUM OF HISTORY NO.11	1998.12.	1026-9584	006308870102	87010

編號 NO.	光　　碟 CD - ROM	出版日期 DATE	國際書號 ISBN	統一編號 GOVERNMENT PUBLICATION NO.	索引號 INDEX NO.
55.	美麗五千年—人與宇宙篇(光碟片) FIVE THOUSAND YEARS OF BEAUTY-HUMAN BEING AND THE COSMOS	1998.6.	不用申請 NONE	006309870237	87023

編號 NO.	年　　報 ANNUAL REPORT	出版日期 DATE	國際期刊號 ISSN	統一編號 GOVERNMENT PUBLICATION NO.	索引號 INDEX NO.
56.	國立歷史博物館年報　(1997.7-1998.6) ANNUAL REPORT OF THE NATIONAL MUSEUM OF HISTORY(1997.7-1998.6)	1998.12.	1029-0176	006302870398	87039

編號 NO.	錄　影　帶 VIDEOTAPE	拍攝時間 DATE
57.	佛雕之美 THE SPLENDOUR OF BUDDHIST STATUARIES	87年
58.	眞善美聖—藍蔭鼎的繪畫世界 HYMN OF COLORS—THE ART WORLD OF RAN IN-TING	87年

59.	中國文人雅趣藝術特展 ARTS FROM THE CHINESE SCHOLAR'S STUDIO	87年
60.	金門古文物特展 A SPECIAL EXHIBITION OF EARLY ARTIFACTS IN KIN-MEN	87年
61.	絲繡乾坤—清代刺繡文物特展 THE COSMOS OF SILK—A SPECIAL EXHIBITION OF CH'ING EMBROIDERY	87年
62.	陳永森紀念展 CHEN YUNG -SEN MEMORIAL EXHIBITION	87年
63.	原鄉譜曲—洪瑞麟逝世週年紀念展 THE TONE OF HIS HOMELAND COMMEMORATION EXHIBITIOBN OF JUI LIN'S ART	87年
64.	西漢南越王墓文物特展 ARTIFACTS IN THE NANYUE KING'S TOMB OF WESTERN HAN DYNASTY	87年
65.	高第建築藝術展 ANTONI GAUDI	87年
66.	尚・杜布菲回顧展 RÉTROSPECTIVE JEAN DUBUFFET 1919-1985	87年
67.	中國古代陶俑研究特展 A SPECIAL EXHIBITION OF ANCIENT CHINESE FIGURINES FROM THE NATIONAL MUSEUM OF HISTORY	87年
68.	竹塹玻璃藝術展 GALSS ART FROM HSINCHU	87年

◆中華民國八十八年出版品一覽表◆

編號 NO.	圖　書　名　稱 BOOKS	出版日期 DATE	國際書號 ISBN	統　一　編　號 GOVERNMENT PUBLICATION NO.	索引號 INDEX NO.
1.	東方美學學術研討會論文集 THE SYMPOSIUM ON ORIENTAL AESTHETICS AND ARTS	1999.1.	957-02-3085-1(平)	006304880019	論文集 88001
2.	心象風景—何懷碩九九年畫展 THE SCENE OF MIND:HO HUAI-SHUO REVIEWING 1999	1999.1.	957-02-3087-8(精)	006309880026	繪畫 88002
3.	新世紀新方向—博物館行銷研討會論文集 NEW DIRECTIONS FOR THE NEW CENTURY—PROCEEDINGS OF THE CONFERENCE ON MUSEUM MARKETING	1999.1.	957-02-3149-1(平)	006304880049	論文集 88004
4.	日本浮世繪藝術特展 A SPECIAL EXHIBITION OF JAPANESE WOODBLOCK PRINTS: UKIYO -E FROM TADASHI GOINO'S COLLECTIONS	1999.2.	957-02-3171-8(精)	006309880056	美術展 88005
5.	中華錢幣史特展 THE HISTORY OF CHINESE COINAGE	1999.2.	957-02-3275-7(平)	006309880066	文物 88006
6.	隆古延今—張隆延書法九十回顧展 A 90TH YEAR RETROSPECTIVE OF CHINESE CALLIGRAPHY BY CHANG LONG -YIEN	1999.3.	957-02-3326-5(平)	006309880076	書法 88007
7.	張隆延書法論述文集 THE CALLIGRAPHY THEORY OF CHANG LONG -YIEN	1999.3.	957-02-3312-5(平)	006309880086	書法 88008
8.	一九九九中華插花藝術展—陶與花 CERAMICS AND FLOWERS—THE ART OF FLOWER ARRANGEMENT IN 1999	1999.3.	957-02-3342-7(平)	006309880096	技藝 88009
9.	淡水風貌—張讚傳攝影紀念展 THE SCENE OF TAMSUI : COMMEMORATIVE EXHIBITION OF CHANG TSUAN - CHUAN'S PHOTOGRAPHY	1999.3.	957-02-3353-2(精)	006309880105	攝影 88010
10.	台灣鄉情水墨畫展 EXHIBITION OF INK PAINTINGS OF TAIWAN SCENES	1999.3.	957-02-3369-9(平)	006309880115	繪畫 88011
11.	祖先‧靈魂‧生命—台灣原住民藝術展 ANCESTORS , SOULS AND LIFE :ART OF TAIWAN ABORIGINES	1999.3.	957-02-3405-9(平)	006309880135	文物 88013
12.	加拿大因紐特女性藝術家作品展 ISUMARUT : ART OF CANADIAN INUIT WOMEN	1999.3.	957-02-3406-7(平)	006309880145	國際展 88014

13.	傅狷夫的藝術世界—水墨畫 THE ART OF FU CHUAN-FU VOLUME Ⅰ INK PAINTINGS	1999.3.	957-02-3429-6(精)	006309880155	繪畫 88015
14.	傅狷夫的藝術世界—書法暨常用印譜 THE ART OF FU CHUAN-FU VOLUME Ⅱ CALLIGRAPHY AND SEALS	1999.3.	957-02-3430-X(精)	006309880165	繪畫 88016
15.	傅狷夫的藝術世界—論文集 THE ART OF FU CHUAN-FU VOLUME Ⅲ WRITINGS	1999.3.	957-02-3431-8(精)	006309880175	繪畫 88017
16.	NEW VISIONS FOR MUSEUMS 博物館新視覺	1999.3.	957-02-3457-1(精)	006309880185	博物館 88018
17.	南土風象—當代台灣藝術景觀中城鄉圖像的變遷 LANDFORM：THE LAND ON THE MIND	1999.4.	957-02-3457-1(平)	006309880204	國際展 88020
18.	新方向、新精神—新世紀台灣水墨畫發展學術研討會論文集兼論傅狷夫先生書畫傑出成就 NEW DIRECTION, NEW SPIRIT—A SYMPOSIUM ON THE DEVELOPMENT OF TWAIWANESE INK PAINTING IN THE NEW CENTURY	1999.4.	957-02-3658-2(平)	006304880217	論文集 88021
19.	如雪・如冰・如影—法國居美美術館收藏中國陶瓷特展 TERRE DE NEIGE, DE GLACE, ET D'OMBRE—QUATORZE SIÈCLES D'HISTOIRE DE LA CÉRAMIQUE CHINOISE À TRAVERS LES COLLECTIONS DU MUSÉE GUIMET	1999.5.	957-02-3755-4(平)	006309880234	陶瓷 88023
20.	藝鄉情眞—李澤藩逝世十週年紀念畫集 TRUTHFUL SENTIMENTIN THE ART WORLD—A 10-YEAR MEMORIAL TRIBUTE TO LEE TZE-FAN	1999.5.	957-02-3783-X(平)	006309880254	繪畫 88025
21.	THE CONTEMPORARY ART OF TAIWAN 台灣當代藝術展	1999.6.	957-02-3765-1(平)	006309880244	國際展 88024
22.	風華再現—明清家具收藏展 SPLENDOR OF STYLE : CLASSICAL FURNITURE FROM THE MING AND QING DYNASTIES	1999.6.	957-02-3929-8(精)	006309880274	應用藝術 88027
23.	澎湖海域古沈船將軍一號試掘報告書 A REPORT ON THE UNDERWATER EXCAVATION OF THE ANCIENT SHIP "GENERAL NO.1" AT THE PONG HU SEA	1999.6.	957-02-4303-1(平)	006304880297	考古 88029
24.	紫砂陶藝收藏展 EXHIBITION OF PURPLE-CLAY POTTERY COLLECTIONS	1999.6.	957-02-4302-3(精)	006309880303	陶瓷 88030

25.	國立歷史博物館典藏目錄文物篇(二) CATALOGUE OF COLLECTION THE NATIONAL MUSEUM OF HISTORY A RTIFACTS VOLUME II	1999.6.	957-02-4398-8(精)	006309880313	博物館 88031
26.	國立歷史博物館典藏目錄藝術篇(二) CATALOGUE OF COLLECTION THE NATIONAL MUSEUM OF HISTORY ART VOLUME II	1999.6.	957-02-4399-6(精)	006309880323	博物館 88032
27.	國立歷史博物館典藏品捐贈目錄 (1995.3~1999.3) CATALOGUE OF DONATED COLLECTIONS IN THE NATIONAL MUSEUM OF HISTORY 1995.3~1999.3	1999.6.	957-02-4437-2(精)	006308880348	博物館 88034
28.	日本美術史(中) THE HISTORY OF JAPANESE ART(VOLUME.2)	1999.7.	957-02-3465-2(精) 957-02-3466-0(平)	006309880195	藝術綜論 88019
29.	揚州八怪書畫珍品展 THE ART OF THE YANGZHOU ECCENTRICS OF YANGZHOU	1999.7.	957-02-4304-X(精)	006309880284	繪畫 88028
30.	百家書畫集 CHINESE CALLIGRAPHY AND INK PAINTINGS BY 142 ARTISTS	1999.8.	957-02-4687-1(平)	006309880353	繪畫 88035
31.	二十世紀中國水墨大觀 A SURVEY OF 20TH CENTURY CHINESE INK PAINTING	1999.8.	957-02-4704-5(平)	006309880363	繪畫 88036
32.	波羅的海三國民俗藝術特展 FOLK ART OF THE BALTIC STATES	1999.8.	957-02-4715-0(平)	006309880373	國際展 88037
33.	文字形意象—中國文字的藝術表現 FORMS,MEANINGS,AND IMAGES IN CHINESE CHARACTERS	1999.8.	957-02-4822-X(平)	006309880383	書法 88038
34.	彩墨千山—馬白水九十回顧展 A RETROSPECTIVE OF MA PAI-SUI AT NINETY	1999.9.	957-02-4851-3(精)	006309880393	繪畫 88039
35.	裝飾結的創作—第八屆東亞三國結藝聯展 THE ART OF DECORATIVE KNOTS：THE 8TH INTERNATIONAL EXHIBITION OF TRADITIONAL KNOTS	1999.9.	957-02-4900-5(精)	0063099880402	技藝 88040
36.	王昌杰創作紀念展 A MEMORIAL EXHIBITION OF WANG CHANG-CHIEH'S ART	1999.9.	957-02-4918-8(精)	006309880432	繪畫 88043
37.	苗族服飾特展—黔東南 COSTUMES OF THE MIAO FROM SOUTH-EAST GUIZHOU	1999.10.	957-02-4908-0(平)	006309880412	服飾 88041

38.	熊秉明的藝術—遠行與回歸 AN ODYSSEY ABROAD AND BACK—HSIUNG PING-MING'S ART	1999.10.	957-02-4916-1(平)	006309880422	攝影 88042
39.	道教文物 CULTURAL ARTIFACTS OF TAOISM	1999.10.	957-02-5029-1(精)	006309880442	宗教藝術 88044
40.	世紀末的氣息—眞實、我、我自己：藝術創作過程之藝術理論研究 L'ESPRIT DU LE COMPORTEMENT DES GENS DU MONDE REALITÉ MOI—MÊME JE VIVANT—ÉTUDE THÉORIQE DE L'ART CRÊATIVE EN PROCESSUS	1999.10.	957-02-5074-7(平)	006309880452	藝術綜論 88045
41.	1901-2000中華文化百年論文集 I CHINESE CULTURE CENTENARY I	1999.11.	957-02-5098-4 (一套：平裝)	006304880485	論文集 88048
42.	1901-2000中華文化百年論文集 II CHINESE CULTURE CENTENARY II	1999.11.	957-02-5098-4 (一套：平裝)	006304880485	論文集 88048
43.	1901-2000世界文化百年論文集 I WORLD CULTURE CENTENARY I	1999.11.	957-02-5118-2 (一套：平裝)	006304880495	論文集 88049
44.	1901-2000世界文化百年論文集 II WORLD CULTURE CENTENARY II	1999.11.	957-02-5118-2 (一套：平裝)	006304880495	論文集 88049
45.	彩塑人間：台灣交趾陶藝術展 MOULDING LIFE IN COLORFUL CLAY—THE ART OF TAIWAN CHIAO-CHIN POTTERY	1999.11.	957-02-5127-1(平)	006309880511	陶瓷 88051
46.	1901-2000台灣文化百年論文集 I TAIWAN CULTURE CENTENARY I	1999.12.	957-02-5124-7 (一套：平裝)	006304880504	論文集 88050
47.	1901-2000台灣文化百年論文集 II TAIWAN CULTURE CENTENARY II	1999.12.	957-02-5124-7 (一套：平裝)	006304880504	論文集 88050
48.	臺北國際生態 ECOART EXHIBITION TAIPEI,1999-2000	1999.12.	957-02-5152-2(精)	0006309880521	國際展 88052
49.	李普同書法紀念展 THE CALLIGRAPHY OF LEE, PU-TONG —A MEMORIAL EXHIBITION	1999.12.	957-02-5170-0(精)	006309880531	書法 88053

編號 NO.	叢刊編號 SERIES NO.	史　物　叢　刊 ARTIFACTS AND HISTORY SERIES	出版日期 DATE	國際書號 ISBN	統　一　編　號 GOVERNMENT PUBLICATION NO.	索引號 INDEX NO.
50.	21	筆歌墨舞—書法藝術 THE FLOWERING BRUSH—THE ART OF CHINESE CALLIGRAPHY	1999.6.	957-02-3732-5(平)	006304880227	史物叢刊 88022

| 51. | 22 | 台灣水墨畫與環境因素之研究（黃光男著）
A STUDY ON THE INK PAINTINGS OF TAIWAN（BY HUANG KUANG-NAN） | 1999.6. | 957-02-4391-0(平) | 006304880336 | 史物叢刊 88033 |
| 52. | 24 | 台灣畫壇風雲（洛華笙著）
PAINTING TREASURES OF TAIWAN（BY LO HWA-SUN） | 1999.12. | 957-02-5351-7(平) | 006304880544 | 史物叢刊 88054 |

編號 NO.	歷 史 文 物 月 刊 BULLETIN OF THE NATIONAL MUSEUM OF HISTORY	出版日期 DATE	國際期刊號 ISSN	統一編號 GOVERNMENT PUBLICATION NO.	索引號 INDEX NO.
53.	歷史文物月刊第九卷第一期 IX. NO.1	1999.1.	0457-6276	006308880030	88003
54.	歷史文物月刊第九卷第二期 IX. NO.2	1999.2.	0457-6276	006308880030	88003
55.	歷史文物月刊第九卷第三期 IX. NO.3	1999.3.	0457-6276	006308880030	88003
56.	歷史文物月刊第九卷第四期 IX. NO.4	1999.4.	0457-6276	006308880030	88003
57.	歷史文物月刊第九卷第五期 IX. NO.5	1999.5.	0457-6276	006308880030	88003
58.	歷史文物月刊第九卷第六期 IX. NO.6	1999.6.	0457-6276	006308880030	88003
59.	歷史文物月刊第九卷第七期 IX. NO.7	1999.7.	0457-6276	006308880030	88003
60.	歷史文物月刊第九卷第八期 IX. NO.8	1999.8.	0457-6276	006308880030	88003
61.	歷史文物月刊第九卷第九期 IX. NO.9	1999.9.	0457-6276	006308880030	88003
62.	歷史文物月刊第九卷第十期 IX. NO.10	1999.10.	0457-6276	006308880030	88003
63.	歷史文物月刊第九卷第十一期 IX. NO.11	1999.11.	0457-6276	006308880030	88003
64.	歷史文物月刊第九卷第十二期 IX. NO.12	1999.12.	0457-6276	006308880030	88003

編號 NO.	學　報　（季　刊） JOURNAL OF THE NATIONAL MUSEUM OF HISTORY	出版日期 DATE	國際期刊號 ISSN	統一編號 GOVERNMENT PUBLICATION NO.	索引號 INDEX NO.
65.	國立歷史博物館學報第十二期 NO.12	1999.3.	1026-9584	006308880120	88012
66.	國立歷史博物館學報第十三期 NO.13	1999.6.	1026-9584	006308880120	88012
67.	國立歷史博物館學報第十四期 NO.14	1999.9.	1026-9584	006308880120	88012
68.	國立歷史博物館學報第十五期 NO.15	1999.12.	1026-9584	006308880120	88012

編號 NO.	光　碟 CD -- ROM	出版日期 DATE	國際書號 ISBN	統一編號 GOVERNMENT PUBLICATION NO.	索引號 INDEX NO.
69.	美麗五千年—人與服飾篇(光碟片) FIVE THOUSAND YEARS OF BEAUTY-HUMAN BEING AND THE COSTUME	1999.5.		006309880264	88026

編號 NO.	年　報 ANNUAL REPORT	出版日期 DATE	國際期刊號 ISSN	統一編號 GOVERNMENT PUBLICATION NO.	索引號 INDEX NO.
70.	國立歷史博物館年報 (88年度) 中文版 ANNUAL REPORT OF THE NATIONAL MUSEUM OF HISTORY(1997.7-1998.6)	1999.11.	1029-0176	006302880464	88046
71.	國立歷史博物館年報 (88年度) 英文版 ANNUAL REPORT OF THE NATIONAL MUSEUM OF HISTORY(1997.7-1998.6)	1999.11.	1029-0176	006302880474	88047

編號 NO.	錄　影　帶 VIDEOTAPE	拍攝時間 DATE
72.	台灣常民文物展—信仰與生活 THE POPULAR BELIEF AND DAILY LIFE SEEN FROM EARLY TAIWANESE ARTIFACTS	88年

73.	隆古延今—張隆延書法九十回顧展 A 90ᵀᴴ YEAR RETROSPECTIVE OF CHINESE CALLIGRAPHY BY CHANG LONG-YIEN	88年
74.	雲水雙絕—傅狷夫的藝術世界 1998 EXECUTIVE YUAN CULTURE AWARD THE WONDERS OF CLOUDS AND WATER—THE ART OF FU CHUAN-FU	88年
75.	第三及第四屆傑出建築師作品展 THE EXHIBITION OF THE 3ᴿᴰ AND 4ᵀᴴ R.O.C. OUTSTANDING ARCHITECTS AWARD RECIPIENTS	88年
76.	如雪‧如冰‧如影—法國居美美術館館藏中國陶瓷展 TERRE DE NEIGE , DE GLACE , ET D'OMBRE	88年
77.	藝鄉情眞—李澤藩逝世十週年紀念展 TRUTHFUL SENTIMENT IN THE ART WORLD—A 10-YEAR MEMORIAL TRIBUTE TO LEE TZE-FAN	88年
78.	風華再現—明清家具收藏展 SPLENDOR OF STYLE : CLASSICAL FURNITURE FROM THE MING AND QING DYNASTIES	88年
79.	揚州八怪書畫珍品展 THE ART OF THE EIGHT ECCENTRICS OF YANG ZHOU	88年
80.	彩墨千山—馬白水九十回顧展 A RETROSPECTIVE OF MA PAI-SUI AT NINETY	88年
81.	道教文物 CULTURAL ARTIFACTS OF TAOISM	88年

◆中華民國八十九年出版品一覽表◆

編號 NO.	圖　書　名　稱 BOOKS	出版日期 DATE	國際書號 ISBN	統　一　編　號 GOVERNMENT PUBLICATION NO.	索引號 INDEX NO.
1.	龍文化特展 THE BEAUTY OF DRAGONS DECORATIVE MOTIFS OF DRAGONS IN CHINESE CULTURAL ARTIFACTS	2000.1.	957-02-5429-7(平)	006309890013	文物 89001
2.	「看誰在說話—台灣當代美術中的個人與社群關係」座談會文集 LOOK WHO'S TALKING : A CONFERENCE OF THE RELATIONSHIPS BETWEEN THE INDIVIDUALS AND THE SOCIAL ENVIRONMENT IN THE CONTEMPORARY ART OF TAIWAN	2000.1.	957-02-5470-X(平)	006304890036	論文集 89003
3.	第二屆中國書法春秋大賽優勝作品集 THE SECOND ANNUAL SPRING / AUTUMN CHINESE CALLIGRAPHY COMPETITION OF THE NATIONAL MUSEUM OF HISTORY	2000.1.	957-02-5465-3(平)	006309890053	書法 89005
4.	林玉山教授創作展：八十八年行政院文化獎 ART OF LIN YU-SHAN：1999 THE R.O.C. EXECUTIVE YUAN CULTURE MEDAL AWARD	2000.1.	957-02-5476-9(平)	006309890073	繪畫 89007
5.	二〇〇〇中華插花藝術展—世紀之約 THE ART OF CHINESE FLOWER ARRANGING IN THE NEW MILLENNIUM	2000.2.	957-02-5428-9(平)	006309890023	技藝 89002
6.	馬克山書法藝術展 THE ART OF CALLIGRAPHY BY MA KE-SHAN	2000.2.	957-02-5497-1(精)	006309890083	書法 89008
7.	東方美學學術研討會論文集（一九九九） THE SYMPOSIUM ON ORIENTAL AESTHETICS AND ARTS	2000.2.	957-02-5553-6(平)	006304890096	論文集 89009
8.	董陽孜作品展 GRACE Y.T. TONG CALLIGRAPHY EXIBITION	2000.3.	957-02-5579-X(精)	006309890102	書法 89010
9.	書印雙絕：曾紹杰書法篆刻研究展 SPECIAL EXHIBITION OF THE ART OF TSENG SHAO-CHIEHS CALLIGRAPHY AND SEAL ENGVAVING	2000.3.	957-02-5604-4(精)	006309890112	書法 89011
10.	達文西：科學家、發明家、藝術家 LEONARDO DA VINCI：SCIENTIST INVENTOR ARTIST	2000.3.	957-02-5649-4(平)	006309890132	國際展 89013

11.	玲瓏晶燦：中華古玻璃藝術展 DELICACY AND GLAMOUR-ANCIENT CHINESE GLASSWORK	2000.3.	957-02-5650-8(平)	006309890142	應用藝術 89014
12.	實空演義：現代玻璃藝術 A TALE OF EMPTINESS：CONTEMPORARY GLASS ART	2000.3.	957-02-5651-6(平)	006309890152	應用藝術 89015
13.	花鳥畫境：邵幼軒回顧展 A RETROSPECTIVE OF SHAO YOU-XUAN'S BIRD-AND-FLOWER PAINTINGS	2000.4.	957-02-5734-2(平)	006309890162	繪畫 89016
14.	香薰香爐暖爐 CENSERS, INCENSE BURNERS AND HAND WARMERS WELLINGTON WANG COLLECTION	2000.4.	957-02-5757-1(精)	006309890172	文物 89017
15.	雙清藏爐 CHINESE INCENSE BURNERS COLLECTION OF STEVEN HUNG & LINDY CHERN	2000.4.	957-02-5758-X(精)	006309890182	文物 89018
16.	牆攝影比賽得獎作品集 PRIZE-WINNING PHOTOGRAPHIC WORKS FROM THE "WALL" PHOTOGRAPHY CONTEST	2000.5.	957-02-5926-4(平)	006309890192	攝影 89019
17.	牆 WALL	2000.5.	957-02-5961-2(平)	006309890201	國際展 89020
18.	「牆」徵文比賽專輯 PRIZE-WINNING COMPOSITIONS FROM THE "WALL" COMPOSITION CONTEST	2000.5.	957-02-5978-7(平)	006309890211	歷史文化 89021
19.	鄉音刻痕：林智信版畫展 AN EXHIBITION OF PRINTS BY LIN CHIH-HSIN	2000.5.	957-02-6031-9(精)	006309890231	版畫 89023
20.	中國文學與美學學術研討會論文集 A SYMPOSIUM ON CHINESE LITERATURE AND AESTHETICS	2000.5.	957-02-6047-5(平)	006304890244	論文集 89024
21.	璧光盈袖：居易書屋珍藏玉器展 JADE COLLECTION OF THE JU-YI SCHOLAR'S STUDIO	2000.5.	957-02-6065-3(精)	006309890251	文物 89025
22.	博物館與建築：邁向新博物館之路—博物館館長論壇論文集 MUSEUM AND ARCHITECTURE：TOWARD A NEW MUSEUM - PROCEEDINGS FOR FORUM OF MUSEUM DIRECTOR, 2000	2000.5.	957-02-6088-2(平)	006304890264	論文集 89026
23.	上古中國之生死觀與藝術（王德育著） LIFE AND DEATH IN EARLY CHINESE ART（DAVID TEH-YU WANG）	2000.6.	957-02-6028-9(精)	006309890221	藝術綜論 89022
24.	燦古鎔金：金勤伯繪畫紀念展 REFLECTION FROM THE PAST, FORGING TODAY—A COMMEMORATIVE EXHIBITION QIN-BO JIN	2000.6.	957-02-6090-4(平)	006309890271	繪畫 89027

25.	台灣漫畫史特展 A CELEBRATION OF TAIWAN COMICS	2000.6.	957-02-6261-3(精)	006309890281	繪畫 89028
26.	楊作福書法八十回顧展 YANG ZUO-FU AT 80：A RETROSPECTIVE OF HIS CALLIGRAPHY	2000.6.	957-02-6271-0(精)	006309890291	書法 89029
27.	阿曼創作回顧展 ARMAN	2000.7.	957-02-6409-8(平)	006309890300	國際展 89030
28.	中國少數民族服飾 COSTUMES AND ACCESSORIES OF CHINESE MINORITIES	2000.7	957-02-6406-3(精)	006309890310	服飾 89031
29.	廖俊穆創作畫集 COLLECTED PAINTINGS BY LIAO CHUN-MU	2000.7	957-02-6403-9(精)	006309890320	繪畫 89032
30.	馬晉封作品紀念展 A MEMORIAL EXHIBITION OF MA CHIN-FENG'S ART WORKS	2000.8.	957-02-6432-2(精) 957-02-6433-0(平)	006309890330	繪畫 89033
31.	中華文物中美洲巡迴展 EXPOSICIÓN ITINERANTE DE ARTE CHINO	2000.8.	957-02-6446-2(平)	006309890340	國際展 89034
32.	光陰的故事：黃伯驥七十攝影展 REFLECTIONS ON DAYS GONE BY： PHOTOGRAPHS BY HWANG PAI-CHI AT 70	2000.8.	957-02-6563-9(平)	006309890350	攝影 89035
33.	搶救文物—九二一大地震災區文物研究展 圖錄 AN EXHIBITION OF ARTIFACTS RESCUED FROM SITES RUINED BY THE "921 EARTHQUAKE"	2000.9.	957-02-6621-X(平)	006304890363	文物 89036
34.	搶救文物—九二一大地震災區文物研究報告 AN EXHIBITION OF ARTIFACTS RESCUED FROM SITES RUINED BY THE "921 EARTHQUAKE"	2000.9.	957-02-6622-8(平)	006304890373	文物 89037
35.	怎樣寫學術論文 HOW TO WRITE THESIS	2000.9.	957-02-6641-4(平)	006309890380	歷史文化 89038
36.	大地之歌—奧克拉荷馬印地安藝術創作展 OKLAHOMA INDIAN ART VISUAL SONGS OF NATIVE AMERICA	2000.9.	957-02-6743-7(平)	006309890390	文物 89039
37.	台灣原始宗教與神話(施翠峰著) PRIMITIVE RELIGIONS AND CREATION MYTHS OF TAIWAN ABORIGINES	2000.9.	957-02-6769-0(平)	006309890400	歷史文化 89040
38.	苧綵流霞—台灣原住民衣飾文化特展 THE BEAUTY OF TAIWANESE ABORIGINAL CLOTHING	2000.10.	957-02-6768-2(精)	006309890410	服飾 89041
39.	文物保護科技文集 SELECTED ARTICLES ON THE SCIENCE OF ARTIFACT CONSERVATION	2000.10.	957-02-7027-6(平)	006304890452	文物 89045

40.	秋毫精勁—江育民書法集 JIANG YU-MING CALLIGRAPHY EXHIBITION	2000.10.	957-02-6940-5(平)	006309890529	書法 89052
41.	無人無我‧無古無今：張大千畫作加拿大首展 A MASTER OF PASS, PRESENT, AND FUTURE：THE FIRST EXHIBITION OF CHANG DAI-CHIEN'S PAINTING IN CANADA	2000.11.	957-02-6798-4(平)	006309890420	張大千 89042
42.	2000中華民國國際陶藝雙年展 INTERNATIONAL BIENNIAL EXHIBITION OF CERAMIC ARTS, 2000, R.O.C.	2000.11.	957-02-6890-5(平)	006309890440	陶瓷 89044
43.	地震災後文化資產保存維護學術研討會論文集 SYMPOSIUM ON "THE RESERVATION AND MAINTENANCE OF ARTIFACTS AFTER EARTHQUAKES" TREATISE	2000.11.	957-02-7049-7(平)	006304890462	文物 89046
44.	國立歷史博物館典藏品捐贈目錄（二） CATALOGUE OF DONATED COLLECTIONS IN THE NATIONAL MUSEUM OF HISTORY II 1999.4～2000.7	2000.11.	957-02-7084-5(精)	006309890470	博物館 89047
45.	日本美術史(下)（王秀雄著） THE HISTORY OF JAPANESE ART VOLUME.3（BY HSIU-HSIUNG WANG）	2000.11.	957-02-7108-6(精) 957-02-7109-4(平)	006309890490	藝術綜論 89049
46.	西方傳統油畫三大技法（王勝著） THREE MAJOR TRADITIONAL TECHNIQUE OF OIL PAINTING	2000.11.	957-02-7112-4(平)	006309890509	繪畫 89050
47.	再見青春 再見童顏—猶太文化展 FAREWELL MY YOUTH FAREWELL MY CHILDHOOD—AN EXHIBITION OF JEWISH CULTURE	2000.11.	957-02-7152-3(平)	006309890519	國際展 89051
48.	國立歷史博物館出版書目提要 1955-2000.11 SUMMARY OF MAJOR CATALOGUES PUBLISHED BY THE NATIONAL MUSEUM OF HISTORY FROM 1955-NOVEMBER 2000	2000.11.	957-02-7161-2(平)	006308890484	博物館 89048

編號 NO.	叢刊編號 SERIES NO.	史　物　叢　刊 ARTIFACTS AND HISTORY SERIES	出版日期 DATE	國際書號 ISBN	統　一　編　號 GOVERNMENT PUBLICATION NO.	索引號 INDEX NO.
49.	23	博物館之營運與實務—以國立歷史博物館為例（黃光男等） ADMINISTRATION OF MUSEUM AND SOME PRACTICAL ISSUES—THE NATIONAL MUSEUM OF HISTORY（BY HAUNG KAUNG-NAN ETC.）	2000.1.	957-02-5477-7(平)	006304890066	史物叢刊 89006

編號 NO.	歷　史　文　物　月　刊 BULLETIN OF THE NATIONAL MUSEUM OF HISTORY	出版日期 DATE	國際期刊號 ISSN	統一編號 GOVERNMENT PUBLICATION NO.	索引號 INDEX NO.
50.	歷史文物月刊第十卷第一期 X. NO.1	2000.1.	0457-6276	006308890048	89004
51.	歷史文物月刊第十卷第二期 X. NO.2	2000.2.	0457-6276	006308890048	89004
52.	歷史文物月刊第十卷第三期 X. NO.3	2000.3.	0457-6276	006308890048	89004
53.	歷史文物月刊第十卷第四期 X. NO.4	2000.4.	0457-6276	006308890048	89004
54.	歷史文物月刊第十卷第五期 X. NO.5	2000.5.	0457-6276	006308890048	89004
55.	歷史文物月刊第十卷第六期 X. NO.6	2000.6.	0457-6276	006308890048	89004
56.	歷史文物月刊第十卷第七期 X. NO.7	2000.7.	0457-6276	006308890048	89004
57.	歷史文物月刊第十卷第八期 X. NO.8	2000.8.	0457-6276	006308890048	89004
58.	歷史文物月刊第十卷第九期 X. NO.9	2000.9.	0457-6276	006308890048	89004

編號 NO.	學　報　（季　刊） JOURNAL OF THE NATIONAL MUSEUM OF HISTORY	出版日期 DATE	國際期刊號 ISSN	統一編號 GOVERNMENT PUBLICATION NO.	索引號 INDEX NO.
59.	國立歷史博物館學報第十六期 NO.16	2000.3.	1026-9584	006308890127	89012
60.	國立歷史博物館學報第十七期 NO.17	2000.6.	1026-9584	006308890127	89012

編號 NO.	錄　影　帶 VIDEOTAPE	拍攝時間 DATE
61.	龍文化特展 THE BEAUTY OF DRAGONS DECORATIVE MOTIFS OF DRAGONS IN CHINESE CULTURAL ARTIFACTS	89年
62.	牆 WALL	89年
63.	中國少數民族服飾 COSTUMES AND ACCESSORIES OF CHINESE MINORITIES	89年

出版品分類提要

國立歷史博物館圖書、圖錄

　　國立歷史博物館出版品中，不包括叢書、套書、期刊以及非書資料的其它圖書、圖錄，共計466冊：占出版品總數的66%，內容大致可分為博物館等共15類，本書特將此部份以分類的編排方式，配以提要說明、封面圖片、以及出版年月、高廣、裝訂、國際書號、統一編號等基本資料，提供讀者參考，其中索引號另可配合「出版品一覽表」作有效的對照。讀者可由提要部分，了解國立歷史博物館的歷史與過程，以及自建館至今45年中所付出的努力與貢獻。

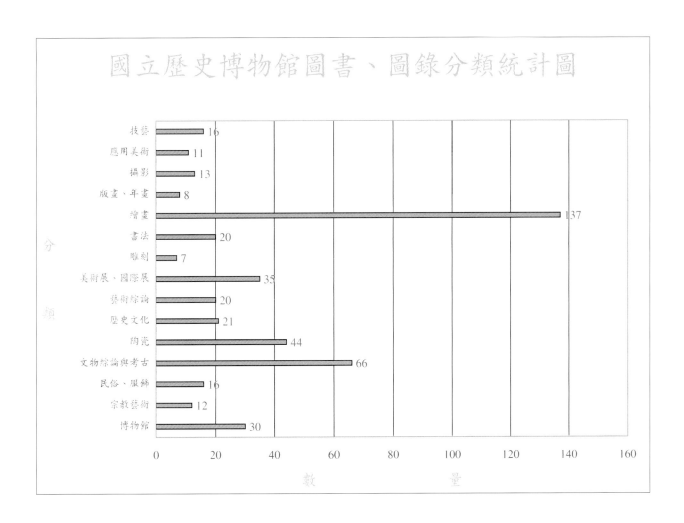

國立歷史博物館圖書、圖錄分類統計圖

博物館類

52001　中國博物館史稿（包遵彭著）

HISTORICAL TEXTS OF CHINESE MUSEUMS（BY PAO TSEN-PENG）

1963.10.　26X19cm　48面　平裝

　　「中國博物館史稿」一書爲包遵彭先生的著作，包遵彭先生於民國四十四年奉派籌辦國立歷史文物美術館，後來改名國立歷史博物館，先生一直致力於明史、博物館學、古物保存等研究，先後撰有專書數十種，極受國內外學術界重視。

　　「中國博物館史稿」一書論述史前遺址博物館、野外文化史博物館、歷史家屋博物館、歷史人像陳列館等館之淵源以及描述全國重要博物館概況，並且分析中國近代博物館發展之大勢，提供博物館相關人員研究與參考。

59002　再接再厲的國立歷史博物館

GO FOR IT！NATIONAL MUSEUM OF HISTORY

1970.7.　27X19cm　54面　平裝

　　本書就建館歷史、文物蒐藏、研究與出版、展覽活動、工作成效以及對未來的展望提出說明，書中並附有本館辦理國際展覽之地域圖、本館與各國博物館及學術團體文物資料交換關係圖以及本館館景及館務活動攝影舉隅（十四幀），一方面自我勉勵，另一方面讓社會大眾更加認識國立歷史博物館。

65004　亞太地區博物館研討會議

A CONFERENCE OF ASIA-PACIFIC MUSEUMS

1976.5.　22X16cm　40面　平裝

　　亞太地區博物館研討會於一九七六年五月召開，此次會議，不僅帶來了高度的思想智慧，豐富的工作經驗；同時更帶來了各地區人民深厚的友誼，充分地促進國際文化交流，且發揚中國傳統文化。這次會議的主題，在共同探討古物保管與修復，並就博物館的行政管理交換寶貴經驗，本館特別編印這本手冊，提供相關之服務資料。

69002　包遵彭文存

ESSAYS OF PAO TSEN-PENG

1980.2.　22X16cm　549面　精裝

　　歷史博物館和中央圖書館人員為了懷念包遵彭先生，彙集包先生生前發表的學術論著，編成文集。內容多是關於海防、航運、明史、博物館和圖書館等相關論題，與先生所擔任的工作有關，也都是他的實際工作經驗與研究心得，散見各報刊、雜誌，現在彙印成冊，便於後人研讀參考。

76007　國立歷史博物館簡介

THE NATIONAL MUSEUM OF HISTORY

1987.6.　19X13cm　40面　平裝

　　國立歷史博物館簡介，內容包含本館之沿革、展覽品概說以及參觀規則。展覽品概說中簡述了甲骨、銅器、禮器、樂器、兵器、石器、玉器、陶器、瓷器、錢幣、宗教文物、敦煌藝術、書畫、人像、傢俱等項目，提供社會大眾參考與指教。

77015　國立歷史博物館簡介

NATIONAL MUSEUM OF HISTORY

1988.10.　26X19cm　79面　平裝

　　本館出版之國立歷史博物館簡介，內容包括：一、歷史博物館沿革略記。二、館務運作特色與成果。三、重要館藏概說。重要館藏概說中又將以下文物做了說明：1.銅器 2.陶器 3.玉器 4.中國文字史料 5.瓷器 6.錢幣 7.工藝 8.宗教文物 9.民俗文物 10.書畫，提供社會大眾研參，並加強對本館的認識。

84033　慶祝建館四十週年紀念文集
COMMEMORATIVE EDITION FOR THE 40ᵀᴴ ANNIVERSARY
1995.11.　30X22cm　242面　定價800元
ISBN：957-00-6528-1 (精裝)　統一編號：006309840334

　　在原已存在的博物館中，國立歷史博物館一向受到社會大眾的肯定，在過去四十年中每年仍然舉辦多項享譽國內外的大型展覽，在國際博物館界也漸樹立了令人刮目的地位，館藏約有五萬件，在青銅器、唐三彩、古代陶瓷等頗蔚然可觀。近來更重視博物館的學術研究與出版工作，民國八十四年為建館四十週年，特編印國立歷史博物館四十週年紀念文集，作為紀念。

85030　國立歷史博物館典藏目錄國畫類(一)
CHINESE PAINTINGS IN THE NATIONAL MUSEUM OF HISTORY
CATALOGUE OF THE COLLECTION
1996.10.　30X22cm　157面　定價700元
ISBN：957-00-8287-9（精裝）　統一編號：006309850301

　　國立歷史博物館館自民國四十四年創館至今，藉由購藏、受贈、撥交、代管、徵集、寄存、其他等方式，總計收藏五萬七百餘件文物，分別為藝術類及文物類。藝術類包括：國畫、法書、西畫、版畫、攝影、篆刻、其他等七項。文物類包括：文獻、玉石、陶器、瓷器、銅器、群金、琺瑯、竹木、牙骨、漆器、編織、通貨、雜項等十三項。經過審慎考量，決定將典藏文物——分項分類、有系統性地整理編目出版。館藏國畫迄今總計七二七○件，其中包含明清大家文徵明、伊秉綬、王翬、藍瑛、錢穀、張宏、任伯年等。近代名家張大千、溥心畬、黃君璧、劉延濤、傅狷夫、胡克敏、李靈伽、陳丹誠、呂佛庭、馬壽華、張穀年、陶壽伯、林玉山、胡念祖、姚夢谷等，精品繁多，可作為學術研究參考及欣賞。

86016 MUSEUM MARKETING STRATEGIES
-NEW DIRECTION FOR A NEW CENTURY (BY KUANG-NAN HUANG)

1997.5. 21X15cm 184面 定價600元
ISBN：957-00-9125-8（精裝） 統一編號：006309860160

This book was written for University students, museum workers, people with an interest in museums, and those wishing to learn more abut the Taiwanese culture and the development of museums there.

The book is comprised of articles divided into three sections. The first section, "Museum Operations," discusses the requirements for and basic operations of a museum in the twenty-first century. Part two, "Marketing Strategies," is concerned with an area that every successful museum is bound to be involved in. In the new century, although use of marketing strategies may not be enough to ensure a museum's success, any museum which does not make use of these strategies is well find success elusive. Such a museum will be unable to fully develop its functions. The third section, "The Taiwan Experience," considers Taiwanese culture, and the role of the museum in Taiwan's changing society, taking the National Museum of History as an example, and discussing possible future trends in museum operations.

博物館類

86019 國立歷史博物館館藏精品
CATALOGUE OF EXQUISITE COLLECTION IN THE NATIONAL
MUSEUM OF HISTORY

1997.5. 30X24cm 240面 定價1000元
ISBN：957-00-9578-4（精裝） 統一編號：006309860190

本書由館內研究人員，依銅器、陶器、瓷器、玉石、琺瑯、竹木、牙骨、漆器、編織、國畫、西畫、法書、攝影、該書是一本以介紹館藏各類文物精華爲主的綜合性圖錄。

歷史博物館多年來來自政府機關撥交、民間私人捐贈及本館陸續購藏之文物，至今已逾五萬多件，並從藏品依類精選二百二十件代表文物。按年代順序排列，作系統性的整理介紹。將每件文物依出處、收藏經過、年代、形製、紋飾、銘款、功能、藝術風格、製作技法等，以深入淺出的方式，撰寫說明。

87022　國立歷史博物館典藏目錄文物篇(一)
CATALOGUE OF COLLECTION THE NATIONAL MUSEUM OF
HISTORY：ARTIFACTS (VOLUME I)
1998.6.　37X27cm　398面　定價2500元
ISBN：957-02-1657-3 (精裝)　統一編號：006309870227

　　國立歷史博物館創建於民國四十四年十二月四日，至今已四十餘載，收藏之文物包括歷年來自政府的撥交文物、民間私人捐贈及本館陸續購藏，藏品逾六萬餘件。就文物性質區分，主要分為(一)文物類：銅器、陶器、瓷器、玉石、群金、琺瑯、竹木、漆器、牙骨、編織、文獻、通貨及雜項等。(二)藝術類：國畫、法書、西畫、版畫、攝影、篆刻及其他等。舉凡純粹藝術，工藝美術、民俗藝術或宗教藝術等皆包括，種類繁多。

　　預計分文物篇及藝術篇上下各二冊出版，四十八年十二月至八十六年六月，三十八年間本館入藏所有文物其中通貨類因件數龐大，將另行出版；目前出版文物篇及藝術篇之第一冊。《國立歷史博物館典藏目錄文物篇(一)》全書計收入文物四千餘件，包括銅器、瓷器、玉石、編織、琺瑯及漆器六大類，按入藏先後分門別類整理出版。藝術篇(一)全書收藏國畫、西畫、攝影、剪紙等。

87024　國立歷史博物館典藏目錄藝術篇(一)
CATALOGUE OF COLLECTION THE NATIONAL
MUSEUM OF HISTORY：ART (VOLUME I)
1998.6.　37X27cm　400面　定價2500元
ISBN：957-02-1894-0 (精裝)　統一編號：006309870247

　　國立歷史博物館創建於民國四十四年十二月四日，至今已四十餘載，收藏之文物包括歷年來自政府的撥交文物、民間私人捐贈及本館陸續購藏，藏品逾六萬餘件。就文物性質區分，主要分為(一)文物類：銅器、陶器、瓷器、玉石、群金、琺瑯、竹木、漆器、牙骨、編織、文獻、通貨及雜項等。(二)藝術類：國畫、法書、西畫、版畫、攝影、篆刻及其他等。舉凡純粹藝術，工藝美術、民俗藝術或宗教藝術等皆包括，種類繁多。

　　預計分文物篇及藝術篇上下各二冊出版，四十八年十二月至八十六年六月，三十八年間本館入藏所有文物其中通貨類因件數龐大，將另行出版；目前出版文物篇及藝術篇之第一冊。《國立歷史博物館典藏目錄文物篇(一)》全書計收入文物四千餘件，包括銅器、瓷器、玉石、編織、琺瑯及漆器六大類，按入藏先後分門別類整理出版。藝術篇(一)全書收藏國畫、西畫、攝影、剪紙等。

88018　NEW VISIONS FOR MUSEUMS

博物館新視覺

1999.3.　22X16cm　280面　定價600元

ISBN：957-02-3457-1 (精裝)　統一編號：006309880185

　　In the more than ten years in which I have been involved in museum work, I have come to appreciate just how importat and complex museum operations are. Every time something significant has occurred to me in relation to museum studies, I have written it down. Whether these ideas derive from overseas data or from the reality of museum operations within Taiwan, my hope has always been that they would be of benefit to the development of the museum. This is why, following on from Museum Administration, Widescreen Views of Fine Arts Museum, and Museum Marketing Strategies, I have written the present volume, in the hope that it will be prove to be a useful reference work, particularly today when the museum sector is enjoying such rapid development in Taiwan.

博物館類

88031　國立歷史博物館典藏目錄 文物篇(二)

CATALOGUE OF COLLECTION THE NATIONAL MUSEUM OF HISTORY ARTIFACTS (VOLUME II)

1999.6.　37X27cm　400面　定價2000元

ISBN：957-02-4398-8 (精裝)　統一編號：006309880313

　　國立歷史博物館創建於民國四十四年十二月四日，至今已四十餘載，收藏之文物包括歷年來自政府的撥交文物、民間私人捐贈及本館之陸續購藏。就文物性質區分，主要分為(一)文物類、(二)藝術類。舉凡純粹藝術、工藝美術、民俗藝術或宗教藝術等皆包括，種類繁多。「國立歷史博物館典藏文物篇(二)」全書計收入文物四千餘件，包括陶器、文獻、牙骨、群金、竹木、雜項六大類，按入藏先後分門別類整理出版。目錄之刊行具重大意義，透過本書的附錄索引功能，可快速查詢本館館藏文物的圖像、年代、品名、尺寸等基本資料，迅速取得相關資訊，使本館得以對社會大眾，尤其是國內外文化機構、學術單位等提供良好的服務。

88032 國立歷史博物館典藏目錄 藝術篇(二)
CATALOGUE OF COLLECTION THE NATIONAL
MUSEUM OF HISTORY ART (VOLUME II)
1999.6.　37X27cm　320面　定價2000元
ISBN：957-02-4399-6 (精裝)　統一編號：006309880323

　　典藏文物是一個博物館的命脈所在，也是博物館建立特色，
發揮功能的主要憑藉。爲何博物館能夠以文化服務社會大眾？以
文化提昇國家形象？原因便在於博物館的典藏文化是歷代以來人
們智慧的累積、生活的結晶，以及通過時間的千錘百鍊所鎔鑄出
來的文明形象。重視典藏文物，才能夠落實博物館的研究與展覽
機能，充分達成博物館設立的宗旨。

　　本館將典藏文物大致分爲文物與藝術兩類。藝術類包含：國
畫、法書、西畫、版畫、篆刻、攝影、剪紙等。而在「既有典藏
文物，理所當然便應該有典藏圖錄」此一堅持之下，本館整編
《文物篇(一)》、《藝術篇(一)》。陸續刊行《文物篇(二)》及《藝
術篇(二)》。記錄著博物館實質成長的典藏記錄。

88034 國立歷史博物館典藏品捐贈目錄(1995.3~1999.3)
CATALOGUE OF DONATED COLLECTIONS IN THE NATIONAL
 MUSEUM OF HISTORY 1995.3~1999.3
1999.6.　31X22cm　168面　定價700元
ISBN：957-02-4437-2 (精裝)　統一編號：006308880348

　　本書乃是自民國八十四年三月至民國八十八年三月的四年期
間本館所受捐贈文物的捐贈圖錄。圖版盡可能精確美觀，圖說亦
在慣例的品名、館藏號、尺寸、作者之外，另加捐贈人及本館收
藏年月，而目次部分，中英品名可相對照，是一本可供參考且資
料完整的目錄。尤其重要的是，捐贈文物比藝術文物在文物之美
之外，又多了一份捐贈者的心靈之美。藉由捐贈，充分體現了
「藝術文物是提昇人類心靈的利器」之真義。

89047　國立歷史博物館典藏品捐贈目錄(1999.4~2000.7)
CATALOGUE OF DONATED COLLECTIONS IN THE
NATIONAL MUSEUM OF HISTORY 1999.4~2000.7
2000.11　31X22cm　192面　定價700元
ISBN：957-02-7084-5（精裝）　統一編號：006309890470

國立歷史博物館自民國四十四年建館以來，由無至有，經由撥交、捐贈和購藏等方式，至民國八十九年七月底，典藏文物已達53,339號，其中捐贈所占比例最高，計11,266號。因此本館典藏組於去年度出版「國立歷史博物館典藏品捐贈目錄」，涵蓋期間溯自八十四年三月至八十八年三月，集錄各界捐贈文物756件，作爲捐贈圖錄製作的先聲。今賡續製作「國立歷史博物館典藏品捐贈目錄（二）」，內容迄自八十八年四月至八十九年七月底，本館接受各界捐贈之各類文物，計724號（842件），藉此一則向捐贈者致萬分感謝之意；再則更提供社會大眾瞭解本館典藏捐贈文物，並藉茲鼓勵社會大眾能因此而蔚爲風氣，嘉惠萬世。

博物館類

89048　國立歷史博物館出版書目提要 1955-2000.11
SUMMARY OF MAJOR CATALOGUES PUBLISHED BY
THE NATIONAL MUSEUM OF HISTORY FROM 1955-NOVEMBER 2000
2000.11　30X21cm　360面　定價1000元
ISBN：957-02-7161-2（平裝）　統一編號：006308890484

國立歷史博物館，自建館以來，就朝向學術、教育、文化性發展，對於資訊、圖書、出版特別關注，尤其近五年來，不僅有館內同仁積極研究的成果，也受到社會各個領域專家的協助，使本館專業書冊的出版達到很高的水準，質量並重，頗受到國內外的同業的鼓勵與讚許，不僅是本館爲社會服務的一項貢獻，更是提昇博物館事業的具體成效。

國立歷史博物館本著追求「源」與「原」的精神，在慶祝建館45週年的時刻，特別編輯「出版書目提要」一書，此書之編輯朝向工具書的方式進行，除本館所有出版品依年代次序(45-89年)排列一覽之外，另將圖書、圖錄按類編排，提供封面圖樣，撰寫摘要，其中另有索引號相互對照，便利讀者查詢與利用；至於館刊、學報等期刊部分，亦特別將所有文章編制分類索引，使得本館所有的出版品及文章均能盡收眼底，提供大眾一個了解歷史博物館貢獻與成長的一個窗口。

宗教藝術

67001　中國佛教藝術
BUDDHIST ART IN CHINA
1978.1.　29X22cm　全一冊　精裝　定價400元

　　中華佛教藝術，非印度之舊。首就魏晉造像言：一以承受西來之佛教美術意匠，一以出於當時精神勢力之體現，以致佛教之造像，而成爲魏晉藝術中之自然、率性、超脫、與表彰靈性之流露。譬如敦煌佛像雖屬印度風格，然具有中國本土之創制，而壁畫藻井，自隋唐以後，益富於中國畫風。又如雲岡佛像，厚唇高鼻，肩張雄偉，代表樸素與力量，與北魏初期遊牧民族豪放不羈之精神，正相符合。皆中國當時獨出心裁之作。

73006　十殿閻王
TEN KINGS OF HADES
1984.2　27X20cm　80面　精裝　定價300元

　　本館爲提倡民俗繪畫，特舉辦十殿閻羅展。本次展出的六十六幅畫件，其主題皆係民間奇談冥府(地獄)之說中的十殿閻王及陰間景象，充滿了我國傳統的「警世」意義。這一類的繪畫一向爲世人所忽視，最近十年來,國外的藝術史家和漢學家已逐漸的注意到這方面的作品。魏伯儒教授在這方面所下的工夫與所獲致的成就也激起了其他民俗學家的興趣，進一步探究這中國文化頗爲吸引人及獨特的一面。爲配合我國的傳統的七月中元節日，本館特別展出這民間信仰中流傳已久的民俗繪畫。同時，我們也希望激起海外對我國宗教繪畫廣泛的興趣，並樂於提供這批藏品與外國的博物館交換展覽以達到文化交流的目的。

86027　佛雕之美—北朝佛教石雕藝術
BUDDHIST STONE CARVINGS IN THE NORTHERN DYNASTIES
1997.7.　30X21cm　224面　定價1000元
ISBN：957-00-9939-9（精裝）；957-00-9940-2（平裝）
統一編號：006309860270

　　將中國北朝佛教石雕之重要代表性作品，作一系統性之整理，展現研究性專題展之特色，本圖錄爲此項展覽的內容展現。除圖版以彩色精印，共有70件精美作品圖版之外，邀請專家撰寫論述等文四篇：1.北朝佛教石雕藝術概述；2.拓跋氏與北魏佛教雕刻藝術的勃興—北朝造像碑—塔像、碑像、四面像；3.從五胡到北魏時代的佛教造像；4.國立歷史博物館（北魏天安之年曹天度造塔）塔座與塔身龕像重組之研究。

　　圖錄中各作品均有詳盡之說明，對於佛教藝術之了解，有所助益。

86029　佛雕之美—宋元木雕佛像精品展
CHINESE BUDDHIST WOODEN SCULPTURE FROM
SUNG AND YUAN DYNASTIES
1997.7.　30X21cm　104面　定價900元（精裝）；600元（平裝）
ISBN：957-00-9966-6（精裝）；957-00-9967-4（平裝）
統一編號：006309860290

　　宋元木雕佛像精品展圖錄，以介紹宋元時代木雕佛教藝術為主。佛教自漢朝傳入中土，經歷代演變，至宋代已發展出我國特有的佛教文化，其中最大的特色，就是佛教的世俗化，強調實用與格物致知的理學相結合，佛、菩薩的外形與現實大眾接近。到了公元1279年，元代統一了中國，結束了五代兩宋以來南北長期分裂的狀態，也促進了各民族間的文化交流，此時就佛教藝術而言，可謂既保有兩宋以來漢族佛像的特色，又兼容梵像的式樣。本書即針對宋元以降廣受中國佛教徒信奉的佛、菩薩與羅漢三類佛像作重點式的介紹。

86030　法相之美—金銅佛造像特展
BRONZE BUDDHIST STATUES THROUGH THE AGES
1997.7.　30X21cm　172面　定價800元
ISBN：957-02-0008-1（平裝）　統一編號：006309860309

　　中國佛教自西漢絲路開通後陸續傳入中土，迄魏晉南北朝時轉為興隆，使佛陀造像孕育而生，而造像形式中又以金銅佛鑄像最引人注目，形式繁多。自魏晉南北朝起，歷代之金銅佛造像藝術不僅承先啟後，且兼具該朝代之特有文化與佛學精神。如魏晉南北朝的清雋飄逸，隋唐時豐滿優美，宋代者平實而具人性，明、清則華貴精美。本館鑑於近年來國內各界人士對金銅佛像之喜好與收藏風氣日盛，特舉辦「金銅佛造像特展」並編印圖錄以呈現金銅佛塑像的精緻優美，提昇國人賞析佛教藝術的深宏廣大，並得以淨化心靈，與愛好佛教之藝術人士不斷磋商研究，以將最真、最美的佛教精華呈現給社會大眾。

宗教藝術

87025　　中國佛教雕塑(套)

87026　　BUDDHIST SCULPTURE IN CHINA LEE TSAICHIEN

1998.8.　32X22cm　全二冊　定價2200元（精裝）

ISBN：957-02-2290-5 (精裝)（上）　統一編號：006309870257

ISBN：957-02-2292-1 (精裝)（下）　統一編號：006309870267

雕塑家李再鈐先生，於八〇年代末，以十年工夫，往返中國十數次，遍訪各大山名窟、寺院、古刹等，從歷史觀照，上溯十六國，下迄元明清，上下一千六百年的歷史，蒐集及收錄第一手資料，爲文二十餘萬字，記錄了其身歷其境之點點滴滴，並從數萬張攝影作品中篩選六百多幀佛教的造像雕塑圖片，圖文並茂，值得珍藏。

雕塑家李再鈐先生，於八〇年代末，以十年工夫，往返中國十數次，遍訪各大山名窟、寺院、古刹等，從歷史觀照，上溯十六國，下迄元明清，上下一千六百年的歷史，蒐集及收錄第一手資料，爲文二十餘萬字，記錄了其身歷其境之點點滴滴，並從數萬張攝影作品中篩選六百多幀佛教的造像雕塑圖片，圖文並茂，值得珍藏。

88044　　道教文物

CULTURAL ARTIFACTS OF TAOISM

1999.10.　30X21cm　288面　定價1200元

ISBN：957-02-5029-1 (精裝)　統一編號：006309880442

國立歷史博物館爲使一般社會大眾正視台灣人民信仰的文化性，舉辦「道教文物」特展，期望站在社會教育的立場，來眞實呈現道教原有的面貌與特質。

道教爲中華民族傳統信仰之一，向來被視爲中華文化的重要支柱及構成部分。因此，認識道教有助於理解中華文化；透過有系統的道教文物展覽和研究，則是認識道教的重要社會教育途徑。故藉由本展覽及圖錄，立於社教立場，就道教淵流，道教典章，道教神像及畫像，道教法器，道教養生等主題來深入釋析道教原始精義。

民俗、服飾

60002　歷運服色考

A STUDY OF RELATIONS BETWEEN COLORS OF OFFICIAL ATTIRE
AND RISES AND FALLS OF DYNASTY

1971.10.　19X13cm　82面　平裝

　　戰國期間，諸侯爭霸，於是處士橫議，百家爭鳴。齊人鄒衍，感於當時社會道德淪喪，因此擷取行世政治哲學及時下風習，操合貫通而發明陰陽五行學說。據稱：歷代帝王的興亡，實乃上帝視其是否尚德，據以頒降「符命」，決定其「國運」。符命之降，各有徵候，是按木金火水土—五行(又名五德)相勝[後勝前]順序，各有一色作爲標識，即青白赤黑黃五色。歷代帝王乃依此順序交替帝位，並改定服色，秦漢遂照此實施。及後王莽篡位，即改「五德相勝」爲「五德相生」(前生後)即木火土金水，服色亦按此更改。其間迭起波瀾糾葛，直到宋亡元興始寢。明代亦有服色制度，但與鄒學無關。今人視此，似覺無謂。然今古社會有別，未可以今非古。

66007　中國袍服織繡選萃

CHINESE COSTUMES BROCADE EMBROIDERY

1977.12.　29X22cm　113面　精裝　定價400元

　　早在易經繫辭篇上就這樣記載 ：「黃帝、堯、舜垂衣裳而天下治。」這說明我國在三代以前，衣冠制度已定，至今溯源可達五千年之久。

　　我國刺繡，溯源亦古。河南安陽殷墟曾有出土之刺繡殘片，證係三千年前之物，考諸典籍，頗多述及，又因帝室愛好暨設有專司督製，漢代其技藝已相當發達，浸成爲我國婦女絕藝。唐代文風鼎盛，技藝精益求精。至宋復有緙絲，書畫繡之發展，又基於針法出於筆法之理論，乃溶畫理於繡法之中，織繡作品，漸爲藝術家所珍賞。

　　國立歷史博物館收藏清代袍服織繡數百件，實爲各地之冠。盤金彩繡之九龍袍，織繡著龍、鳳、雀、鶴、人物、山水圖文之桌面橫帘等，皆可見古人心思之細密與藝術造詣之非凡。茲特選其精品，製圖編印成冊，以供愛好者欣賞與研究。

民俗、服飾

69003　中華民俗文物特展
CHINESE FOLK ARTS

1980.2.　21X19cm　73面　平裝　定價60元

　　中華文化，源遠流長，博大精深，積宗廟百官之美，文物衣冠之富。自新春伊始，紫氣東來之際，國立歷史博物館特別舉辦「中華民俗文物特展」，共賀春釐，同申昌隆。爲發揚民族精神，延續民族文化而努力，此次展出明清民俗文物共分爲民間禮俗、樂器、繪畫、彫刻、文房用具、宗教文物、民俗遊藝、古代家具、日用器皿、服飾刺繡等十類。計二千餘件，藉以引發思古之幽情。

70003　中華民俗文物
CHINESE FOLK ARTS

1981.7.　21X20cm　85面　平裝　定價550元

　　我國向有文化大國的美譽，承受先民豐盈的文化遺產，文物浩瀚，博大精深。民俗文物的範疇甚爲廣泛，包含民俗傳統、民間信仰和民間禮俗等精神意義在內，甚至涉及民族思想、哲學、宗教、文學、美學、神話傳說等形而上的抽象觀念及背景，成爲民族學專家探索民族特質的重要索引，所以一部民俗文物史，不啻是一部活生生的民族生活史。

　　充滿民族特色的先民生活用品，代表著五千年以來一脈相承，綿延不絕的中華民族文化，可以讓我們重溫往昔充滿情趣的農業社會_純樸、純厚的民情風俗。使我們有說不出的親切眷戀，與息息相關的感受，這是我們應該去體認和發揚，此亦民俗保存與維護的眞正意義。

77012　亞洲服飾展
THE ASIAN COSTUME EXHIBITION

1988.7.　29X21cm　130面　平裝

　　我國向以衣冠上國而稱譽全世界，絲的發明，刺繡與染織技法的進步，嚴謹的衣冠制度，紋飾與色彩運用的內在意義，以及寬衣博袖，利用滾邊的剪裁，縫製方法，都使中國傳統服飾流露出獨特而典雅的美感。近鄰日、韓二國的服飾，在造形及色彩、紋飾的特徵上，與我國的關係極爲深遠。本館本著加強中、日、韓三國文化交流的宗旨，爲宏揚東方服飾文物之美，並藉以提醒國人重視我國淵遠流長的服飾的文明及排比研究三國衣冠服飾之相關性，辨別相互之異同，特別選出中、日、韓三國近世服飾，舉辦此項展覽。亦鑒於推廣織繡工藝藝術，特選展品中之精美者約百件，輯印成冊，俾便喜愛人士研究參考之用。

84003 鹿港民俗文物展

THE FOLK ART OF LU KANG

1995.5. 29X21cm 72面 定價330元

ISBN：957-00-5687-8（平裝） 統一編號：006309840037

　　台灣開拓史上所謂「一府、二鹿、三艋舺」，其中「二鹿」即指彰化鹿港。在鴉片戰爭前，鹿港曾為台灣第一大港埠，貿易繁榮，文物薈萃，孕育出鮮明獨特的鹿港民俗。

　　本圖錄集合鹿港民俗文物館、鹿港天后宮精品四百餘件，包括歷史性的鹿港地區開發文獻史料，物質面的衣物文飾，婚嫁用品及精神面的娛樂文物、宗教文物、鹿港士紳書畫等要項，適足以顯現一百五十年前台灣民間生活習俗的縮影。

84025 館藏台灣早期民間服飾

THE FOLK CLOTHING IN EARLY TAIWAN,1796-1932

1995.11. 30X22cm 174面 定價800元

ISBN：957-00-6433-1（平裝） 統一編號：006309840255

　　此書以民國84年國立歷史博物館入藏的編織文物共470件為選取標準，規畫為童帽、衫袍、背心、肚兜、裙褲、鞋履、雲肩、劍帶及雜項等共九類，共選出完整度、精緻度，以及樣式、質料、顏色等各方面具有代表性的服飾186件，全部以彩色呈現，除雜項及鞋履部分，其餘圖片配有約100～150字的文字說明。而在圖例之前另有一篇專論，概談台灣早期民間服飾的演變情形及包含內容等。

85020 點燈祈福慶元宵─藝術家彩繪燈籠

LIGHT LANTERN TO CELEBRATE THE FESTIVAL
─PAINTING LANTERNS BY THE ARTISTS

1996.5. 30X21cm 135面

ISBN：957-00-7369-1（平裝） 統一編號：006309850202

　　為貫徹「藝術生活化、生活藝術化」的理念，並以推動民眾參與藝文活動，喚起民眾對文化藝術之重視，以及凝聚社區文化意識的提昇為主要依歸；本館特別舉辦了結合文化、藝術、社會、民俗、歷史的「元宵節全台灣地區燈籠串聯活動」。而活動地點遍及台灣、澎湖、金馬各地區的火車站、文化中心、學校、寺廟、社區等地。最不同的是活動內容之規劃性、多樣性和全面性，包括有：台北主題燈展和各縣市主題燈與比賽燈展兩大部分。前者包含主題燈會活動、彩繪燈籠創作展、全台灣地區點燈

大串聯活動、民俗藝陣表演、民俗燈會活動、元宵燈綵街遊行、攝影比賽等；後者尚有：徵選燈籠點妝街道活動、繞境祈福活動、親子同心作燈籠、社區元宵謎會等。充分呈現古人詩意「海宇昇平日，元宵令節時」的佳節氣象。

　　所以我們將以《點燈祈福慶元宵─藝術家彩繪燈籠》這本書，留下最完整貼切的紀錄。盼望「文化生活化、民俗生命化」。讓中國人的傳統節慶永遠承傳在中國人民的生活中。

87009　絲繡乾坤─清代刺繡文物集萃
THE COSMOS OF SILK─A TREASURE OF CH'ING EMBROIDERY
1998.3.　30X22cm　96面　定價1200元
ISBN：957-02-0982-8 (精裝)　統一編號：006309870099

　　國立歷史博物館與國立傳統藝術中心籌備處為使此具有悠久歷史的傳統工藝刺繡，獲得國人重新的認識，特別舉辦清代刺繡文物展，展出的刺繡作品約計有一百八十餘件。

　　本書規劃的主題分：人物、文字、風景、花鳥、瑞獸、服飾、雜項等由國立傳統藝術中心籌備處、佟家賓女士、陳嗣雪女士、粘碧華女士提供珍藏刺繡文物。

　　本書收錄林淑心、黃春秀、林春美、粘碧華、李季育等人關於刺繡藝術之論文五篇，圖文並茂，為欣賞及研究清代刺繡極佳之參考書。

88041　苗族服飾特展─黔東南
COSTUMES OF THE MIAO FROM SOUTH-EAST GUIZHOU
1999.10.　30X21cm　152面　定價700元
ISBN：957-02-4908-0 (平裝)　　統一編號：006309880412

　　中國苗族有泰半的人口居住在貴州，苗族多諳漢語，以從事農耕為業，推測其源流可能與「三苗」有關，春秋戰國時在江淮、荊州一帶活動，秦漢魏晉則聚居於武陵群、沅江一帶，都以「蠻」稱之，直到宋代才確定「苗」的族稱。

　　貴州位在大陸西南方的雲貴高原上，在行政區上劃分為幾個自治區。此次國立傳統藝術中心、輔仁大學織品服裝研究所、民生報與史博館合辦「邊域明珠─黔東南苗族服飾特展─黔東南」即是以黔東南地區的苗族服裝內容而規劃，由該地區清水江與都柳江兩個水域所分布苗族聚落服飾為展示主軸。

　　輔仁大學織品服裝研究所窮數年之力，深入貴州展開相關的調查與蒐集，對開啟國內的苗族研究，有其相當的貢獻。藉由服飾的展示去引導認識苗族文化的面向，使得少數民族的文化得以受到重視，並促進服飾文化之交流。

89031　中國少數民族服飾
COSTUMES AND ACCESSORIES OF CHINESE MINORITIES
2000.7.　30X23cm　176面　定價2000元
ISBN：957-02-6406-3（精裝）　統一編號：006309890310

　　此書中共收錄雲南、貴州、湖南、廣西等各省，以及海南、東北、康藏高原等各地，共二十三個少數民族的五百餘件服飾文物，包括帽、衣、裙、褲、鞋、佩帶、釵飾、背帶等，全部都是收藏家曾英夫先生、翁源水先生、陳正雄先生十多年來的收藏。二十三個少數民族是：布朗族、儸儸族、哈尼族、彝族、拉祜族、基諾族、傣族、佤族、德昂族、阿昌族、景頗族、白族、羌族、水族、侗族、苗族、土家族、布依族、壯族、瑤族、黎族、滿族、藏族等。在此書出版的同時，國立歷史博物館也舉辦了「中國少數民族服飾特展」，希望藉由形制和色彩的融合，能夠增加人們對於傳統與現代、服飾與實用、變化與中庸、具體與抽象等各方面的思考與理解。

89041　苧綵流霞—台灣原住民衣飾文化特展
THE BEAUTY OF TAIWANESE ABORIGINAL CLOTHING
2000.10.　30X21cm　344面　定價1200元
ISBN：957-02-6768-2（精裝）　統一編號：006309890410

　　台灣原住民藝術向以獨特性與多樣性著稱，其中尤以衣飾之藝術風格最能展現族群的文化面貌：其除具有外顯的實用性、藝術性等具象特質之外，更內隱了象徵性之抽象意涵。
　　本館鑒於台灣原住民衣飾文化所代表的深層意義結構，特策辦「苧綵流霞—台灣原住民衣飾文化特展」，除展現台灣原住族群之衣飾藝術外，並凸顯其所蘊含的文化意涵與歷史脈絡，冀期促使社會大眾在欣賞原住族衣飾所呈現的藝術美學之餘，更能從他們所象徵深層意涵來復原其歷史文化圖像，進而真正領會台灣原住族群藝術文化的真、善、美。特將此展覽內容，彙輯成圖錄，以供有興趣者研究與參考。

文物綜論與考古

45001　國立歷史文物美術館第一期展出文物簡介
INTRODUCTION TO EXHIBITS, FIRST EXHIBITION OF
THE NATIONAL MUSEUM OF HISTORY, CULTURE AND ART
1956.3.　19X13cm　87面　平裝

　　國立歷史文物美術館是民國四十四年十一月奉教育部令籌備的。經學術界與專家多次研議，確立本館籌建的內容。它並非把歷史、文物與美術分成三個部門。而係貫串三者，以歷史的演進為中心，透過美術的手法，藉各種實物作具體的表現。融歷史、文物、美術於一爐。

　　籌備之初先以十六室為基礎，會合國內歷史學者與美術工藝界人士，群策群力，分別進行。這十六室分別為禮樂(第一室)、歌劇(第二室)、交通(第三室)、用具(第四室)、文房(第五室)、家具(第六室)、工具(第七室)、國史上之首都(第八室)、名勝建築(第九室)、服裝織物(第十室)、印刷術(第十一室)、遊藝(第十二室)、人像(第十三室)、宗教文物(第十四室)、敦煌石室(第十五室)、書畫(配合各室)、本書就展出文物之品名提出簡單說明、編印成輯。

45002　國立歷史文物美術館展品概說
INTRODUCTION TO EXHIBITS, NATIONAL MUSEUM OF
HISTORY, CULTURE AND ART
1956.7.　19X13cm　22面　平裝

　　國立歷史文物美術館現時的基礎雖不如一般博物館席豐履厚，但由於各方的協助，我們還能擁有些不容低估的具有歷史意義的商周漢魏宋元文物。

　　此書內容分為禮器、甲骨、樂器、兵器、陶器、瓷器、書畫、錢幣、印刷術、古今首都、名勝古蹟、古代建築、服裝、織繡、文房、傢具、人像、宗教文物、敦煌壁畫等共十九個主題，藉以引導社會大眾對文物之進一步認識。

55001　青華學院收藏.金石書畫古玩展覽會目錄
CATALOGUE OF THE EXHIBITION OF ART WORKS
COLLECTED BY CHIN-HWA COLLEGE

1966.3.　19X14cm　54面　平裝

　　青華學院校長熊式一先生，夙好書畫及金石古玩，並搜羅庋藏。其所存書畫約二百餘件，大多爲明清及今人之精品；另有金石文玩約數百件，上自商周、下遞明清，精工美質，古色盎然。國立歷史博物館特別舉辦其收藏品展，並將全部展品編列目錄，標明時代，以公諸於世。

70006　中國古代玉器
ANCIENT CHINESE JADE

1981.10.　29X22cm　全一冊　精裝　定價550元

　　我國歷代玉器，由於質潤色雅，雕工精美，成爲中華文物瑰寶。國立歷史博物館所藏歷代古玉，包括禮瑞器、符節器、裝飾玉、鑲嵌玉、及喪葬玉等，大部分爲河南新鄭、輝縣商周古墓所出土者，亦有爲收藏家所捐贈，或社會人士長期寄展之傳世珍品，數逾千件，無不紋彩絢爛，古趣盎然。不僅各類器品悉備，且質地、色澤、刻工均屬上乘，集中國玉器之完整系統，茲特精選其古器百品，輯印成冊，以供研究參考，並饗各界愛好人士鑑賞比較之需。

72003　中國鼻煙壺之研究
A STUDY OF CHINESE SNUFF BOTTLES

1983.2.　30X22cm　101面　精裝　定價550元

　　鼻煙壺，爲裝鼻煙之具，初以玻璃製成、密閉防濕，透明利於觀察有無，隨著鼻煙的日益風行，權貴雅士，基於爭奇鬥富心理，無不追求新奇，藝工百匠乃傾其心力於煙壺的精作，於是品類益繁，千種萬式無奇不有，鼻煙壺乃成清代多元藝術中重要的一環。香港愛國華僑楊達志先生，將其數十年來珍藏之鼻煙壺，攜帶回國作一全面性展示，並撰文介紹中國鼻煙壺藝術。國立歷史博物館精選其精品，編印圖錄流傳，作爲研究清代工藝之美術資料。

73010　中國玉器
CHINESE JADE

1984.6.　23X21cm　198面　平裝　定價300元

　　我國歷代玉器，由於質潤色雅，雕工精美，成爲中華文物瑰寶。本館所藏歷代古玉，包括禮瑞器、符節器、裝飾玉、鑲嵌玉、及喪葬玉等，大部分爲河南新鄭、輝縣商周古墓所出土者，亦有爲收藏家所捐贈，或社會人士長期寄展之傳世珍品，數逾千件，無不文彩絢爛，古趣盎然。不僅各類器品悉備，且質地、色澤、刻工均屬上乘，集中國玉器之完整系統，茲特精選其古器百餘品，另集台港收藏家於鐵先生、霍滿堂先生、霍宗傑先生、趙從衍先生及求知雅集所珍藏者數十件，輯印成冊，以供研究參考。

74007　古代埃及文物
THE ARTIFACTS OF ANCIENT EGYPT

1985.9.　30X21cm　128面　平裝　定價250元

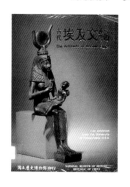

　　美國賓州大學博物館珍藏的古代埃及文物一八一件，自費城經紐約，越太平洋而抵台北，首次在中華民國國立歷史博物館作盛大展出。埃及，位於非洲尼羅河流域，與我們相隔了重洋、大海、沙漠極爲邈遠的地方。距今五千多年前，人類的一個古老文明已在那裡誕生，創造了輝煌久遠的歷史，遺留後代偉大無比的資產，爲了使國人對這次古埃及文物展有更多的瞭解，本館特別針對此次展出之古埃及木乃伊、陶器、銅器、石雕飾物、漢壁畫等文物藝術品輯印成冊，以便國人能夠目睹文明古國民族的文化風采。

74008　古埃及文明簡介
THE ARTIFACTS OF ANCIENT EGYPT

1985.9.　20X21cm　52面　平裝

　　賓洲大學博物館提供古埃及文物來本館展出，純粹是爲了增進中美文化的交流，並藉此介紹古代埃及文明，當大學博物館考慮運台的展品內容時，曾經做了幾番審慎的選擇，包括了五大主題：一、埃及的神與古代宗教。二、埃及的古代生活。三、埃及的古代墓葬。四、埃及的古代文化。五、埃及的古代藝術。五大類古代埃及文物中，將使我們領略到古老埃及歷史文化的成就與對人類的影響，更重要的是把古老埃及面貌，從老遠的地方，拉近在我們面前，讓我們對古老的西方文化，獲得清晰、深刻的認識。

76001　中國刀劍武具—台灣篇
CHINESE SWORD WEAPONS－TAIWAN SECTION
1987.2.　39X27cm　118面　精裝

　　台灣古稱「東鯤」或「夷洲」，公元十六、十七世紀間，荷蘭人曾東航至此，首度引進了少量的西洋文化；其後，明、清兩代的中國大陸東南居民大量移民台灣，帶來了豐富的中國工藝美術與生活習俗，而成爲台灣文化的基礎與主流；十九世紀末，台灣成爲日本的殖民地，日本文化亦對台灣產生了某些程度的影響。上述數百年間東西方文化的接觸與交流，使台灣擁有中國、日本、西洋文化匯流狀況的特有條件。除建築物爲值得研究的重點外，工藝方面亦頗多存留物值得重視與欣賞，刀劍武具即爲其中較爲豐富的一部分。作者林裕照先生聯合台北的盧益村先生因地制宜有計劃地匯集各類傳世實物與珍貴文獻，系統地給予排比分類，進行深入研究，以便使台灣歷代刀劍武具的源流、特色、與個別重要代表傳世實物得大白於世。本書的出版，除或能填補台灣刀劍文化研究的空白外，亦希望對中國、日本、西洋刀劍藝術的研究與了解有所助益。

76002　中國古代銅器
ANCIENT CHINESE BRONZES
1987.3.　29X22cm　123面　精裝　定價400元

　　在文明初開時期，銅器時期之來臨，給人類帶來了更精緻的文化，對一個民族來說，銅器的精良與否，反應了該民族當時文明的實況。我國商周兩朝，上自殷商早期的二里頭文化，下至戰國長沙楚墓出土的器物，相繼一千三百餘年間，不斷產生各種形式的青銅文化，使我民族在那段時間比起任何邦族有更輝煌的表現，同時也開啓了後世漢唐的聲威。我們珍惜這個具有代表性時代及器物，將它列爲本館珍藏之重器。本館所收藏之青銅器物，三百七十餘件，其中較爲重要者接近百件，其中尤以新鄭及輝縣二地發掘出土者，列爲重要古物。教育部撥交本館者共七十六器，今擇其重要者與其他器物輯成「中國古代銅器」一書，公諸於世。

76013　馬雅文明
THE EXHIBITION OF MAYAN ARTIFACTS
1987.9.　29X21cm　132面　平裝　定價500元

76014　馬雅文明簡介
THE EXHIBITION OF MAYAN ARTIFACTS
1987.9.　20X21cm　96面　平裝　定價96元

　　馬雅文化是中南美洲的一個古老文明，大約在西元前一千年時，馬雅人進入了農業的社會，過著定居的生活，而開始建築神殿、制作曆法，創造文字並燒製彩陶。西元三百年至九百年之間是馬雅文明最盛期，無論是建築、文字、石雕等都是最進步的，但即在第九世紀末期突然消失，只留滿野廢墟。本館經多方的努力，終於將瓜地馬拉列爲國寶級的馬雅文物運來台北展出，以期國內同胞一睹遠親文物。此次展品中除了前古典中期(1000--300B.C.)及前古典晚期(300-250B.C.)土著的日常生活用品之外，還展出由馬雅人的時間觀念與廿進位數學體制所聯合構成的精確馬雅曆法。爲了廣爲流傳，並使馬雅文物的展出，不止於一時之活動，而在文化、教育、藝術各方面，都能留予國人更深刻明確的影響，特刊印此專集，概略介紹馬雅文明的主要內容。希望藉由這一類文化交流及工作上的努力能夠確實幫助我們增廣視野、拓展心胸，培養出泱泱大國民的氣度。

79001　清代玉雕藝術
THE JADE-CARVING ART IN THE CH'ING DYNASTY
1990.1.　31X22cm　183面　精裝

　　清代的玉雕藝術，不論是造形、設色、質材及技法，稱集歷代玉雕工藝之大成，普遍獲得世人的讚賞。所謂「乾隆工」，神乎其技的玉雕技法，是作品絕佳的保證。清代的巧雕玉作，眞是形巧神似有鬼斧神工之妙。這些玉雕珍品，除一部分收藏於故宮博物院外，大都分散之於世界各地，爲中外收藏家所蒐藏，視之爲文物珍寶。

　　葉博文先生由於家世淵源，經營珠寶業，遂與清代玉器結緣，沈迷於此項文物的細緻神妙。本館因其蒐藏之精美，特邀以精品二百件，舉辦特展，幸蒙概允，並出資刊印精美專集，且附中英文說明，作一有系統性的介紹，提供各界喜愛玉雕藝術人士共同鑑賞與參考。

79003 　非洲藝術
FORMS AND FUNCTIONS OF AFRICAN ART
1990.1.　31X22cm　137面　精裝

　　舉辦愛大美術館之非洲藝術展動機，係為增進國人對非洲藝術之瞭解，進而助益於國人與非洲人民在經貿、政治、文化等各方面的關係。這項展覽其內容主要將非洲景觀、宗教、習俗、思想作通盤介紹，並以實際之作品展示藝術理念實踐的成果。本項展覽的推出，其功勞應歸於史坦利家人之收藏品及愛大美術館的有關學者的精心設計與編撰生動的目錄，為中美文化交流與促進世界民族相互瞭解，再次提供良好機會。

79011 　北美印地安文物
AMERICAN INDIAN ART FROM THE DENVER ART MUSEUM
1990.8.　30X22cm　　152面　平裝

　　美國科羅拉多州的丹佛藝術博物館，特設有北美土著藝術部門，致力於研究與蒐集北美土著，即通稱印地安人的文物藝術。所收藏的包括約由西元十世紀起，迄今為止的北美大陸上的印地安人各種與生活、文化、藝術等方面有關的文物。

　　本館此次特別自丹佛藝術博物館洽借了包括陶器、雕刻、皮製品、編織、飾器等共百餘件的印地安文物，來台盛大展出。藉由此展，或可讓國內大眾，對於外國專家如何重視、保存與發揚文化遺產的作法，得到正確的觀摩與理解的機會。此項印地安文物展，即著眼於此項北美土著的生活演進形貌的實物展示，從而增進國人對歷史感、世界觀的深層思考。特別刊印此本圖錄，以做為長期誌念，並廣為流傳。

80001 　哥斯大黎加古代金玉文物展
ORO Y JADE ANTIGUO DE LA REPÚBLICA DE COSTA RICA
1991.2.　29X22cm　145面　平裝

　　「哥斯大黎加古代金玉文物展」的主要目的，係在於藉由哥國先民所遺留的古物，及多年來我們在自然歷史演進及考古研究所獲得的成果，向大家展示人類在日常生活中所表現的種種活動。此次展出的古物，由寫實到優美奇特的造型，琳瑯滿目，式樣繁多，其中以表達日常生活及具有宗教魔幻意味的人像造型最為出色。在此次展覽中，我們特別挑選了一百四十二件哥倫布發現新大陸前，哥國先人所遺留下來的古物：這些古物不僅具有重要藝術價值，且在學術研究方面提供我們許多寶貴的知識。本館特別編印「哥斯大黎加古代金玉文物展」一書，提供國人參考研究。

80003　歷史博物館珍藏的漢代磚畫
THE PICTORIAL ART OF HAN BRICKS THE COLLECTION OF
THE NATIONAL MUSEUM OF HISTORY
1991.6.　30X22cm　97面　精裝

　　東西兩漢爲中國歷史上的大一統時代，不但結束了春秋戰國列國紛爭、百家爭鳴的亂世，並開啓士人參政，思想定於一尊的新局；對外大拓疆土，佛教亦自印度傳入，與中國固有文化相互激盪、融合。漢代神仙思想色彩濃厚，是個充滿想像活力社會，更由於儒家重視孝道的倫理觀，社會從上至下厚葬之風盛行，因而專爲墓室建築與裝飾而產生的畫象藝術，獨能成爲中國文化史上的奇葩。

　　歷史博物館收藏的漢代畫象藝術，有山東武梁祠石刻原拓全套，民國五十一年接受張岳軍先生捐贈四川出土的漢畫象磚原拓二十件，五十八年港僑顏玉瑩先生捐贈漢空心磚一件，七十九年又購入西漢洛陽空心磚六件、東漢四川壁磚四件，及三十餘件四川成都、廣漢、大邑、新繁等各地出土的漢磚原拓；尤爲可貴的是畫象原磚的收藏，係今存漢代藝術最眞實性的作品，爲研究漢代繪畫、衣冠文物、典章制度、風俗民情、社會經濟生活的最珍貴資料。本館鑒於漢代畫象藝術，皆爲人類藝術文化史上美麗的貢獻，用將館藏精品輯印成冊，以答中外學者之望。

80006　文物捐贈特展室展覽專輯
1991.1.　29X22cm　全一冊　精裝

　　該書爲本館專刊之合訂本，內容包含「張岳軍捐贈漢畫特展」、「張默君捐贈古玉特展」、「霍宗傑捐贈石灣陶展」、「王洗捐贈文物特展」、「張大千捐贈書畫文物展」、「劉延濤捐贈書畫展」。合訂成冊，以利記錄與欣賞。

83001　西藏文物特展圖錄

THE CATALOGUE OF TIBETAN ARTIFACTS EXHIBITION

1994.1.　38X27cm　201面　定價1200元

ISBN：957-00-3261-8（精裝）　統一編號：006309830020

　　一項結合了西藏佛教藝術與文物的盛大展覽，於一九九四年元月至三月間，在本館隆重展出，由於本館素來重視舉辦世界各個深具特色的文明展覽，用以提昇拓展國人的文化視野及藝術鑑賞力，因此邀請德國國立慕尼黑民俗博物館，提供其西藏文物藏品之菁華四百六十九件，來台展出於國人面前。

　　「西藏文物特展圖錄」適足提供國人觀想西藏文化藝術的憑藉。全書分爲二部分，其一爲「展覽概説」，由藏族的自然環境、廟宇建築、宗教儀式，到生活用品、衣著裝飾，均詳細整理排比呈現。其二爲「展覽圖版」，歸納爲「佛像與唐卡」、「法器與文物」二單元，收有精緻細膩的佛像雕塑、用色鮮明描繪富麗的佛教繪畫(唐卡)、裝飾繁複的法器與器皿等。藉由全書二一八幀圖片和解説文字，打開觀者的眼界，令人不由地合掌讚歎西藏地區的藝術成就，並尊敬其文化的獨特性。

文物綜論與考古

84017　中華文物集粹—清翫雅集收藏展

THE EXQUISITE CHINESE ARTIFACTS—COLLECTION OF CHING WAN SOCIETY

1995.8.　37X27cm　296面

ISBN：957-00-6036-0（精裝）　統一編號：006309840176

　　清翫雅集爲本館結合民間資源所推動的活動之一，隨著台灣工商起飛，文物收藏蔚爲風尚，清翫雅集爲台灣企業人士在共同收藏嗜好觀點下所組成的民間團體，成立三年多以來，在台灣文物收藏界已扮演舉足輕重的地位。他們追求藏品眞、善、美的收藏態度，在國內文物收藏界蔚爲一股清流。清翫雅集會員，提供精選歷代玉器、瓷器、書畫、竹木雕刻、文玩、石雅雕刻、印材、鼻煙壺與鎏金器等二百多件，應北京故宮博物院邀請展出，爲兩岸文化交流貢獻所藏，爲使國內民眾亦能欣賞此精美一流的文物收藏，特於北京展前安排於本館展出，一饗國內雅好文物人士。

84026　館藏青銅器圖錄
CADTALOGUE OF BTONZES IN THE COLLECTION OF
THE NATIONAL MUSEUM OF HISTORY
1995.11.　36X26cm　160面　定價1200元
ISBN：957-00-6437-4 (平裝)　統一編號：006309840265

　　本館藏有商周漢代青銅器頗豐，其中商周部份，主要出土於河南安陽、新鄭及輝縣三地，原屬前河南博物館舊藏。由於獲得行政院文化建設委員會的支持，除進行價購海外流失的青銅器入藏外，並將本館原有的青銅室重新規劃，依照器類，形制作系統性排比展出，並編印「館藏青銅器圖錄」出版。

　　本圖錄將本館收藏銅器分成食器、酒器、水器、樂器、雜器、兵器、農工具、車馬器等單元，俾便讀者參考研究。

84032　連雅堂紀念文物展
LIEN YA-TANG MEMORIAL EXHIBITION
1995.11.　30X21cm　116面　定價700元
ISBN：957-00-6527-3 (精裝)　統一編號：006309840324

　　連橫，字武公，號雅堂，又號劍花，一八七八年六月十七日生於台灣台南，一九三六年六月二十八日病逝於上海，其所著「台灣通史」，著述嚴謹，懇切情深爲台灣治史，奉獻畢生心血，不僅爲我國文化史學界之大師，實爲一代史哲，台灣史之開拓先鋒。

　　今欣逢本館建館四十週年，台灣光復五十週年，亦臨連雅堂先生逝世六十週年，本館緬懷先賢畢生孜孜矻矻，潛心著述，爲台灣文獻之保存奉獻心力，爲宏揚其愛國愛鄉之精神，並藉以啓發國人重視歷史，特編印「歷史榮光─連雅堂文物特展專輯」作爲紀念。

84034 府城文物特展圖錄
EXHIBITION OF TAINAN FOLK CRAFT

1995.12. 29X21cm 160面 定價800元

ISBN：957-00-6592-3（平裝） 統一編號：006309840344

台南為開台首府，向有文化古都之稱。在開發之初，因地近閩南，漳泉之民移入拓墾甚早。歷經荷蘭人、鄭成功治理時之初具規模，到清康熙二十三年設台灣府：交通便捷，貿易興盛，形勢地位為當時之冠，全島之樞紐。相關的文獻、史料、古蹟、文物亦皆首屈一指。

本館鑒於此特於民國八十四年間舉辦「府城文物特展」，出版展覽圖錄，採圖文並茂方式，書中對府城的歷史、文化及特殊之生活風貌、宗教信仰，皆有深入而淺出的分析與介紹。由豐富的文獻史料、民俗文物、日用器物、文人書畫、民間工藝、碑碣拓片、歷史圖片中，體會早期先民篳路藍縷、堅毅刻苦之精神。讓後代子孫緬懷先人之餘，發思古之幽情。

85006 金玉青煙—楊炳禎先生珍藏明清銅爐
THE BRONZE INCENSE BURNERS OF MING AND CHING
DYNASTIES FROM MR. YANG PING-CHEN'S COLLECTION

1996.2. 31X24cm 296面 定價4500元

ISBN：957-00-6707-1（精裝） 統一編號：006309850064

中華民族是一支崇天法祖，天人合一的民族。故對與神佛交流溝通、可以正念、清神以至於除穢、驅蟲，增添生活品味，提昇嗅覺享受的香料有其特殊的感情。自古迄今除多方拓展香料來源及其種類與製作方法外，對能生香的器具亦多全力考究發明製作，成為文明史上的一項特例，其中又以明清銅爐為香具中之翹楚。明代，古籍記載宣德時期因暹邏進貢良銅而鑄造鼎、彝、爐等器，並鐫鑄宣德款識，精倣古代佳器之典雅款式而成，因而鑄銅為爐之風尚大盛，明清時人莫不以收藏「宣爐」為珍。

本書係私人收藏家楊炳禎先生將其收藏明清時期銅爐中擇精要260件，依據不同的種類及造型編排，使讀者清楚瞭解明清時期銅爐的特色。

85007　漢代文物特展圖錄

SPECIAL EXHIBITION OF HAN DYNASTY ARTIFACTS

1996.3.　30X21cm　136面　定價650元

ISBN：957-00-6811-6 (平裝)　統一編號：00630985007

　　現今留存具代表性的漢代文物，大多以明器或與墓室喪葬有關的繪畫、文物為主，這些文物中蘊藏著許多表現當時庶民生活面貌的題材。「漢代文物特展」圖錄是從國立歷史博物館館藏漢代文物中精選出與當時庶民生活有關的、畫像石拓本、畫像磚、陶器、銅印等文物呈現出漢代生活的風貌。從畫像石的拓本中可清楚看到當時許多生活景像，諸如，田獵、庖廚、歌舞、讌樂等等、而從許多民間建築和民生設備為題材的陶器中，又可以欣賞到漢代工藝美術的樸拙以及當時的民間生活種種。畫像石和各式陶質、銅質的文物是兩和時期厚葬風氣之下的產物。至於漢代銅印則是傳承自商周以降古璽印的脈絡，尤其在形制上有多樣性的變化，例如，子母印、鎏金印等，可供讀者認識漢代藝術之美。

85025　清代玉雕藝術

THE JADE-CARVING ART IN THE CHING DYNASTY

1996.4.　30X22cm　185面

ISBN：957-00-7800-6 (平裝)　統一編號：006309850252

　　玉器在中國歷史中流傳久遠，具有鮮明的民族色彩，並在政治、經濟、文化、思想、倫理、宗教上充當著特殊角色，儒家更以其質地寓有五德、九德、十一德之說，賦予其道德上的價值判斷，可見玉在中國各種天然礦石中所獨具之特殊精神性。

　　除了在精神層面上的象徵之外，隨歷史演進，玉亦廣泛用之於日常生活之中。無論是仿商、周青銅器造型紋飾及漢玉的「仿古玉」，形制多樣，圖案、作工豐富多彩，雕工精練。

　　玉器的碾琢藝術並受繪畫、雕刻、工藝的影響，發展了具時代特色的玉器藝術。這些清代玉雕珍品，現今大部分散於世界各地，為中外收藏家所蒐藏。此次承蒙國內多位收藏家不侃所私提供所藏赴美展出，供各界喜愛玉雕藝術人士鑑賞與參考，至堪欽佩。

85013　澎湖海域古沉船發掘初勘報告書

THE PRELIMINARY REPORT ON THE EXCAVATION OF
THE ANCIENT SHIP AT THE PONG HU SEA

1996.4.　26X19cm　142面

ISBN：957-00-7076-5（平裝）　統一編號：006304850136

　　澎湖由於海上位置特殊，唐宋以來，便成為中國往南洋海上交通運輸的重要轉運港口及補給站，直至清代西洋輪船發展之後，澎湖港才漸沒落。而澎湖海域的特殊氣候，一年中能夠航行的時間僅在四月九月間。兼以澎湖海域滿佈暗礁，成為船難事故發生頻繁的地區，導致澎湖海域內沈沒的古沈船不計其數。

　　教育部依據文化資產保存法進行文物的維護，並於八十四年四月委由本館主持其事，組成專案小組，並與中華民國海下技術協會共組工作團隊，積極展開初勘工作，派遣本館研究人員參與海上工作，展開各項考古、勘查、掃描等步驟。幸而不辱使命，在澎湖海域大堽附近海床上，發現疑似古沈船之排列整齊之陶瓦罐等大量文物之疑似目標物，暫定名為將軍一號。將軍一號的發現，不但是澎湖海域古沈船的首次發現，也是我國首次大規模進行海下考古發掘的個案，除展現政府維護古物的決心與魄力之外，考古工作也正式進入海洋領域，開創了我國水下考古的新紀元。

85011　絲路上消失的王國

LOST EMPIRE OF THE SILK ROAD

1996.6.　28X25cm　292面　定價1200元

ISBN：957-00-7026-9（平裝）　統一編號：006309850113

　　蘇聯探險家科茲洛夫抵達內蒙古額濟納旗黑水城之遺址進行探研，使得被時間的洪流吞沒而消失的西夏王朝，又再度重現世人面前。這批傲世的西夏文化、珍貴文獻、繪畫及文物於一九一〇年首次公開展出，分別保存在俄國皇家地理學會、俄國科學院東方研究所，以及冬宮博物館東方部門，這些藏品為研究佛教藝術及相關史學開拓新的里程碑。一九九四年，瑞士基金會籌辦西夏文物歐洲巡展，蘇聯冬宮博物館館藏西夏文物之代表精品八十三件由俄羅斯聖彼得堡艾爾米塔齊博物館與俄羅斯科學院東方研究所促成下，來到台北展出。本館特將展出文物圖錄譯為中文版，內容包括佛教圖像之發展、黑水城的發現、大夏國、西夏王國的藝術歷史風格上的詮釋、來自黑水城的中國風格繪畫、藏式繪畫的製作技術等六篇論文，以及展出文物、文獻圖版詳盡的介紹，提供研究西夏學領域的學者相當珍貴的資訊。

文物綜論與考古

85031　赤玉丹霞—陳京先生珍藏昌化雞血石文物
THE CHEN CHING'S COLLECTION OF CHICKEN
—BLOOD STONE SEALS & SCULPTURE
1996.10.　39X23cm　274面　定價4500元
ISBN：957-00-8286-0 (精裝)　統一編號：006309850311

　　昌化雞血石是一種具有雞血般紅艷欲滴的美麗礦石，爲中國浙江省臨安縣昌化地區所特有的珍貴名石，在中國著名的「印石三寶」—田黃石、昌化雞血石、處州燈光凍，昌化雞血石便以石色之美名聞天下。

　　中國篆刻藝術長達三千年的歷史，而印石鑑賞的學問，是從元明兩代才開始，元代王冕、明代的文彭開始選用質軟而美的印石刻印，六百餘年間，文人治印、品石、賞石，都在歷史上留下了痕跡，殆爲文人風雅之藝事。

　　一般印石的材質要求，首重質地細緻、色澤溫潤，而昌化雞血石卻是以石上的石色鮮凝血欲滴雞血般的紅斑來論其高下，品評昌化雞血石，以紅血的大塊分布、血色的鮮艷度和底色純淨溫潤，爲佳品的要件，而以雞血凍爲雞血石中的極品。

　　本書係以收藏家陳京先生提供個人珍藏雞血石文物三百件，編印成書，爲石材之美做一絕佳的展現。

85032　國立歷史博物館藏歷代銅鏡
ANCIENT BRONZE MIRRORS IN THE NATIONAL
MUSEUM OF HISTORY
1996.11.　29X22cm　198面　定價900元
ISBN：957-00-8323-9 (精裝)　統一編號：006309850321

　　鏡子爲日常生活中必備之用品，在玻璃鏡尚未問世之前，古人皆以銅錫合金鑄鏡用以照面。銅鏡除了在日常生活上爲照容整裝之外，亦被廣泛使用，如用來避邪、裝飾、饋贈、祝福、陪嫁、殉葬等。

　　銅鏡的歷史極爲悠久，在漫長的中國銅鏡發展史中，銅鏡萌芽於金石並用時代，發展於春秋戰國時期，在漢代與唐代時達到鼎盛，最後在明清時期因外來玻璃鏡的出現而步上衰微之道。

　　國立歷史博物館共收藏有兩百餘件銅鏡，涵蓋了中國各朝代，本書即以館藏銅鏡爲主，配以一百五十幅精美彩色與黑白圖版及詳細的圖說明，並邀專家學者撰寫專文四篇，豪華精裝印製，以饗讀者。

86001 原眞之美—陳澄晴先生珍藏台灣原住民藝術文物

ABORIGINAL ARTS IN TAIWAN THE COLLECTION OF
CHEN CHENG – CHING

1997.1. 38X26cm 192面 定價1600元

ISBN：957-00-8423-5（平裝） 統一編號：006309860011

　　本書收錄由收藏家陳澄晴先生提供未曾展示過之台灣原住民（包括：泰雅、賽夏、布農、魯凱、排灣、阿美、卑南、雅美、平埔等族）之早期藝術文物，計有：石柱、木雕、織物、飾物、陶壺、武器、占卜具等各類約七百件。由各族代表性之文物，表現出台灣原住民物質文化，社會組織與生計活動之多樣性及獨特性：如：泰雅族之編織、鄒族之製革、魯凱及排灣族之木雕與織繡、阿美族之製陶、雅美族之造船等皆匠心獨運。

　　本圖錄預計出版全套三冊：第一冊爲織品服飾類、第二冊爲木雕器物類，而第三冊則爲全書圖版之文字説明，冀望由本套圖錄之呈現，提醒大眾對台灣原住民文化之珍視與尊重。

文物綜論與考古

86047 原眞之美—陳澄晴先生珍藏台灣原住民藝術文物(續)

ABORIGINAL ARTS IN TAIWAN：
THE COLLECTION OF CHEN CHENG-CHING

1997.12. 39X27cm 224面 定價2000元

ISBN：957-02-1010-9（精裝） 統一編號：006309860478

　　台灣原住民藝術，早受到重視與收藏。收藏家喜愛原住民藝術，所持理由不外是：它的形質生動有趣，表現出與眾不同的古樸眞實：或者是物以稀爲貴，可以據爲增值之藝術品：再者是具有民族學的圖象意義，可以是研究少數民族人文生態的依據：其餘則純粹個人藝術修養的喜愛，作爲品評人生的資源。

　　近十餘年來，國際間在追求人權與基本生活平等的意識下，開始重新審視婦女藝術與少數民族藝術的活動。

　　原住民藝術的特點，由於其族群生活聚落，較少受到人爲的衝擊與設計，保有人性純粹的思想方式，直接而率眞的感情激素。

　　台灣原住民藝術之發展，隨著族群的遷徙，早有族性不同的分野，就同一族群來説，亦有不同表現的特徵。本圖錄圖片提供及資料整理，得收藏者陳澄晴先生慷慨的幫助及學者陳奇祿教授、徐瀛洲先生、許功明小姐、徐韶仁小姐等的研究撰寫，提供深入了解原住民藝術之美。

86012　澎湖海域古沈船發掘將軍一號實勘報告書

AN INSPECTION REPORT ON THE ANCIENT SHIP
"GENERAL NO.1" AT THE PONG HU SEA

1997.4.　26X19cm　133面

ISBN：957-00-8995-4 (平裝)　統一編號：006304860123

　　教育部爲維護保存文化資産，八十四年間交由本館主持「澎湖海域古沈船發掘案」，本館即結合館内考古研究人員組成專案小組，並與中華民國海下技術協會共組工作團隊，經過縝密的初勘作業，於澎湖海域將軍嶼外大塭礁岩附近的海床上，發現有疑似古沈船排列整齊之陶器文物，此一目標物，則定名爲「將軍一號」。茲爲初勘發現「將軍一號」目標物之後，必須進行第二階段的考古海下試掘工作，從出水實物來證實此一目標是否即爲古沈船遺址。本館於八十五年於澎湖海域再次進行實勘工作，以有限的人力物力，克服艱苦的海象環境，確實執行實地勘查水下試掘作業。海床試掘深度達一公尺八十公分，出水文物標本共計110件，其中有完整青花瓷碗及若干船艙板，充分證實將軍一號確爲清代載貨木船。本次實勘作業完成之後，將本次實勘作業進程，及試掘作業、出水文物標本的鑑定等項工作，作詳實的紀錄與評估，編印報告書，作爲此次實勘的重要考古紀錄。

86015　清代漆藝文物特展

CH'ING LACQUER ARTIFACTS

1997.5.　30X21cm　179面　定價700元

ISBN：957-00-9114-2 (平裝)　統一編號：006309860150

　　中國漆器工藝歷史悠久。新石器時代之河姆渡文化已出現木胎朱漆碗，顯見漆器與民生之關係密切。

　　清代漆藝製作承歷代技法並高度發展，當時重要製作漆器重心如：北京爲當時雕漆器製作中心；揚州以螺鈿名聞遐邇；福州則要以脱胎器爲主。清代漆藝結合多種技法，取材多樣，漆藝領域愈爲豐富。並因宮庭喜尚細緻精湛而具有華麗繁複之風。

　　歷史博物館將珍藏清代漆器，配合民間蒐藏臺灣早期漆器展出並出版「清代漆藝文物特展」圖錄，藉以發揚吾國傳統工藝菁華，呈現近代漆工藝史發展脈絡。

86017　古物保存維護簡易手冊

A HANDBOOK OF ARTIFACT PRESERVATION

1997.5.　21X15cm　185面

ISBN：957-00-9389-7（平裝）　統一編號：006309860170

　　古物是全人類共有的文化遺產，它具有歷史、藝術及科學的價值，足以作為當代及後世學子受教育成長過程中的相關史物借鑒，並進一步啓迪心智，體認出古物在人類歷史文化的傳承。本館奉教育部委辦承編之「古物保存維護簡易手冊」，除在內容上對與古物相關的課題如古物保存及維護的必要性，古物惡化因素，古物保存維護的一般性原則，對各類材製成的古物如何作有效的維護等有簡要述論外，並附與古物相關的各項法律、規章，期望能在古物保存維護方面，對社會大眾有具體助益，並進一步對「文化資產保存法」中之「古物」專章所欲宣達的目標，獲得落實。

86021　台閩文物工作小組八十六年度工作報告
　　　　—金門地區史蹟文物調查實錄

A RECORD OF HISTORIC RELICS STUDY IN KIN-MEN AREA

1997.6.　26X19cm　170面

ISBN：957-00-9742-6（平裝）　統一編號：006309860212

　　本館台閩文物工作小組，集合本館跨組室之研究人員，進行有關台灣及閩南地區之歷史、藝術、文化等方面之長期研究。八十六年度的工作計畫設定對金門地區的文物做實地調查，調查之重點則著重於古文物的蒐集整理，藉由文物的研究闡述其歷史源流、地域性特質以及文化藝術方面的意義與價值。本次金門地區實地文物調查之方向分為，歷史文物、書畫藝術、禮俗文物、民俗文物，生活器用等幾類，由小組成員進行各專題之調查研究，其所得之調查結果做成具體之報告，以反應現存之若干事實、成就與問題。

文物綜論與考古

86032　清代玉雕之美

JADE：CH'ING DYNASTY TREASURES

1997.8.　30X22cm　296面　定價1600元

ISBN：957-02-0202-5　(精裝)　統一編號：006309860329

　　玉在中國各種天然礦石中具有特殊的民族精神性。清乾隆廿五年起，每年從新疆葉爾羌、和闐等地獲得貢玉，並有產自緬甸一帶的翡翠供宮廷使用，玉料充裕，北京、蘇州、楊州、杭州、南京、天津逐漸成為製玉重鎮。無論是仿商、周青銅器造型紋飾及漢玉的「仿古玉」，雕工精練，表現碾琢技巧的「時做玉」，或是器薄如紙，有阿拉伯風格造型和花紋的「痕都斯坦玉器」，作工一絲不苟，條理分明，表現出精細薄巧、多層次玉雕之美。碾琢藝術並受繪畫、雕刻、工藝的影響，加上阿拉伯式圖案、繁縟精細，發展了具時代特色的玉器藝術，更有鬼斧神工之妙。本書徵集十多位收藏家經年的收藏及本館館藏清玉精品，中英文對照，書末並附有作品解說。

86035　盈握天地鼻煙壺

A MINIATURE WORLD OF A SNUFF BOTTLE

1997.10.　30X21cm　234面　定價900元

ISBN：957-02-0355-2 (平裝)　統一編號：006309860359

　　「鼻煙」乃一種粉末藥材，用以提神醒腦，明目驅寒，在十六、十七世紀的歐洲已相當盛行，作為禮品，相互餽贈；明朝晚期，由歐洲傳教士以「煙瓶」的容器裝之傳入中國。

　　鼻煙壺可謂中國工藝美術的縮影，不論是套料、瓷胎、玉質、金屬、內繪、漆器等各式煙壺，均集結了中國的雕刻、燒瓷、琢碾、彩繪與書法等工藝於一身，其所涉及的藝術領域極廣，凌駕其他手工藝品之上，形制小卻包羅萬象，實具有高度的藝術欣賞價值。本圖錄集合國內多位收藏鼻煙壺之收藏家及館藏鼻煙壺精品提供各界參考。

86037　館藏牙雕暨明清銅爐特展圖錄

IVORY—CARVING OF THE MUSEUM'S COLLECTION
AND INCENSE BURNERS IN THE MING AND CH'ING DYNASTIES

1997.10.　29X22cm　96面　定價800元
ISBN：957-02-0367-6（平裝）　統一編號：006309860379

　　國立歷史博物館於八十六年十月應邀赴日本熊本市立博物館展出館藏之黃老奮牙雕老品五十件及私人收藏家楊炳禎先生珍藏之明清時代銅爐二五○件，並出版專書以為紀念。

　　毫芒雕刻是中國雕刻工藝美術中，不可思議的絕技，從微小且光滑的象牙表面上鐫刻細繁圖案、文字，以刀為筆，揮灑自如，呈現出高超的技藝。明清時期，以鑄銅為爐之風氣大盛，銅爐融入生活中，除焚香以除穢、驅蟲、薰衣或宗教供奉祭祀之外並顯示文人之文房清供、玩賞香味之雅趣。

86038　歷代硯台展

INKSTONES THROUGH AGES

1997.10.　30X21cm　216面　定價900元
ISBN：957-02-0400-1（平裝）　統一編號：006309860389

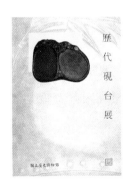

　　硯，是文房四寶之一，在我國文明史上，和紙、筆、墨一樣對傳播文化藝術起了極其重要的作用，同時又受到歷代文人雅士喜好的影響，在製作雕琢中不斷融入各代特徵，硯的造型及飾紋已從唐宋的端莊古樸到元明清的爭奇鬥巧。從硯的發展，亦反映出歷代文人生活和習性，同時
也象徵文人氣質與追求，《西清硯譜》有云：「古今佳硯，固質美工良，而鑑賞品題，因人增貴。」在文人的雕琢銘題中，硯已由磨墨實用之工具，轉為怡情悅性之文玩。

　　本館此次「中國文人雅趣藝術特展」特以硯台作為文人收藏之藝術品類之一，並出版專書提供各界參考。

87007   金門古文物特展圖錄
A SURVEY EXHIBITION OF ARTIFACTS FROM THE KINMON AREA
1998.2.   29X21cm   170面   定價1400元 (一套)
ISBN：957-02-0968-2 (平裝)   統一編號：006309870079

　　國立歷史博物館台閩文物工作小組八十六年的工作計畫設定對金門地區的文物做實地調查，調查之重點則著重於古文物的蒐集整理，藉由文物的研究闡述其歷史源流、地域性特質以及文化藝術方面的意義與價值。博物館所從事的研究工作應定位於與文物相關的研究範疇之中，由實際的文物角度切入歷史性、文化性、社會性等學術議題的推論。基於博物館本身之職能為前提，本次之調查成果將計畫於民國八十六年底舉辦「金門古文物展」，藉由展覽形以呈現本館之研究成果。

　　本書即是將調查所得之報告，與報告所延伸之文物展覽結合而成，對於臺灣與金門間的歷史、文化、藝術提出初步的研究。

87008   國立歷史博物館台閩文物工作小組八十六年度工作計劃報告
　　　　—金門地區文物調查實錄
RECORD ON THE ARTIFACTS FROM THE KINMEN AREA—A SURVEY
REPORT OF THE RESEARCH PROJECT IN 1997 BY TAIWAN AND
FUKIEN ARTIFACTS RESEARCH WORK TEAM OF THE NMH
1998.2.   29X21cm   160面   定價1400元 (一套)
ISBN：957-02-0977-1 (平裝)   統一編號：006304870081

　　本館台閩文物工作小組成立於民國85年，集合本館跨組室之工作人員，擬就台灣及閩南地區之歷史、藝術、文化等方面進行長期有系統的研究。本報告係該小組86年度的工作計劃成果。內容以對金門地區旳文物實地訪查為重點，計收錄歷史性文物、藝術性文物、生活性文物及禮俗等四大項之專題研究論文九篇。

87034　追根究柢—台閩族譜暨家傳文物特展圖錄
FAMILY TREES AND HEIRLOOMS FROM TAIWAN AND FUKIEN
1988.11.　30X21cm　187面　定價800元
ISBN：957-02-2869-5（平裝）　統一編號：006309870346

族譜爲中華文化的重要特色，是華夏民族追本溯源的依據，經由族譜及長久遺留的歷史文物的實證，理解姓氏的淵源、傳承和文物的歷史性、藝術性、生活性、社會性的特質。如若族譜所展現的是一種家族的淵源傳承，家傳文物則是爲家族傳承提供了一個最直接的環境背景，使得這些族譜不再僅限於文字的紀錄，將回到古老而熟悉的境地，讓我們的根源在現代鮮活起來。

本圖錄由福州族譜文獻專家林偉功先生，以及臺灣各姓氏淵源研究學會林理事長棋先生、萬萬齋廖慶六先生、國立金門農工職校楊天厚老師，撰寫專文，探究中國族譜發展及家傳文物。國立歷史博物館對於台閩歷史、文化及藝術等方面的研究，爲現階段研究的重點課題，因此，將逐步地朝向這方面進行更深入的探討與研究，以饗社會大眾，發揮社會教育的深層作用。

87038　台灣常民文物展—信仰與生活
THE POPULAR BELIEF AND DAILY LIFE SEEN
FROM EARLY TAIWANESE ARTIFACTS
1998.12.　30X22cm　303面　定價1500元
ISBN：957-02-2931-4（精裝）　統一編號：006309870386

臺灣的歷史如果從文獻上考察，則有七百年以上的歷史：如果從地下出土的文物看，則在距今五萬年前便已有人類在此島上活動。近代以來，由於東西文化勢力交會，臺灣的歷史發展更形成獨具特色的單元。

基於保存和發展臺灣本土歷史文化的精神。由收藏家李吉崑先生提供文物，本書並將其分爲四類：

一爲民間信仰用品。共一四五件，主要是民間道教用品，深刻的反應著早期臺灣人民敬天法祖之民風。二爲農村器具。共六九件，皆爲臺灣昔日農村生活實物，其耕耘汗漬斑斑可見。三爲生活器物。共五六件，包括百工用具和一般民生器物，十足顯現臺灣先民的巧思。四爲傢具。共三七件，除了有延襲自大陸明清時期的漢式傢具外，更有臺灣先住民—平埔族的傢具，其多元特殊耐人尋味。

88006　中華錢幣史特展

THE HISTORY OF CHINESE COINAGE

1999.2.　30X21cm　94面　定價500元

ISBN：957-02-3275-7 (平裝)　統一編號：006309880066

　　中國使用錢幣已有五千年的悠久歷史，是世界上最早使用錢幣的國家之一。

　　中華錢幣的歷史正是一部中華世界民生經濟盛衰變遷的實物史證。國立歷史博物館歷代錢幣典藏特豐，不僅是研究經濟史、社會史的好材料，也深具藝術鑑賞價值中華錢幣史特展圖錄。以歷代錢幣形制演變爲主題，藉大量實物及文獻資料來透析古代至近現代的社會民生演進脈絡，希望能開拓錢幣文物的新視野。台幣部分，全由中央銀行提借，資料相當完整值得閱讀。

88013　祖先‧靈魂‧生命—台灣原住民藝術展

ANCESTORS, SOULS AND LIFE：ART OF TAIWAN ABORIGINES

1999.3.　30X21cm　127面　定價400元

ISBN：957-02-3405-9 (平裝)　統一編號：006309880135

　　「臺灣與加拿大原住民藝術巡迴展」圖錄，以加拿大西北地區因紐特人的創作和臺灣地區的十大原住民族群創作作品爲主。來自加拿大文明博物館的「因紐特女性藝術家作品」，係爲首次出國展出，展覽的原始動機，是希望藉由因紐特藝術家的作品，去學習與認識因紐特保存傳統文化風俗的經驗，並觀摩其藝術發展歷程中各主種十分有趣的面貌；展覽內容係是九位來自加拿大西北方多塞特角(Cape Dorset)的因紐特族女性藝術家，對於藝術創作的體驗與表現，他們的版畫與雕刻作品，不僅表現了因紐特人與極圈蠻荒環境的關係、巫師與神話傳說等主題。

　　臺灣地區的作品分屬十族的十一位原住民藝術家所提供，主要有木雕、皮雕、藤編、陶藝和繪畫。其中所表現出傳統與現代社會間面臨的微妙關係，如生有土地與動物、族群傳承等探討，充分顯示出原住民藝術的特色。

88029　澎湖海域古沈船將軍一號試掘報告書

A REPORT ON THE UNDERWATER EXCAVATION OF
THE ANCIENT SHIP "GENERAL NO.1" AT THE PONG HU SEA

1999.6.　26X19cm　133面

ISBN：957-02-4303-1（平裝）　統一編號：006304880297

　　此為教育部委託國立歷史博物館辦理「八十七、八十八年度澎湖海域古沈船將軍一號試掘」之成果報告書。為繼八十四年初勘，八十五年實勘之後所進行之沈船發掘之第三次試掘工作，亦為本沈船將軍一號第三本發掘水下考古學術報告。

89001　龍文化特展

THE BEAUTY OF DRAGON DECORATIVE MOTIFS OF
DRAGONS IN CHINESE CULTURAL ARTIFACTS

2000.1.　30X21cm　368面　定價800元

ISBN：957-02-5429- 7(平裝)　統一編號：006309890013

　　龍是中國人共同的圖騰，自新石器時代開始便有龍圖騰的存在；此後歷代關於龍的工藝美術創作，乃至文學、音樂、天文，以龍為主題者均非常豐富。在君主王朝時代，龍更是典章制度的重要徽飾；至於民間，更是普遍視龍為吉祥物。故「龍文化」可視為中華民族綿延最久，傳播最廣的造形及意象文化之一。

　　公元2000年，不但是千禧年的到來，又巧逢中國的龍年，本館舉辦龍文化特展，目的是藉由豐富的龍文物精品為內容，全面、組織、生動化地介紹龍的誕生、演變和發展的過程，以及幾千年來與中華民族政治、文化、宗教、社會生活的密切關係，讓社會大眾有系統地認識中華民族傳統文物之美，以期能喚起民族創造力，進而迎接新世紀的來臨。

文物綜論與考古

89017 香薰香爐暖爐

CHINESE WARMERS AND CENSERS COLLECTION
OF WELLINGTON WANG

2000.4. 29X21cm 248面 定價1500元
ISBN：957-02-5757-1 (精裝) 統一編號：006309890172

　　香爐的製作講究一種整體美，而香薰則是靈魂，其欣賞美學不全在於視覺的感受上；暖爐則不同，暖爐的欣賞焦點主要還是視覺上的，爐蓋便是它最精彩的地方，暖爐爐蓋據說是受到當時日本人以銅製漏空罩蓋的影響，才產生這些玲瓏剔透的形式。現在我們欣賞暖爐，透過這些可愛精妙的爐蓋造形，其間的人文情懷自是綿延無盡。

　　國立歷史博物館為使國人進一步認識古代人們的生活文化，從根傳承我們民族的人文精神及內涵，對於古代生活文物的研究和展覽向來不遺餘力，此次舉辦香爐暖爐的展覽係國內首次，非常感謝王度和洪三雄兩位先生慷慨提供他們珍貴的收藏。為期社會大眾有更深入及廣泛的欣賞與認識。

89018 雙清藏爐

CHINESE INCENSE BURNERS

2000.4. 29X21cm 248面 定價1500元
ISBN：957-02-5758-1 (精裝) 統一編號：006309890182

　　薰爐的用途在薰香，從考古實務推測，它原先是為了除濕、殺菌及提神；這在卑濕的南方楚地特別需要。戰國以來，隨著神仙思想及方術的流行，薰爐變成了宗教用具，其造型和製作也愈來愈講究，乃至成了很有特色的工藝品。

　　唐代以後，由於柱香及香水的流行，薰爐逐漸失去了實用價值，其製作遂不如漢魏時精彩。直至明清時代，隨著文人好古之風的興起，薰爐精巧的造型配合著世代傳頌的詩文云詠，才再度受到世人的青睞。惟此時的薰爐在用途上已不再具有宗教神祕色彩，它變成了人們日常居室的陳列工藝，其製作趨於精巧美觀，設計更別出心裁。真正是中國薰爐工藝的寫照——特別是明清時代的薰爐。

89025　璧光盈袖：居易書屋珍藏玉器展
JADE COLLECTION OF THE JU-YI SCHOLAR'S STUDIO
2000.5.　32X24cm　288面
ISBN：957-02-6065-3（精裝）　統一編號：006309890251

　　郭淑惠女士是我們文物蒐藏界中的「女傑」，她的珍藏琳瑯滿目，不僅品類完備而且內容豐富，其中最具特色的系列，則視爲數達三百多件年代遠溯新石器時代晚期以迄清代的古玉：其內容除玉璧、玉琮等禮器外，還有各種穿戴和擺設的飾品及文玩，玲瓏靈透，光澤可人。倘佯在這些珍藏世界中，不僅令人人認識到中國古玉的多姿發展，更可體覺到一分女收藏家特有的典雅氣質，值得我們細細品味。

　　國立歷史博物館爲多元化的呈現歷史文物美，適時反映時代的人文及社會動脈，曾舉辦過多次民間人士的珍藏展，我們相信藉由郭淑惠女士的蒐藏不但可以讓國人得到文物本身的美感及知性，應該還可以使人們瞭解另一種由女性特有的心思所摩挲粹煉而顯現出來的親潤芳澤。

89036　搶救文物—九二一大地震災區文物研究展圖錄
AN EXHIBITION OF ARTIFACTS RESCUED FROM SITES
RUINED BY THE "921 EARTHQUAKE"
2000.9.　29X21cm　296面　定價800元
ISBN：957-02-6621-X（平裝）　統一編號：006304890363

　　在八十八年九二一大地震造成空前大災難，除了爲死者哀，生者憂，我們更看到文化和歷史的傷痕。本館跟隨著每一股投入搶救和重建的力量，肩負著文化工作者的責任。

　　一年來，本館執行「搶救文物專案計劃」共分爲三階段：第一個階段，本館迅速組成「搶救文物小組」進行文物蒐集工作：第二階段，本館持續進行文物清理、維護、修復及加固、修補等必要措施，以避免文物持續遭受損害：第三階段，也就是現階段的主要工作，在於挑選出不同類型、材質的文物和建築構件，匯整成具系統性脈絡，提供社會大眾對歷史文物的保存觀念。本書共分四個主題，分別是竹山鎮、東勢鎮、大里市和代表史博館從事專案工作過程的主題。各主題內依照文物屬性不同，又分爲建築構件和文物兩大類。當年十月初，本館搶救小組在竹山和東勢進行蒐集時，以敦本堂和善教堂爲主要目標，所蒐集的文物數量也最多，因此，這兩個部分是篇幅強度較大的區域。而竹山莊宅爲數量其次的區域，至於，東勢劉氏宗祠和大里市幾乎只是採取樣本的方式保留了少數文物紀錄。本館積極參與震災之後的文化重建，亦堅信歷史文化保存工作的行動，是值得且必須繼續堅持下去的。

89037　搶救文物—九二一大地震災區文物研究報告

AN EXHIBITION OF ARTIFACTS RESCUED FROM SITES RUINED
BY THE "921 EARTHQUAKE"

2000.9.　29X21cm　160面　定價450元

ISBN：957-02-6622-8 (平裝)　統一編號：006304890373

　　本館研究人員對九二一大地震展開系統性的研究工作，包括
從政策面積極地尋求保存文物歷史建築關鍵課題；從歷史面與文
化面，對竹山鎮、東勢鎮災區作背景考察；文物的個案研究以水
里陶瓷和災區彩繪為主；搶救文物所運用的工序與工法的論述和
檢討。國外經驗的研究，則有探討日本板神地震對文化資產的處
理實務，作為對照參考。就專案計劃執行過程的實務經驗，經由
學術研究的程序，轉換可供參考的資料。

89039　大地之歌—奧克拉荷馬印地安藝術創作展

OKLAHOMA INDIAN ART VISUAL SONGS OF NATIVE AMERICA

2000.9.　30X21cm　144面　定價600元

ISBN：957-02-6743-7 (平裝)　統一編號：006309890390

　　美國奧克拉荷馬州的奧克拉荷馬州大學，特別設有弗瑞德瓊
斯二世美術館，致力於研究與蒐集北美士著，即通稱印地安人的
文物藝術，成為美國國內收藏印地安現代藝術文物的一個重要據
點。所收藏的包括北美大陸上的印地安人各種與生活、文化、藝
術等方面有關的文物與藝術作品。本館此次特別自弗瑞德瓊斯二
世美術館洽借了包括繪畫、雕塑、編珠、帳蓬、攝影等等八十五
件的印安文物，來台盛大展出。本書為「大地之歌—奧克拉荷馬
印地安藝術創作展」之圖錄，內容有奧克拉荷馬州州長藝術委員
會執行等前言四篇，及專文五篇，並收錄展品資料及參展藝術家
的基本介紹。

89045　文物保護科技文集 (周寶中著)

SELECTED ARTICLES ON THE SCIENCE OF ARTIFACT CONSERVATION

2000.11.　30X21cm　240面　定價750元

ISBN：957-02-7027-6 (平裝)　統一編號：006304890452

　　周寶中先生為中國歷史博物館研究員，保護科技部與實驗室
主任，將其二十年維修文物之經驗心得寫成論文報告，內容包括
金屬器、青銅器、鎏金器、鐵器、陶瓷器、玻璃、玉石磚瓦、漆
木器、書畫、紡織品、壁畫、田野出土文物、的維護，海洋打撈
的文物維護……等等，都有精闢的闡述。本館有鑑於這些資料的
珍貴與專業，彙編成書，為能滿足讀者在資料蒐集與知識探討上
的需求能一氣呵成，相信讀者會發現這是一本難能可貴容易瞭
解、深入淺出，集維護文物藝術、美學與科技知識的一本好書。

陶瓷類

66004 唐三彩
TRI COLOR POTTERY OF THE T'ANG DYNASTY
1977.7. 29X22cm 88面 精裝

國立歷史博物館藏有大批古代陶器，其中以唐代陶器爲最多，而唐代陶器中又以唐三彩器最爲最顯著。這批陶器大都是河南博物館的舊藏，少數由他方移來入藏的。近經整理、修復而陳列出來的唐代陶器共有一百四十六件。本文是以唐三彩器爲主，兼及於唐代其他陶器，而更是以國立歷史博物館所陳列出的展品爲主，兼及於傳世的和出土的他處藏品。在依據上，除以有關記載外，當以出土有墓誌銘的陪葬品，爲對照的重點。

67003 中國古代陶器
ANCIENT CHINESE POTTERY
1978.4. 29X22cm 129面 精裝 定價400元

國立歷史博物館保存了我國最珍貴、最豐富，也具最完整性的民族文化遺產—爲數龐大的古代陶器。根據古代陶器出土記錄和推算，我國陶器之始作，距今約一萬年前左右，最初以實用爲主，製作之粗陋，形態之單純當可想見。及至五千年前之彩陶器出現，可以證明陶器之製作，無論就燒製技術和設計形制言，皆大爲改觀，後來，從墓壙中發現殉葬之明器出現，再後，實用之陶器與葬用之明器形成「道器並用」，遂構成我國一部陶器史，亦使我國陶器之藝術放一異彩而聞名於世。本館爲宏揚中華文化，乃就館藏陶器，擇其具有代表性者九十七件，輯成「中國古代陶器」一書，全部彩色精印，並就各件予說明，舉凡出土年份，出土地點，原件尺寸大小，以及製作方法等均加記述，以備研考。

70001 畢卡索陶藝
CERAMICS BY PICASSO
1981.1. 25X19cm 全一冊 平裝

西方藝壇大師巴布維·路易斯·畢卡索氏，一八八一年十月廿五日出生於西班牙安達魯西亞地方的馬拉卡，卅年代末期，他與布拉克等人一起倡導「立體主義」畫風，被稱爲近代繪畫之新革命，因而，確立了他在藝術上的不朽地位。畢氏藝術的素材，並不僅限於繪畫，同時表現於雕塑、版畫、壁畫、陶器…。一九四七年畢氏六十六歲，開始製作陶器，他著迷於這種結合繪畫、雕塑於一體的陶藝。他在陶藝上的收穫，包括盤、碟、壺、罐、

碗瓶、陶皮以及立體塑像等作品達三千餘件，其主題亦隨著繪畫的風格而有所改變。這次畢卡索陶瓷作品展覽的順利展出，促進了中西文化交流之功能。國立歷史博物館以畢氏陶器展品十分寶貴，特將此次付展作品編輯成冊，藉以介紹其特色，供愛好人士欣賞與觀摩。

71003　中國古陶瓷展
EXHIBITION OF ANCIENT CHINESE CERAMICS
1982.4.　28X22cm　162面　平裝

中國陶瓷為全人類所喜愛，多少年來與大眾生活有密不可分的關係。該項中國古陶瓷展覽，上自史前的彩陶壺，西晉越窯器、唐三彩、宋元明各代名窯精作計一一一件，及清代各朝陶器五十二件，多為我國歷代陶瓷的上品，一一來自民間珍藏且均完整無瑕，提供社會大眾研究與欣賞。

73008　陶瓷的根源
ORIGIN OF CERAMICS
1984.2.　27X19cm　全一冊　平裝　定價80元

我國陶瓷之發展，從史前之石器時代迄今已將近萬年，它循著農業文化之傳統精神，不斷地發展創新，先由原始之粗陶而彩陶，由彩陶而細陶，由細陶而釉陶，再由釉陶演進為瓷器，整個陶瓷的演進史，似乎隨著文化的發展，均衡地發展，到了近古時代陶瓷更由日常用品演進為珍藏的藝術品，可見它與人生的關係不僅是現實的，且是精神生活的一部份。台北李成發先生，國內知名收藏家，對於各種古物均極珍愛，尤精於陶瓷之鑑賞與收藏。本館鑑於發揚我國歷史文化，特邀請李成發先生將其畢生心血之結晶，作有系統之介紹，用饗國人，為增進對我國陶瓷發展之認識，特編印專集以為推廣，並致謝意。

陶瓷

74002 楊永德收藏中國陶枕展
EXHIBITION OF CHINESE CERAMIC PILLOWS FROM YEUNG WING TAK COLLECTION

1985.2. 28X23cm 246面 精裝

　　中國的陶枕，遠在絢爛豪華的唐三彩作品中，已可發現許多的例証。陶枕的生產經宋、金、元歷代的發展，已經滲透到人民的日常生活中，而且逐漸的商業化，同時也提高了它的工藝價值。本展覽會，主要是把宋、金、元歷代126件陶枕聚於一堂，可看出其技巧方面各種各式各樣的製造手法。此次豐富多彩的陶枕發展的展示，一定會成為研究者的珍貴資料。

75002 第一屆陶藝雙年展
THE FIRST CHINESE BIENNEAL CERAMICS EXHIBITION

1986.5. 21X19cm 103面 平裝

　　歷史博物館為鼓勵中國現代陶瓷藝術創作，承傳中國古代陶瓷藝術之優良傳統，並促進國內陶藝研究發展，藉以弘揚民族文化，爰舉辦「中華民國第一屆陶藝雙年展」。「中華民國第一屆陶藝雙年展」為本館首次辦理，分邀請作品與應徵作品兩部份共同展出。應徵作品部份，分別以造型、用釉、燒製技巧及美學觀點為評審原則。獎勵名次有金、銀、銅牌及佳作、入選等獎。凡獲金、銀、銅牌及作者，除頒發獎金外，其作品由本館永久收藏，為此一時期之陶藝發展做一註腳。一則鼓勵陶藝創作者不斷研究、改進，一則提供陶藝作品充分發表的機會，期使中國陶瓷在秉承既有的優良傳統基礎下吸收新觀念，以發展二十世紀中國陶藝之新風格。

76008 中國八代陶瓷精品展
THE EXHIBITION OF CHINESE CERAMICS OF EIGHT DYNASTIES

1987.6. 28X21cm 99面 平裝

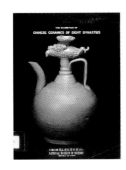

　　近年國人生活富裕，雅好藝術品之風氣盛行，個中收藏行家，其悉心鑽研之精神及不惜巨資購置精品之手筆，著實令人欣慰。由於大家有共同的愛好，對保存中華文物亦有所體認，爰成立「中華文物學會」。學會成員多屬陶瓷專家學者及私人收藏家，結合社會上愛好古物人士，共同推展陶瓷藝術，以普及社會大眾對陶瓷藝術之認識。本館鑑於中華文物學會熱心推展陶瓷藝術，及其會員豐富的收藏，乃邀請該會會員提供所收藏之陶瓷精品，共同舉辦「八代陶瓷精品展」，其展品始自漢、南北朝、唐、宋、元、明迄清，歷八代，凡一百件，均為各代最具代表性之精品，以及歷代名窯。舉凡鈞、汝、定、景德鎮及明清官窯精

品，均將一一呈現國人眼前，尤其是這項中華文物學會提供的所有展品，均屬國內首見，至為難得，鑑於此，乃集所有珍品，作成圖錄，都成一冊，以廣流傳。

77004 中華民國第二屆陶藝雙年展
THE SECOND CHINESE BIENNIAI CERAMICS EXHIBITION

1988.2.　25X26cm　76面　平裝

　　本館數十年來，除以商周迄唐宋的古代精美陶器，提供國人對我國陶器發展做清晰而明確的認識之外，亦時常舉辦國內陶藝創作展；或國外名家陶展，(民國七十五年)更首辦「中華民國陶藝雙年展」，作為提昇並發展國內陶藝水準的一項具體行動。「中華民國陶藝雙年展」已進入第二屆。參展作品極其踴躍，水準亦普遍提高，本館特聘評審審慎公正地選出六位大獎得主，及五十七件入選作品，另有邀請作品二十六件。今併合集結成一畫冊，一則做為紀念與參考之用；亦可藉之展現今日我國陶藝創作之大觀。

78003 林葆家陶藝專輯
CERAMICS BY LIN PAO-CHIA

1989.1.　29X21cm　50面　平裝

　　台灣在日據時代末期到台灣光復以迄於今，對陶瓷業界最具貢獻和影響力的本土陶瓷學家，當首推林葆家先生。

　　綜觀葆家的貢獻，使我們不難發現他經歷了台灣陶瓷業界的荒蕪期、興盛期、乃至於轉型期。他不僅僅是一位工業陶瓷家，同時他還是一位教育家、現代陶藝家，民國七十五年並榮獲教育部頒贈一座薪傳獎，實屬名至實歸。

　　葆家先生的作品，早期以研究中國傳統的釉色著手，中期作品則沈迷於新古典主義的創作，他的描金釉裡紅堪稱一絕，使釉裡紅在這個時代裡獲得了嶄新的詮釋；其它如青花，使用苗栗土外加白色陶衣繪製燒成，亦產生別具格的鄉土風味；釉上彩與釉下彩的繪製亦極富雍容華麗之能事。近期研製之青瓷，更展現了葆家先生新古典主義陶藝創作豐富的內涵。葆家先生的作品已紮實的脫離了仿古,而走進了現代。

　　民國七十八年元月一日起，國立歷史博物館為彰顯這位老陶藝家、教育家一生對陶瓷業所作的貢獻，特別邀請葆家先生到歷史博物館國家畫廊，為其舉行第二次個展，以期社會對葆家先生的藝業，有一較深一層的認識。

78012　中華現代陶藝邀展
THE INVITATION EXHIBITION OF MODERN CHINESE POTTERY
1989.6.　25X26cm　48面　平裝

　　陶藝作品講究形式美、質感、釉和坯的配合、造型與線條的變化，以求在原有的實用性之外，更發揮它的三度空間感與雕塑感；因此，好的陶藝家對於材料、造形和經驗這三者的掌握，缺一即不可。

　　現代陶藝趨向於多元化。換言之，除傳統陶藝之外，尚有綜合媒體窯、低溫窯、樂窯、骨灰窯等等。技術的運用比從前更活潑。「陶」的思考是建立在土與水的關係上，經過火的鍛鍊，感覺上「土」可以回歸於石，而「石」在人類文明進化史中，扮演了極重要的角色。

　　本館舉行的「中華現代陶藝邀請展」，希望藉此提昇國內陶藝藝術的境界。此次參展有六十多件作品，水準普遍提高，特印行展覽目錄以爲紀錄。

78020　CHINESE CONTEMPORARY CERAMICS EXHIBITIONS IN U.S.A.
中國當代陶瓷展
1989.11　25X26cm　143面　平裝

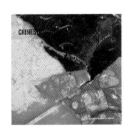

　　中國古代陶瓷藝術獨步全球，惟近代由於工業進步、傳統陶藝漸趨式微，代之而起的是現代陶藝，幸願諸多愛陶做陶前輩的執著投入，無視環境的艱困，傳藝授業傳揚於中國風貌的現代陶藝。爲促進中美之文化交流，並鼓勵陶藝家有更多的機會創作與發表。本館特別擇精品輯印成集，提供觀賞。

79002　中華民國第三屆陶藝雙年展
THE THIRD CHINESE CERAMICS BIENNIAL EXHIBITION
1990.1.　25X26cm　94面　平裝

　　陶瓷向來是我國傳統的優美工藝，且被世界各民族所公認。現代陶藝，趨向於藝術之創作，它並結合雕塑及繪畫藝術形成一門新興純粹藝術。本館籌辦「中華民國陶藝雙年展」，今年已是第三屆，應徵的陶藝家人數也大爲增加，他們帶回了各國的技法與新資訊，重新組合了國內陶藝的基本結構，也激起大眾對陶藝的興趣，希望這是重振我國陶瓷藝術聲威的時刻，並樂見其實現。

陶瓷

79007　王修功陶瓷集
THE CERMICS OF WANG SHIU-KUNG
1990.5.　29X21cm　171面　平裝

　　泥土、火、釉加上執著；王修功這位值得我們敬佩的現代陶藝家，正不斷地創造出令人讚嘆的陶藝作品。對他而言創作才是他的生命，因此觀賞王修功的作品，那種生生不息自然靈動的感覺，常不自覺的油然而生。

　　最近這幾年，國內陶瓷藝術發展，極爲迅速，在國際陶瓷大展舞台上，我國陶藝家亦逐漸佔有一席之地，也漸受各國的注意與肯定。在陶瓷作品成爲藝術創作取向的今日。王修功正是此一園地中，常揮汗栽種傑出的園丁。國立歷史博物館這次特別邀請王修功提供其最新的創作成果，於國家畫廊展出以饗同好。

79010　連寶猜陶集
THE CERAMICS OF LIEN PAO-TSAI
1990.8.　25X26cm　59面　平裝

　　連寶猜女士潛心研究陶藝，她的作品很豐富，從實用性的器皿到純創作性的作品，透過她的巧思，都令人有耳目一新的感覺。「貢獻自己，熱愛人生」是她生活哲學，也是她創作靈感的來源。國立歷史博物館爲了彰顯連寶猜女士長久以來在陶藝創作上的成就，特地邀請她在國家畫廊舉行個展，其展品的內容涵蘊了佛理和現代人性的特點，將佛與現代人的關係做了深刻的反應，讓佛的救世精神與先知先覺眞理傳播的追求坦然的呈現在觀眾的眼前，留待大家反省與探究。

80005　中華民國第四屆陶藝雙年展
THE FOURTH CHINESE CERAMICS BIENNIAL EXHIBITION
1991.12.　25X26cm　154面
ISBN：957-00-0301-4 (平裝)　統一編號：06302800050

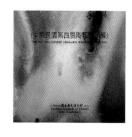

　　中華民國陶藝雙年展已進入第四屆，參展作品，迭有創新，參展作者，新人輩出。對於陶藝前輩提攜後進之不遺餘力，以及年青一代熱愛陶藝者，極力吸取新知，努力創作，一生忠實做陶，由傳統再創新機的精神，著實令人欽敬。

　　國立歷史博物館館藏陶瓷自史前以至民初已有系統地呈現陶瓷史之各階般特有風貌。希望中華民國陶藝雙年展的陶藝精品，能爲現階般的中國陶瓷做一時代註腳。「中華民國第四屆陶藝雙年展」共展出免審查作品三十件，應徵入選作品八十二件。並編印展品圖錄，做爲本次展覽成果之永久紀錄。

陶瓷

81005　中國古代貿易瓷國際邀請展比利時展品圖錄
ANCIENT CHINESE TRADE CERAMICS FROM
MUSÉES ROYAUX D'ART ET D'HISTOIRE, BRUXELLES
1992.10.　29X27cm　115面
ISBN：957-00-1154-8（精裝）　統一編號：06309810055

　　中國古代貿易瓷國際邀請展比利時展覽，由比利時皇家藝術歷史博物館提供珍品共123件，比國展品以價格昂貴的琺瑯彩瓷為大宗，也包含一部份「伊萬里」風味之五彩瓷，和具有代表性的青瓷器。這些中國外銷瓷器的訂購過程、生產程序及繪圖風格，都對研究東西文化交流史，提供了寶貴的史實與資料。本館舉行「中國古代貿易瓷國際邀請展」，邀請世界一流博物館，如英國的大英博物館…等八個博物館選件參展，算是國內近年來展覽盛事，同時也將使國人深深了解，中國不僅是文化大國，同時也早就是經濟大國。從古代外銷瓷器的輝煌史跡，當可使我們重新找回民族的榮譽和信心。今特專輯成冊，藉與喜愛者共饗。

81006　中國名陶日本巡迴展—港台名家收藏陶瓷精品
1992.11.　35X27cm　255面
ISBN：957-00-1409-1（精裝）　統一編號：06309810095

　　中國陶瓷質細型美，釉色溫潤，色彩秀麗，紋飾圖案表現時代特徵及藝術風格，是一種結合工藝技法與審美觀念的藝術。陶瓷史漫長的演進過程，是中國人民的生活社會史，充分表現出中華文化藝術及民俗生活的特質，是研究中國文化所不可忽視的一環。此次本館基於中日雙方文化交流之旨趣，特應邀結合民間力量，共同籌辦「中國名陶展」。選出上自戰國下至清代中國最具代表性之二千年以來的陶瓷精品，共有一百六十餘件。以年代順序作有系統地陳列，並兼顧各名窯之特色，展現中國陶瓷史演進之過程及整體的風貌。期使觀眾對源遠流長的中華陶瓷藝術，有更完整而深刻的認識與了解。

陶
瓷

81007   中國古代貿易瓷—綜合篇
ANCIENT CHINESE TRADE CERAMICS
1992.11.   29X27cm   187面
ISBN：957-00-1410-5 (精裝)   統一編號：06309810085

　　本館此次舉辦的「中國古代貿易瓷國際邀請展」，展品來自歐、亞、非、美四大洲，包括英國、法國、比利時、德國、美國、南非、韓國、菲律賓等八個國家，參展作品多達三百餘件，時間上橫跨宋、元、明、清。彩色型制上有：清瓷、白瓷、琺瑯瓷、粉彩、青花等各種精品，種類繁多，器型更是應有盡有。這些作品對於研究東西文化交流，提供了極其寶貴的史實的資料。此一規模空前盛大的「中國古代貿易瓷國際邀請展」，不但能讓國內觀眾了解中國不僅一直是文化大國，同時也早就是經濟大國。千百年來，一隊隊的沙漠駝鈴、一艘艘的遠海揚帆，載負了多少古代的中國陶瓷器外銷世界。回溯以往的勝跡，使我們不難重新拾回民族的榮譽與信心。

82001   中華民國第五屆陶藝雙年展
THE FIFTH CHINESE CERAMICS BIENNIAL EXHIBITION
1993.8.   25X27cm   178面   定價700元
ISBN：957-00-2766-5 (平裝)   統一編號：006309820042

　　由國立歷史博物館首創的「中華民國陶藝雙年展」，自民國七十五年開辦至今，已有十年。第五屆陶藝雙年展應徵參展作品總數多達三百餘件，較之往年高出一倍，作品水準亦有提昇，可見國內陶藝創作風氣之成長，仍具有偌大的發展空間。本圖錄收錄了陶藝前輩之免審查作品十九件及所有人選參展作品六十五件，以文圖並列的形式展現創作者於整體作品中所表達的藝術觀念，也呈顯出陶藝前輩提攜新輩之心力，與後進者自傳統中開發新局的特色，實為創作品留下了永久紀錄。陶藝愛好人士亦可藉由精美清晰的印刷圖版，探尋出台灣陶藝發展現況的軌跡。

82004　一九九二現代陶藝國際邀請展圖錄
THE 1992 INTERNATIONAL INVITATIONAL EXHIBITION
OF CONTEMPORARY CERAMIC ART
1993.12.　29X27cm　243面　定價1500元
ISBN：957-00-0766-4（精裝）　統一編號：006309820032

陶瓷

　　「一九九二現代陶藝國際邀請展」，在美國方面當代老中青三代的優秀陶藝家，共提供近作四十六件展出，作品主要分爲兩大類：陶塑(Ceramic Sculpture)與瓶罐(Vessels)。當代美國陶藝家爲進一步爭取藝術上的獨立地位，提出並強調「瓶罐即藝術」(Vessels as Art)的觀念，而不是「藝術瓶罐」(Vessels Art)的刻板印象。他們視以各種不同技法所自由製造出的瓶罐爲畫布，再透過影像符號，於上面盡情發揮所欲表達的思想意念；因此，瓶罐不再只是被裝飾的工藝品，而是純粹用來表達藝術家個人風格的藝術創作。四十六件的美國陶藝作品所展現的各種形式、風格和理念，對正朝著多元化發展的國內陶藝界而言，應該是最佳借鏡，也期望藉此次展覽能爲大家帶來新的視覺震撼。

83002　中國古代貿易瓷特展大英博物館館藏
ANCIENT CHINESE TRADE CERAMICS FROM
THE BRITISH MUSEUM,LONDON
1994.5.　29X27cm　363面
ISBN：957-00-3623-0（精裝）　統一編號：006309830030

　　國立歷史博物館近年來致力於國際文化交流工作，成績斐然，先後舉辦多項國際合作展覽，也能獲得各界好評，並與歐、亞、美、非等八國合作舉辦了「中國古代貿易瓷展國際邀請特展」。大英博物館爲舉世聞名歷史悠久的博物館，不僅藏品豐碩，各項文物研究水準也爲學術界所推崇。今年國立歷史博物館再次與大英博物館合作，展出大英博物館所典藏中國明清時代貿易瓷珍品一六一件，並共同出版特展圖錄，兩館貿易瓷之合作展出與出版爲中英兩國博物館二百多年來首度合作，確屬難能可貴。今日樂見兩館進行文物以及學術合作之交流，相信對於我國博物館之發展，必能獲益。

84004　國立歷史博物館館藏石灣陶

THE SHIH-WAN CERAMICS COLLECTION OF
THE NATIONAL MUSEUM OF HISTORY

1995.5.　29X21cm　72面　定價800元

ISBN：957-00-5275-9 (精裝)　統一編號：006309840047

　　國立歷史博物館館藏石灣陶單件總計二二九件。時代自明末
迄民初；題材則一般所云「人物、鳥獸魚蟲、山公亭宇、瓜果器
物、建築及喪葬器」等五類，尤其人物類精品極多，最爲可觀。
就質與量來說，石灣陶是本館重要的陶瓷器收藏，堪與唐三彩、
明清貿易瓷等類媲美。而本館這類收藏大部分皆爲霍宗傑先生捐
贈，宗傑先生爲廣東新會人，近年來旅居加拿大。其生性豪邁，
暇時皆以文物書畫爲樂。於民國六十九年、七十二年、八十二年
等，分批將其珍藏之石灣陶共約一二〇項捐贈本館，對於弘揚文
化，推廣藝術，貢獻良多。

84012　唐三彩特展圖錄

THE SPECIAL EXHIBITION OF TANG TRI-COLOUR

1995.6.　29X21cm　174面　定價800元

ISBN：957-00-5688-6 (平裝)　統一編號：006309840126

　　國立歷史博物館典藏之唐三彩，大部分來自河南博物館之舊
藏，爲民國十七年洛陽地區所出土，也有歷年增購器品。包括各
式文人、五人、仕女、神王、馬夫、胡人、駱駝、馬、鎮墓獸、
罐等各種造型，其釉色極爲成熟華麗，是盛唐時期最卓越的產
品，不僅數量居國內之冠，也是國際上相當晚整而成系統的唐三
彩收藏，普遍得到中外研究人員及學術界重視。本館爲弘揚此項
珍貴文物的文化與藝術特質，精心策劃此一圖錄，特供各界參
考。

84020　美國當代繪畫性陶藝圖錄

AMERICAN'S CONTEMPORARY PAINTING ON CLAY

1995.9.　29X21cm　80面　定價500元

ISBN：957-00-6134-0 (平裝)　統一編號：006309840205

　　十九世紀末西方藝術在寫實風格發展至極的同時，陶藝的創
作也在覓求脫離實用的範疇，探究其他發展的可能性，其創作的
形式、媒材、色彩等等的領域是豐富而多樣的。

　　從美國當代繪畫性陶藝中可看出當代西方藝術風潮中野獸
派、超現實主義乃至於魔幻寫實的風格，而陶藝所具有的可在三
度空間創作的優點，得以創作一連續性與想像力馳騁的空間。

　　本書收錄的作品正可反應出陶藝如何從歷史和藝術中沈澱，
並清楚地把繪畫性陶藝發展成複雜而成熟的藝術形式。

84021　中華民國第六屆陶藝雙年展
THE SIXTH CHINESE CAERAMICS BIENNIAL EXHIBITION
1995.9.　29X21cm　144面　定價700元
ISBN：957-00-6135-9（平裝）　統一編號：006309840215

　　中華民國台灣地區的現代陶藝發展，近十餘年來，在陶藝前輩們不遺餘力地推展與提攜下，從事陶藝創作的人口快速的逐年增加，各類陶藝的展出活動亦屬頻繁，而國立歷史博物館的陶藝雙年展活動即是為求得創新與突破，更為國內陶藝的創作方向做一全新的思考與詮釋而設立的。

　　本專輯共分二大部分，其一是得獎作品，另一是入選作品。得獎作品共有五件，入選作品共五十九件，本屆獲得「典藏獎」的五位陶藝家，經由初選、複選、決選，並由參選的二百五十餘件徵選作品中脫穎而出，展現其獨特的創作風格，無論在造型上、用釉及燒製技術上皆大有突破，亦有相當的藝術性和完整性。希望借此展覽成果留下註腳及紀錄，編印成圖錄，讓國人有更多的觀摩機會，藉以提升陶藝創作風氣而努力。

85014　館藏瓷器—長沙窯
THE NATIONAL MUSEUM OF HISTORY'S CHANGSHA PORCELAIN COLLECTION
1996.5.　30X22cm　192面　定價1000元
ISBN：957-00-6130-8（平裝）　統一編號：006309850143

　　本圖錄係將國立歷史博物館典藏之唐代長沙窯作一研究性專題展所編輯之圖錄，除展品彩色圖版一百餘件，可提供鑑賞及研究之外，並包括窯址及採集各種標本之插圖及下列專論性之論文四篇：
1.長沙窯之概論；
2.長沙窯之分期研究；
3.長沙窯之器型分析概述；
4.長沙窯之瓷面裝飾研究。

　　本圖錄將此一唐代特殊窯系之相關問題作一系統性之概介，頗具參考價值。

陶瓷

85018　明清民窯青花紋飾特展
THE BLUE AND WHITE FROM COMMON KLINS OF
THE MING AND QING DYNASTIES
1996.6.　30X21cm　135面　定價600元
ISBN：957-00-7333-0 (平裝)　統一編號：006309850183

　　明清青花瓷可分為官窯、民窯二種。官窯的原料精細、以細工製作精巧、風格雍容華貴，民窯的特色則在於作風粗放、自然灑脫而樸素，充滿濃厚的生活氣息。

　　青花瓷在技術上繼承宋元磁州、吉州窯之裝飾風格，隨意發揮自然、豪放藝術效果。紋飾方面常見歷史故事、傳記、仕女、神仙、嬰戲等以簡率筆法反映出當時民間生活情趣與社會習俗，圖中人物筆法雖不精美卻自然而古趣洋溢。以寫意簡率的技法描繪山水、花卉、走獸和吉祥紋飾顯現出民窯畫工自然樂觀的生活態度。

　　青花瓷之生產以景德鎮為最大，江蘇、福建和廣東地區許多窯場也生產青花瓷，產量大增。本圖錄內收錄各大博物館收藏和出土青花瓷器，以精美印刷術刊於世，是為國內首次出版之民窯青花瓷特刊，意義匪淺。

85034　原生文明—館藏史前彩陶特展
AN EXHIBITION OF PREHISTORICAL PAINTED POTTERY
1996.11.　30X21cm　300面　定價1500元
ISBN：957-00-8322-0 (平裝)　統一編號：006309850341

　　此書為本館將歷年來收藏所得之史前彩陶作系統分類整理。大部分藏品以黃河中游之半坡類型、廟底溝類型，黃河下游之馬家窯類型、半山類型、馬廠類型及齊家文化、辛店文化為主。並收錄專文六篇。

　　本圖錄將近來收集所得彩陶完整呈現，具有研究、欣賞之價值。

86019-1　台灣省文物藝術收藏學會收藏觀摩展

SELECTED PIECES FROM THE COLLECTORS OF TAIWAN
CULTURE ART ANTIQUARY ASSOCIATION

1997.5.　30X21cm　82面　平裝

本館基於推動民間收藏之風與教育推廣，樂見社會大眾愛護我們的文化資產，因此舉辦這次收藏觀摩展。推出「台灣省文物藝術收藏學會」之陶瓷、書畫等百件藏品展覽。以帶動全民熱愛藝術、珍惜文物的風氣；並以洗滌曚蔽的心靈，提昇生活品質爲己任，進而建立一個富而好禮，珍惜過去，展望未來的社會。

86028　館藏中國歷代陶瓷特展

1997 SPECIAL EXHIBITION OF THE NATIONAL MUSEUM OF
HISTORY'S CHINESE CERAMIC COLLECTION THROUGH THE AGE

1997.7.　30X21cm　144面　定價800元
ISBN：957-00-9965-8（平裝）　統一編號：006309860280

爲慶祝新竹市改制十五週年，本館與新竹市政府合作辦理「館藏歷代陶瓷特展」，將館藏歷代陶瓷精品，從史前時代之彩陶，商周印紋陶至漢綠釉陶及唐三彩、長沙窯、宋元陶瓷及明清官窯，富民間趣味之石灣陶與十九世紀中國外銷世界各地之貿易瓷，乃至於現代陶藝，共分成十大類主題一系列展出，讓民眾得以瞭解中國陶瓷文物之美，同時編印「館藏中國歷代陶瓷特展」圖錄，內容豐富、印刷精美，除了供研究參考之外，適合永久典藏於您書架內。

87003　中華民國第七屆陶藝雙年展

THE SEVENTH CHINESE CERAMICS BIENNIAL EXHIBITION

1998.1.　29X21cm　125面　定價700元
ISBN：957-02-00751-5（平裝）　統一編號：00639870039

國立歷史博物館辦理「中華民國陶藝雙年展」，至今已第七屆，其深爲藝界及社會大眾支持肯定。

秉持鼓勵新人爲陶藝創作而努力，並提供國人良好之觀摩機會，發揚陶藝與社會文藝風氣，或有益於世道人心之向善。第七屆中華民國陶藝雙年展區分傳統與現代兩組之徵選，經由初選、複選、決選等多次討論階段，從二百三十五件作品中，最後僅遴選五十五件作品進入決選。

參選的各樣多元的風格、造型與趣味表現，它們代表著陶藝活動的蓬勃發展；同時也難免有遺珠之憾，本圖錄爲紀錄徵選作品值得參考。

87006　唐長沙窯瓷器之研究

CHANGSHA WARE IN THE T'ANG DYNASTY

1998.3.　26X19cm　130面　定價380元

ISBN：957-02-0944-5（平裝）　統一編號：006309870069

　　唐代長沙窯瓷器，是我國最早以外銷取向所燒製的貿易瓷，器面首創採用筆繪及詩文書法的釉下彩繪裝飾技法，同時運用中、西亞地區銀器凸花的效果，製作出傳統視覺美感又流露異國風情的陶瓷，在筆繪迅速流暢婉轉的線條中，表現著唐代民間藝術的澎湃氣勢，長沙窯作品最令人感動的力量存在於此，除了這種藝術觀賞的價值之外，其在考古及歷史資料的意義上更不容忽視。本文的重要內容，包括其年代，發源脈絡、窯址情況、瓷器分期、工藝技法，裝飾藝術、國內外出土，真假品辨識及目前傳世情況等探討，以增加讀者對此項重要而罕見瓷器的認識與了解。

87017　西漢南越王墓文物特展圖錄

ARTIFACTS IN THE NANYUE KING'S TOMB OF
WESTERN HAN DYNASTY

1998.5.　30X21cm　180面　定價900元

ISBN：957-02-1448-1(平裝)　統一編號：006309870178

　　南越國原來是秦末漢初建於嶺南的一個地方政權。根據史書的記載，其開國主趙佗本為秦朝南海郡所轄的龍川縣縣令；秦末天下大亂，佗乃「絕道聚兵自守」，並併滅桂林、象，自立為「南越武王」。南越國始終保持其獨立王國的地位，與閩浙的東越、黔滇的西南夷諸國相倚而成為中國的南疆強藩。直到西元前一一一年才被漢武帝派兵討滅。傳國共五世九十三年。

　　這次展覽的南越國文物，係廣州象崗南越王墓的出土文物。這個墓據信為南越國的第二代君主趙眜之葬地，趙眜即史籍上所載的「趙胡」，他是趙佗的孫子，在位有十餘年，僭號稱「文帝」。南越國在他死後，國勢才開始衰弱。由於傳統的中書記述「中外關係」多著眼於政治層面的互動關係，於地方政權尤刻意從中原王朝的本位史觀立論，以致我們現代學者很難根據古典文獻客觀的重建地方文化全貌，此對我們現代人的知識追求多少有些遺憾。不過，還好由於近年來大量考古遺址的發掘和研究，逐漸彌補了我們這個缺憾。南越王墓的發掘和研究便是一個典型的例子。

　　透過南越王墓的發掘和研究，我們知道存在於西元前二世紀的南越國至少呈現著以下三個特點：

　　第一、這是一個產業十分發達的農業國家。第二、這是一個

陶瓷

有本土性格的文明國家。第三、這是一個有關於色彩的進取王國。像南越王墓這樣豐富且精彩的文物資源不齊爲我們提供了最具體最生動的古代生活資料。這不僅是兩岸炎黃子孫共有的遺產，也是世界人類可以共享的文化
資源，值得我們珍視。

　　本書計收錄大陸南越王墓研究學者家麥英豪、林齊華、邢義田、蕭元達等人論文值得閱讀。

87030　中國古代陶俑研究特展陶俑論文集
ANCIENT CHINESE POTTERY FIGURINES
SELECTED RESEARCH ARTICLES
ISBN：957-02-2663-3（平裝）　統一編號：006304870309

87031　中國古代陶俑研究特展圖錄
A SPECIAL EXHIBITION OF ANCIENT CHINESE FIGURINES
FROM THE NATIONAL MUSEUM OF HISTORY
ISBN：957-02-2662-5（平裝）　統一編號：006304870319
1998.10.　29X21cm　全二冊　定價1400元

　　遠古時代以活人、活馬、車隊殉葬，春秋時代起用俑殉葬替代活人殉葬，反映了喪葬制度在中國社會中的變革，尤其墓葬出土各個時代各種材質的俑，在研究社會史、歷史、美術史等方面提供了寶貴史料與實物。

　　本館推出「館藏陶俑研究特展」，是國內第一次舉行此項專題研究特展，展覽圖錄編輯歷代陶俑九十三件及青花墓誌、買地契等九件：同時由高至善、胡懿勳、陳信雄、楊培鈞，成耆仁等數位先生撰寫論文，彙集出版「陶俑論文集」。

88023　如雪・如冰・如影—法國居美美術館收藏中國陶瓷特展

TERRE DE NEIGE, DE GLACE, ET D'OMBRE—QUATORZE SIECLES
D'HISTOIRE DE LA CERAMIQUE CHINOISE A TRAVERS LES
COLLECTIONS DU MUSEE GUIMET

1999.5.　30X21cm　224面

ISBN：957-02-3755-4 (平裝)　統一編號：006309880234

　　此次展覽由國立歷史博物館與法國國立居美東方美術館共同
策劃，希望結合西方收藏及中國傳統之審美觀，將中國文物之美
呈現給國內的藝術愛好者。展覽名稱爲「如雪_如冰_如影」。如
雪指的是潔白如雪的白瓷；如冰指的是越窯將其引申爲廣泛定義
的青瓷；如影及其他黑釉器，用以引申爲宋代最受行家珍愛的黑
釉茶盞及其他黑釉器，因此，這是一個回歸中國傳統陶瓷鑑賞，
細細品味青瓷、白瓷、及黑釉瓷之美的展覽。國立歷史博物館首
先以專題展的方式展出居美美術館收藏的一百三十件中國陶瓷
器，意義至爲深遠。在工作過程中，我們再次體認到：超越國
界、相互合作以向世人呈現藝術文化之美是我們的責任及永續努
力的目標。

88030　紫砂陶藝收藏展

EXHIBITION OF PURPLE- CLAY POTTERY COLLECTIONS

1999.6.　30X21cm　208面　定價1800元

ISBN：957-02-4302-3 (精裝)　統一編號：006309880303

　　紫砂原產於江蘇宜興，宜興是中國的陶都，歷代製陶名師輩
出，久受中外藝壇重視。由於歷代文人雅士與王公貴族之熱愛與
提倡，與中國另一大生活藝術—「品茗」相結合，造就了許多精
美器物，素爲人們所樂道。本書計分陶塑及陶壺兩大單元，展品
係由國內十餘位收藏家將其珍藏提供展出。陶塑部分含大陸紫砂
陶藝術家徐秀棠作品，徐氏曾榮獲聯合國教科文組織頒亞洲傑出
民間藝術家及中華民國第四屆薪傳獎，其藝術造詣普獲海內外肯
定；陶壺方面亦不乏名家作品如惠逸公、惠孟臣、陳信卿等，本
館希望此次展出有助社會藝術風尚的培養及提昇國內紫砂陶藝欣
賞與製作水準。

88051　彩塑人間：台灣交趾陶藝術展
MOULDING LIFE IN COLORFUL CLAY
—THE ART OF TAIWAN CHIAO-CHIN POTTERY
1999.11.　29X22cm　144面　定價650元
ISBN：957-02-5127-1（平裝）　統一編號：006309880511

陶瓷

　　「交趾陶」是由中國大陸南方傳入本省的特殊製陶技藝，基本上屬於中國廣東民窯體系，多用於寺廟、宗祠或富宅的建築裝飾。由於古代日人稱呼中國嶺南地爲交趾，於是將此種來自廣東的清代陶藝作品稱爲「交趾燒」，而交趾陶也就成爲閩粵體系陶藝作品的泛稱。

　　融合戲曲文學、宗教信仰、繪畫雕塑與建築裝飾於一身的交趾陶傳統藝術，其牽涉的表現母題包含複雜的族群意識、社會結構、文化思想、民俗習慣等深層意義，雖然列身爲附屬於廟宇、富宅建築裝飾工藝的等級，但其具體而微的深刻文化內涵，卻爲台灣歷史變遷傳承的脈絡中，提供了直接而明顯的證據。

　　本館基於推廣傳統藝術與提倡民間文化爲宗旨而策辦「台灣交趾陶藝術展」，期能藉此引發社會重視台灣自身傳統藝術的定位，並由此基點出發，扎根傳統、方能躋身世界藝術之林，開創出屬於中國人的一片天地。

89044　2000中華民國國際陶藝雙年展
INTERNATIONAL BIENNIAL EXHIBITION OF CERAMIC ARTS, 2000, R.O.C.
2000.11.　30X21cm　224面　定價700元
ISBN：957-02-6890-5（平裝）　統一編號：006309890440

　　中華民國國際陶藝雙年展爲國立歷史博物館每兩年舉辦一次的展覽盛事。自1986年以來已歷七屆，均引發國人高度迴響，達到鼓勵陶藝創作與國際交流的重要標竿。本屆2000年國際雙年展較過去者更加多元，技術更爲精進，同時邀請國外十餘位陶藝家參展，對於陶藝水準的提昇更具影響。

歷史文化類

86026　生活樂章心靈之旅—公務人力昇華系列活動專輯
MELODY OF LIFE , A TOURNEY OF MIND
1997.6.　31X22cm　187面
ISBN：957-00-9932-1（平裝）　統一編號：006309860260

　　總統提倡「心靈改造工程」，就是要引導國人，建立現代社會必須具備的價值觀念，希望以「人」為起點，進行行政革新等施政措施，以期健全社會架構，彰顯社會公義，重建社會倫理，俾能在傳統與現代、精神與物質之間，取得平衡發展，重現充滿人文關懷的和諧社會。同時盼望各機關妥善規劃，擬訂方案，率先推動內部心靈改革，以作為民眾表率。

　　「生活樂章心靈之旅—公務人力昇華系列活動專輯」，提供五十四項兼含自然關懷與人文內涵性質之活動，使公教人員能豐富生活領域。為擴大成效，公務人力發展中心爰將本系列活動彙編成專輯，以饗公教同仁。

87021　文化發展與民間力量座談會文集
A CONFERENCE ON CULTURE, SOCIETY, AND
PUBLIC POWER IN TAIWAN, R.O.C.
1998.6.　30X22cm　120面
IBSN：957-02-1618-2（平裝）　統一編號：006309870217

　　國立歷史博物館以歷史文化的傳承與發展為使命，與富邦藝術基金會和自立晚報合作舉辦「文化發展與民間力量」座談會，期望對社會文化盡一份心力。本書以「文化發展與民間力量」座談會九位與會學者以「台灣社會與文化藝術之互動」及「民間力量在社會中的文化角色」為範圍所發表的九篇專文為主，內容就台灣地區各重要文化層面之過去、現在及未來進行探討與關懷，作為本世紀結束前，台灣文化發展的成果紀錄。

89021 「牆」徵文比賽專輯
PRIZE-WINNING COMPOSITIONS FROM
THE "WALL" COMPOSITION CONTEST
2000.5. 19X13cm 160面 定價100元
ISBN：957-02-5978-7（平裝） 統一編號：006309890211

本館舉辦「牆」徵文比賽，一方面是爲了推廣「牆」的展覽，冀藉由文學寫作的方式，展現出實物的牆所不能表達的心理層面；另一方面在鼓勵全民參與文學創作，使藝術創作的美經由文字傳達給欣賞的觀眾，開啓另一片震撼的天地，引發終身學習的興趣，冀能進一步提昇對文學寫作的愛好與興趣。

此次以「牆」爲主題的徵文活動，採取了不同的表現面向，呈現「牆」無所不在的風貌。舉凡古今中外圍牆建築的歷史事蹟；宗教信仰上對牆之情感依存；與日常生活中環境周遭之圍牆所產生的生活經驗等，均爲此次徵文比賽之範疇。本次比賽從全省各地寄來參加的稿件中，評審出三十六位得獎者並將得獎作品編輯「牆」徵文比賽專輯，並公開頒獎。經由「牆」這一主題，提供熱愛文學的民眾一發表的天地，實爲本館教育推廣努力的目標，期與社會大眾共勉之。

89038 怎樣寫學術論文(蘇啓明編著)
HOW TO WRITE THESIS (BY CHI-MING SU)
2000.9. 19X13cm 27面
ISBN：957-02-6641-4（平裝） 統一編號：00630890380

學術論文的寫法不同於一般作文，它必需遵行學術規範。在現在資訊快速流通的社會裡，不僅作研究的人要懂得其寫法，從事編輯工作和一般文教工作的人也應懂其格式才行。

博物館是個學術教育機構，其研究條件和環境有待大家共同經營。本小冊之編寫，主旨在藉學術論文寫作之規範說明闡述應有之學習態度。其適用範圍雖以美術史、文化史、考古學，和一般博物館學、歷史學等社會人文學科爲主，但不妨觸類旁通，引申應用。內容包含：什麼叫學術論文及研究方法、論文性質定位、論文的架構、章節安排等十八項，提供大眾參考。

89040　台灣原始宗教與神話(施翠峰著)
PRIMITIVE RELIGIONS AND CREATION
MYTHS OF TAIWAN (BY TSUI-FENG SHIH)
2000.9.　27X21cm　173面　定價600元
ISBN：957-02-6769-0（平裝）　統一編號：00630890400

　　本館近年來為求本土文化能促使大眾耳熟能詳且知識化，特將翠峰先生數十年來精心研究的成果，印製成精緻的好書，以享大眾。進而能對台灣傳統文化藝術投注更深一層的愛惜與維護。本書作者施翠峰教授從事台灣原住民文化藝術的調查研究，長達四、五十年，他從原始宗教的觀點切入，去研究台灣原住民各族宗教行為之本質，可謂是道地的一本台灣原住民族的宗教人類學，尤具難能可貴的是他所研究的時間與資料，係在一九六五年至八〇年之間，始於日治時代（前段）至一九八〇年以降迄今（後段）之間，也即是日治時代至現代的過渡時期。他運用實地調查的資料，以宗教學的觀點去探討它們的意義與本質，有諸多精闢獨到的見解，彌足珍貴，相信這本著作將引起熱愛台灣傳統文化的讀者們的喜愛與好評。

藝術綜論

87040　日本美術史(上)(王秀雄著)

THE HISTORY OF JAPANESE ART (VOLUME.1)(BY HSIU - HSIUNG WANG)

1998.12.　30X21cm　248面　定價900元(精裝)；750元(平裝)

ISBN：957-02-3049-5 (精裝)；957-02-3050-9 (平裝)

統一編號：006309870405

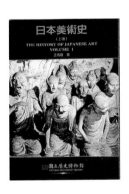

　　本書是分上、中、下三冊成套書出版，目前上冊先行於民87年底出版，不僅重視日本美術本身風格的演變，並從美術與當時代、社會背景、政治、經濟、宗教及文化切入，更就環境與意識形態跟美術的互動觀點來闡釋美術的發展，及敘述中國美術文化如何影響日本美術的狀況。描寫方法是「內在要因的研究法」（風格史研究）與「外在要因研究法」並重。

　　涵蓋自日本「史前時代的美術」至十二世紀「平安時代後期的美術」，約計四、五千年的日本美術歷史。是目前坊間有關日本美術書籍之中，研究資料最豐富完整的一部書。

88019　日本美術史(中)(王秀雄著)

THE HISTORY OF JAPANNESE ART (VOLUME 2)(BY HSIU - HSIUNG WANG)

1999.7.　30X21cm　296面　定價2000元(精)： 定價1800元(平)

ISBN：957-02-3465-2 (精裝)；ISBN：957-02-3466-0 (平裝)

統一編號：006309880195

　　《日本美術史、中冊》是，繼先前國立歷史博物館出版的《日本美術史、上冊》的內容，所以目次與圖碼的編號都是繼上冊次序。日本文化(包括美術)有很大的特性，一是吸收與模倣性很大；一是融合性特強。把吸收來的外來文化跟日本文化混合融合而成，去腐更新，截長補短，創造出適合國情，迎合時代潮流的特有文化。現代創造心理學云，所謂創造是舊要素的新組合，而產生新內涵與新意義。若從此觀點來看日本文化(美術)，正合於創造心理的原理。尤其，現今交通發達，資訊快速流通的地球村時代，外來文化與本國文化交錯混合，使文化不但具有國際化、現代化，並且仍具有日本文化的特質，從這一點觀點審視日本美術的發展，有許多值得我們借鏡的地方。

89049　日本美術史(下)（王秀雄著）
THE HISTORY OF JAPANESE ART (VOLUME.3) (BY HSIU-HSIUNG WANG)
2000.11.　30X21cm　264面　定價900元(精)；定價750元(平)
ISBN：957-02-7108-6（精裝）；ISBN：957-02-7109-4（平裝）
統一編號：006309890490

　　日本美術史（下冊）是詮釋明治、大正與戰前昭和三個時代的美術，分別在繪畫、雕塑、建築工藝上去闡述。明治時代以降的美術受西洋影響的衝擊很大，而不僅是表層的表現形式與技法，而是深入到美術與美術理念等思想領域，自大正時代起，發展出具有日本特色且具個性畫的美術，尤其在畫上把外來文化與日本文化融合而成，去腐更新，截長補短，創造出適合國情又迎合時代潮流的特有文化。所以日本自明治維新以降，迎頭趕上歐美，且不失自己文化特色，在美術上也充分窺見。

　　日本之政治、經濟、教育與意識型態等，對美術的影響很大，若讀者注意到這些，或許對日本美術史有新的詮釋或新的發現。歷史不是固定的，是後代依其觀點與價值觀來詮釋前代的歷史，每一時代應有其看法與意義。美術史的學習亦該如此。

88045　世紀末的氣息—眞實、我、我自己：
　　　　藝術創作過程之藝術理論研究（林國芳著）
LESPRIT DE COMPORTEMENT DES GENS DU MONDE REALITE
、MOI-MEME、JE VIVANT—ETUDE THEORIQUE DE L'RT
CREATIVE EN PROCESSUS(BY LIN KUO-FANG)
1999.10.　22X21cm　592面　定價800元
ISBN：957-02-5074-7（平裝）　統一編號：006309880 452

　　藝術的創作，爲人類生命開創另一個心靈空間，將深植人心的情感挖掘出來，進而達到人性的自由釋放。藝術創作是一種燃燒自我，以誠摯的大愛來關懷宇宙生靈，爲創作思維與情感的動力源泉，具有人類生命正面、積極的創造力意義。「世紀末的氣息—眞實、我、我自己」，是林國芳從事有關藝術學與藝術創作研究以來最細膩的一次研究，並且把藝術探討及創作研究過程的藝術學理論與創作實務結合囊整。

　　藝術家要脫離生活環境去談創作問題是幾乎不可能的。林國芳積極主動的激發他與生活世界內心領悟的情懷，就其對文化意義品質的認同感，思考以創造力的實踐展開他對於繪畫性系列的研究與創作創作研究，他的創作觀念的脈絡完備與清晰。

　　因此，透過汲取階段性試驗創作經驗，調整日後的創作方向，兼顧藝術與實用，主觀與客觀的權衡原則，將是林國芳未來階段藝術創作的契機。

89022　上古中國之生死觀與藝術（王德育著）
LIFE AND DEATH IN EARLY CHINESE ART (BY TEH-YU WANG)
2000.6.　30X21cm　400面　定價850元
ISBN：957-02-6028-9（精裝）　統一編號：006309890221

　　從死後復甦至長生登仙，都是上古中國對死後世界的想像，出土的藝術品即是這種思想具體的呈現。本研究試圖重建上古中國的生死觀，並以之探討上古藝術，特別是藝術表現的本質與圖像的關係。亦從這種思想角度來探討一些與喪儀有關的行為。在這種理論架構下，作者正德育先生一直致力於建立一個上古藝術史觀，以生死觀為經、色彩與圖像為緯，羅織完成此書。

藝術綜論

美術展、國際展

65002　中日現代美術展
AN EXHIBITION OF CHINESE AND JAPANESE MODERN ART
1976.2.　21X15cm　全一冊　平裝

　　此次在台北歷史博物館舉辦華日現代美術交流展，可以說是去年五月在東京都美術館由第一美術協會所主辦的日華美術交流展之延續，從第一美術協會會員中選拔出52位畫家，並選擇其作品參展，畫風從具象到抽象，充分表現出多元性範疇之現代日本繪畫。此次選拔中對於其畫歷、年齡均不作限制，以純粹實力派之選擇為標準。期待兩國交流能不斷的繼續與擴大。

71004　第十八屆亞細亞現代美術展
THE 18ᵀᴴ ASIAN CONTEMPORARY ART EXHIBITION
1982.6.　21X20cm　全一冊　平裝

　　中華民國國立歷史博物館與日本亞細亞美術交友會，基於促進中日文化交流，和加強聯繫亞洲民族間之友誼，多年來在「東京與台北」有密切的來往。本屆亞細亞現代美術展，在東京上野之森美術館隆重展出，我國提供之作品計八十三件，其中包括有長二百一十五尺大畫「寶島長春圖」一卷，這是中華民國現代畫家結合中國古今藝術一大創作巨構，另國畫六十七幅，水彩畫、油畫十五件，都是一代精品，可以看出我國現代水墨及水彩畫發展歷程及其面貌。

73001　大韓民國創造會中華民國國立歷史博物邀請展
THE INVITED ART EXHIBITION OF KOREA CHANG-JO CLUB BY THE NATION-AL HISTORY MUSEUM OF THE REPUBLIC OF CHINA
1984.1.　25X24cm　全一冊　平裝

　　大韓民國和中華民國無論就歷史、就地理言、一直有著非常密切的關係。緣於此、韓·中兩不僅位處於同質的文化圈內、更在其中相互地也展現了獨特的文化面貌。此次特別邀請大韓民國創造會在本館舉辦，也進一步地促進韓·中美術文化的交流。

73007 　瓜地馬拉現代美術展

EXHIBICION DE PINTURAS CONTEMPORANEAS DE GUATEMALA

1984.2.　21X15cm　95面　平裝

　　瓜地馬拉現代畫展，是中華民國與瓜地馬拉共和國文化交流的一個重要踏腳石。這是瓜國現代藝術家之傑出作品首度在我國展出，也是多年來本館努力籌劃企盼已久的一次特展。百義斯公司提供展出的七十幅作品均爲當今瓜國名畫家的精心傑作，十足代表了瓜國現代的藝術風尚與嶄新的潮流。瓜地馬拉有著極爲傑出的畫家和雕塑家，經常到國外遊學並且舉辦展覽，其藝術作品水準之高已贏得國際人士共同的讚譽。

75004 　烏拉圭名畫展

THE EXHIBITION OF FAMOUS PAINTINGS OF URUGUAY

1986.12.　20X20cm　全一冊　平裝

　　烏拉圭繪畫藝術，在南美洲有其重要的地位和特殊風格，頗值得人們去欣賞與探索其不同的表現內涵。國立歷史博物館爲促進中烏文化藝術交流，特別隆重的舉辦烏拉圭繪畫藝術展，以使愛好藝術的國人能欣賞到烏國獨特的畫風。自本世紀始，烏拉圭藝壇上出現了革命性變化，各種派別與畫風，如雨後春筍般的相繼出現，不管是印象派、表現派、立體派等畫派也相繼在烏國畫壇上躍動。亦前後出現了「前衛藝術」，「結構藝術」，這股藝術新血輪的加入，更直接影響到烏國藝術發展領域。稍後以抽象主義爲主的各類藝術創作在烏國大量出現，啓開了烏國繪畫的新世界並與世界造形藝術相融合。這次展出的烏拉圭繪畫作品，共有卅五幅，出自廿三位烏國畫家的手筆，展出內容涵蓋了烏國畫壇上各個不同時期的繪畫表現方式及風格，從這個展覽不難看出烏國繪畫演變的風貌，也加強了中烏兩國人民間的了解。

76006 　第2屆亞洲國際美術展覽會

THE SECOND ASIAN INTERNATIONAL ART EXHIBITION

1987.5.　26X26cm　57面　平裝

　　由中、日、韓三國共同發起的亞洲國際美展，便是東方藝術交流中的基石，它將透過彼此竭誠的合作、切磋、貫通，而成爲東方現代藝術菁萃。第一屆漢城之展，靠大韓民國柳景埰教授設計推動，成果豐偉，被舉爲—亞洲新藝術的崛起。本屆復經中華新藝術學會愼重策劃暨太平洋文化基金會之鼎力支持，使第二屆國際美展得以在中華民國台北市舉行；也把國內作者增加兩倍，俾作更廣泛的交流，以收攻錯、融會之效。藝術是發動「創性」的前鋒，讓我們拭目以待，共睹亞洲美術步向振興之途，讓華夏文化復興的遠瞻，逐漸成爲近景。

76011　韓中藝術展
KOREA-CHINA ARTS EXHIBITION

1987.8.　25X25cm　183面　平裝

　　韓中藝術聯合會以推行韓中兩國之間的文化交流並加強友誼爲其宗旨，與中華民國國立歷史博物館，東亞日報社，(株)文化放送聯合主辦「韓中藝術展」，自一九八七年九月四日至十九日於世宗文化會館舉行，這次展覽包括韓作品108件，中國作品278件，總共386件。本次漢城展出的作品包括書法，東洋畫，西洋畫，各種雕刻，漆器等等可以說是藝術作品之總集合。藉此，各界人士得以欣賞兩國現代美術以及中國明、清時代民間藝品，對於我們藝術界與畫壇有很大的貢獻。

76020　十九世紀末比利時名畫
PEINTRES BELGS DE LA FIN DU 19EME SIECLE

1987.11.　26X26cm　全一冊　平裝

　　藝術能溝通心靈，表現情感，是促進國際文化交流的最佳工具。國立歷史博物館爲引進西方藝術精華，提供國人一睹西方名畫之風貌，並由觀摩、切磋，以豐富創作之理念，爰舉辦「十九世紀末比利時名畫展」，這次展出近百件作品，都是選自比利時十九世紀末及二十世紀初最具代表性的畫作，由列日市瓦隆美術館提供其珍藏油畫四十五幅，版畫素描館精選版畫三十五幅，素描十九幅，合計九十九幅，件件都是精品。其中包括超現實畫派荷內瑪格利特(RENÉ MAGRITTE)等人作品多幅，均爲大師級作品，屬比利時國家財產，在兩國無邦交情況下，比國中央政府慨允借展，實屬難得。爲配合這次難得的展出，本館特別編印這本精美的目錄隨畫展揭幕同特發行。我們竭誠希望這次畫展能給國內愛好藝術的朋友留下一次深刻的印象，並爲創作注入一些新的理念。

77001　本館招待釜山創作美術家會展
FUSAN CREATIVE ARTISTS ASSOCIATION EXHIBITION

1988.1.　25X25cm　全一冊　平裝

　　由於追求多樣式的精神文化，促使繪畫世界脫離自古以來的傳統文化，而帶來無窮的發展，也因爲接受了西歐繪畫的觀念，使得對於繪畫文化的快速理解亦相對的提高了水準。本館舉辦之招待展，乃是提供給釜山創作美術家學會之作家會員一個創作的發表園地，使其盡力追求更新的創造力並提高繪畫的精神世界。

77011　第三屆亞洲國際美術展覽會
THE THIRD ASIAN INTERNATIONAL ART EXHIBITION
1988.7.　25X26cm　46面　平裝

藝術為表達人類思想、溝通人際情感的共同語言。有鑑於此，韓國柳景埰教授乃標出「促進亞洲各國文化藝術交流」的宗旨，倡議舉辦「亞洲國際美展」。此展由中、日、韓三國共同發起，為亞洲地區的人文發展，奠定良好礎石，締造出現代的東方藝術新生命。亞洲國際美展，由地區性拓展為國際性。從抒發個人情感的主觀性，漸而導向反映時代潮流的客觀性。如此，方能使倡導現代藝術創作之意向，與促進文化藝術交流的宗旨，無阻無礙、相得益彰。第三屆的亞洲國際美展，中華民國參展藝術家計四十六位。他們關心並且看重現代藝術在未來的發展方向，故能確實地力行實踐，願朝開創東方新藝術之路邁進。

78010　歐洲近五世紀壁氈畫展
FIVE CENTURIES OF FLEMISH TAPESTRY
1989.6.　25X25cm　115面　平裝

壁氈畫源於十一世紀的寒冷北歐，主要是為了減少從石壁滲進的寒氣，而利用棉毛織品來覆蓋牆；漸漸的發展出由藝術家繪畫，專業技師製作，具有裝飾性和藝術性的作品，題材也隨著時代潮流而有所改變。壁氈畫在十五、十六世紀盛行於全歐洲，當時各大教會、王公貴族、富豪人家皆以擁有名家製作之壁氈畫為榮，但因需大量的人力物力，製作不易，迄今留世作品不多。

此次展覽，收集到四十二件涵蓋十六至本世紀之壁氈畫精品，不僅可從畫中內容了解歐洲的文化精華，也可由其風格體會出西洋美術時代演變，進而拓寬我國人對歐洲藝術之認識。

78013　第四屆亞洲國際美術展覽會
THE 4ᵀᴴ ASIAN INTERNATIONAL ART EXHIBITION
1989.7.　25X27cm　42面　平裝

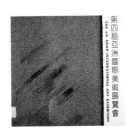

亞洲國際美展由中、日、韓三國共同發起創辦，至今已晉入第四屆，今年於韓國漢城市立美術館盛大舉行，包括亞洲其他國家地區的許多作品參展，延續推動這項具有積極性意義的國際文化交流活動。

藝術品反映了一個時代多方面的有機呈現，它代表了一個時代的見證，亞洲國家在受西方工業社會的衝激與影響下，如何由傳統文化的背景開始轉化，並與西方文明相銜接，而創作出自己民族新道路的文化生命，在在可由藝術品的表現上看到這些發展與過程。因此整個美展活動則呈現了亞洲新興國家的快速發展與繁榮面貌，以及未來無窮的潛力。

本屆美展活動，中華民國亦有四十二位代表畫家參加，我們深信他們豐碩的成果表現，必能增加本次亞洲國際美展的光榮。

79009　CONTEMPORARY CALLIGRAPHY AND PAINTING FROM THE REPUBLIC OF CHINA

中華民國當代書畫展

1990.7.　26X25cm　75面　平裝

The purpose of the exhibition is to introduce to the American public through various colleges and universities the main general directions of traditional Chinese painting and calligraphy in modern times, and some of the major living artists who currently practice in Taiwan.

There are a total of 180 works in the exhibition, 48 calligraphies and 132 paintings, by 118 different artists. Due to the large number of colleges and universities to which the exhibition will be traveling, these 180 works have been divided into three smaller separately touring exhibitions of 60 works, each containing 16 calligraphies and 44 paintings.

These works represent the major current trends in traditional Chinese painting and calligraphy. All the woks in the exhibition were produced using traditional tools are often called the "Four Treasures of the Scholar's Studio, and consist of the brush , ink, inkstone（for grinding and mixing the ink）, and paper. All the works are mounted as hanging scrolls.

The general introduction which precedes the catalogue offers background information on the history of Chinese calligraphy and painting so that the individual works and artists may be understood in proper context.

79014　第五屆亞洲國際美術展覽會

THE FIFTH ASIAN INTERNATIONAL ART EXHIBITION

1990.12.　25X26cm　38面　平裝

近年來亞洲地區的藝術有了長足的進展，並逐漸形成特有的風格。傳統上東方民族向有其獨立的文化，如果本地區的藝術家們能相互比較觀摩，並吸取各家之長，則不難形成東方的新風格，並在世界藝壇上展露光茫。

中華民國之藝術家們，本著這種精神，每年參加國際美術展覽會並把最新的面貌，呈現在各國代表及觀眾之前，希望得到大家的共鳴。今年本國共有三十六位代表及作品參加，其中包括有：水墨、水彩、版畫、油畫、壓克力及雕塑，都展現了各家新風貌，願意以藝會友，共同砌磋，並達成我們一致的理念。

79008　十九世紀歐洲名畫展
CHEFS-D'OEUVRE DES MUSEES DE LIEGE

1990.5.　25X26cm　63面　平裝　定價1200元

　　「十九世紀歐洲名畫展」展出作品，均屬油畫，分別由比利時列日市現代美術館提供四十九幅，列日瓦隆美術館提供十四幅，共計六十三幅，均爲大師級作品，涵蓋西洋傳統繪畫的古拔風格；展品內容有人物、風景、靜物及抽象畫等，均爲比國珍藏之國寶，件件都是精選。其中最引人注目的是著名的印象派大師莫內及畢沙羅的作品，這種大師級的作品，在國內亦難得一見。不僅在世界藝術史上，在美學上均具有其獨特的地位與價值，更對後世的西方藝術有著深遠重要的影響。本館此次發行之精美目錄，以配合展覽。希望經由此次的國際文化交流，能爲國內藝術愛好者，注入更多的藝術新知，在互切、互磋、觀摩之餘，開拓未來藝術創作的領域，也給觀賞者得到心靈的滋潤，增添一種自我提昇，培養出更多的藝術學養及欣賞的氣氛，爲歷史造就更深邃的藝術創作。

81002　第六屆亞洲國際美術展覽會
THE SIXTH ASIAN INTERNATIONAL ART EXHIBITION

1992.2.　25X25cm　33面　平裝

　　文化爲立國大本，藝術尤爲創造新文化的先鋒；在六年經建的號召中，有關文化建設，今後更列爲重大課題，我們要以新的創造力與成果，迎接21世紀的來臨！

　　亞洲國際美展，由中、日、韓發起至今不過七年，卻能薈集亞洲七國藝界菁英，彼此相互砌磋、學習、展現新的風貌與成果！

81008　第七屆亞洲國際美術展覽會
THE 7TH ASIAN INTERNATIONAL ART EXHIBITION

1992.11.　25X26cm　32面　平裝

　　目前儘管現實在變，時事在移，但一個祥和的亞洲，在透過美育交流的超然境界，將扮演至善至美的典範作風，在應變與不變之間，貫通今古，各展所長，呈現出新亞洲的藝術多元化，使得我們在經建之後，同樣也要在文化上向現代長驅直追。

　　本館以迎接未來，保存過去的一貫精神，期望藝術奇葩的綻放，碩果的生成；我們參與「不朽」藝業的經營，展望一切現代藝術的推動，一併也專心於〝歷久彌新〞的創造，希望由各參展國藝術家的帶動在創造新智的動力上，成爲地球村中不可或缺的單元。

美術展、國際展

82002 第8屆亞洲國際美術展
THE 8ᵀᴴ ASIAN INTERNATIONAL ART EXHIBITION
1993.9. 25X26cm 41面 平裝

歷史博物館的一貫精神，奠基於承先啓後的執著，由遠而近，自古及今，一脈相延。要掌握全面的文化流程和豐偉的生活經驗；具體完成撮其要、紀其實、藏其珍，所謂歷史借鑑，「告諸往，而知來者」。「亞洲國際美展」，就是本館爲現代亞洲推出新形式的國際活動，它們可貴之處、在於自由發揮，「創」意爲尚，整合了輝煌的東方的精神，突顯出地域與民族特質。

86003 黃金印象—奧塞美術館名作特展
L'ÂGE D'OR DE L'MPRESSIONISME - CHEFS - D'OEUVRE DU MUSÉE D'ORSAY
1997.1. 30X22cm 384面 定價1600元 (精裝)；1200元 (平裝)
ISBN：957-00-8484-7 (精裝)；957-00-8485-5 (平裝)
統一編號：006309860031

1997年1月15日至7月15日於國立歷史博物館及高雄市立美術館舉行的「黃金印象—奧塞美術館名作特展」，匯集60幅法國十九世紀後期油畫作品，包括印象派，後期印象派諸多重要藝術家如：馬內、莫內、雷諾瓦、塞尚、梵谷、高更等之名作，另及那比派德尼、麥約、波納爾、貝納等較少爲國人所知的藝術家，每幅作品經奧塞美術館研究主任安・迪斯將女士撰寫評介，並經國立歷史博物館策畫詳盡翻譯，書中另包含專文三篇及年表一篇，全書以中法文對照。

86042 精緻＆敍事—澳洲當代工藝展
THE SOMATIC OBJECT：CONTEMPORARY AUSTRALIAN ART TO TAIWAN
1997.12. 30X22cm 53面 定價250元
ISBN：957-02-0599-7 (平裝) 統一編號：006309860428

「精緻＆敍事：澳洲當代工藝展」是透過展覽主題由西方文化中對「身體」與「容器」兩觀念之間的關聯爲主軸，身體與容器的關聯在中世紀時代被認爲身體是盛裝聖靈的器皿，現代則認爲身體盛裝著靈魂、記憶等。爲此主題詮釋的是十二位澳洲當代工藝家，以不同角度、不同質材切入探討並作爲創作主題。以玻璃、陶瓷、編織等純手工所創作之作品現代精緻，展現出工藝家對質材掌握熟悉與高度技巧之運用。

本圖錄收集此十二位澳洲當代工藝家的作品，是了解澳大利亞當代工藝的現況最佳參考書。

87027　高第在台北—高第建築藝術展
EL ARTE ARQUITECTÓINCO DE GAUDÍ
1998.8.　30X21cm　168面　定價1000元
IBSN：957-02-2289-1（平裝）　統一編號：006309870277

　　西班牙著名建築師高第(1852～1926)的作品，首度在台北展
出，本展覽圖錄即是從數千張高第建築攝影、製圖、素描、手稿
中精選百餘件彙編而成，由研究高第建築之專家西班牙高第館館
長胡安・巴賽戈達・諾內爾教授及國內名建築師漢寶德教授執筆
爲文介紹，並依作品年代次序編排，版面設計精彩，是欣賞高第
建築之美及深入認識高第建築藝術的極佳參考書籍。

87029　尚・杜布菲回顧展1919-1985
RÉTROSPECTIVE JEAN DUBUFFET 1919-1985
1998.9.　30X21cm　256面　定價1200元
ISBN：957-02-2381-2（平裝）　統一編號：006309870297

　　尚・杜布菲一九○一年出生於法國哈佛，卒於一九八五年，
杜布菲所處的時代正是第二次大戰及戰後一個充滿懷疑與不安的
年代，杜布菲面對時代提出反文化及反藝術的理論及藝術創作，
震憾當時既有的價值觀與傳統美學，成爲西方藝術史上獨具特色
的藝術家。本書詳盡介紹尚・杜布菲各個創作時期的特色與作
品，包括：素描、水彩、油畫、版畫、雕刻及大型公共藝術作品
百餘張和藝術創作理論文章、書簡等，十分值得欣賞及珍藏。

88005　日本浮世繪藝術特展
A SPECIAL EXHIBITION OF JAPANESE WOODBLOCK PRINTS : UKIYO-E FROM
TADASHI GOINO'S COLLECTIONS
1999.2.　31X22cm　126面　定價500元
ISBN：957-02-3171-8（精裝）　統一編號：006309880056

　　「浮世繪」與「能劇」同爲近代日本具代表性的藝術。尤其
「浮世繪」，其反映社會民情百態的特點更受到歷來研究近代日本
社會文化變遷的學者重視。
　　「浮世」二字原出於佛教，係泛指現象界的林林總總。十七
世紀末期，隨著江戶一帶經濟繁榮與歌舞昇平，一種類似今日
「明星月曆」的木刻版畫逐漸流行並受到歡迎，不久日本人即以
「浮世繪」名之，而成爲此項美術的專稱。
　　五井野正先生是日本當代知名的藝術工作者，長期致力於收
藏及推廣浮世繪版畫，被譽爲歌川派的現代傳人。其收藏先前在

美術展、國際展

歐洲地區展出，即引起各界重視，此次部份收藏以歌川派各代大師的代表作品爲主。蓋歌川派的繪畫題材至爲廣泛，舉凡仕女、風景、花鳥，乃至各種生活場景無不涉及。

88014　加拿大因紐特女性藝術家作品展
ISUMARUT : ART OF CANADIAN INUIT WOMEN
1999.3.　30X21cm　212面　定價500元
ISBN：957-02-3406-7 (平裝)　統一編號：006309880145

「臺灣與加拿大原住民藝術巡迴展」圖錄，以加拿大西北地區因紐特人的創作和臺灣地區的十大原住民族群創作作品爲主。來自加拿大文明博物館的「因紐特女性藝術家作品」，係爲首次出國展出，展覽的原始動機，是希望藉由因紐特藝術家的作品，去學習與認識因紐特保存傳統文化風俗的經驗，並觀摩其藝術發展歷程中各主種十分有趣的面貌；展覽內容係是九位來自加拿大西北方多塞特角(Cape Dorset)的因紐特族女性藝術家，對於藝術創作的體驗與表現，他們的版畫與雕刻作品，不僅表現了因紐特人與極圈螢荒環境的關係、巫師與神話傳說等主題。

臺灣地區的作品分屬十族的十一位原住民藝術家所提供，主要有木雕、皮雕、藤編、陶藝和繪畫。其中所表現出傳統與現代社會間面臨的微妙關係，如生有土地與動物、族群傳承等探討，充分顯示出原住民藝術的特色。

88020　南土風象──當代台灣藝術景觀中城鄉圖像的變遷
LANDFORM：THE LAND ON THE MIND
1999.4.　30X21cm　32面
ISBN：957-02-3457-1 (平裝)　統一編號：006309880204

台灣地處獨特的地理環境，歷經中原文化，日據殖民與西方的影響，使本土的政經人文都產生了自我體制與特質；而在藝術上也發展出區域性的島國面貌。針對此現象，紐約文化中心主辦了「南土風象」爲主題的展覽，藉由本土藝術家的藝術視野，呈現了屬於台灣自我的藝術之途。

88024　THE CONTEMPORARY ART OF TAIWAN

台灣當代藝術展

1999.6.　30X21cm　32面

ISBN：957-02-3765-1（平裝）　統一編號：006309880244

「台灣當代藝術展」為國立歷史博物館承辦，紐約中華新聞文化中心、奧克拉荷馬藝術委員會共同主辦，於奧克拉荷馬市展出廿六位台灣當代傑出藝術家作品，區分為「心的源泉—台灣傳統/現代表現」及「南土風象—當代台灣藝術景觀中城鄉圖像的變遷」兩部分呈現，其中囊括水墨畫、油畫、雕刻、裝置藝術等形式，內容十分豐富。藝術家也都是當代最具代表性的藝術工作者。在「心的源泉—台灣傳統/現代表現」部分，以傳統與現代兩大主題對照，呈現當代台灣藝術所具有的多樣風貌。

88037　波羅的海三國民俗藝術特展

THE FOLK ART OF THE BALTIC

1999.8.　30X21cm　96面　定價500元

ISBN：957-02-4715-0（平裝）　統一編號：0006309880373

波羅的海三國是歷史上的命運共同體，有共同的地理環境，然而，三國也各有獨立的民族風情與語言。

「波羅的海三國民俗藝術特展」係本館與波海地區三個姊妹館所共同策劃的「台灣與波羅的海三國藝術交換展」文化活動系列之一：係以三國特有的民俗性題材作為交流展出的重點，內容包含有：愛沙尼亞的民俗樂器、拉脫維亞的國家服飾、以及立陶宛的十九世紀維爾紐斯城攝影作品。這些展品除了蘊含著豐富的北歐文化傳統特色外，也透露著歐洲邊緣地區人民自由活潑的創造心靈及活力。而這種心靈及活力正是我們人類不分種族、居處的共同語言。期望藉由雙方藝術文化特質的展現，讓彼此原來印象陌生的兩國人民，有更深刻的認識。

88052　台北國際生態

ECOART EXHIBITION TAIPEI，1999-2000

1999.12.　26X27cm　178面　定價700元

ISBN：957-02-5152-2（精裝）　統一編號：006309880521

有識之士意識到生態保育的重要與急迫性，官方與民間團體紛紛成立保護環境品質的機構與團體，台北市生態藝術協會，以不同的媒材，觀察並紀錄環境中多樣元素的存在與互動關係，來表現心靈或作品上多位元的生態哲學與文化，生態寄意於藝術，藝術亦隱喻著生態保育之教化。國立歷史博物館感於台北市生態藝術協會在這方面的用心，並秉藝術之社會教育職責與宗旨，也為提昇我國重視生態保育的國際形象而盡力，遂有共同舉辦比一

美術展、國際展

生態藝術展的行動。

　　此次共展出一四四件作品，運用水彩、鉛筆或油彩等的媒材，來傳達每位畫家所居住的土地上之獨特生態景觀，活躍的野生或稀有動物如鷗雁雀鳩鷹，狼猴鼠鹿熊；蝶影、游魚、雲豹、石虎與企鵝、天鵝、琵鷺、白鷺等無不栩栩如生，動人無比。

89013　達文西：科學家、發明家、藝術家

LEONARDO DA VINCI：SCIENTIST，INVENTOR，ARTIST

2000.3.　30X21cm　280面　定價500元

ISBN：957-02-5649-4 (平裝)　統一編號：006309890132

　　全能天才達文西，不僅在藝術上有許多的創舉與貢獻，日常生活也有相當多發明與創造。其所畫的《蒙娜麗莎》成了全天下最美麗而神祕的女人，而《最後的晚餐》宗教祭壇畫中的經典，處理光影遠近的技巧是後世繪畫的楷模；他是一位傑出的藝術家，也是注重客觀且將正確的科學方法引入藝術世界的大師。

　　本次在本館展出的達文西特展，是一種全面性的關照，包括其藝術、創造、發明、科學等多面向：在藝術表現部分，除了達文西個人素描作品外，還有與其同時期不同人作品(如拉斐爾)，透過畫作比較，可以清楚顯示他們深受達文西影響的狀況；在科學發明部分，閱讀其筆記手札，可以感受到其多面向的思維，經過重建復原的模型，可以想見其細膩的構想。科學與藝術得以相互結合，既追求科學的正確性也重視美感的感受，在今日逐漸強調科技與人文必須相輔相成的時代，達文西的成就更加顯示出不朽，及其永恆的地位。

89020　牆

WALL

2000.5.　27X21cm　296面　定價1200元

ISBN：957-02-5961-2 (平裝)　統一編號：006309890201

　　牆是隔離兩個空間的東西。這兩個空間，可能是兩個不同的世界，或是兩個陌生的環境，有些是敵對的，有些的階級的分別。但不論如何，都是堵住兩方的來往，也形成對峙。有時侯很需要它來求得安心，有時侯卻受到它的阻礙。所以不知道牆的存在，究竟是好是壞，常陷在一種無解的思慮中。本書爲國立歷史博物館經三年籌備於二○○○年推出的特展圖錄，內容涵括思想、歷史、當代藝術、建築空間、文學、電影、考古等不同領域出發，對「牆」觀念的探討有二十多篇專文將近十二萬字(中英對照)。

89030　阿曼創作回顧展

ARMAN

2000.7.　30X21cm　320面　定價750元

ISBN：957-02-6409-8（平裝）　統一編號：006309890300

　　二十世紀的藝術是在摧毀舊秩序的混亂中，重新建立起一套新價值觀。如何在快速變遷的環境與流派中思考與解讀當代藝術現象，便成為現今重要的文化課題。在理解現代藝術的同時，新藝術型態又不停地產生，當代的藝術面貌便在不停建構與解構的過程中誕生，基此，本館特與法國國家當代藝術畫廊合作，將目光焦點指向法國當代藝術大師—阿曼，以及阿曼個人於二十世紀藝術史的重要地位。此次展覽展出法國當代藝術家阿曼(Arman)作品六十二件，涵蓋自一九五九年迄今之創作，乃為一難得之回顧展。

　　從阿曼的作品中，首先，可觀察他以堆積、增生及組合的方式呈現物體及其本身的歷史。有時他拿工廠量產的產品創作，將它們「關」在壓克力盒內，主要即在強調「氾濫」的印象。另一種方式則是將大量的同類型廚房用品或工具器械組合展示，藉以削弱物體本身的主體象徵，而在畫面上形成類似抽象表現主義「均勢遍佈」(all over)的效果。同時以『憤怒』(Colere)為題，將小提琴摔破後平舖粘成淺浮雕式作品，這種以立體派手法表現的三度空間作品，他稱之為"展現浩劫"—這也是一種真實。阿曼的成就不僅只是藝術創作方面，尤其更表現在人文的修養上。他堆積物體的同時，也不忘堆積知識與情感。阿曼創作回顧展，不僅彰顯本館一貫強調藝術史的研究與展出之重要，更為本館與外國友館積極介紹國際知名藝術家之成功合作再添新頁。

89034　中華文物赴中美洲巡迴展

EXPOSICIÓN ITINERANTE DE ARTE CHINO

2000.8.　26X25cm　168面　定價700元

ISBN：957-02-6446-2（平裝）　統一編號：006309890340

　　本館與巴拿馬、哥斯大黎加、薩爾瓦多、宏都拉斯與瓜地馬拉五個國家博物館及一個文化委員會締結了姊妹館合約，為我國與中美洲諸國間文化藝術的交流再增進更緊密的關係，亦倍感實際行動的重要性與責任感。舉辦館藏「中華文物赴中美洲巡迴展」就是基於此責任感的驅使。本展的策劃乃以清代、民國兩個時期的玉器和扇面書畫為主：主要著眼於馬雅文物中「玉器」是大家所熟悉且重要的文物，藉著這個機會讓中美洲的友人作一對照與欣賞。展出的三十五件玉器，所包含的器形有服飾、裝飾玉的帶鈎、玉簪、玉屏風；實用器形的碗、盤、瓶、壺；蔬果與動物造型的苦瓜和馬；人物造型的仙人、壽星、佛像等刻工均極細緻，質感溫潤，形式精美。另外五十五件的扇面作品與三十一件竹木器物的呈現，竭誠提供予友邦人士共賞。本館一向積極提昇、豐富本國人民之文化生活水準，更致力推展國際間的文化交流，藉此，希望此展更增進彼此之間的了解與密切的交往。

89051　再見青春 再見童顏─猶太文化展
FAREWELL MY YOUTH FAREWELL MY CHILDHOOD
─AN EXHIBITION OF JEWISH CULTURE
2000.11.　30X21cm　87面　定價500元(平)
ISBN：957-02-7152-3(平裝)　統一編號：006309890519

　　猶太民族是世界古老民族之一，猶太文化更是西方文化非常重要的來源與構成部分。其中最爲世人所知者厥爲基督教及舊約聖經，而基督教所以能成爲一種普世的信仰，則與早期基督徒不屈不撓、堅苦卓絕的奮鬥精神有關。

　　這次猶太文化展是由德國文化中心、以色列經濟文化辦事處和本館共同舉辦，展出夏綠蒂•索羅門的「人生或戲？」系列作品，從作品中我們看不到受納粹迫害的猶太人一絲絲的悲觀或絕望，相反的她以一種近乎幽默的筆觸來反思藝術家本人對生命的體會。而配合此次展覽所展出的「不可兒戲」的系列照片，則直接勾勒出生活在集中營內的猶太兒童之悲慘遭遇。

　　這次展覽最令我們感動的是德意志與以色列兩國的如此勇於面對歷史，坦承接納彼此的心胸，事實上應當也是世界人類正式揚棄罪惡的種族歧視與文化偏見等歷史包袱的開端。國立歷史博物館能參與主辦此項展覽，自有一分開創世界和平新紀元的榮幸，同時也油然而生一番對我們自身時代與社會的期許，深盼我們眞能從這些展示中獲得一些有益的啓示。

雕刻

72004　中國古代石雕藝術
CHINESE BUDDHIST SCULPTURE FROM THE WEI THROUGH THE T'NG DYNASTIES
1983.2.　31X22cm　206面　精裝　定價600元

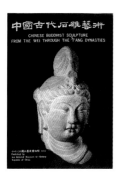

　　國立歷史博物館多年來以宏揚中華歷史文化藝術為職志，鑑於南北朝至隋唐時代之石雕藝術，在中國藝術史上的輝煌價值，意義非凡。特與美國紐約市聖若望大學亞洲研究學院中正美術館聯合舉辦「南北朝隋唐石雕藝術展」，予國人有觀賞的機會。此次展出的四十二件展品中，包括由北魏至唐五百年間，均出自雲岡、龍門、天龍山等著名石窟的石雕、石碑，和善業埏。而自美運台，特別承紐約大都會博物館，提供其館藏珍品十九件。另外美國普林斯頓大學美術博物提供一件，復得美東美西收藏家，均以其收藏精品參展。國內在台收藏家儲小石、周墨南先生亦提供珍藏共襄盛舉，此次展覽內容充實，規模宏大，本館特隆重出版「中國古代石雕藝術」，圖文並重，資料至為豐富。復特邀國立中央研究院院士勞榦教授，聖大中國美術史張隆延教授撰寫專文，益使此一專集更為增色。

73003　中國古代石雕藝術論集
COLLECTED ESSAYS ON THE ART OF ANCIENT CHINESE STONE SCULPTURE
1984.1.　27X19cm　100面　平裝　定價150元

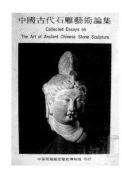

　　國立歷史博物館有鑑於南北朝隋唐石雕係我國雕刻藝術之經典，在中古藝術史上具有非凡意義。特與美國紐約聖若望大學中正美術館、台南市政府及台中市政府聯合舉辦「南北朝隋唐石雕藝術展」，展覽規模盛大，內容充實，展品件件俱是精作。本館曾為此展出版「中國古代石雕藝術」圖錄專輯，以作介紹；而配合此展所舉辦的石雕系列演講，內容亦頗豐富，對於南北朝隋唐石雕及中國雕刻藝術均有詳細分析，因此本館在徵得講演者勞榦先生等之同意，將講稿相關文字，輯錄成書，定名為「中國古代石雕藝術論集」，期將中國石雕藝術作一系統性報導，引起更多人士對於此項古代藝術的珍視與研究。

78017　黃土水雕塑展

THE SCULPTURAL EXHIBITION OF HUANG T'U-SHUI

1989.12.　25X26cm　82面　平裝

黃土水，民前十六年(西元一八九五年)出生，民國十九年(一九三○年)逝世。只活了短短的三十五年；但他的天才加上他的努力，所獲致的藝術成就，卻讓人永難忘懷。他不只木刻技藝更臻高妙，對於泥塑、大理石雕刻、鑄銅等，也都不放過學習的機會。更選擇具有台灣特色的水牛等，作為表現題材；故而風格突出、獨樹一幟。

本館有鑒於此，乃遍訪全省各地收藏，承蒙相助，計共借得約三十件作品，舉辦「黃土水雕塑展」。希望藉此黃土水原作真貌再現之舉，或能有助於振起國內的雕塑風氣。而為了使這些極其不易訪尋到的作品，能不受時空限制，廣為流傳，於是加上有關文字，共同集結編印成冊，藉供觀賞。

85033　尚象成形─中國傳統竹雕藝術

THE ART OF BAMBOO CARVING

1996.11.　30X22cm　224面　定價1400元

ISBN：957-00-8326-3（精裝）　統一編號：006309850331

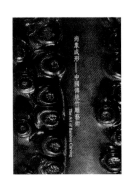

竹在明代中葉，文人雕竹的創作風氣興盛以後，廣泛地被引用為獨立的藝術題材，創造了許多精彩而又能表現當時社會民間趣味及民俗藝術的竹藝精品。

本圖錄即結集了國內多位竹雕收藏家精心收藏和本館典藏之竹雕精品，無論文房用品之筆筒，臂擱、筆床、筆山、及水盂、竹印章，以及人物、動物、竹山子等擺設，並香筒、茶壺、水滴、竹筷、竹盒等生活用具，品類各具，風貌多變，具體體現竹雕題材的多樣化及技藝之精巧，更可見傳統工藝之美。

86041　印章之美

THE SPLENDOR OF SEAL STONES

1997.10.　30X21cm　214面　定價900元

ISBN：957-02-0507-5（平裝）　統一編號：006309860418

印章在明清之際成為文房雅玩。除了印面書法、章法及刀法在藝術欣賞有所發展外，邊款的出現，提供人們辨識書法刀法之際，並可知製印者為何，製印之時間或地點等資料，甚至製印與文友間相與贈答的情形，以及與印面的相互關連，賦予了創作的完整性；印身上亦偶有薄意山水花鳥之作，結合金石、書法、藝術史料、社會文化及風俗民情於一，具體呈現出文化人生活中的詩情雅意。

　　收錄：王北岳先生之《篆刻之美》、楊式昭先生之《中國文人與印章之關係》、張華芝先生《淺談故宮典藏書畫上的方寸天地》及郭祐麟先生之《試由畫家創作的角度來談治印藝術》專文四篇，名家刻印圖版百餘幀，並詳細介紹印面、印身及印鈕，附錄印人小傳，及印材一覽表、印人字號異名對照表，提供各界之參考。

雕刻

書法

70007　拐子馬題記 國立歷史博物館建館記

THE ESTABLISHMENT OF THE NATIONAL MUSEUM OF HISTORY , WRITTEN IN CALLIGRAPHY BY YÜ YU-JEN

1981.10.　30X21cm　全一冊　平裝

　　一代草聖，藝壇宗師，于院長右任公，雖已久歸道山，然其翰墨，永留人間，垂則萬世。國立歷史博物館創建於民國四十四年，筆路藍縷，歷盡艱辛。曾蒙于公親書「建館記」，頗多嘉勉。復書本館藏品「梁鼎銘拐子馬圖」，意義深遠。尤以書法蒼勁，鐵畫銀鉤，為標準草書之聖品，本館為崇敬其書法之造詣，特精印成帖，並附釋文，不僅藉以提倡書道藝術教育，尤足可為後學法也。

70008　溥儒日月潭教師會館碑

STELE MARKING FOR SUN MOON LAKE TEACHER'S HOSTEL IN CALLIGRAPHY BY MASTER P'U

1981.10.　30X21cm　全一冊　平裝　定價150元

　　近代詩書畫三絕大師，溥儒心畬先生，藉筆墨抒寫心靈，以丹青捕捉萬象，以達「神在象中，意在象外」之境。故其作品，無不「詩中有畫，畫中有詩」，師法自然，妙悟天機，匠心獨運，上乘聖品。先生嘗自謂詩高於字，字高於畫，其傳世墨寶，片紙寸楮，咸成拱璧。人譽其楷書，為衡山以來第一人，洵非溢美之辭。先生於民國五十一年為日月潭教師會館楷書一長碑，碑文原蹟經台灣省教育廳前廳長劉白如先生慨贈國立歷史博物館珍藏，已經館內長期陳展，列為聖品，茲特精印成帖，以為後學法也。

70010　漢 熹平石經

HIS P'NG STONE SCRIPTURE

1981.10.　30X21cm　全一冊　平裝　定價120元

　　熹平石經刻成於光和六年(公元一八三年)，於民國廿三年出土殘石一方得六百廿四字，幾經考證，確知為漢時故物，屬春秋公羊殘石，民國廿八年為河南霑化李杏村氏購得，卅八年親攜來台，民國五十三年李氏因年事已高，以此國寶藏諸私家不如歸諸公有，乃由立法委員會王廣慶先生居間，復得政務委員葉公超先生贊助，由教育部長黃季陸以象徵性之價格購存於本館，自此石經遂能公開展示。本館為使石經及其書體之美普及於世，請由專家精拓範本印行，使人人得以目睹千數年之國寶，並可追撫古人之遺墨。

73011　王壯爲書日月潭教師會館興建記
THE ESTABLISHMENT OF THE SUN MOON LAKE TEACHER'S HOSTEL WRITTEN IN CALLIGRAPHY BY WANG CHUANG-WEI

1984.12.　31X22cm　全一冊　平裝　定價150元

王壯爲先生自幼攻讀詩史，並研究書學及印學，畢生與筆、墨、紙、硯、刀、石爲伍：所攻書體包括殷墟甲骨、周秦金文、漢魏碑銘，下及二王、歐、褚、蘇、黃、趙、文諸家，近更以新出土之春秋戰國先秦墨跡運入所書，汲取古人精髓而獨創一家之法。民國四十九年，台灣省教育廳長劉白如先生興建教師會館於日月潭，以爲教師休假、遊憩之處，山光水色，盡收於館樓之中。會館竣工之時，特邀請先生書建館記以誌其事：其時正值先生壯年，觀者以爲用筆如銕畫銀鉤，允爲得意代表之作，隨之勒刻上石，而原作則由白如先生轉交國立歷史博物館典藏。本館爲宣揚先生書法藝術，並廣爲流傳，特刊印成冊，以供愛好書藝者欣賞。

76018　黃金陵書法集
THE ART OF CALLIGRAPHY BY HUANG CHIN-LING

1987.10.　39X27cm　96面　精裝

黃金陵先生，爲七十年度中山文藝獎書法類得主，幼由父啓蒙，弱冠即拜於本省宿儒曹秋圃先生門下，黃氏平時勤於臨池各家法帖，博覽群碑，研讀詩書，含英咀華，涵詠融會，故其書法風骨勁健，創意獨特，作品中或將行草筆意納入隸書，或加以色彩變化，而愈見韻致，在題材選擇上，以古今佳文詩詞兼容白話詩，實乃書壇之俊秀也。特邀黃氏於本館「國家畫廊」舉行個展，並將其歷年佳作彙編成集，以饗同好。

84019　館藏近代名人法書集屛
THE ART OF CALLIGRAPHY, CONTEMPORARY MASTERPIECES FROM THE COLLECTION OF THE NATIONAL MUSEUM OF HISTORY

1995.9.　30X21cm　80面
ISBN：957-00-6130-8（平裝）　統一編號：006309840196

書法本是用於傳達心意，與人溝通的一種實用媒介。但因它在線條的勾勒、形體的鋪排、墨色的濃淡之外，另蘊有氣之流動、境之化現、韻之鳴響等奧妙：中國的書法藝術，影響之深及遠，從今日日本仍竭力盡心地發揚「書道」這門書法藝術即可知。

將父親袁帥南先生在世時所集之屛條八十九幅捐贈歷史博物館時，本館亦表示接受。捐贈本館這批屛條，全是帥南先生親自

裁紙畫格，委請其在世時所交往者，或有睹面之誼者書贈之字。
內容有些是錄古人詩詞或警語，有些則是作者感時述懷之作，就
文字意涵而言，倒亦可感受到清末民初漸入亂世之際一些社會名
流的心情。字體方面，主要是行書，另尚有楷、草、篆、隸。揮
毫之人，非官即士，也有幾位是書畫藝文界的知名人物，如：齊
白石、程十髮、溥儒等人。綜合而言，此批法書除了可讓我們感
受到中國人對書法的喜愛，亦傳達出晚清的時代心語。故特將之
公諸大眾，並配合出版專刊。

84024　館藏漢代碑拓精品選輯

HAN DYNASTY STELAE RUBBINGS

1995.10.　36X26cm　64面　定價280元

ISBN：957-00-6407-2（平裝）　統一編號：006309840245

漢代的碑石各具不同之特色，古樸蒼勁，縱橫挺拔，方整雄
偉，橫溢著各種深厚的趣味；上可通篆，下則通楷，代表一個時
代的全盛成熟風格，因此學習書法，頗有主張以寫石碑之漢隸入
手，取法其在方正平直的筆法結構外更有豐富的造型變化。漢碑
實為中國書法藝術中至為重要且令人著迷的一個專題。

國立歷史博物館典藏歷代名碑拓片頗豐，其中漢碑拓片近六
十種，且多為世人少見之拓本，多年來未曾公之於世，特精選名
碑《漢熹平石經》、《白石神君碑》、《祀三公山碑》等三種輯印
字帖，於藝術欣賞、學術研究、文化復興俾有助益。

87036　第一屆中國書法春秋大賽得獎作品集

THE FIRST ANNUAL SPRING—AUTUMN CHINESE CALLIGRAPHY COMPETI-
TION OF THE NATIONAL MUSEUM OF HISTORY

1998.12.　30X21cm　64面　定價150元

ISBN：957-02-2889-X（平裝）　統一編號：006309870366

書法，是中華文化的精華。在書法發展過程中它不僅是作為
傳達語言意義的工具，同時也富涵美感。欣賞書法除了認識作品
中所書寫的內容之外，對於線條美感的認識也是其中重要的一
環。

國立歷史博物館舉辦第一屆「書法春秋大賽」，即在積極推
動社區書法風氣，落實心靈改革，並倡導書法藝術及提昇書法風
氣。經過初選、初賽到決賽三階段，從全省各地分組眾多作品中
挑選出優秀作品計八十七件，編輯成作品專輯。這些來自全國各
縣市不同地區不同年紀的現代書法家，在傳統的基礎上逐步發展
出屬於這個時代的風格與特色，無論是國小低年級的初生之犢或
是長青組的蒼勁老成，在在都顯示現今國內書法風氣的蓬勃現
象。

88007　隆古延今──張隆延書法九十回顧展

A 90TH YEAR RETROSPECTIVE OF CHINESE CALLIGRAPHY BY CHANG LONG - YIEN

1999.3.　30X21cm　157面　定價650元

ISBN：957-02-3326-5（平裝）　統一編號：006309880076

　　張隆延先生，爲我國近代著名的書學大家與藝術研究學者。學貫中西，早年即獲法國南溪大學法學博士，並於柏林大學、牛津大學及哈佛大學研究，法學造詣甚爲深湛。歷任國立臺灣藝術專科學校校長、教育部國際文教處處長、巴黎中華民國駐聯合國教科文組織(UNESCO)副常任代表，在國際外交文化界中夙有聲名。

　　先生的書法造詣極受推崇，見重於當世藝壇。溯其習書的淵源，來自收藏金石書畫的家世背景，青年時期從胡小石先生研習中國文學史、文字學及書道，以漢碑隸書入手，遍臨各碑，兼習各體：中年後致力漢晉西陲木簡，更有所得。爾後對宋代帖學體察入微，其臨仿黃庭堅，高特瑰麗；書寫米元章，則意如杜甫詩句中「平生飛動意」之靈動氣勢：一生勤書不輟，嘗謂「老來猶愛書」，至晚年書風蒼勁渾厚，已然入於「人書俱老」之境地。

　　張隆延先生以九十一歲高齡自美返國，於國立歷史博物館舉行九十回顧展覽，誠爲藝壇盛事，並將先生展覽作品彙編「隆古延今－張隆延書法九十回顧展圖錄」以饗大眾。

88008　張隆延書法論述文集

THE CALLIGRAPHY THEORY OF CHANG LONG -YIEN

1999.3.　30X21cm　142面　定價450元

ISBN：957-02-3312-5（平裝）　統一編號：006309880086

　　張隆延先生除書法造詣備受推崇之外，亦深入中國藝術研究領域，其中對於中國書論之研究，可說是縱溯遠古，橫遍百家，如對宋代蘇、黃、米三家，著力尤深：除身體力行，撫其筆勢起伏之度，深探筆法之源，並佐以近代美學原理，自成一家宏論。

　　自一九七一年起，先生離開公職的羈絆，寓居紐約業已二十八年了。退休之後的歲月，先生於大學授課，亦常抽暇爲四方慕名而來請益的後進學者傳道解惑，先生的居所，早已名動紐約地區，儼然成爲中國藝文傳承的研究學館了。

　　國立歷史博物館鑒於先生獨立於當世的傑出書學成就，將題序五篇其書法及藝術論述三十三篇及小詩數首收錄彙編出版「張隆延書法論述文集」，文采斐然，彰顯先生一生研究精神與成就，作爲承傳後世之用。

88038　文字形意象—中國文字的藝術表現

FORMS, MEANINGS AND IMAGES OF CHINESE CHARACTERS

1999.8. 30X21cm　104面　定價400元

ISBN：957-02-4822-X (平裝)　統一編號：006309880383

　　以中國文字做為母題的藝術表現，有其悠久的歷史發展，而最為直接的視覺表現形式即是在書法藝術上。書法藝術使文字脫離單純的表述意義，從原初以記事和表意為主的書寫到將文字提昇到藝術的層面，而以繪畫、雕刻、刺繡甚至版畫等形式表現，更加突顯中國文字線性結構的特質。

　　本書以館藏文物與現代石刻創作者李鎮成先生的作品為主，將書法藝術及其相關之發展作系統化的整理，以期彰顯中國文字自古到今的藝術表現性，藉以突顯中國文字的幾項可能性發展及美感效果。在古代與現代藝術作品的對照之下，較容易觀察到，藝術家受時代性創作觀照，與視覺經驗轉變的關鍵因素影響，所形成藝術形式差異。提供社會大眾了解現代藝術表現形式中，對於文字母題的詮釋及新的發現。

88053　李普同書法紀念展

THE CALLIGRAPHY OF LEE PU-TONG — A MEMORIAL EXHIBITION

1999.12.　30X21cm　164面　定價400元

ISBN：957-02-5170-0 (精裝)　統一編號：006309880531

　　台灣近代的書法發展，如同社會動態一般蓬勃，就其表現面貌而論，大致上有兩股力量，一是延續清代以降的台灣本土的書法面貌；一是在政府播遷來台之後，從中原所引進的一股書法面貌。兩種表現風格陸續進行結合，而使得現今台灣書壇的氛圍，努力開創出自我的面貌，李普同先生正是居於這段時間中重要的影響者。

　　李普同先生，本名天慶，別號光前，民國七年生於桃園武陵坡。其書法氣勢奔放，豐神朗潤，而能蔚然成風。對於台灣書法教育的推展，李先生更是不遺餘力，除了自己設硯教學之外，也受許多學校邀請舉行講學、授課，教導出許多書法人才成為現今國內書壇的大將。

89005　第二屆中國書法春秋大賽優勝作品集
THE SECOND ANNUAL SPRING / AUTUMN CHINESE CALLIGRAPHY COMPETI-
TION OF THE NATIONAL MUSEUM OF HISTORY
2000.1.　30X21cm　64面　定價120元
ISBN：957-02-5465-3（平裝）　統一編號：006309890053

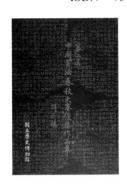

「第二屆中國書法春秋大賽優勝作品集」所收錄之九十五件
得獎作品，包括特優、優選、佳作是從全省一萬一仟八佰人中經
初選決賽後選出，分國小、國中、高中、大專社會、長青及創新
等六組，於北區、中區、南區、東區四區競賽。得獎作品集為此
次活動的具體成果，編輯出版意在推動書法學習風氣，落實終身
學習及心靈改革。

89008　馬克山書法藝術展
THE ART OF CALLIGRAPHY BY MA KE-SHAN
2000.2.　30X21cm　96面　定價400元
ISBN：957-02-5497-1（精裝）　統一編號：006309890083

馬克山先生是當代著名的書法家之一。書蹟累疊上萬，而無
一筆粗率為之。其以顏體所書之道統頌，曾由河南開封翰園碑林
鏤石十二塊，作為永久珍藏，而原蹟並存台灣省立美術館典藏，
故知其書法藝術就早為兩岸人士肯定。所書各種佛經，共計數千
冊，更廣為海內外名山要剎掛藏。其書其人，表裡一致，因見錄
於中華民國現代名人錄，實非虛譽也。

本館向來重視中華歷史文化傳承與教育，而書法藝術則為重
要之項目，希望社會大眾在欣賞體會馬克山先生的書法藝術風貌
及其人格精神內涵之餘，對中華文化有更深一層的認識。

89010　董陽孜作品展
GRACE Y.T. TONG CALLIGRAPHY EXIBITION
2000.3.　29x29cm　112面　定價1500元
ISBN：957-02-5579-X（精裝）　統一編號：006309890102

董陽孜女士是國內頗受注意的書法家，不僅單是因為其是書
史上少見的女性書家，同時也是基於其獨樹一格的作品，在依循
傳統的書法面貌之外，開創了一條兼具傳承與現代的表現方式。
除完成了個人的創作理念，強調書法在視覺感官上的感受外，且
讓文字透過安排佈局，展示出新的圖像。本書內容包括黃光男與
漢寶德兩位先生為此次展出作品，作精彩的評析以及董陽孜女士
近作五十幅。其書法表現在於貫穿傳統的筆法與現代設計構圖，
並從中得到一種新的平衡。在欣賞作品同時也對台灣的藝術現象
與書法教育做出一些啟發。

89011　書印雙絕：曾紹杰書法篆刻研究展

SPECIAL EXHIBITION OF THE ART OF TSENG SHAO-CHIEHS CALLIGRAPHY
AND SEAL ENGVAVING

2000.3.　30X21cm　128面　定價600元

ISBN：957-02-5604-4 (精裝)　統一編號：006309890112

曾紹杰先生，為我國近代著名金石篆刻與書學大家。深通金石文字之學，制作璽印精妙絕倫，書道造詣尤稱巨擘，曾獲中山文藝創作獎，於文化界中夙有聲名。先生一生書印創作不輟，書法篆刻兩者並稱雄奇，「書印雙絕」當之無愧。夫人勞藹如女士依照先生的遺願，將先生書法七十四件，捐贈國立歷史博物館永久典藏。本館為彰顯先生獨立於當世的傑出篆刻書學成就，並為紀念先生九十冥壽，特為舉辦此次研究展覽，並將先生展覽作品彙編「書印雙絕—曾紹杰書法篆刻研究展專輯」，以彰顯先生一生藝術成就，茲作承傳後世之用。

89029　楊作福書法八十回顧展

YANG ZUO-FU AT 80：A RETROSPECTIVE OF HIS CALLIGRAPHY

2000.6.　30X21cm　128面　定價500元

ISBN：957-02-6271-0 (精裝)　統一編號：006309890291

楊作福先生號蔭年，又號子佛，民國九年生於河北武清，著眼於文字造形美之外，特別切入文字源流的研究，加上文化傳承的使命感，形成在此一領域迴異的行徑與獨特的風格，足稱書法界異數。作福先生精通各朝字體，精於篆刻並善冶印材。又精於鑴碑刻石，深得讚譽。今展出楊作福先生的各式作品，乃基於本館弘揚文化與藝術薪火相傳之宗旨，並彰顯其書法、篆刻與刻石拓碑上默默之研探與弘揚文化之精神，亦提供觀摩學習之情境，引發更多人對文字源流與造形美之探究，興起發奮振作之情，俾戮力於發揚優美之中華文化。

89052　秋毫精勁—江育民書法集

JIANG YU-MING CALLIGRAPHY EXHIBITION

2000.10.　30X21cm　127面　定價800元

ISBN：957-02-6940-5 (平裝)　統一編號：006309890529

江育民先生非常熱衷書法創作及推廣，是國內少見的年輕書法家。其習字言書似出於天性。竟常為之廢寢忘食。江先生的書法不拘一格，其啟蒙老師為王北岳先生，又曾拜在奚南薰先生門下，於元明帖學用功尤深。江先生對書法的不懈執著和全神灌注正是他的成就所在。本館本著推廣教育的宗旨，期望有志學習書法的年輕朋友們能澄心靜慮、專心致志的投入這個浩瀚的書道世界中。

繪畫

57003　白水畫選
THE PAINTINGS OF MA PAI-SHUI
1968.9　31X26cm　58面　平裝

　　馬白水教授，專門從事水彩畫創作，是一位決意終身從事教育事業的藝術家。對於中西繪畫之間的若干問題，具有獨來獨往的見解。從其近代作品中，除採取西洋彩料與著色方法外，同時採用國產宣紙及寫意精神，融匯兩大特色於一爐，所以在它的畫面上所顯示的：是一方面發展中國畫青綠山水和潑墨表意的作風；另一方面用西洋畫的大塊色面和各種畫派技法，因而近於中西渾一之境，創為一種中國風格的西洋水彩畫。

　　本館特別邀約馬白水先生出版「白水畫選」，將近年新作公諸同好，本集選畫四十四幅，計彩色二十一幅、黑白二十三幅。本館一向積極提倡藝術創作及推廣藝術教育，此書的出版，也正是對於馬白水教授的成就加以推崇與宣揚。

62002　吳炫三人體動態素描
MOTION SKETCH WU SHIUAN SHAN
1973.10　37X27cm　17面　平裝

　　日常生活中，每天所接觸的環境都是不斷地在改變，而人體是畫家作畫的最佳題材，人體不停的活動中，不管動作、型態或重心，均隨時間或個體的目標而移動，那麼描寫一剎那的動態，最精彩的一瞬間，必須在幾秒鐘內完成，這種訓練將能幫助畫家在最短的時間內，尋找最廣泛的題材。

62003　溥心畬書畫集
P'U HSIN-YU'S PAINTINGS
1973.12.　29X22cm　107面　精裝　定價320元

　　溥心畬先生的畢生成就，絢爛繽紛，世人稱頌他為詩書畫三絕大師。他的畫，格調高，風神雅，致逸氣，筆筆出於性情趣味，筆筆出於自然流露。張大千先生讚仰他「柔而能健，峭而能厚」；他的書法，俊秀勁健，還帶些飄逸之氣。把他的詩題在他的畫上，真是珠聯璧合，「三絕大師」，當之無愧。

　　國立歷史博物館因為溥先生對中國文化藝術重大貢獻，特在溥氏逝世十周年紀念日，舉辦溥氏書畫遺作展覽，來紀念這位一代宗師。並就這次展覽的展品中，再精選百幅，輯印專集，藉供同好觀賞紀念。

63001　王濟遠書畫集
WANG CHI-YUAN'S PAINTINGS

1974.2.　21X19cm　52面　平裝　定價100元

　　王濟遠先生，畢生獻身藝術。曾創立天馬會，教授繪畫，並常以展覽售畫所得，悉作賑濟之資。民國三十年赴美，創辦華筆書畫學院，傳播東方藝術，溝通東西文化，厥功至偉。國立歷史博物館特別在民國六十三年二月間舉辦「王濟遠書畫展覽」，並把他所贈的作品，按照寫作的先後次序，編印書畫集，以饗國內外同好；同時對於王氏的亮節高風，聊抒崇敬之意。

63002　李奇茂歐遊畫集
CHINESE PAINTINGS BY LI CHI-MAO

1974.5.　23X19cm　99面　精裝

　　李奇茂先生，具有深厚的國畫造詣，更擅西畫素描，藝事精通，多次獲獎。他的畫所以能受到國內外愛好藝術者的激賞，是由於他創新的觀念，革新的作風，充分表現運用中國水墨畫的神韻，融合西洋寫生技法的特色，描寫現代民情風物，每一幅畫都帶有濃厚鄉土氣息和親切感，都能顯示我中華民族善良、純樸、樂觀、和平、博愛的特性。他的水墨畫集之問世，是國內藝壇的佳音，更是海內外的同好所樂見。

63003　黃君璧畫集
HUANG CHUN-PI'S PAINTINGS

1974.10.　29X22cm　106面　精裝　定價350元

　　黃君璧先生，精研國畫，其人物、花卉、翎毛，無不精妙，山水尤負盛名，因而有「山水大師」之譽。國立歷史博物館為加強推展美術教育，特於民國六十三年十月廿八日，舉辦「黃君璧創作回顧展覽」。更把這些珍貴難得的展品，精選百幅，編印「黃君璧畫集」，藉饗同好，以廣流傳。這是繼「張大千畫集」、「溥心畬書畫集」之後的又一巨構，也可說是藝壇上的一件大事，尤於復興中華文化，具有深遠重大的意義。

64001　中華民國當代畫展
THE EXHIBITION OF CHINESE CONTEMPORARY PAINTINGS

1975.11.　20X20cm　全一冊　平裝

中華民國的當代繪畫應韓國文化藝術界的邀請，在漢城隆重展出，這是中韓兩國近代文化交流史上一件大事，具有深長的意義。文化藝術是人類心靈之自由創造，它超越民族與國界，亦超越時間的限制，在自由心靈的共感共鳴中，領略了藝術所提供我們美的情操與美的生活的崇高境界。中華民國現代藝術家，一方面承襲數千年文化傳統的精神，一方面接受外來文化的精華，始終在自由民主的社會環境中努力創作，克服艱難勇往邁進，使現代中國藝術造詣，有光輝的成績，在國際間亦屢獲無限的榮譽。國立歷史博物館特別提供當代名家作品三〇〇幅，承大韓民國文化藝術界人士組成「韓中藝術聯合會」，於漢城國立現代美術館舉行盛大展覽，並編印圖錄、以供紀念。

65005　廖繼春畫集
THE PAINTINGS OF LIAO CHI-CHUN

1976.5.　22X20cm　95面　精裝

廖繼春先生，爲我國當代油畫大家，本省西畫界先驅，畢生致力繪事及美術教育工作，歷任全國及台省美展審查委員，國立歷史博物館研究委員，且爲台陽美展創始人之一。畫論既精，創作尤富，其早期作風接近寫實，隨後畫風經後期印象派之厚實，轉而爲野獸派之豪邁。先生不僅熱心教學與精研繪事，復積極鼓勵後進，努力中華文化之創新。國立歷史博物館有鑑於先生卓越成就，乃聯合有關藝術團體，於五月八日在「國家畫廊」隆重舉辦「廖繼春遺作展」，用示懷思與追念。並於此次展出作品中，及參以早期代表作計一百件，編印畫集傳世，以告慰先生於九泉。

65006　胡克敏畫集
THE PAINTINGS OF HU K'E-MING

1976.10.　28X21cm　120面　精裝　定價500元

繪畫在我國，因其技法之異，而有國畫與西畫之別。國畫重「氣韻」而求諸筆墨骨法，西畫長「法理」而專於質量動態；一重內養，一求外性，而克敏先生能互爲表裡，兼長中外，融貫古今，交相輝映。其才氣橫溢，其風格高雅，殆非時人所能及。國立歷史博物館特邀其出近作三〇〇幅，舉辦特展。更選代表性作品百幅，編印專集，以資紀念，并廣流傳。

66006　中國古代名畫選集

WORKS BY ANCIENT CHINESE PAINTERS

1977.10.　38X27cm　79面　精裝　定價600元

　　國立歷史博物館，歷年在世界各地經常舉辦諸項文物展覽，宏揚中華文化，頗著成效。與韓國韓中藝術聯合會，在漢城共同舉辦「中國古代書畫展」，此乃本館在海外舉辦規模較大的古代藝術展。藝術是文化具體的表徵，而繪畫則是世界無聲的語言。中國繪畫，源遠流長，博大精深，乃是表現我中華文化最精彩最具體的一環，國立歷史博物館，自創建以還，收藏古代書畫日益豐富，特就本館與張大千、李鴻球、羊汝德、林有福諸先生所藏之精作選印成帙，用饗同好，內容包括自唐迄清如唐敦煌壁畫、宋巨然、夏珪、元黃公望、明沈周、唐寅、文徵明、陳白陽、董其昌、清石濤、王石谷等名家作品一百餘幀，俱為難見之藝術佳構。

67002　漸江、石谿、石濤、八大山人書畫集

FOUR MONKS OF THE LATE MING

1978.3.　38X27cm　209面　精裝

　　明末四僧畫，高情逸韻，皆成一家法。漸江所寫山水，構圖驚奇，喜畫奇松怪石，筆墨簡貴；石谿所寫山水，奧境奇闢，林巒幽深，筆墨蒼古；八大所寫山水花鳥，鎔鑄千古，筆意奔放，氣象萬千。晚年畫風，趨於凝重深厚，樸拙簡鍊；石濤所寫山水、人物、花卉、蘭竹，無不精妙。筆墨神化，題詞超逸，睥睨千古。

　　國立歷史博物館為崇敬明末四僧弘仁、石谿、八大、石濤堅貞不移之民族氣節，與夫書畫藝術之精深造詣，乃舉辦「明末四僧書畫展覽」，編印「明末四僧書畫集」，使國人於欣賞書畫藝術之餘，潛移默化，激發愛國情操，弘揚民族精神。

67006　歐豪年畫集

CHINESE PAINTINGS BY PROFESSOR HO-NIEN AU

1978.5.　29X22cm　125面　精裝　定價650元

　　當代嶺南畫派名家歐豪年先生，繪事兼善山水、人物、走獸、花鳥、蟲魚，其所作純任自然，與造物渾然一體，得天地之靈性，道家之三昧。日本著名藝術評論家植村鷹千代嘗評其畫云：「觀歐豪年先生之畫，在表現近代感覺中，更使人感到有中國人豪邁與莊嚴的氣質。」縱觀歐氏畫風，作品生機勃勃，寓奔放於含蓄，而含蓄中有氣吞宇內之勢，超脫出塵之感。且用筆奇妙，章法嚴謹，設色高古，而其畫路之寬，尤為畫壇所罕見。本館主辦歐氏個展，特遴選其應展近作，精印專集，藉表傾慕之忱。

繪畫

67007　黃君璧作品選集
THE PAINTINGS OF HUANG CHUN-PI
1978.8.　29X22cm　130面　精裝　定價450元

　　黃君璧先生，精研國畫，已歷半個多世紀。享譽藝壇，蜚聲國際。君璧先生的人物、花卉、翎毛，無不精妙，山水尤負盛名，因而有「山水大師」之譽。又因他曾學過西洋畫，研究透視、色彩和構圖，把西畫理法，應用到國畫上，用力之勤，工夫之深，植基之厚，少有可與倫比的。國立歷史博物館爲宣揚中華文化，推展美術教育，曾先後於國內外各大博物館爲君璧先生舉辦過多次大規模展覽，今年先生已屆八十一高齡，其藝術造詣，自更超凡入聖，而晉神逸之境。爲應韓國韓中藝術聯合會及本館之邀請，精心完成近作百幅，將在國外隆重展出，本館爲求藝術廣爲流傳，特將展品精印「黃君璧作品選集」一冊，以饗同好。

68003　孫雲生畫集
THE PAINTINGS OF MR. SUN YUN SHENG
1979.12.　28X22cm　82面　精裝　定價320元

　　孫雲生先生之作品工整秀雅，山水，人物，花鳥，草蟲，無所不擅。人物直追唐、宋，用筆簡逸，設色瑰麗，此得力於敦煌摹本也；山水以潑墨潑色爲之，此荊浩所謂：「烘天青、潑地綠。」之古法也；其所作花鳥則清新脫俗，栩栩欲活，不同凡筆。應本館之邀，選其精品(以山水、人物居多)六十五件，在國家畫廊展出，並將作品編輯成冊，流傳於世。

69005　趙少昂畫集
THE PAINTINGS OF CHAO SHAO-AN
1980.11.　29X22cm　114面　精裝　定價550元

　　趙少昂先生的繪畫，由於強調觀察自然的重要性，其所作山水、人物、游魚、走獸、花鳥、草蟲……，生態極其自然，他主張作品要從自然界選取物象，作畫時需要透入本身的情感。故其寫生作品，實爲客觀物象透過主觀感情的表達。所有的作品，除以意境取勝外，更能表達高度的情操，對於用筆用墨用色，渲染潤澤，揮灑自如，別具一格。而書法用筆，蒼勁迅奮，有如天馬行空，不可羈勒。其對於追求藝術的境界，以及唯美的表達，堪稱當代嶺南畫派之宗師。爲使其精作流傳於海內外，特由本館編印畫集行世，以饗同好。

69007　鮑少游畫集
THE PAINTINGS OF PAU SIU-YAU

1980.12.　30X22cm　130面　精裝　定價550元

　　國立歷史博物館爲慶祝建國七十年，特爲此一久居海外之老畫家鮑少游先生舉辦個展，介紹於國人之前。鮑少游先生主張繪畫應由寫生入手，以打好深厚素描基礎之外，尤重意境內涵之修養，曾首倡六法與不即不離說。因其素描基礎雄厚，故凡山水、人物、花鳥、草蟲、走獸等無所不能；而文學、畫史與畫論兼修，使畫外仍有餘響。於從事繪畫創作之餘，著有「故宮博物院名畫之欣賞」、「鮑少游詩詞集」等書問世。人物畫定稿落筆，歷代論者，歎爲不易，然而先生不懼艱辛，毅然選取吾華最纏綿悱惻的史詩及說部人物複雜之造型爲對象，其所表現，竟如此優越。於時代背景、人物情節、器物服飾、章法結構，無不詳加研採，必使有所依據。茲就少游先生此次在本館國家畫廊展出長恨歌詩意，水滸傳人物二套原作六十四幅，加以選刊，編輯成冊，俾廣流傳。

70005　陳樹人畫選
THE PAINTINGS OF CHEN SHU-JEN

1981.8.　26X19cm　13面　平裝

　　嶺南折衷派以倡導「國畫現代化」爲宗旨，主張取現實景物爲體裁，運用西洋透視、光影、解剖、色彩等原理與技法以注入國畫之中，爲國畫樹立新形象，受到民初藝壇極大重視，其開先河者高劍父、高奇峰、陳樹人三家，人稱嶺南派三傑，簡明雅緻見稱。造型精簡單純，線條清新有力，設色絢麗清雅，確實揉合中西繪畫之特點。作品既以寫生爲主，體裁廣闊，無所不畫，尤以山水、花鳥、草蟲見稱，蜚聲國際，作品流傳海外，廣爲各國美術館所收藏。爲慶祝建國七十年紀念，本館特別舉辦先生畫展，以見其創立一格「從容」之雅趣。

70009　溥心畬畫集
THE PAINTINGS OF P'U HSIN-YU

1981.10.　29X22cm　118面　精裝　定價450元

　　溥儒心畬先生，是清室貴胄，自幼深受中國傳統文化薰陶，而與南方張大千先生齊名，贏得「南張北溥」之譽。他說他的畫無師承，全憑自悟而得，這正足以說明溥先生的才氣橫溢，超群不凡。他的畫路很廣，但主要的是山水、人物，張大千先生讚仰他「柔而能健，峭而能厚」。國立歷史博物館爲避免溥氏之作散失而得垂諸久遠，特徵得李淑貞女士之同意，精選代表性作品一○八幅，印行專集，用付愛好溥氏作品諸君子殷殷雅望，對弘揚中華傳統藝術，尤具深遠意義。

71001　胡克敏書畫集
THE PAINTINGS OF HU K'E-MING
1982.1.　29X22cm　106面　精裝　定價600元

　　胡克敏先生，擅長丹青，風格獨立，深研畫理，並取中西，爲一代藝林大家。自少獻身於藝術創作及美術教育，五十年來從未稍懈。克敏先生常多新作，舉辦個展及參與各項特展，久爲藝壇所推崇。先生於畫藝之外，又精研畫理、畫論，博覽群籍，於中西畫史多所涉及，故能窮理盡性。國立歷史博物館特邀其出近作三〇〇幅，舉辦特展。更選代表性作品百幅，編印專集，以資紀念，並廣流傳，對中華傳統文化之推行，當更有所裨益！

71002　黃君璧書畫集(第一集)
THE PAINTINGS OF NUANG CHUN-PI Vol.1
1982.3.　31X22cm　104面　精裝　定價550元

　　任何時代的藝術品都會受人們尊重與喜愛，今天我們都珍視藝術品，但無寧說我們更尊敬藝術家，有藝術家的存在，才會產生源源不斷的藝術品，才會充滿人間的財富，也會帶給人間的光輝。今年美術節，國立歷史博物館國家畫廊，將爲君璧先生舉辦其個展，展出的作品以他的新創作爲主，但也將容納其一部份早年的作品，題材將包括黃先生的人物、花鳥、走獸以及山水瀑布計在百幅以上。可當黃先生一生的畫史看，也是從民初到七十年代中華民國藝術創作的一大輝煌的面貌。

1005　日本書人會書畫篆刻展
AN EXHIBITION OF PAINTINGS AND SEALS BY JAPANESE CALLIGRAPHY CLUB
1982.7.　30X22cm　全一冊　平裝

　　中國文字是中華民族文化根源，而書法是表現文字更臻完美的具體象徵，在中國自古列爲六藝之一，由實用而進乎觀賞，數千年來書法名家輩出，各創風格。日本高橋廣峰先生，嚮慕中華文化，師事李普同教授並多方求教於各大名家，沈潛於書法、繪畫及篆刻之學，歸國後結合同道，創立「日本書人會」。高橋先生爲慶祝我中華民國建國七十年，與吉田桂秋、國枝稔諸名流組團來華訪問，本館爲之在國家畫廊舉辦「日本書人會書畫篆刻展」深受各界讚賞，頃以紀念專輯付梓，聊抒所懷。

繪畫

71007　陳丹誠畫集

CHEN TAN-CHENG PAINTINGS

1982.8.　29X22cm　115面　精裝　定價360元

　　陳丹誠先生以畫、以書法、以篆刻，三絕集於一身。論畫擅長花卉、草蟲、鱗介、蔬果、翎毛，旁及人物、山水、造像，無不筆簡意賅，蒼勁廷拔；其書法初臨漢魏，後及唐宋諸家，筆筆著力頗見功夫；論篆刻嘗見其以刀鑿代筆，逕刻於印石之上，線條勻暢，屈伸自如，盡情發揮書法筆意，合書刻為一體，洋溢金石之氣，可與其繪畫風格輝映媲美。國立歷史博物館重視丹誠先生其人其畫，特邀於國家畫廊舉行個展；適時於展出前夕，就其精作印行畫集問世，社會人士得以參閱，相得益彰，堪稱藝壇盛事。

72002　趙無極畫集

ZAO WOU-KI

1983.1.　29X24cm　全一冊　平裝　定價400元

　　趙無極先生，民國十年生於北平，為名聞國際的華裔法籍抽象畫家。自幼酷愛藝術，在書法與崇奉自然為一切藝術基礎的中國傳統觀念下，奠定他藝術發展的心路和坦途。趙無極以敘情的抽象手法，自抒機杼，表現獨到的宇宙觀與人生觀，其無論是油畫、版畫、水墨畫均能表現其「飄若遊雲，矯若驚龍」的畫面，富有中國畫道上「心手相湊而相忘」的玄想與妙趣，令人愛不忍捨。

　　國立歷史博物館鑑於無極先生在藝術上輝煌成就，特邀其提供自民國四十年起至民國七十一年的各期代表作品，包括高二公尺，長五公尺餘等大小油畫、水墨畫、版畫等四十二件，在「國家畫廊」盛大展出，以饗同好。茲特將其所有展品編印成集，以垂久遠。

73002　明代沈周、文徵明、唐寅、仇英四大家書畫展

THE FOUR MASTERS OF THE MING：SHEN CHOU、WEN CHENG-MING、T'NG YIN、CH'IU YING

1984.1.　39X28cm　107面　精裝　定價720元

　　明景泰元年至嘉慶晚年，即西元十四世紀終夜至十五世紀中葉百年間，正值明代黃金時代，在人傑物華相互感應之下，產生了沈周、文徵明、唐寅、仇英等四位大師，並稱明季四大家。四家之中以沈周為長，生於宣德二年(西元一四二七年)，文徵明與唐寅係同庚，生於成化六年(西元一四七○年)，而仇英卻比文、唐更晚二十餘年。此時在西方的達文西(西元一四五二──一五一九年)，米蓋朗基羅(西元一四七五──一五六四)，拉飛爾意大利復

興三傑即與四大家同時輝映。

明代繪畫，雖重變古，即頗具創意，所謂追摹古人而不泥古，除復古臨摹外，更講究文學書卷氣質，而溶詩、書、畫於一爐。明季四子論人格、學養、修養均高人一籌，故在當時，其畫均已列入神能之品，而名滿天下矣。

本館於民國七十年春節，曾隆重舉行明季四大家專題展覽，由海內外收藏家提供作品一百餘件，包括立軸、冊頁、長卷、扇面等書畫，中多傳世孤本，深受國內外藝壇重視。爲廣流傳，乃各擇其代表作刊印發行，以饗愛好者。

73004　八大石濤書畫集

THE PAINTINGS AND CALLIGRAPHY OF PA-TA AND SHIH-T'AO

1984.2.　31X22cm　245面　精裝　定價650元

八大與石濤俱是明宗室貴胄，甲申後避世於佛道，游藝於書畫，故能禪悟哲理。八大畫以簡略勝，有抽象表現的趣味，即使三百年後的今天，依然被認定爲富有創意；他的書法則遠取晉唐，而獨創一格，一般咸以爲他的人格、畫境、書風均成一體而有獨到之處。石濤的山水則自成一家，以自然爲師，王時敏評石濤的畫曰：「大江之南，無出石師右者」，對他推崇若此。本館向美國紐約大都會博物館及私人收藏旅美學人王季遷、王方宇先生，徵借八大、石濤兩大師作品舉辦特展。展品包括書法、繪畫，計有冊頁、手卷等百餘件，內容極爲充實。爲配合此次展出作品，編輯成「八大石濤書畫集」，冀能使國人於欣賞書畫之餘，亦能對於中國美術史上具承先啟後貢獻的兩位大師有更深刻的認識與了解。

73009　黃君璧書畫展(第二集)

THE PAINTINGS OF HUANG CHUN-PI Vol.2

1984.2.　31X22cm　104面　精裝　定價600元

黃君璧先生曾撰述「畫人應有修養」，可分爲三個階段：一是師承時期，二是師法自然時期，三是熟而生巧時期。使其繪畫修養歷程獨具風格，自立面貌，爲當世所推崇，亦成爲一位偉大成功的畫家。君璧先生獻身美術教育，數十年如一日，堅守崗位，誨人不倦，門牆桃李遍及世界各地，年來君璧先生作品迭在國家畫廊展出，本館曾出版「黃君璧畫集」、「黃君璧書畫集」第一集等，茲再集君璧先生近作，賡續出版「黃君璧書畫集」第二集，提供大眾欣賞。

74001　吳昌碩書畫集
THE PAINTINGS AND CALLIGRAPHY OF WU CH'ANG-SHUO
1985.1.　31X22cm　130面　精裝　定價600元

　　吳昌碩先生寓金石詩文於書畫之中,用筆醇重雄厚,渾潤遒勁,其主張廢臨摹,重創作,咸重藝壇,爲後世所敬仰。當今就國內收藏家論,養和堂主人張氏弟兄所珍藏者爲數幾達二百件,其中包括吳氏早晚各期代表作,且各類題材無所不包,幅幅皆精品。國立歷史博物館夙以復興中華優美文化爲職志,頃鑑於張先生兄弟豐富之收藏,特徵渠等之同意,就所藏吳氏先生作品提供百餘件,於民國七十四年元月期間在本館國家畫廊隆重展出,用饗國人;復承慨允惠將所有展品攝印成帙,藉廣流傳,提供國人欣賞。

74003　王農畫集
CATALOGUE DE PEINTURES DE WANG NUNG PAINTINGS OF WANG NUNG
29X22cm　91面　精裝

　　王農先生,原名立田,遼寧瀋陽市人,自幼喜好繪事,並酷愛國劇,恆以國劇人物權充繪畫範式,悉心觀察其臉譜、服飾、進退儀節,使每一角色,無論生、淨、旦、末、丑,均能唯妙唯肖,表現其藝術天才。王氏運用西畫技巧,融匯於國畫之中,擅用水墨寫意,筆力雄健,佈局新穎,備受國內外藝壇所推重。

74005　陶壽伯書畫集
THE PAINTINGS AND CALLIGRAPHY OF TAO SHOU-PAI
1985.8.　31X22cm　150面　精裝　定價650元

　　陶壽伯先生,字之芬,別署萬石,江蘇無錫人,民前十年生。畫作取材廣泛,山水、樹石、花卉、翎毛、鱗介之屬無不能之,而以畫梅數量爲多,終年奔走海外,弘揚中華文化,其作品極爲愛國人士所稱許。民國七十年末,適值壽伯先生八秩,本館特邀舉辦回顧展於國家畫廊,極獲各界人士之讚譽,爲廣流傳起見,特選其歷年代表性書畫作品百餘件,彙爲「陶壽伯書畫集」出版,供各界人士觀賞。

75003　郭燕橋書畫集(第二集)

THE PAINTINGS AND CALLIGRAPHY OF KUO YEN-CHIAO Vol.2

1986.11.　30X22cm　114面　平裝

　　郭燕橋先生，本名雄，燕橋爲其書畫專署，別署燕崖山樵，或燕嶠。其作品吸取各家之長，用筆深沈厚重，氣魄沉雄，國畫大師張大千先生嘗云：「郭君之畫，點綴粗壯，皴法樸拙，氣勢磅礴，具有吳鎮、沈周之意。」洵非溢美之辭。郭氏爲響應政府推行文化建設及提高全民精神生活，將其歷年精作選印書畫集第二輯，以資流傳海內外，庶使中華國粹，發揚光大。

75005　中華民國現代繪畫新貌展

THE NEW LOOK OF CHINESE MODERN ART

1986.12.　25X27cm　95面　平裝

　　中國以農立國，農業社會，安土重遷，所著重的是一「常」字：其社會生活，因循往復，變動者極少，故文學藝術亦緩慢進展，無劇烈之大變化。半個世紀以來，我國已漸次步入了工商社會，工商社會所著重的是一「變」字，因此接納「新」的、「變」的文化潮流，才能適應現代的社會。基於以上認知，本館願意給中國現代繪畫工作者留下一席之地，因而有了這一次「中華民國現代繪畫新貌展」。這一次展出作品包含了資深、和年輕一代畫家各種不同面貌，我們希望這一次的展出及本畫集的出版能對現代繪畫工作者有所鼓勵與肯定。我們更希望中國現代繪畫在吸收世界新潮流之餘，能朝在具有世界性的「普遍性」上兼具中國的「特殊性」之創作路上大步邁進。

76004　第十一屆全國油畫展畫集

11TH NATIONAL OIL PAINTING EXHIBITION

1987.4.　21X20cm　64面　平裝

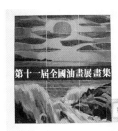

　　本屆展出作品，除油畫學會會員及邀請參展之作品外，另有經嚴格審選之優秀作品一併展出。這些作品前者屬於較資深畫家的創作，題材與風格，都有很高的造詣，無疑地，代表著我國現代油畫界雄厚的實力，以及對今後發展的方向都有承先啓後的影響；後者則爲現代青年畫家勇於接受自傳統文化與擷取新思潮所產生的作品。本館對於畫家們提出自己多年努力的成果，讓社會人士相互觀摩與研究，謹表無上感佩與謝忱。

繪畫

76009　金潤作遺作展

A RETROSPECTIVE EXHIBITION OF PAINTINGS BY CHIN JUN-TSO

1987.7.　25X26cm　全一冊　精裝

　　金潤作先生，民國十一年生於台南市，童年即在文人雅士酬唱的環境中長大，酷好美術，師事留學法國的日本近代著名畫家小磯良平先生，習素描和油畫，因而金潤作早年作品描寫精密，把握物體的質感和明暗，充分表現正統的西畫技巧。金氏的藝術觀一向反對摹仿、注重思考、表現重於技巧，追求純粹的藝術境界。晚期的作風造型單純、誇張，運用豐富細膩的色調，粗曠有力的黑色線條勾勒表達夢幻、浪漫的詩情。作品從題材上看靜物最多(包括花卉)，其次是風景，人物則極少。在近代台灣美術史上的地位和貢獻多獲肯定。本館特徵其遺屬同意，精選其生平代表遺作六十餘件舉行回顧展，且編「金潤作作品集」展覽特刊，以饗社會大眾。

76010　中華民國當代繪畫

CHINESE CONTEMPORARY PAINTINGS

1987.7.　25X26cm　64面　平裝

　　基於大韓民國與中華民國堅定的友誼，以及雙方從未間斷的文化交流，國立歷史博物館特別提供國內具代表性的現代繪畫作品，應大韓民國國立現代美術館之邀請舉辦展覽，以期展現自由中國現代畫家之創作風貌，並加強兩地畫家能相互切磋、觀摩。這次參加展出的畫家有六十四位，涵蓋了中國現代畫壇中老中青三代，他們都是長期致力於現代繪畫之傑出藝術家，為現代畫的成長付出莫大的心力和貢獻，並且在未來的現代繪畫發展中，仍扮演極重要的角色。本館這次舉辦這個畫展，希望透過展覽，能對中華民國現代繪畫有一概括的認識，並能促進雙方在致力現代藝術創作方面有所貢獻。

76012　葉火城八十回顧展

YEH HOU-CHENG EIGHTY YEARS RETROSPECTIVE EXHIBITION

1987.8.　26X23cm　64面　平裝

　　葉火城先生以其畫藝卓越，為人謙和是國內文界最敬重的資深畫家之一。自小雅愛繪畫，於民國十二年即跟石川欽一郎先生習畫，稱得上是台灣第一代畫家。其研究繪畫與創作生涯，絕大部分是在台灣，因此，其畫作有較高的鄉土本質，這種本土養成的特色，自有別於同時代之留日畫家。先生擅長風景油畫，最喜描繪台灣之岩石，山崖及海景，這些景物在其筆下巧妙地揉入了畫家敦厚的人格，特別顯得堅拔奇偉，多彩多姿，兼且雄渾豪邁，古樸厚實。換言之在其作品上於蒼鬱厚重裡無不顯現其亮麗

光芒的色彩，表現其堅忍不屈的精神，以及旺盛的生命力，充分地樹立了獨家特有的繪畫特色與風格，堪稱油畫界之一絕。國立歷史博物館為其舉辦八十回顧展。此舉不只在尊崇一位藝術家的成就，更在揭櫫一種崇高的藝術創作精神，並足以顯現其個人豐富的創作意義與價值。

76015　石上徐人眾書畫金石選集
THE PAINTINGS CALLIGRAPHY AND STONE ENGRAVING OF HSU SHIH-SHANG
1987.10.　31X22cm　136面　精裝

「藝自我成，我自藝足」，是石上老人徐人眾的座右銘。天性爽朗的徐人眾先生，曾從白石老人學習花鳥篆刻，並研究青藤、白陽、石濤，八大諸家畫法而自成一家。人眾先生筆墨蒼勁拙厚，大氣磅礴，所作作品每每發人深省。呂佛庭生嘗謂：「淡泊明志，故其畫灑脫超逸而無俗氣，極耐人玩味」，評其畫藝至為中肯。欣賞徐人眾的作品，總令人不自覺的感染到畫作主人高逸、豪放而親切的性格。國立歷史博物館國家畫廊隆重舉辦其個展，並斟選作品出版畫集以饗同好。

76016　黃君璧書畫集(第三集)
THE PAINTINGS OF HUANG CHUN-PI Vol.3
1987.10.　31X22cm　114面　精裝　定價650元

明僧石濤論畫說：「夫畫，天地變通之大法也，山川形勢之精英也，古今造物之陶冶也，陰陽氣度之流行也，借筆墨以寫天地萬物而陶泳乎我也。」畫之為用不單於寫形象物，而是畫家透過敏巧的手眼與靈性，從而裏贊天地造化，別造靈奇的筆墨形色之表現。這類觀念反應在大畫家黃君璧先生的創作跡軌與心路歷程上尤多妙合。大師從事藝術創作達七十年，三期作品雖各具風格而無不精妙，且件件純真感人。本館鑑於大師高妙豐碩的創作歷程與藝術境界，曾於民國六十三年為其舉辦回顧展，並陸續出版書畫集三種：以方便向隅觀眾，並藉垂久遠，廣造影響。以本集所錄一一四件作品自以晚期所作居多，各集互參，當可盡窺大師創作歷程之全貌。

繪
畫

76017　朱德群畫集
CHU TEH-CHUN

1987.10.　25X27cm　107面　平裝　定價350元

　　朱德群先生，一九二○年生於江蘇省蕭縣。先生雖以抽象畫飲譽藝壇，但夙喜水墨畫，常以水墨畫與速寫為其油畫之餘的一種消遣。故其油畫作品，除帶有抒情和詩意的法國式抽象畫的傾向之外，也自然地掌握著揮灑水墨時才能呈現的自由與奔放的東方氣韻。本館舉行「朱德群首度回國邀請展」，共展出其重要作品四十件，希望藉此活動，更進一步促成海外華人畫家的回流；亦可讓國內愛畫與習畫人士，有觀賞與切磋的機會，俾有助於本館所負推動國內文化藝術風氣之使命。

76019　當代人物藝術展
CHINESE CONTEMPORARY FIGURE ART EXHIBITION

1987.11.　25X26cm　130面　平裝

　　縱觀人類美術之創作，從其表現題材而言，自以動物為最早，其次是人物，而後才有山水及花鳥藝術之形成。就中人物藝術之表現大約始自青銅時代之後，其後伴隨禮教社會之形成及人文精神之抬頭，大大地肯定了人類自身之價值，終究成為美術表現的核心，於是畫家雲湧，風格雜陳，流風所至，中外皆然。本館鑑於人物藝術之發展關乎優美文化精神之復興，而新的人物藝術之提倡與開拓，更攸關現代民族藝術之前程，冀其振新起弊，特廣邀當代專長人物創作之藝術家包括國畫、膠彩、油畫、水彩、版畫、雕塑等類，共研當代人物藝術新境界之拓展。為珍視此一展覽之價值，特擇精品攝刊成冊，用饗向隅觀眾。

77002　薛清茂畫集
SHÜEH CHING-MAO CHINESE PAINTINGS

1988.1.　31X22cm　66面　平裝

　　薛清茂先生民國二十六年出生，幼年時期即酷愛美術，畢業後從事美術教育三十餘年。薛氏初期繪畫以水彩鄉土題材居多，且深受水彩畫家藍陰鼎的影響，後由於教學上的需要，而開始嘗試水墨畫的創作，從獨自的探討、摸索到接受胡念祖先生的指授，而深悟國畫的皴、擦、點、染，以及用筆、用墨、用水的方法，受益良多；後嘗試各種技法，將揉紙、印拓等方法，將畫面不同的感受一一呈現在宣紙上，更把水彩與國畫的特點交互運用，融合了中西繪畫的特色，使作品產生一種特殊的筆觸與韻味，開拓了自我創作的蹊徑。

77006　中華民國當代藝術創作展
THE CONTEMPORARY CHINESE ART EXHIBITION
1988.5.　25X26cm　45面　平裝

由於新的生活環境，膨脹的知識，便捷的資訊和交通，已大大的改變了傳統的藝術觀與人生觀。在創作的追求上，一方面要保有現代中國文化的新精神；一方面則多方嘗試，企圖打破中西繪畫形式的限制。

美國加州聖荷西埃及博物館，鑑於我國現階段藝術創作之特質與成就，特函邀本館以水墨、油畫、水彩、版畫、綜合媒體等五類作品提供該館作一次台北畫家新形貌特展。

本館復鑑於此項文化交流活動頗富意義，特精選國內中堅代藝術家之精心作品付展。這些作品幾可概知我現階段藝術發展之大貌與繪畫潮流之軌跡，期望借之有助於我國與各民族間相互瞭解與友誼之增進。

77014　程及
CNEN CHI
1988.9.　26X27cm　108面　精裝

程及先生是頗具知名度的中國水彩畫家，他鍾情於水彩畫，在他認為，水彩畫兼融了中西民族的特性，既含蘊著能夠呈現出「清靜、無欲」現象的東方氣質的「水性」；又具備了能夠呈顯出無限亮麗與奔放之美的西方風味的色彩感。所以，他畢生從事水彩，懷著的便是這樣的一個心願：要從融中於西的努力裡，傳達出他歌頌生命、歌頌人類的一番情趣。

程及專擅水彩、馳譽美國畫壇，其畫藝之精，眾所共睹。為表示對一位海外中國藝術家在漫長期間，隻身奮鬥、努力不懈的崇高敬意；本館乃與台中省立美術館共同舉辦此次的程及水彩畫首度回國邀請展。為資紀念，並印行此「程及畫冊」。

78004　崔如琢畫集
THE WORLD OF CUI RU-2HUO
1989.1.　30X21cm　59面　平裝

如琢先生的畫以水墨為主，其用色展現「以色輔墨」或「以色代墨」的特徵，重骨法用筆，「以書入畫」。先生善荷，碩大的荷葉或許最能發揮水墨的淋漓盡致，而荷花的清雅多姿最易體現鉤勒的筆致韻味。其用筆拙厚，點劃在方圓之間，而又能粗能細，粗細處皆見精微，作品除花鳥外，亦作山水，章法飽滿、繁密深厚、氣勢奪人。如琢其人其畫如璞玉無華，經傳統文化之琢磨，已見璀璨之光彩。

繪畫

78015　林風眠畫集
THE PAINTINGS OF LIN FENG-MIEN

1989.10.　27X20cm　全一冊　精裝　定價1200元

　　風眠先生生於藝術世家，自小濡染於傳統藝術之中，二十歲參加留法勤工儉學泛海赴法，旋即進入DIJOH國立美術學院學習繪畫，成績斐然，頗得異邦學院派藝術人士所讚許。除西方技巧外，復實際從事各大博物館所藏中國文物之研究，提出將東方傳統與西方新風格融為一體的藝術主張，頗為有識之士蔡元培等人所賞識。

　　先生早年作品於清朗中極見俐落，中年俐落間頗帶瀟脫與沈酣的特質，近期作品則更趨老邁厚實至有老當益壯之勢，巧揉中西藝術優點於一爐。

　　本館鑑於先生傑出之成就，特禮邀其提供各期佳作在國家畫廊展出。所惜其早期作品多於文化大革命中所毀而不能盡得人願，但觀其提供之作品，大體可概括先生創作之歷程，件件精美，令人喜不自勝。爰特集印成冊，用饗同好

78016　當代藝術作品展
SPECIAL EXHIBITION FOR THE ARTISTIC DEVELOPMENT IN MODERN TIMES

1989.11.　25X26cm　43面　平裝

　　近年來，本館與國內知名藝術家們，舉行無數次會議，研討如何提昇與鼓勵藝術現代化的創作。會中決議成立「當代藝術發展研討會」，負責推動中華民國當代藝術的發展，並計劃定期展出創作與舉辦學術研討，以收推展之效。

　　七十七年十一月二十八日，本館正式舉行第一屆「當代藝術發展研討會」之作品展覽與學術研討，此次參展作品計國畫和西畫等四十餘件，均為目前國內活躍之藝術家作品；本館期望藉此項藝術推展活動，不斷介紹優秀藝術作品，與發掘新秀藝術人才，使國內藝術環境呈現欣欣向榮的景象。

78021　劉海粟書畫集
THE PAINTINGS AND CALLIGRAPHY OF LIU HAI-SU

1992.1.　38X27cm　242面　平裝

　　劉海粟先生生於民國前十五(一八九六)年，生性耿介，為求理想，從不向環境低頭，喜愛梅花，因此梅花是他常見的作畫題材之一。

　　先生畫作，秉持其奮勉之精神，作風奔放，下筆雄健，畫面不時呈現其氣厚力強的古拙筆趣與橫實肌理，年逾九十有三，但仍勤於創作，且有十登黃山之舉，老當愈壯，非比尋常。畢生以黃山為題材，晚年更以大寫意的潑墨與潑彩手法，間而參以油畫

技法，寫其熱愛黃山，重現黃山的美夢。

　　本館鑑於先生藝術上的成就，經董氏基金會的安排，邀其提供以十上黃山之近作爲主的作品包括國畫七十九件，油畫二十一件、書法四幅，及扇面一幅，與其在台之上海美專學生十餘位，共同於本館舉辦「上海美專師生聯展」，此舉不僅爲四十年彼岸繪畫大師來台展出之首次，而於藝術之促進與觀摩，別饒意義，爰將所有展品刊印成集，用垂久遠。

79004　倪朝龍畫集
PAINTINGS OF NIE CHAO-LONG
1990.3.　26X27cm　全一冊　精裝

　　倪朝龍先生，民國廿九年生，台中市人。自小即對繪畫懷著憧憬。曾以油畫作品「溪景」，獲得日本IFA國際展繪畫首獎。又以「佑」入選一九八五年日本東京國際版畫展。同年，並榮獲全國畫學會所頒的版畫金爵獎。

　　「人如其畫，畫如其人」，耿直豪邁的個性，塑造出倪朝龍陽剛明快、熱情樂觀的繪畫風格，不管是版畫、油畫，都可從強勁直接的筆觸、豐富明朗的色調，感染到一股豐沛的生命力以及凜然之正氣。鑑於倪朝龍先生其畫其人，足資表揚，本館特邀請其在本館國家畫廊展出其代表性的版畫作品，並出版「倪朝龍畫集」，以供欣賞。

79006　吳學讓畫集
PAINTINGS BY WU HSUEH-JANG
1990.5.　38X27cm　94面　平裝

　　吳學讓教授爲當今台灣畫壇深受矚目的畫家之一。隨潘天壽、鄭午昌研習山水、花鳥畫，根基深厚，對於書法，篆刻猶所擅長。曾先後舉辦個展及參加國內外團體展達數十次之多，其作品廣爲國內外人士珍藏，甚獲佳評。

　　本館爲弘揚中華文化，倡導藝術創作，爰邀請先生在本館二樓國家畫廊舉辦個展，內容包括工筆花鳥、寫意花卉、山水鱗介共計六十餘件，作品精湛豐碩，洵爲藝壇一大盛事，特將所有展品精印成帙，藉以廣大流傳，並收宣揚之效。

79013　江兆申書畫集
THE PAINTINGS AND CALLIGRAPHY OF CHIANG CHAO-SHEN
1990.12.　40X27cm　180面　精裝　定價1500元

江兆申先生，籍隸安徽歙縣，係江南文風滋盛，地靈人傑之所。先生作畫渾清二字皆俱，其作畫長於結構，面塊塔錯，峰巒拱揖，泉石迴抱，自得其趣；山骨透顯，林梢出沒，筆下有靄氣，而不在急躁中求之。先生用筆，以書法寫畫，中側兼施，擅用狼毫，颯颯作響，恣肆爲之。先生山水，富元明之韻而不離唐宋法度，兼得寒玉堂之高潔，氣相古雅，神韻俊逸，蒼茫橫逸有神閒氣靜之趣，蒼勁中能饒秀嫩之致。又其用墨，怡然敦厚，篤實而祥和，色中有墨，墨中顯色，林木陰陽，山石凹凸，樹石蒼潤，有森鬱氣浸於丘壑間，峰巒明媚而山壑幽深，令人興棲止之思而悦心焉。其用色者，則色不礙墨，高華嫻雅，淡黛朱霞，因時就理，而靈動之氣無不躍然紙上，畫作也無不各臻其妙。本館鑑於先生之藝事，世所同欽，特邀請於本館國家畫廊，展出各期書畫精作近百件，期使世人一睹先生畫風全貌。

80002　劉延濤書畫集
THE PAINTINGS AND CALLIGRAPHY OF LIU YEN-TAO
1991.5.　39X27cm　160面　精裝　定價800元

劉延濤先生，民國前四年生，河南鞏縣人。先生作畫，以意境取勝，落筆爽逸高簡，墨法清潤，構圖奇肆，尤取石濤意朗神清，不循舊轍之精神。先生以爲作畫唯求「用心」而已，凡有所作無不深思竭慮，務求氣勢相貫，筆墨相呼。先生題畫詩作，多出於個人題詠，不拾古人遺唾，妙造自然不加藻飾，愛國憂時之情，洋溢字裡行間。其書法則以兩漢魏碑爲基，出入晉唐，落筆成趣，而古樸蒼潤，尤非時下一般畫人所可企及。本館特別邀請先生於國家畫廊展出，以饗同好。先生電告本館允將所有書畫展品七十九件悉數概贈本館永久庋藏，與世分享。本館除欽敬先生藝事成就其崇高風範外，特精心出版畫集圖錄誌其盛事。用申感念。

80004　陳慧坤畫集

THE PAINTINGS OF CHEN HWAE-KUAN

1991.11.　30X22cm　188面

ISBN：957-00-0300-6（精裝）　統一編號：06302800040

　　陳慧坤教授是台灣美術界所推崇的前輩美術家，也是美術教育界所景仰的大師，先生於精研畫藝之際，又能同時遍植桃李，作育英才，對台灣之文化有極大貢獻，令人敬佩。先生字上苑，民前五年生，台中縣龍井人，自幼即受先翁清文公之誘導，愛好繪畫。數度利用休假赴歐洲寫生，參觀美術館，用中西繪畫兩者的技巧及方法，處理所感受的山川景物，以明亮的色彩，堅實的筆觸，再加上勤奮的工作態度，樹立起個人獨特的藝術風格。適逢先生八五嵩壽，本館特邀先生舉行「八五回顧展」，一方面是希望大眾能藉此展覽更清楚地認識一位前輩美術家的情操與風範，一方面也是向先生表示我們由衷的敬意。並將其精品輯印成冊，以為欣賞。

81003　黃君璧九五回顧展畫集

COLLECTED PAINTINGS OF HUANG CHUN-PI'S 95ᵀᴴ YEAR RETROSPECTIVE

1992.3.　39X27cm　254面　定價1700元

ISBN：957-00-0424-X（精裝）　統一編號：06309810035

　　白雲堂主黃君璧先生平生務實專一於繪事，少時愛畫、習畫；長而讀畫、研畫、作畫、教畫；老而弘揚畫藝，藝林群相推許為「畫壇宗師」，實至名歸。他認為研習繪畫，臨摹與寫生，應同等重視。臨摹是從前人的精作中吸取表現的技法與經驗，至於寫生，是面對自然實象，擷錄其美其要，以之體驗往古畫人對景物的處理而加以比照。因此，他堅認臨摹有助於寫生，而寫生則有利於創作。審視其筆墨，造境富變化。臨古而不泥古，寫生而不拘於實境，在畫面的處理上，繁複中自見理路，荒率中透現精純。國立歷史博物館將其精作印行以廣流傳，並供世人鑑賞。

81004　顏水龍畫集

THE PAINTINGS OF YEN SHUI-LUNG

1992.3.　30X22cm　211面　精裝

ISBN：957-00-0463-0（精裝）　統一編號：06309810045

　　台灣美術是一個象徵樸實、穩健、活力，扮演中國美術承先啟後的重要角色。而顏水龍先生正是這一個時代裡極具代表的人物。顏水龍先生個性耿直，為人誠懇，愛鄉愛國，時時關懷本土文化，並以之為藝術創作題材。透過其紮實的純熟技巧，求新求變，卻不離開其特有的樸實與活力特質。宋韓拙曾謂：「惟畫進其理者，能因性之自然，究物之微妙，心會神融，默契動靜於一

毫。」知畫之可貴在於畫家對周遭環境的真誠感受。觀先生畫作之遣色造形，足可當之。先生作品能集前述台灣畫風特有的樸實、穩健、活力與希望之質素於一身，潛沈繪事，時刻以能奉獻所學爲己任。

　　值先生九十嵩齡，本館應大眾之請，再隆重舉辦先生九十回顧展，將油畫，水彩做完整陳列外，並收羅其手工藝設計與馬賽克壁畫等藝術創作一併敷陳。爲欽敬顏氏之崇高成就，特爲其出版九十回顧展畫集一冊，廣爲流傳，對於中國當代美術之提昇必有其積極之影響。

83003　徐悲鴻畫集

THE PAINTINGS OF XU PEI-HUNG

1994.6.　35X27cm　147面　定價1200元

ISBN：957-00-3804-7（精裝）　統一編號：006309830040

　　本館經帝門藝術教育基金會協助，首次與北京徐悲鴻紀念館合作，於民國八十三年六月十六日至七月十七日假本館國家畫廊舉行了盛大的「徐悲鴻畫展」，本畫集即是此次展覽的重要紀念畫冊。

　　畫集收羅了「徐悲鴻畫展」的全部展出作品九十幅，均由北京徐悲鴻紀念館之典藏品中精選而得，其表現技法涵蓋了素描、油畫與水墨等不同範疇，得見徐氏繪畫兼融中西之全貌。

　　徐悲鴻先生是我國近代極重要的藝術家，主張改革中國畫「泥古彷古」風氣，成爲力倡西方寫實主義於中國的第一人，影響中國藝術發展理念甚鉅。本畫集適足提供國人對徐悲鴻此一近代藝術大師之偉大藝術之認識，內容分作人物、景物及動物三大部分。書尾有其夫人廖靜文女士，即現之北京徐悲鴻紀念館館長親撰之徐悲鴻小傳，並整理徐氏年表及若干珍貴照片，與讀者共同分享其充滿傳奇的一生。

83005　李可染書畫集

COLLECTED CALLIGRAPHIC WORK AND PAINTINGS BY LI KERAN

1994.11.　35X27cm　163面　定價1200元

ISBN：957-00-4584-1（精裝）　統一編號：006309830060

　　本書係一九九三年八月間本館舉辦「李可染書畫特展」的重要紀念書畫集。李可染先生爲近代中國繪畫巨匠，藝術風格獨特而具氣魄，他善用黑白對比的水墨山水畫，極爲震撼人心；而筆墨簡練的牧牛，更神韻別具，妙趣天成。他作畫嚴謹，說出了「用最大的功力打進去，用最大的勇氣打出來」的名言，後又提出「可貴者膽，所要者魂」的主張，發揮了強而有力的藝術創造力，終於跨越傳統與現代，兼具雅與樸，開拓了具有時代性水墨

畫的新路。本書為引導國人更進一步探討李可染先生傑出的藝術造詣，內容特分為山水人物、書法及水彩三個部分。除了展現其最負盛名的水墨山水人物牧牛之外，其超卓的書法藝術亦令人欽服；而罕為人所知的水彩畫作，相信是國內首度展露，充分顯示了渾厚的寫生功力。卷後並附李可染年表，為研究李可染之學者不可不讀。

83006　傅抱石畫集

PAINTINGS BY FU PAO-SHIH

1994.12.　35X27cm　183面

ISBN：957-00-4691-0（精裝）　統一編號：006309830070

「傅抱石畫展」由中華文物學會與本館聯合舉辦。展品包括一九四〇年傅抱石三十六歲起迄一九六五年逝世止二十五年間繪畫作品約一百二十件；由台港日本各地民間收藏家以及大陸傅氏家族提供所藏精品參展，其中包括了傅氏生前代表名作，內容精緻豐富，堪稱為完整而有水準的展覽。傅抱石是一位對中國詩詞文學領悟極深又將繪畫的藝術美與詩意美相結合的畫家，其充沛藝術的感染力，創造出獨樹一格的山水、人物、雨景、水口等景物之風格。傅抱石的繪畫藝術，從傳統入手，通過不斷探索，與生活中深刻體驗，加之他的創作天才，也融匯古代名家之長，以造化為師，勇於嘗試創新，形成自己獨有畫風，遂無疑問地奠定了他成就近代畫壇大師的地位。

84001　常玉畫集

THE SAN YU'S PAINTING

1995.1.　35X27cm　118面

ISBN：957-00-4763-1（精裝）　統一編號：006309840017

民初藝術家常玉先生懷抱奇才，曾在巴黎畫壇嶄露頭角，當其即將邁向藝術巔峰之際，卻由於一些負面因素一蹶不振，終致懷才不伸，寂寞以終，殊為可惜。常玉生於民國前十二年，自幼嗜畫，個性豪邁活潑。隨著最新的風潮，大膽地嘗試他獨特的個人表現主義，以中國水墨寫意融合西方野獸派的簡潔強烈特質，加上中國人深沈含蓄的思想情感融入畫中，並以獨具特色的人物速寫聞名，雖寥寥數筆，恣意揮灑，即可神形俱足；與畢卡索、馬蒂斯等人同為藝評家所賞識肯定，也得到最主要畫商的簽約和支持。對於一個來自東方的畫壇新人，稱其為「東方的馬蒂斯」，無異是項最大的鼓勵。

常氏一生作品皆失不全，目前由本館典藏者共計四十九幅。本館歷年來曾多次舉辦追思展覽，都得到一致讚賞，譽其為罕見之奇才。今於常氏九五冥誕前夕，本館再將其作品編輯出版，以誌生平。

84006　吳梅嶺作品集─乙亥百齡

SELLECTED WORKS OF MEI-LING WU─FOR CELEBRATING HIS 100TH BIRTH-DAY

1995.6.　30X22cm　238面　定價1600元

ISBN：957-00-5460-3 (精裝)　統一編號：006309840067

吳梅嶺先生是我國當代美術教育的楷模，今年已屆百齡，德壽並具。從事中學基礎美術教育逾一甲子，敬事而終，經師人師，春風化雨，樹人無數。

吳梅嶺先生自持的藝事創作從其本人自述的一段感言，具體可證：「無視傳統，不拘技法流派，我心我法，以寫我意。畫作雖天生拙劣，但仍我行我素，不拘表現形式，水彩、國畫、水墨、墨彩；山水、靜物、人物、花鳥，興之所至，隨意塗鴉，時時以表現感受的多元化自勉。」本圖錄正顯示其多樣化的繪畫風格。

84013　袁旃1993─1995

YUAN JAI

1995.7.　39X28cm　35面

ISBN：957-00-5687-8 (精裝)　統一編號：006309840136

袁旃的中國傳統繪畫精神仍以明清以來山水、繪畫之墨韻逸趣，層層渲染為主，融合陳洪綬、龔賢、八大、石濤之線條用筆，蒼勁渾厚，簡練精妙。他到達歐洲以後，大膽嘗試採用野獸派的色彩及立體派線條上的重組，畫面結構的經營與重新排比，加入設計的空間觀念，使傳統國畫兼顧形體與色彩，展現無限生意盎然，在山水繪畫中重新思考出發，獨樹一格。

本館鑒於袁旃女士的山水藝術造詣精深，卓然自成，並利用公餘閒暇，孜孜不倦於繪畫理論的研讀並應用於水墨畫之創作，在藝壇交相讚譽之時，特邀袁女士提供作品展出，以饗社會大眾

84018　黃才松畫集(五)

THE PAINTINGS OF HUANG TSAI - SUNG

1995.8.　29X21cm　62面

ISBN：957-00-6069-7 (平裝)　統一編號：006309840186

生長於台南縣西港鄉下的國畫家黃才松先生。為探求個人於國畫中浩瀚領域的一條道路，一面吸收歷代國畫名家作品精髓，另一方面也研究西畫，從西畫中尋找創作的線索與源泉。在中西繪畫豐沛的養分中，黃才松深刻領會到藝術世界無邊無涯，因此他不斷從傳統中鑽研勤習歷代名家法書碑帖，求其究竟，探其根本，認識書法線條之品質、氣質、空間與質量、張力等關係，促使其繪畫根基更加穩固，氣勢架構更具宏觀。本館為表彰黃才松

先生於國畫上之傑出成就，特邀其於本館展覽，並出版專集，一併恭賀黃君榮獲本年度國家文藝獎。

84022　雙玉交輝—常玉畫集
THE ART OF SAN YU
1995.10.　37X27cm　136面　定價1200元
ISBN：957-00-6293-2（精裝）　統一編號：006309840225

常玉約生於西元1900年的四川，其畫深受中國書畫、中國家具、中國刺繡及漆藝屏風等之影響，以西畫繪畫媒材創作，融合巴黎當時各畫派，以簡單線條形式組合，透過畫面表達其內心情感世界，進而引起共鳴。

國立歷史博物館擁有常玉50至60年代的油畫創作四十九幅，為紀念這一位藝壇前輩，本館特徵集國內外私人收藏家珍藏畫作，精選其中早期與晚期作品，包括素描、油畫及水彩各類創作，以人物、花卉、靜物及風景為主，旁及常玉雕馬作品、50年代布料設計圖及相關創作資料等，收錄其各時期風格之作品。透過早期與晚期之創作風格，比較分類，一窺常玉繪畫風貌。

84023　雙玉交輝—潘玉良畫集
THE ART OF PAN YU-LIN
1995.10.　37X27cm　136面　定價1200元
ISBN：957-00-6294-0（精裝）　統一編號：006309840235

傳奇又充滿神秘色彩的畫壇女傑—潘玉良，從孤兒、青樓女史、為人妾，到藝術的追求者、中國學府的教授、世界藝壇出名的藝術家，終身為藝術奮鬥，無怨無悔，「畫魂」之名永留青史。

其創作深獲巴黎藝術界的推崇，先後得獎二十一次，法國重要博物館都珍藏其藝術作品。本畫集收錄潘玉良作品，以油畫、彩墨、素描為三大單元。

本集內作品提供由安徽省博物館彙集國內收藏家珍藏，以一九三七年潘氏再度出國後，居於巴黎終其一生的畫作為主，質佳量全，深具代表性。

繪畫

84027 台灣早期書畫展圖錄
EARLY TAIWANESE TRADITIONAL ART

1995.11. 30X21cm 144面 定價800元

ISBN：957-00-6496-X（平裝） 統一編號：006309840275

　　本書收錄書畫八十餘件，作品年代自明末至民初，爲大陸福建來台人士或台灣本土畫家所作，代表台灣早期文藝與中原文化的連繫。

　　台灣早期傳統書畫藝術是一個承繼中原文化，以模仿、臨摹文人畫爲主的藝術，風格、技巧上沒有太多的變化或創新。由於移民與天奮鬥的生活方式，賦予其文化一股新的生命力及土味。

　　自畫家生平可以歸納出幾個事實：一、大陸來台的畫家中，一是奉朝廷之命來台治理的朝廷命官，另一類是被聘來台的畫家。二、在台灣本土畫家中，有赴大陸考取功名的，亦有由廟宇畫工及肖像畫師進而成爲畫家者，反映出早期台灣政治、經濟、社會生活的形態。

85004 陳進畫譜
THE ART OF CHEN CHIN

1996.1. 37X27cm 170面 定價1200元

ISBN：957-00-6690-3（精裝） 統一編號：006309850044

　　陳進女士西元一九〇七年生於新竹縣香山莊牛埔，一九二二年在台北第三高女（即今之中山女中）就學期間獲得日籍畫家鄉原古統的賞識，展露其繪畫天份，三年之後，考入東京女子美術學校日本畫師範科，自此致力於膠彩畫的創作不級。

　　陳進女士雖然接受日本的教育，但出身新竹書香世家，並在中國傳統家庭教育之下，仍然保持著中國的傳統思想，從日據時代經過留學日本，再到台灣光復，從陳作品內容中發現時空轉換的痕跡，但是以膠彩做爲表現形式的核心又是不變的矜持。圖錄中收錄陳進作品百餘件，作品呈現出極爲細膩的寫實風格。

85009　趙二呆紀念展圖錄

CHAU ER-DAI MEMORIAL EXHIBITION

1996.4.　30X21cm　166面　定價800元

ISBN：957-00-6900-7（平裝）　統一編號：006309850094

　　在趙二呆先生逝世週年紀念的同時，本館舉辦二呆先生的紀念展並出版趙二呆紀念展圖錄，由這些展品所呈現的二呆先生創作與生活歷程的記錄，使我們可以發現他是一位具有文人氣質與性格的生活實踐者。他晚年定居澎湖，「大隱隱於市」的生活是讓人稱道的。他選擇澎湖離島做爲晚年定居創作生活的居所，有著遠離塵囂卻又未眞正脫離人群的意義，從台北繁華都會轉移到漁鄉社會裡，他更關心自己內心的沈澱，以及與土地的關係。這或許也是他早年從事於公務的繁忙與人際間交往的一種反省和自我的覺醒，並從其中覺察出人生眞正的意義與價值是必須回歸到自身內在。

　　本圖錄共收集尹雪曼、楊英風、亮軒、王家鳳等人專文，並依其作品分成立體、畫畫、油畫、水彩素描、趙二呆先生照片及年表，供讀者細細品味與瞭解。

85012　趙松泉畫集

THE ART OF CHAO SUNG-CHUAN

1996.5.　30X22cm　122面

ISBN：957-00-7075-7（平裝）　統一編號：006309850123

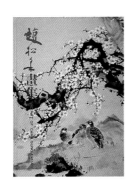

　　本館藉此次展出一系列趙松泉先生的水墨花鳥作品，呈現近年來逐漸令人遺忘的中國傳統花鳥繪畫，而此次展出具有幾項特色提供觀眾對趙松泉先生的作品做更深入之瞭解。首先，是集合了趙先生從民國二十三年到八十五年，將近六十年創作過程中的作品，做完整的呈現。其次，是以其花鳥作品主軸配合花鳥寫生之畫稿，展現趙先生創作的脈絡，再者則是本次展出特別選擇幾件大型的橫幅作品，使得觀眾能夠欣賞這些平日較難得見的鉅作。由於這次展覽礙於國家畫廊場地之圍限，無法將百幅作品完全陳列，故隨展特輯完整圖錄，以使本展覽不至造成遺珠之憾。

85015　齊白石畫集

THE ART OF CHI PAI-SHIH

1996.5.　30X22cm　216面　定價900元

ISBN：957-00-7154-0（精裝）；957-00-7155-9（平裝）

統一編號：006309850153

「齊白石畫集」集合海峽兩岸三地的一百多件作品，包括大陸地區的北京故宮博物館、北京畫院及湖南省博物館，香港私人收藏、台灣地區的收藏品等等，完整地呈現齊白石在繪畫上的風貌。

若從中國近代美術史的發展脈絡觀察，白石老人的水墨創作應是在傳統與反芻傳統之間發展出更開闊的視覺意象，由這種視覺意象帶領出新的審美經驗和感受。在創作的領域中，齊白石扮演著承啓的重要角色，如果，齊白石的草蟲、水族作品是成立其藝術成就的典型代表，並可作為八大、石濤以來的文人畫所顯現的脫俗氣質的指標。那麼，他的人物畫則顯現出「民間味」的典型精神。

本書收集論述齊白石畫作文章七篇及年譜，供讀者參閱。

85019　館藏溥心畬書畫

THE PAINTING AND CALLIGRAPHY OF PU HSING-YU FROM THE COLLECTION OF THE NATIONAL MUSEUM OF HISTORY

1996.5.　31X22cm　155面　定價800元

ISBN：957-00-7347-0（平裝）　統一編號：006309850193

溥儒字心畬，號西山逸士。民前16年（公元一八九六年）出生於北平，民國52年（公元一九六三年）逝世於台北。為民國時代的大書畫家，和張大千並稱「南張北溥」。

名家對於溥心畬書畫的評語有：「一種孤高雅淡之韻」、「出於筆墨之外」等。概而言之，他的書畫除了真性情的流露，又結合了時代、身世和環境等各項因素，而呈現出靜、柔、雅、幽的韻致。由於他與眾不同的生長環境造就出他獨一無二的作品風格，這是當代其他書畫家無法企及之處。本館有幸自民國五十六年首度收藏他的作品，迄今共收藏他的書畫二〇四件。以精挑細選的溥心畬傑作編印此圖錄，供作各界參考。

85021 午日鍾馗畫特展

CHUNG K'UEI PAINTINGS ON THE FIFTH DAY OF THE FIFTH MONTH

1996.6.　30X21cm　95面　定價500元

ISBN：957-00-7390-X（平裝）　統一編號：006309850212

鍾馗是中國歷代道釋畫中最特殊的題材。唐代以來鍾馗畫就沒中斷過，不僅畫題推陳出新，圖式也變化多端，並且還突破道釋畫的藩籬，進入世俗人物畫的領域。

鍾馗原是古代驅儺的工具—椎。「椎」字由「終葵」反切成音，終葵一詞聞名齊國。後魏及隋代人因其辟邪涵義又取名為鍾馗。唐代《切韻》書中註釋鍾馗為神名，且有皇帝歲暮賜鍾馗畫以屏祛群厲的史實。北宋沈括筆記唐明皇夜夢武舉不捷的鍾馗捉吃小鬼，醒後病癒體壯。從此，鍾馗故事就逐漸在文人畫家之間附會流傳，且文學與繪畫互相影響。繪畫中，除了原來的驅邪神像畫，又增加敘述鍾馗世俗生活的敘事畫。本館藉此特展以文字、圖片資料呈現鍾馗如歷代鍾馗畫的演變。把題材豐富的「午日鍾馗畫」依其內容與形式分成：一、傳統式的驅邪鍾馗畫，二、驅邪招福鍾馗畫，三、鎮宅鍾馗畫，四、鍾馗與端午辟邪物，五、文人鍾馗畫，來展現鍾馗神的萬能。

繪畫

85022 劉國松研究

THE STUDY OF LIU KUO-SUNG'S ART

1996.7.　31X27cm　288面　定價1300元

ISBN：957-00-7637-2（精裝）　統一編號：006309850222

劉國松先生，民國二十一年生，山東青州人，自十四歲起學習傳統國畫。

一九五八年動作繪畫的藝術家帕洛克給予劉國松非常深刻的衝擊，他的抽象表現主義把劉國松的創作帶向一種新的境界，使他的畫風找到了獨特的藝術風格。六○年代劉國松改用水墨、色彩與宣紙，表現畫面的實質與空間在視覺上的相互關係。一九六九年，劉國松的繪畫又出現另一個新的改變，他開始在畫中採用幾何形狀，這一期間，太空人升空探月拍得月球和地球的圖片，對於劉國松的畫風形成一強烈的影響。

本館出版《劉國松研究》內容包括：成功大學歷史系蕭瓊瑞的一篇論文〈在傳統與現代之間—為中國美術現代化開路的劉國松〉、展覽作品的圖版以及劉國松先生年表，對於劉國松先生的藝術創作歷程提供十分完整的引介。

繪畫

85024-1　流金歲月
AN EXHIBITION OF NOSTALGIC POSTERS
1996.7.　30X21cm　40面　平裝

　　月份牌廣告畫是二十世紀初期，流行於上海的一種廣告宣傳海報，最初是由洋商們爲推銷商品，輸入了帶有西方色彩的廣告畫，但由於這些西方主題不受中國歡迎，於是改由具有中國傳統年畫風格的國畫山水、民俗戲曲、吉慶圖案及城市生活、時髦美女爲廣告畫主題。廣告畫上通常附上商號及全年份年曆，陰陽曆兼備，在過年時用以贈送顧客，因印有月份年曆，被稱爲月份牌廣告畫。

　　一份月份牌廣告畫是在圖畫紙上繪製，再印刷製作。繪製時使用小楷毛筆和水彩筆上各色炭精粉，擦在畫紙上，如同畫上一個素描的底子，然後在上面塗以水彩，使畫面質感細緻，顏色柔和，具明暗立體感，此種特殊的技巧，稱爲擦筆水彩畫。此次展覽由張燕風女士提供之月份牌廣告畫，反映了一個時代的一段歷史，一個地區的一個現象，值得我們細細品味。

85023　劉國松研究文選
SELECTED ARTICLES OF THE STUDY OF LIU KUO-SUNG'S ART
1996.7.　31X27cm　336面　定價700元
ISBN：957-00-7636-4（精裝）　統一編號：006309850232

　　劉國松先生是五月畫會的創辦人，也是五○年代以來，推動現代繪畫思潮的急先鋒，他個人創作奮鬥的歷程，與國內繪畫現代化運動，具有相當程度的關連。在劉國松數十年的創作歷程中，在傳統與創新、西方與中國的領域中，思索試煉，走出屬於自己的藝術道路，也引發了眾多中外藝術家的重視，紛紛爲文論述。

　　本館特選輯成冊出版《劉國松研究文選》作爲有心研究劉國松者的參考文獻，內容包括李鑄晉等十數位國內外學者、藝評家所著論文，以及中英文劉國松研究參考資料選目，對於劉國松先生的藝術創作歷程、成就提供十分完整的引介資料。

85026　扇的藝術
ARTS OF FAN
1996.8.　37X27cm　326面　定價2000元
ISBN：957-00-7828-6（精裝）　統一編號：006309850262

　　歷代書畫家都喜在扇面上畫畫或書法，互贈扇子及在扇面上合作書畫是文人之間一種雅事。早期畫家作畫以在圓形絹質紈扇上爲主，明代摺扇流行後，紙面握扇上畫畫成爲另一種選擇。

　　扇面上的繪畫主題包括：潑墨、青綠山水、各類花鳥、儒道釋人物等，工筆、簡筆人物、書法、金石、拓本等。本圖錄扇面書畫部分，以清末民初畫家爲主，海上派畫家包含虛谷、任頤、任熊、任薰，金石派吳昌碩、齊白石，廣東地區的高劍父、高奇峰、陳樹人等之作品，另外，清末考古風尚影響繪畫，因此在對各型青銅器、錢幣、甚至雕像的仔細描繪也反應在扇面上。輔以竹人工匠細緻雕琢的扇骨，反應了中國書畫、金石、竹雕工藝的傳統，呈現出中國文人社會豐富與雅緻。

85027　無相之象—管執中紀念圖錄
KUAN CHIH-CHUNG MEMORIAL EXHIBITION
1996.9.　29X21cm　176面　定價600元
ISBN：957-00-8127-9（精裝）　統一編號：006309850272

　　管執中先生，自民國五十一年開始即在新聞傳播界服務，先後擔任過東方日報、中華日報編輯，民生報文化版主任，直到八十年退休。除了水墨創作外，經常有評論式的文章發展，因此在創作上的邏輯性思考十分冷靜而客觀。

　　在他自述的創作發展階段，歸納爲：第一、以線條爲主的實驗創作期。第二、以黑色塊面的體積結構，在畫面上探索數理空間的可能性，在形式上將繁複的線條，化爲精簡的符號。

　　本館蒐集管執中先生各時期創作的作品，以及他素描習作和創作草稿的冊子，冀望能儘量將其創作歷程完整呈現。

86004　晚清民初水墨畫集
LATER CHINESE PAINTING, 1850-1950
1997.1.　31X24cm　276面　定價1400元
ISBN：957-00-8495-2（精裝）　統一編號：006309860041

　　十九世紀下半，中國在繪畫上進行著各方面的改變。清末，正值內憂外患之際，西方強權在中國擴張政治、經濟勢力的同時，也帶進西方文化。在藝術上，透視法，逼眞寫實的描寫及日常生活主題皆滲入畫中，但並未形成普遍影響。西方藝術衝擊至二十世紀初才漸次形成，除不斷對中國藝術傳統、精神之反省外，更有大批青年負笈歐美和日本，學習西方藝術。當第一批留學的藝術家接觸到印象派風格的畫後，便不斷有藝術家出國學習西方藝術，企圖在西方藝術中找到改革傳統國畫的方法。

　　晚清民初水墨畫集由國內數位收藏家提供晚清民初八十餘位名家之水墨精品百件，畫家自朱昂之、沈焯、海派名家張熊、任伯年、嶺南派之居巢、居廉、二高一陳至民國之鄭午昌、吳湖帆等畫家作品皆收錄在內。畫作選擇以具筆墨精緻、構圖大膽、主題特殊的作品，呈現近代繪畫不同於傳統的風貌。

86007　晚清民初繪畫選
HILIGHT OF CHINESE PAINTING 1850-1950
1997.3.　31X24cm　132面　定價800元
ISBN：957-00-8723-4（精裝）　統一編號：006309860071

　　本圖錄是「晚清民初水墨畫集」之姊妹作，選擇畫作以屏條形式為主，屏條指的是由屏風畫拆下來後，改裱成掛軸形式的畫。通常有四、六、八、十二成為一組的組畫，畫作有以四季山水花卉，或是神仙民間故事為主題。中國使用屏風的年代甚早，文獻中記載自漢代即使有使用屏風的記載，唐代屏風畫已成流行，是當時中上人士家居生活中的實用兼觀賞的用具，自屏風上將畫取下裱成掛軸形式是為保存名畫。後來屏條形式也成為畫家選用的一種繪畫形式。不同主題的組合是欣賞條屏的樂趣之一，有以六個神仙人物故事為主題的一組人物六屏，或是漁、樵、耕、讀等四種文人隱士組成的人物屏，山水屏除有四季山水外，也有以擬不同名家筆意的山水屏，如擬王蒙、黃公望等元大家之筆而組成的四屏。

86010　水墨歲月—王壽薆

THE ARTISTIC WORLD OF WANG SHOU HSIUN

1997.5.　35X27cm　144面　定價2000元

ISBN：957-00-8964-4（精裝）　統一編號：006309860100

王壽薆女士，民國十三年出生，祖籍遼寧。九歲即公開舉行畫展，實可稱稟賦優異。民國七十年創辦「藝風堂」，集合有志書畫的女性共同研究畫藝。其後，藝風堂逐年擴大爲「中華藝風書畫會」，爲唯一之全國女性書畫團體，並爲國人立下以藝術陶冶身心的文化典範，其以書畫推動社會教育之功可佩。

王女士的作品表現出多樣的風貌，舉凡細膩的寫實人物肖像，簡筆寫意花鳥，師古卻不泥古的山水，甚至逸筆草草的大寫意，均能體現其個人的創作理念。雖然，王女士早年接受傳統的水墨創作訓練，並在張穀年先生門下習藝，然而，由其作品的多樣表現中可觀察出，壽薆女士在水墨繪畫創作態度的寬廣及包容甚高。

86013　吳冠中畫展圖錄

ARTS OF WU GUANZHONG

1997.5.　30X21cm　215面　定價780元

ISBN：957-00-9117-7（平裝）　統一編號：006309860130

吳冠中先生早年努力於中國繪畫創作與改革：一九四六年曾留學巴黎，三年後返國致力於油畫創作，秉持油畫民族化，中國畫現代化之初衷，並引進歐洲思想精華，強調寫生之重要爲當時美育增添多層面之思考角度。七十年代中期，以彩墨爲媒材進入現代水墨畫創作領域，建立個人獨特風格，引起大陸畫壇重視。八十年代，水墨爲主要創作，而油畫反居其後，至九十年代油畫份量復加重，此後，二者交替前進，嘗自謂「水陸兼程」。

本圖錄收集吳冠中先生提供之作品六十二件。並整理出吳冠中作品眞僞對照，風格分析等附錄表格，可資愛好者參考。

86014　馬壽華書畫紀念集

THE PAINTINGS AND CALLIGRPHY BY MA SHOU-HUA

1997.5.　31X22cm　192面　定價1500元

ISBN：957-00-9116-9（精裝）　統一編號：006309860140

　　馬壽華先生字木軒，籍貫安徽。自幼喜愛書畫，數十年未嘗稍懈。師法而不泥古，書工行楷；畫擅山水、花卉、竹及指畫。

　　民國三十六年來台後，公務之餘領導書畫團體且組織「七友畫會」，開創台灣成立畫會之風氣；又熱心提倡藝術，參與各項藝術文化活動。

　　馬先生為人謙和熱誠，一生慷慨奉獻藝文之事。民國86年為木軒先生逝世二十週年，適值一〇五歲冥誕，本館為表達對此位偉大藝術教育家兼大法學家敬仰和追思之忱，於本館二樓國家畫廊舉行「馬壽華紀念書畫展」，同時編印書畫集公諸於世，以為永存。

86018　哥斯大黎加華裔畫家吳廣威畫展專輯

COSTA RICAN ART EXHIBITION OF ISIDRO CON WONG

1997.6.　23X23cm　36面　定價150元

ISBN：957-00-9475-3（平裝）　統一編號：006309860180

　　吳廣威先生是出生於哥斯大黎加之華裔畫家，他對於哥斯大黎加之自然及農民生活的描繪，反應出對真實的讚嘆並充滿了樂觀的精神，其畫風神秘優雅又寫實，他使用光鮮、熱情的色彩加上一種童稚般的筆法。樹木、風景、動物均塗抹上夢幻般的色彩，充分將幻想與真實交替應用，沒有過多的修飾，卻有心靈的傾訴。

　　此圖錄除了收集吳廣威先生在本館展出作品，並包括其完整的創作簡歷及哥斯大黎加共和國簡介，可供讀者透過本書細細品味哥斯大黎加的風光及畫家之內心世界。

86020　唐雲畫集

THE ART OF TANG YUN

1997.6.　30X21cm　288面　定價1800元

ISBN：957-00-9617-9（精裝）　統一編號：006309860200

　　唐雲先生，民國前一年出生，享年八十四歲，出生於浙江杭州，幼承家學，自學出身，並無師承，卓然自成一家，尤為可貴。為中國著名的花鳥畫家，與江寒汀、張大壯、陸抑、享有「四大花旦」美名。

　　唐氏曾任上海中國畫院名譽院長、中國美協理事、上海美協副主席等職，並先後任教於新華藝專、上海美專。先生雅藏明清

繪畫

　　名壺、古硯、碑帖、字畫等；而這些珍藏正好讓唐氏「眼界盡古人神髓」而終能自成一格。

　　唐氏工詩善畫，其荷花更是名聞藝壇，本館出版《唐雲畫集》，不論是巨幅松鷹，或是小品戲筆之作；或氣勢雄偉、或栩栩如生、在他都像是信手拈來，宛若天作。晚年之作，以濃墨著手，復色敷彩，老辣奔放，更見其功力。

86025　水殿暗香—荷花專輯

LOTUS ELITE

1997.7.　30X22cm　264面　定價1200元

ISBN：957-00-9841-4（精裝）　統一編號：006309860250

　　荷花古名為荷華或芙蕖，荷花的果實，蓮子名「菂」，莖名「茄」，荷葉名「蕸」。古代吳國人定六月二十四日為荷花生日，稱為「觀蓮節」。荷花在文學上的象徵意義是君子之德，為君子高潔人格的象徵；佛教中蓮花也是潔淨、超脫、空寂的表徵。

　　此專輯集結民國以來的畫作，共計九十餘件作品。除三十餘件歷史博物館館藏畫作外，並由收藏家王澄清先生、石允文先生、吳峰彰等收藏家提供晚清民初畫作。本專輯中，可以欣賞到畫家對荷花的各種姿態之捕捉描寫，畫家對荷花的不同象徵意義的詮釋。

86033　董開章書畫回顧展

THE RETROSPECTIVE OF TUNG K'AI-CHANG'S CALLIGRAPHIC WORKS AND PAINTINGS

1997.9.　30X22cm　152面　定價600元

ISBN：957-02-0295-5（平裝）　統一編號：006309860339

　　董開章先生一生奉獻書法藝術，以深厚嚴謹的楷書為基礎，而大開行書之意境，被尊為當代王書之一脈宗傳。在各種書體中，行書是最兼具藝術性與實用性的書體。其不縱不拘、不疾不徐的流動感和線條美一直深受社會各階層喜愛。董老的文字溫和，一點都不帶火氣，而線條流轉之間，總予人一種欲罷不能回味無窮的感受，其造詣誠可謂是人書俱老矣。本館出版這冊作品集，作為董開章先生回顧展的紀念。

86036　潘天壽畫集
THE ART OF PAN TIAN-SHOU
1997.10.　35X25cm　256面　定價1800元
ISBN：957-02-0366-8（平裝）　統一編號：006309860369

　　潘天壽是現代中國藝壇著名的藝術家，而且是有卓越成就的書法家、詩人、繪畫史論家和美術教育家。在繪畫的成就上，他特長花鳥、山水畫，兼擅指墨畫，融詩、書、畫、印爲一體，筆墨雄渾，布局奇絕，氣勢磅礴，在現代中國畫創作上獨樹一幟。同時，他在書法、詩、篆刻、畫史、畫論等均有精深的研究和豐富的著作。

　　本館與中華文物學會合作舉辦「潘天壽繪畫藝術展」，來自杭州潘天壽紀念館的六十五幅收藏，題材涵蓋花鳥、山水、人物、書法等，均可稱是潘天壽創作興盛期的代表作品。適逢一代文人畫大師潘天壽百誕辰，我們感念其早年投身書畫教育的非凡貢獻並出版潘天壽畫集作爲紀念。

86040　雲山碧海—林玉山山水畫集
THE LANDSCAPE PAINTINGS OF LIN YU-SHAN
1997.11.　30X21cm　141面　定價720元
ISBN：957-02-0402-8（精裝）　統一編號：006309860408

　　台灣前輩畫家林玉山乃本土藝術的表徵，於藝壇上具有特殊地位與貢獻。他持志爲藝，挾時代所趨，與環境特性，描繪鄉土，反映生活所感：畫風細膩穩健，純樸厚實，主題廣泛，變化無窮。其一生藝術的發展歷程，如同台灣文化的轉變過程：從日據時代的艱苦卓絕到今日的富而後教，從東洋畫、西洋畫到中國畫，從古典派到印象畫派，在路上篳路襤褸，孜孜爲畫。而其人如其畫，具有樸實眞情與精神感受，謙和誠摯，平易近人，受人尊崇，好似雲山碧海。

　　本館爲展現玉山先生別開生面的山水繪畫風格，與其一生仰之彌高的藝術成就，特舉辦「雲山碧海——林玉山畫展」並出版畫集，以爲紀念。

86045　陳永森畫集

THE ART OF CHEN YUNG-SEN

1997.12.　31X22cm　143面

ISBN：957-02-0651-9（精裝）　統一編號：006309860458

　　陳永森先生一九一三年生於台南市，其尊翁陳瑞寶是民初台灣頗為出名的神像雕刻師，由於童年的耳濡目染，與得自父親的遺傳，注定其日後步上藝術之路。陳氏是我國近代畫家在國際上嶄露頭角的人物之一，一九五三年以「山莊」榮獲日展最高榮耀白壽賞。隔年更以膠彩、油畫、工藝、雕刻、書法五項同時入選第八回日展，廣為日本藝壇敬重，被譽為「萬能的藝術家」。一九五五年再以「鶴苑」二度榮獲日展白壽賞，獲日本裕仁天皇接見勉勵：「為兩國文化交流，貢獻心力。」

　　陳氏除膠彩畫之外，對於油畫、雕刻、工藝、版畫、書法，甚至於詩文等方面，都曾下過相當功夫，使其畫風融和中國傳統文人畫的筆墨情趣，也兼具油畫厚實特色之效。陳氏於一九九七年夏，病逝於東京寓所。本館此次與吳三連獎基金會合辦此次紀念展，共展出膠彩、粉彩、油畫、寫生冊等約五十件作品，把畫家一生精華之作，呈現在國人面前，更彰顯其一生之藝術成就。

86046　原鄉譜曲—洪瑞麟逝世週年紀念展

THE TONE OF HIS HOMELAND：COMMEMORATION EXHIBITION OF HUNG JUI-LIN'S ART

1997.12.　30X22cm　256面　定價1500元

ISBN：957-02-0758-2（精裝）　統一編號：006309860468

　　洪瑞麟先生，民國元年（西元一九一二）生，十九歲負笈東瀛，接受正規嚴格的學習美術教育。

　　留日七年回台後，受邀於倪蔣懷先生經營之懷山煤礦（昔瑞芳煤礦）工作。三十五年的礦場生涯，從基層工作做起、經管理員至礦長的職務，尤其在倪氏的鼓勵支持下，工餘之暇，勤於藝事，在幽暗狹窄的大地底層，留下難以計數、生動獨特的作品，樸實無華的礦坑生活，賦予史詩般強烈的生命。這一契機讓洪氏人生的精華時光，在汗水與汙泥中，表達了人性的悲憫與關懷，亦造就其個人特殊的藝術風格與成就。正如他所說：「將礦工神聖的工作表現在畫幅中，是藝術賦予我的使命。」

　　為紀念洪氏一生的精神與謙沖的人格，特別與其子鈞雄、南山先生以及其他家屬故舊們推出「原鄉譜曲—洪瑞麟逝世周年」紀念展展覽，展品共分油畫、水彩、水墨、素描、速寫等共計百餘幅，並編印圖錄以為紀念。

87004　眞善美聖—藍蔭鼎的繪畫世界
HYMN OF COLORS:THE ART WORLD OF RAN IN-TING
1998.1.　37X26cm　255面　定價2500元
ISBN：957-02-0752-3 (精裝)　統一編號：006309870049

　　藍蔭鼎先生(1903～1977)，曾前後兩次前往日本進修，作品多次入選日本帝展，在台灣畫壇具舉足輕重地位，曾爲台灣最早美術團體——七星畫壇七位發起人之一，同時爲「臺灣水彩畫會」成員。

　　民國六十年，歐洲藝術評論學會推選其爲世界十大水彩畫家之一。一生創作不綴，擅長水彩、水墨與素描，早期受石川欽一郎繪畫風格影響，技法單純簡樸，中期以後，建立自己風格，加入中國傳統水墨筆觸，到了晚年此種技法運用更加成熟，形成他個人獨特繪畫風格。

　　本圖錄收集藍蔭鼎各個時期的作品，十分值得收藏。

87013　館藏席德進素描特展
THE SKETCHES OF HSI TE-CHIN IN THE NATIONAL MUSEUM OF HISTORY
1998.4.　30X21cm　96面　定價500元
ISBN：957-02-1167-5 (平裝)　統一編號：006309870138

　　席德進先生，民國十二年出生於四川省南部縣城郊外鄉村，一位富農家庭。一生爲藝術勤於創作，民國七十年病逝於臺灣，享年五十九歲。席德進幼年入私塾，獨對繪畫產生興趣，以第一名成績考取國立藝專正式生，後受教於林風眠，眞正認識了藝術，埋首勤練繪畫。民國三十七年隨軍來臺，任職於省立嘉義高中，受到臺灣亞熱帶自然景觀強烈的震撼，經常出外寫生，表現眞實而富有生命的色彩。

　　民國五十一年起四年，這段歐陸參訪期間他看到了包括古典的及現代的、最前衛的藝術，從這藝術大寶庫中他汲取了養分，也發掘到自己未來創作新方向。

　　歷史博物館收藏席德進作品五十三幅，其中四十七幅爲素描作品，大部分爲席氏旅歐期間的創作，非常完整的一批作品，爲研究席氏繪畫重要環節。此次本館與清華大學藝術中心合作，將館藏這批席氏作品重新裝框，於清大藝術中心首展，並出版專書，提供各界參考。

87014　民初十二家—北方畫壇

MODERN CHINESE PAINTING, 1911- 49 : BEIJING

1998.4.　31X22cm　304面　定價1900元

ISBN：957-02-1268-3（精裝）　統一編號：006309870148

近代時期繪畫發展，中國受到西方、日本藝術影響，並自故宮開放以來，畫家得以臨摩古畫，自傳統、歷史中學習，面對西方藝術帶來不同技巧與觀念之衝擊，引起此時期藝術上變革與創新。民初畫家在此衝擊下略可分為三個傾向：第一類全盤接受西方藝術，如徐悲鴻、劉海粟等留法畫家，從西方帶回寫實主義，批判中國傳統；第二類嘗試改良中國畫弊端，如廣東畫家高劍父、陳樹人等，嘗試以西方藝術之技巧或觀念改良中國畫；第三類則持守水墨傳統，在傳統的基礎上嘗試求新求變。

兩次展覽所收錄之畫作屬第三類的畫家，以地區分北京與上海。二十餘位重要畫家畫作，北京畫壇以林琴南、陳衡恪、姚華、蕭俊賢、蕭愻、于非闇、溥雪齋、溥儒、俞明、祁崑、胡佩衡、陳少梅；上海畫壇以程璋、王震、趙叔孺、吳徵、馮超然、張善孖、鄭午昌、吳湖帆、吳子深、賀天健、陸翀為代表。圖錄同時出版。

87015　清華印月—侯彧華捐贈書畫展

THE EXHIBITION OF CALLIGRAPHY AND PAINTING DONATED BY HOWE YUH-HUA

1998.4.　30X21cm　165面　定價800元

ISBN：957-02-1325-6（平裝）　統一編號：006309870158

中華文物的涵蓋面極廣，自古至今，人類生活絕對是物質與精神並重，人類除了需要銅器、陶器、瓷器等工藝美術，也需要書法、繪畫等純粹藝術。八十五年八月，侯彧華先生遺孀侯鍾碧璣女士遵照其夫遺囑，將家中珍藏明清書畫家作品，捐贈給國立歷史博物館；八十六年再次捐贈明清及民國人物作品，共計八十七件。

侯彧華先生於民國前七年出生於廣東省鶴山縣，書香門第出身，先服務於鐵路交通事業，後全力投入印刷工作，成績斐然，晚年以書畫自娛，於民國八十三年逝世。因與史博館首任館長包遵彭先生認識，特別遺囑將其珍愛書畫捐贈本館，表現了推愛及人的大無私胸懷。本館此次特別舉辦「侯彧華捐贈書畫展」並出版展覽圖錄，希望將他的這份心意展示給更多人，因而能夠喚起更多的同樣襟懷。

87016   洪瑞麟素描集
AN ARTIST AT WORK : SKETCHES OF HUNG JUI-LIN
1998.5.   30X21cm   160面   定價800元
ISBN：957-02-1408-2 (平裝)   統一編號：006309870168

　　一位畫者燃燒其一生的熱情，持之以恆，創作不輟；把他的生活與時代氛圍，留下最眞實的記錄，以三十五載光陰，把他的工作、生活天地——礦場生涯，作爲其創作的題材，如日記般記錄他生活點滴，他就是以礦工題材創作聞名於世的台灣前輩畫家——洪瑞麟。

　　洪瑞麟先生(1912～1996)，民國元年生於台北大稻埕日新町。及長受教於「台灣繪畫研究所」石川欽一郎與多位前輩畫家同習繪畫、在十九歲之年，由陳植棋引領下負笈東瀛，鑽研石膏像及人體素描，完成東京帝國美術學校（今武藏野美術大學）西畫本科完整的美術教育。再進軍藝術之都——巴黎繼續深造。

　　本集收錄了近二五○幀洪氏的素描、速寫作品，堪稱最具台灣原味的樸質造形。可看出畫家對各種媒材、技巧運用的嫻熟與嘗試。

　　國立歷史博物館以一份虔敬的心情，出版此專集，紀念前輩畫家－洪瑞麟。感念他留下這些充滿生命力、動人心靈的作品與對這片土地燃燒過的熱情。希望藉此專集能讓藝術愛好者與年輕的學子引起共鳴，對美的追求有更深一層的體悟。

87018   淬光連斗—陳慧坤畫集
ARTS OF MASTER CHEN HOUEI-KUEN
1998.6.   29X22cm   160面
ISBN：957-02-1485-6（平裝）   統一編號：006309870188

　　本館承文建會委託，舉辦淬光連斗—陳慧坤畫展，完整呈現了畫家一生穿山越石般，且兼貫中西的創作勳業，除表彰慧坤先生於藝術創作上的重大貢獻，以啓示後學外，並使民眾對我國前輩美術家的努力與成就有所認識。陳慧坤先生，九十二高齡仍創作不輟，一生於美術創作上勤奮耕耘，本畫集所輯錄之佳作，依「傳統的意義」、「西洋現代藝術的衝擊」、「中西合璧的『眞形』」三大主題，並彙整近年來未發表之作品數幀以及重要畫稿，使觀眾深入認識藝壇宗師。

87019　曉覺禪心：曉雲法師書畫集

ARTS OF MASTER VEN. HIU-WAN

1998.6.　29X22cm　160面

ISBN：957-02-1486-4（平裝）　統一編號：006309870198

　　本館承文建會委託，舉辦『曉覺禪心—曉雲法師書畫展』，此特展我們不僅展示曉雲法師於藝術、文學、佛學上各創作風貌，更首重呈獻藝術家呼應其時代歷史的文化意義，以啓後學之研究。曉雲山人，這一位教育家、藝術家、哲學家，亦爲當今馳名中外之般若禪行者，正足以彰顯二十世紀，當中西思潮互動交融之際，中國哲人維護與發揚中華文化精神的志業。

　　本次展覽綜觀其一生，分『寰宇週行』、『般若禪行』、『現代經變圖』三大主題呈現出在繪畫、書法、著作上創造之經典作品，並旁及教壇上的功勳，用以佐證曉雲法師融合了自身中華文化中儒、道思想本源，及佛家同體大悲之入世關懷，因藉思想而深厚了畫境；更因藝術家的敏銳觸角，擴大了她的人生境界。本展一方面是對一位像曉雲法師這樣勤奮耕耘與創作，並自我錘鍊的藝術家表達敬意，更重要的是以檢陳當代中國文化發展面貌的視角，來省視其藝文成就。

87020　民初十二家：上海畫壇

MODERN CHINESE PAINTING, 1911- 49 : SHANGHAI

1998.6.　31X22cm　294面　定價1400元

IBSN：957-02-1619-0 (精裝)　統一編號：006309870207

　　近代時期繪畫發展，中國受到當時外來影響，如西方、日本藝術，並自故宮開放以來，一般畫家得以見著歷代名跡，畫家臨摩古畫，自傳統、歷史中學習，面對西方藝術帶來不同技巧與觀念之衝擊，引起此時期藝術上的變革與創新。民初畫家，在此衝擊下，略可分爲三個傾向：全般接受西方藝術，如徐悲鴻、劉海粟等留法畫家，從西方帶回寫實主義，批判中國傳統；亦或嘗試改良中國畫的弊端，如廣東畫家高劍父、陳樹人等，嘗試以西方藝術之技巧或是觀念「改良」中國畫。第三類則是持守水墨傳統，在此傳統的基礎上，嘗試傳統的基礎上，嘗試求新、求變。

　　上海是中國最早接觸西方經濟、文化的商埠，上海繪畫風格妍麗、奔放。「民初十二家：上海畫壇」收錄以程璋、王震、趙叔孺、吳徵、馮超然、張善孖、鄭午昌、吳湖帆、吳子深、賀天健、陸丹爲代表，收錄一百二十三件畫作，由國立歷史博物館館藏畫作及石允文先生、吳峯彰先生及陳漢松先生提供所藏精品編印成書。

繪畫

87028　楚戈結情作品展
EXHIBITION FOR CHUKO'S TIES OF AFFECTION

1998.9.　25X26cm　100面　定價600元
IBSN：957-02-2370-7 (精裝)　統一編號：006309870287

　　楚戈的現代水墨畫，是個很道行的變易。道行是對傳統藝術精神的一種感悟，並持之爲本的動力，變易是時勢的柔軟度，洞察力與實踐力的成果，在這一方面，楚戈是我行我素的自在。

　　看他的畫，若不經意地遺落他在古文化所吸納的養分，就無法想像他爲何常在行爲上或畫面上，有很多的孤傲，這種近以文人的骨氣，著力在他的畫上，是可看出一股「碧松梢外掛青天」的率性。楚戈應用了文化的特徵，在現代的符號與意象中，希望重新建立東方美學的圖式，作爲他繪畫語言的根據，以書法的節奏與時間性技法，表現在畫面上的空間性，又以類似設計的構圖在整幅畫面，有更近裝飾的效果，在水與墨的對映下，一波波的墨韻筆勢，交織在流動的情境下，顯然是很隨意的安置。他被推爲現代水墨畫的革新派，也是進入新世紀的新意象的東方藝術的開拓者，楚戈在飽學於古文化的各類符號時，可以解碼的鑰匙，來自他的慧心與創見，而另闢的水墨畫新天地，何止現代社會的必然，也是歷史與文化的已然。

87032　清末民初書畫藝術集(1796-1996)
MODERN CHINESE CALLIGRAPHY AND INK PAINTING , 1796-1996

1998.10.　31X22cm　333面　定價1000元
ISBN：957-02-2563-7 (精裝)　統一編號：006309870326

　　十九世紀末葉，中國繪畫興起多方變革。在藝術上，透視、寫實的描寫運用及日常生活主題皆已入畫，西方藝術的衝擊至二十世紀初才漸次形成，除不斷對中國傳統藝術及創作精神之反省外，更有大批青年負笈歐美和日本，學習西方藝術，企圖找到改革的方法。在此新舊並容的背景下，孕育了清末民初繪畫風格多變、開放多元的面貌。

　　本書編輯張允中先生珍藏晚清民初一百七十餘位名家之書法、水墨、成扇作品。其題材舉凡人物、山水、花鳥走獸與各體書法；如此多樣的選擇，正呼應此一時期，風貌多變的時代特色與歷史背景。

87033　吳錦源畫集

THE ART OF WU CHIN-YUAN

1998.10.　30X22cm　128面

ISBN：957-02-2734-6 (精裝)　統一編號：006309870336

　　吳錦源先生執著於國畫創作一生，酷愛畫虎，乃受日籍畫家秋山春水之影響，特別專注強調虎之眼神，此乃顯示老虎威儀的要素。人物與花鳥作品甚少，大部分已散失，山水作品數量較豐，技法亦精，水墨細緻，流暢淡雅。「溪山風雨」與「溪山雪暮樵歸」或「瑞雪圖」，則是雲氣變幻動靜各領情境的對比描述，更見筆墨的精鍊。

　　冊頁裡的單幅作品，可見其營造的細心雅緻：「錦繡山河」與「千山萬水」的聯屏作品也可見其企圖心，並展現其水墨的境界。本館素來盡力於前人的文物書畫作品的整理、研究與收藏，此次展出其作品，除了感念其於水墨畫的全心奉獻，也提供後進研究者詳盡的時代佐證資料，並發揮本館的推廣教育功能，擴展國人休閒生活的領域。

87033-1　MINOL ARAKI

荒木實

1998.10.　30X25cm　131面　精裝

　　日本畫家荒木實於民國十七年出生於大連，在中國成長，久沐中華文化，故醉心於傳統書法，而立志以藝術為終生事業。

　　荒木實先生師學中國歷代大師相傳之偉大作品，並曾習藝於張大千，鑽研水墨畫理，追求意境。在其所寫水墨中，荒木實以傳統的中國與日本技法融入現代生活主題，其獨特的繪畫風格與方式，頗受藝林推許。

　　此次畫展包括了荷花、花鳥、人物與山水等多元主題，傳述畫家個人近年來旅居美國、日本與台灣的生活紀實與感念。

88002　心象風景：何懷碩九九年畫展

THE SCENE OF MIND:HO HUAI-SHUO REVIEWING 1999

1999.1.　30X21cm　96面　定價750元

ISBN：957-02-3087-8 (精裝)　統一編號：006309880026

　　國內著名畫家何懷碩先生，從東方美學的範疇出發，吸收西方美術的人文主義精神，巧妙地灌注個人情感與美學思維，終究形成他今日獨特的繪畫風格。此次畫作表現了畫家在界線模糊的流行意識之外，致力於追求至情至性的「真」，將自己對生活感懷的冥思溶入畫作中，形成一種美妙的過程並開拓了現代美學的新思想。

88011　台灣鄉情水墨畫展

EXHIBITION OF INK PAINTINGS OF TAIWAN SCENES

1999.3.　30X21cm　88面　定價500元

ISBN：957-02-3369-9 (平裝)　統一編號：006309880115

由於近年來本館積極從事國際文化交流工作，持續與國際友好國家的國家級博物館、美術館建立姊妹館關係，此種文化行動不但對我國外交產生積極性的作用，更將中國文化引介國際友邦。「台灣鄉情水墨畫展」是本館獲愛沙尼亞國家博物館之邀，首次將台灣當代水墨畫家的作品介紹給波羅的海的大眾。透過本館的協助，邀請了十八位台灣專業水墨畫創作者，共計五十四件作品前往參展，包括，山水、人物、花鳥等表現題材，以創作者個人獨特的風格表現出他們對台灣的認識、理解、觀察甚或反省。台灣當代水墨畫受國際上現代藝術潮流影響，將西方的技巧、觀念加諸於水墨畫表現，然而，就水墨繪畫的本質與精神觀察，這些作品仍然保持了水墨繪畫的創作觀和審美實踐。

88015　傅狷夫的藝術世界—水墨畫

THE ART OF FU CHUAN-FU VOLUME I INK PAINTINGS

1999.3.　38X27cm　405面　定價2500元

ISBN：957-02-3429-6 (精裝)　統一編號：006309880155

傅狷夫教授在水墨畫的創作與文人情操的入化境。生性不喜鑽營、淡泊名利，一以貫之文人風骨行止的體現，識者無不讚佩；在孜孜不倦於追求創作的精進與創造性的思索之實踐上，更見其獨創性的風格；至於用心於文化傳承的教學工作上，更可見其深遠的影響力。今於九十高齡獲得此一代表文化人最高榮譽的行政院文化獎獎項，正是實至名歸。

傅狷夫先生專攻山水畫，從小對繪畫便有興致，十七歲入西泠畫社從王潛樓老師習畫七年，是其正是習畫之始，堅實的水墨畫根基於焉奠定。雖兵戎交加時期亦未曾中輟，從古法中尋求淵源以開創新機，則是其持之一生不變的志向。

畫理的探索，加上他從上海到四川，再轉到臺灣，對於各種氣勢的山川與波濤的體驗，醞釀出他的獨創風格。山石皴法，可說是前無古人，體現臺灣火成岩峭壁風貌的「裂罅皴」、「塔山皴」；「點漬法」畫水；「烘托法」、「斷墨法」、「層次法」，甚至是「洗墨法」畫雲，均是其擺脫傳統，具獨創性之處。

此一「傅狷夫的藝術世界」水墨畫集，完整呈現其創作全貌。藉由覽其畫，讀其人，感其旺盛的生命力，啟發每一個人再創造自己獨特的風格，並由黃光男先生撰寫「傅狷夫藝術創造性的研究」及傅勵生先生所撰「傅狷夫先生—我的父親」兩篇專文，提供讀者更深入了解傅狷夫一生及其書畫藝術。

88016　傅狷夫的藝術世界—書法暨常用印譜

THE ART OF FU CHUAN-FU VOLUME II CALLIGRAPHY AND SEALS

1999.3.　38X27cm　199面　定價1500元

ISBN：957-02-3430-X (精裝)　統一編號：006309880165

　　「雲水雙絕」、「傅家山水」均是畫壇上對傅狷夫教授在水墨畫上獨創性風格的讚譽。「書畫」雙絕的說法便也點出其書法與水墨畫並駕齊驅的境界。

　　「我寫字就是畫畫」，傅狷夫先生這般自我解嘲，事實上，其書法確有畫意參入，因此而成就了其特異風格的草書，較一般書法家多了一層繪畫性的筆意。他說，「以畫法入書，莫如行草，欲書法以入畫，則四體均可，但仍不可拘泥於某筆為某體也。」具體的可以瞭解他的書法在於造型藝術間的安排，亦如繪畫的佈局，與性情之寄託，是視覺美感的具體表現。

　　傅狷夫教授原亦跟隨其父學篆刻，後因視力之因素作罷。其常用的印集由長子傅勵生整理出之三百多璽，便是出於其父、國內名家、朋友、學生與其長子等之手，包含各類印章。此次整理展出印文並印製於圖錄上，正是基於希望完整展現其藝術全貌，更進而能帶動研究的風氣之想法。

88017　傅狷夫的藝術世界—論文集

THE ART OF FU CHUAN-FU VOLUME III WRITINGS

1999.3.　38X27cm　207面　定價1000元

ISBN：957-02-3431-8 (精裝)　統一編號：006309880175

　　此論文集分成傅狷夫文存與評介文錄兩部分：前者完整蒐集了他發表過的文章、隨感之紀錄與題畫自作之詩句，主旨為深入瞭解其書畫創作背後之所見、所思、所感，以及其對中國書畫發展途徑的關注與奉獻，對中國書畫傳承的用心。

　　後者則收錄了共五十七篇研究，評析或介紹傅狷夫教授書畫風格與理念的專文。各篇發表的時機，均與其畫展相關連。傅狷夫教授兼具傳統人文素養與開創新局的先鋒二者於一身，他的經歷與洞見正代表了中國傳統文藝美術面對時代潮流，更生與再造新局的過程。

88025　藝鄉情眞—李澤藩逝世十週年紀念畫集

CELEBRATING MY NATIVE LAND—A 10-YEAR MEMORIAL TRIBUTE TO LEE TZE-FAN

1999.5.　31X22cm　304面

ISBN：957-02-3783-X (平裝)　統一編號：006309880254

　　李澤藩先生畫風樸實，除偏愛台灣鄉間風景寫生外，取材甚廣，舉凡人物、花卉、靜物等均見佳作。而對媒材勇於嚐試與實驗精神也是同時代的人所望塵莫及的；這些創新的嚐試，除了落實在他的作品中，也是他教學的精要所在。李氏以洗、刷、重疊等風格名滿藝壇，亦常用壓克力顏料、國畫技法等呈現作品多方面貌。而他筆下所吟頌的不論是大自然風景、人物與靜物，都表現出一份平實與眞實，流露著畫者不虛矯的眞性情，將他的藝術觀發揮得淋漓盡致。

　　本館爲緬懷台灣前輩畫家之藝術成就，適值李氏逝世十週年之際，舉辦本次大型回顧展，展出李氏各時期代表作品，共計一六〇件。本館希望這些作品和資料，除可讓國人再睹李氏精彩之藝術創作外，亦可提供學術界研究台灣近現代美術發展及教育史之參考。

88028　揚州八怪書畫珍品展

THE ART OF THE YANGZHOU ECCENTRICS

1999.7.　30X22cm　160面　定價1000元

ISBN：957-02-4304-X (精裝)　統一編號：006309880284

　　中國繪畫史上著名的揚州八怪中，絕大多數人都因性格怪異而有過崁坷的經歷，他們嘻笑怒罵，寄情金墨，給後人留下了無數千秋不朽的遺珍。

　　揚州八怪的畫是地道的文人畫，他們人人都有詩集文集傳世。他們的怪，其實是一種超前意識。他們每個人都有個性，且都與當時統治畫壇的所謂正統派的風氣相背逆。本著進一步加強海峽兩岸文化交流的宗旨，結合南京博物院和揚州博物館、蘇州博物館、鎮江博物館四個博物館的館藏力量，共組織了八十七件書畫作品赴台展出。展示揚州八怪畫派的藝術風貌，並能從中窺視揚州八怪的思想、感情和藝術觀念。使台灣民眾能一睹揚州八怪書畫眞跡。

88035 百家書畫集
CHINESE CALLIGRAPHY AND INK PAINTINGS BY 142 ARTISTS
1999.8. 30X21cm 96面 定價500元
ISBN：957-02-4687-1 (平裝) 統一編號：006309880353

　　中國孔學會前會長李奇茂先生，藉儒學大師陳立夫資政百歲華誕之機會，而興起書畫百家際會的想法，本館基於闡揚我國文化與提昇書畫創作之立場，響應中國孔會對文化、書畫創作提倡之用心，遂有百家書畫展的推出。

　　此展彙集了台灣當代書畫家作品共一百四十二件：書法四十七件，作品包含行、草、篆、隸、金文，水墨九十五件，包括山水、人物、花鳥、瓜果等，可稱之為書畫全貌之呈現，也可見老、中、青各家創作之境界，亦是近年來少有之盛況。

　　李奇茂先生亦號召書畫百家以「無私的奉獻」，慨贈參展作品予本館，用心至善至真，本館亦感謝其創舉。

繪畫

88036 二十世紀中國水墨大觀
A SURVEY OF 20TH CENTURY CHINESE INK PAINTING
1999.8. 30X22cm 248面 定價700元
ISBN：957-02-4704-5 (平裝) 統一編號：006309880363

　　「二十世紀中國水墨大觀」所展作品是近現代傑出畫家之中國繪畫作品，一百五十餘件作品包括生活在十九與二十世紀的畫家百餘人，展現各種作品的繪畫風格與面貌。而作家個人特色與地區繪畫特色亦在此次展出中可以清楚看出其中的差異。二十世紀的水墨畫家，所處位置包括生活在中國大陸與台灣，而畫作中有細筆工緻，也有寫意奔放，有山水華滋，也有花鳥秀麗，這些身跨近百年畫作，展演出一段繪畫自身發展的軌跡；同時透過畫作影像呈現，觀者大抵可以在胸中描繪出整個時期的繪畫圖像。

　　我們希冀去呈現的不僅是提供一種美的饗宴，同時，我們更希望能夠從這些有限畫作中，重新審視中國繪畫的未來發展，從畫作中回顧這一階段中國繪畫所進行的興革與所產生的變動與創新。

88039　彩墨千山—馬白水九十回顧展

A RETROSPECTIVE OF MA PAI-SUI AT NINETY

1999.9.　30X21cm　224面　定價1100元

ISBN：957-02-4851-3 (精裝)　統一編號：006309880393

　　馬白水先生1909年生於遼寧省本溪縣，對台灣當代美術教育之貢獻極為卓著。先生致力於融匯中西、貫通古今的新風格，矢志開創水彩畫新境。並精於西洋畫具、水彩：復又調和墨汁、國畫顏料，並應用宣紙、棉紙恣意創作，隨心所欲、得心應手。挑戰自我、勇於突破，終於走出一條先生稱之「彩墨繪畫」的大道。對台灣水彩畫教學、研究和推廣，影響深遠。

　　本館此次展出馬氏百餘件大陸時期、台灣時期、美國時期等不同階段的作品，讓國人能一睹馬氏在水彩畫藝上，不斷創新、勇於突破的精神。

88043　王昌杰創作紀念展

A MEMORIAL EXHIBITION OF WANG CHANG-CHIEH'S ART

1999.9　30X21cm　208面　定價650元

ISBN：957-02-4918-8 (精裝)　統一編號：006309880432

　　王昌杰先生為我國近代著名的花鳥畫家與藝術研究學者：他不但能擷取東西方繪畫的精髓，力求創新，更將中國藝術內涵推廣至西方社會之中，揚名海外。

　　王先生的作品，涵蓋範圍甚廣，除了花鳥畫之外，對於山水、翎毛、蟲魚走獸等題材之表現無所不能；在技巧上，則是工筆、寫實、寫意並俱。他的畫作掌握了中國傳統繪畫的思想與筆韻，在畫材、裝飾及內容上則與西方的現實條件配合。

　　為了紀念其人其作，在王先生之女—王海麗、王珍麗女士及周澄先生、藝術代理人白佩琦小姐的大力協助下，本館再次彙集了王先生各類題材的代表作，並配合遺物、手稿、相片等相關資料，除讓大眾一睹大師之風采外，更期望這些資料有助於學界對近代中國繪畫發展之研究。

89007 林玉山教授創作展：八十八年行政院文化獎

ART OF LIN YU-SHAN：1999 THE R.O.C. EXECUTIVE YUAN CULTURE MEDAL AWARD

2000.1. 30X21cm 141面 定價600元

ISBN：957-02-5476-9（平裝） 統一編號：006309890073

　　林玉山教授畢生從事藝術創作，並獲得文化獎的榮譽，主導與見證了台灣國畫主軸發展。繪畫創作展現「社會性的掌握」、「寫生的主張」、「文化層面的的體現」、「裝飾色彩」與「人性關懷」等五項特質，卓然出眾。呈現國畫在表象外發人深省的內在意涵，並開創出其獨特一代宗師的風格。此次展出二十二件畫作，並同時展出教授珍藏有關寫生的速寫素描作品共一百二十件，使此展完整呈現其藝術創作的精髓，與體現其畢生藝術創作的精采面貌。

89016 花鳥畫境：邵幼軒回顧展

A RETROSPETIVE OF SHAO YOU- XUAN'S BIRD-AND-FLOWER PAINTING

2000.4. 30X21cm 144面 定價600元

ISBN：957-02-5734-2（平裝） 統一編號：006309890162

　　邵幼軒女士，浙江東陽人，受尊翁邵逸軒先生啓迪及王夢白、齊白石、王雪濤諸畫壇前輩親炙，又拜張大千為師，專攻花鳥蟲魚，所繪作品清逸脱俗，簡約而有韻致：尤擅牡丹、筆墨水掌握無不心手相映，獨具一派風格。曾任教於政治作戰學校及國立藝術專科學校，屢受邀請至歐美各國舉辦畫展載譽甚隆。本館此次舉辦的回顧展中，特別選出早期到近期，將近五十年的鉅作，完整呈現邵幼軒女士的繪畫歷程。

89027 爍古鎔金：金勤伯繪畫紀念展

GLORIFYING THE PAST AND THE PRESENT：A COMMEMORATIVE EXHIBITION OF QIN-BO JIN

2000.6. 30X21cm 176面 定價700元

ISBN：957-02-6090-4（平裝） 統一編號：006309890271

　　金勤伯生於民國元年(西元1911年)，其家學淵博，為華北有名的藝術收藏世家，早年師承伯父金北樓與清朝大内宮廷畫家俞明，接續宋元明清以降的花鳥與人物之傳統畫法，其風格細膩宛麗、典雅傳神。畫作題材從人物、花鳥擴及至山水，作畫技巧也從工筆華麗轉向意趣野逸。

　　金勤伯畫作美妙傳神，令人賞心悦目，無論渲染設色、構圖佈局均別出心裁、清新精妙，加諸生物學科的理工背景，對於物象更具理性科學的觀察與表現。對於台灣工筆花鳥畫壇深具影響

力。基此，本館爲推廣水墨繪畫與系統性的整理出戰後花鳥畫的
發展，特別策劃「爍古鎔今─金勤伯繪畫紀念展」，從金勤伯個
人繪畫創作的歷程，放大分析屬於台灣的水墨歷史。

89028　台灣漫畫史特展
A CELEBRATION OF TAIWAN COMICS

2000.6.　30X21cm　192面　定價800元

ISBN：957-02-6261-3 (精裝)　統一編號：006309890281

「漫畫」一詞，常被看作日文外來語。事實上，「漫畫」是
指「棲息於黃河邊的琶鷺」。一直到民初，豐子愷的小畫─「子
愷漫畫」才真正賦予今日我們對漫畫的基本認知。當時的畫家擺
脫中國繪畫千百年文人傳統，致力於改造畫風，透過誇張、比
喻、象徵、寓意的手法，表現幽默和詼諧。漫畫於似乎成爲平民
文化的代表之一。

此次在本館舉辦的「台灣漫畫特展1945─2000」，盡力蒐羅了台
灣漫畫中的精華，其中包括了武俠、趣味、愛情、校園等等出版
物的展出，同時也搭配展出世界上其他國家的漫畫作品。透過比
較，可以看到台灣漫畫的演變過程。技法方面，從過去的筆觸簡
單樸實到今日的畫風純熟細膩；內容方面，從過去的表現善惡對
到今日的反映生活面向；題材方面，更可以看到漫畫家努力表現
本地精神的用心，在這個強調本土化的時代，漫畫家其實也加入
貢獻文化多元化的行列。透過「台灣漫畫特展1945─2000」讓台
灣民眾可回顧台灣漫畫五十多年來的光華與成就。

89032　廖俊穆創作畫集
COLLECTED PAINTINGS BY LIAO CHUN-MU

2000.7.　26X24cm　200面　定價850元

ISBN：957-02-6403-9 (平裝)　統一編號：006309890320

熱衷潛研水墨畫藝術的廖俊穆先生，將藝術研究的觸角，伸
展向多面性領域；他一面致力尋繹我國歷代書法碑帖神韻，及詩
詞文學精神意念。又一面探究中國長期積淀的水墨畫美學理則，
並汲取西方繪畫表現質素，與田野調查寫生鎔鑄運用。面對表現
題材或主題，彌具其獨特主張，作品也廣泛性的呈現，弗論山川
大海、叢林走獸、人物花鳥，皆能心繪手描領略「因性之自然，
究物之微妙」。爲我國國畫指引了一條可探索的方向。

縱觀廖先生藝術創作的發展軌跡，唯心一志於藝術修爲，堅
毅不懈地在自由的藝術領空中所創之作，如一部經過提煉，反映
台灣水墨畫藝術發展的史詩，於今仍絢燦續寫新頁。

89033　馬晉封作品紀念展

A MEMORIAL EXHIBITION OF MA CHIN-FENG'S ART WORKS

2000.8.　30X21cm　216面　定價800元(精)；650元(平)

ISBN：957-02-6432-2 (精裝)；ISBN：957-02-6433-0 (平裝)

統一編號：006309890330

馬晉封先生早年就有文名，能詩善書，尤通經史；其習繪畫是三十歲以後的事。因爲國學底子好，其學畫易悟出要領，落筆之處俱見眞性情。馬先生不但是才氣縱橫的藝術創作者，且是一位愼思篤行的藝文評論家。本館十二年前曾舉辦過馬晉封先生創作展，當時先生尚健在，妙筆生輝歷歷在目，此次舉辦紀念展，不只讓觀眾看馬晉封其人其畫，更是在傳承一個傳統、一個時代！

89050　西方傳統油畫三大技法（王勝著）

THREE MAJOR TRADITIONAL TECHNIQUE OF OIL PAINTING

2000.11.　30X21cm　160面　定價550元(平)

ISBN：957-02-7112-4(平裝)　統一編號：006309890509

作者王勝先生以多年從事藝術創作及教學的經驗，將傳統油畫分析爲三大技法1、凡艾克的多層畫法2、提香的透明畫法3、魯本斯的直接畫法。並嘗試用這種從傳統技法入手的方式來教授學生。這門課程的教材是根據一些古典大師油畫技法的書籍和作者本身對傳統技法的學習與研究編撰而成的。希望本書的内容，能成功地結合理論與實際經驗介紹傳統油畫技法給有興趣的讀者。

版畫類

66005　中華民俗版畫
THE GRAPHIC ART OF CHINESE FOLKLORE

1977.10.　29X22cm　139面　精裝　定價400元

　　中華民俗版畫，雖屬神話傳統之產物，然淵源於尊天法祖崇禮尚義之悠久歷史文化，爲形成我中華民族善良風俗之具體表現。於藝術上，亦有特殊之封域，其構圖、著色、與刻畫之線條，均充滿鄉土風格，純樸無華，由玄遠幽深之神話，與夫瑰麗璀璨之色彩，而構成之神秘之美，絕非一般繪畫所可比擬，尤以研究民俗學及民間藝術，價值至高。國立歷史博物館蒐藏之民俗版畫，爲孫家驥先生所捐贈，內容至爲豐碩，堪稱世界各博物館之冠。茲就各類中，甄選其有特色者，精印成帙，以供愛好民俗藝術者之欣賞與研究。

71006　廖修平版畫集
THE PRINTS OF SHIOU-PING LIAO

1982.7.　31X22cm　126面　精裝　定價600元

　　蜚聲國際的藝術家廖修平先生是我國成就最大的一位版畫家，無不以宏揚我國版畫藝術爲己任。廖氏作品自民國六十二年以後，以絹印爲主，每見其混合多種技法作不同的表現，作風愈趨明淨簡潔，畫面上喜以細線構成的灰色方格作爲背景，以替代無限的空白，表現的時空，更爲具體明確。廖先生從事版畫創作二十年，本館特邀其攜件回國作一回顧性的展出。此次展品計達百餘件，均爲廖氏各期代表作，遍括各類版種，對從事版畫藝術或欲瞭解廖氏版畫藝術的朋友，自是一大佳音。爲廣流傳，特以其展品，以編年式予以集印。

72005　林智信版畫集
LINOLEUM AND WOOD CUT PRINTS BY LIN CHIH-HSIN

1983.10.　26X27cm　122面　精裝　定價600元

　　本土藝術的表現，是導源於藝術家本身對鄉土的關懷與眷戀。世界上有許多傑出的藝術家，都曾摯誠地透過他的藝術品，呈現其鄉土情懷和地方色彩。林智信先生的版畫，就是蒼勁中帶有圓瑩，色彩特別明朗鮮麗，充分表現了藝術家對人生的積極態度，和穩健踏實的奮鬥精神。本館鑑於林先生對版畫藝術的卓越成就，特請提供近作在國家畫廊隆重展出。今將展品籌印成冊，用廣流傳，誠爲當今藝壇一大豐收。

76021　木刻版畫展
THE EXHIBITION OF CHINESE WOOD PRINT
1987.12.　25X26cm　全一冊　平裝

中國傳統木刻版畫歷史起源很早，成就輝煌。早在懿宗時代即已呈現卓越的刻皮技術與精美的印刷效果，但均應用於佛畫及佛經的印刷，至宋元以後，木刻版畫漸擴展到詩書畫的插圖與年畫。本館爲配合文建會推行版畫活動，特舉辦「中華民國木刻版畫展」，作品由本館邀請了二十多位當代中國版畫家，每人提供二至三件精品參展，以便版畫愛好者觀摩學習，並供各界欣賞。爲使現代版畫家作品廣爲宣揚，特出版專刊，以饗知音。

85002　白俄羅斯版畫展
LES OEUVRES D'ARTISTES BELARUS
1996.1.　30X21cm　104面　定價275元
ISBN：957-00-6653-9（平裝）　統一編號：006309850024

白俄羅斯(Belarus)位於東歐，蘇聯解體後成爲十一個獨立國協成員之一，位於首都明斯克之國立美術館館長卡哈崇提供該館所收藏之當代白俄羅斯版畫一批至本館展覽，展出之五十六幅版畫係十四位當代藝術家作品，這十四位藝術家最年長者生於一九一八年，於一九八八年去世，最年輕一位於一九五九年生，其他均爲五、六十歲上下，於一九一七年俄國大革命以後出生的藝術家，在蘇聯體制下接受藝術教育，雖有學院基礎，訓練嚴格而扎實，但其作品在創意上均受到拘束和壓制。從這些作品中，無論是人物、農村、城市、風景、花草或是民俗等活動，均藉由版畫表現出斯拉夫民族的風格。

85003　林布蘭版畫集
REMBRANDT THE ETCHER
1996.1.　30X21cm　112面　定價275元
ISBN：957-00-6647-4（平裝）　統一編號：006309850034

本館與國際收藏家協會董事長傑克－保羅・亞迪亞先生的互信，得其慷慨無償出借他本人收藏一百多張以上的林布蘭銅版畫眞跡中的七十一幅作品來台展出，並出版圖錄。

本圖錄之內容共分十一個主題來呈現，以頭像、宗教題材（含新約聖經、舊約聖經兩種）、風景、寓言和歷史、性愛和傳統風俗題材、乞丐、速寫人物等來區分展出。借此銅版畫的展出，來重新面對今日繪畫對古典寫實風格的人性內在探討和思索出一條創作之路。

版畫類

版畫類

85028 林智信迎媽版畫
THE PLATES OF CELEBRATION THE MATSU FESTIVAL EXPLANATION
1996.11. 38X27cm 全3冊
ISBN：957-00-8158-9 (精裝) 統一編號：006309850282

　　林智信先生利用中國長卷式的表現形式拓展了畫面裡空間及時間的因素，又經由精心安排的幾組場景並以媽祖遶境隊伍貫穿全圖，使整體結構上展現出具音樂性的韻律感。長卷式的表現形式是中國傳統繪畫中的一種特殊的形式，這種形式延長了原本平面空間的約制，並在二度空間中製造三度空間的立體性效果，更由於加入時間概念或透視的自由度，在畫面上創造出四度空間的意涵。

　　林智信先生耗費多年苦心蒐集台灣各時地方的媽祖出巡遶境風俗圖文資料，並以時代性作爲創作的前提，使得當代的民間媽祖信仰景況忠實地呈現在畫幅之中，達到中國古代風俗畫「成人倫、助教化」的藝術感染作用。

89023 鄉音刻痕：林智信版畫展
AN EXHIBITION OF PRINTS BY LIN CHIH-HSIN
2000.5. 30X21cm 200面 定價1000元
ISBN：957-02-6031-9 (精裝) 統一編號：006309890231

　　藝術家除了以作品完成了創作的目的，同時也紀錄了當時生活的面貌，林智信的版畫作品，深刻描繪刻劃出台灣當代的風俗民情、生活狀況，宛如保留了一頁忠實的台灣農村變遷史。並把台灣民俗文化的特色，眞摯地留下見證。

　　林智信先生出生於台南縣歸仁鄉紅瓦厝，作品刀法俐落簡潔，明快有力，用色大膽明確，光亮奪目，充分顯現出南台灣艷陽下的力與美。這一幅幅作品充分表現台灣的生命力，以及作者對這片土地眷戀的深情。此次本館展出林氏各期版畫作品一百三十幅，分爲油印木刻、水印木刻版畫二大類，讓國人能一睹其版畫創作的特色，並藉以提昇國內版畫創作的水準。

攝影類

67004　耿殿棟荷花攝影集
PHOTOGRAPHY BY KENG TIEN-TUNG AN ALBUM OF LOTUS

1978.4.　29X22cm　50面　精裝　定價400元

　　名醫師兼攝影家耿殿棟先生，賦性澹泊，雅人深致，靜觀萬物，別具慧心，於出污泥而不染之荷花，尤具特殊之愛好。他把握造化瞬息演變之契機，運用眼明手快之巧技，取精擷萃，逐一攝入鏡頭。本館特邀耿先生提供其荷花作品近百幅，舉辦荷花專題展覽，觀其作品與畫家筆下創作，均具造詣，各有千秋，足以培養國民審美的情操，極受社會人士之愛好，爰特出版專集，藉留鴻爪。

67008　黃金樹攝影選集
HUANG CHIN-SHU PHOTO SERIES

1978.10.　29X22 cm　84面　精裝　定價280元

　　攝影爲近百年來文化上一大貢獻，與人類生活乃至社會進步，莫不息息相關，日積月累，駸成歷史紀錄之重要佐證。晚近科技突飛猛進，攝影技巧亦因而日新月異，國際間攝影界人才輩出，鑽研發揮，各具慧心。黃金樹先生爲我國旅居日本名攝影家，其所攝數以萬計作品中，精選心血結晶創作百幀，內容包括復興基地台灣，日本、歐洲各地風光，應本館與中國攝影學會聯合邀請，於本館國家畫廊舉辦其個展。金樹先生之攝影作品，取景超脫，幅幅入畫，風格突出，秀麗無比，蘊含中國傳統文化之特色，融合人性，天性，物性於一體，達眞善美之境地，入藝術之造詣，今將所作付印成輯，藉資引介。

70002　耿殿棟攝影集(第二集)
THE PHOTOGRAPHIC WORKS OF KENG TIEN-TUNG Vol.2

1981.5.　30X22cm　80面　精裝　定價400元

　　名醫師兼攝影家耿教授殿棟博士，平素酷愛攝影藝術，其以「仁心仁術」之醫德，賦予宇宙萬物以生命。故其作品，表露自然，至爲入微。舉凡一山一水，一草一木，無不生機蓬勃，情趣盎然；而達物我一體，寵辱皆忘，神契萬物，心合自然之極境，可謂藝術之聖品。本館遴選山水花木及自然風光彩色作品八十幀，精印專集，以資觀摩，並供同好。

70011　王惟、孫佩貞梅花攝影集
PHOTOGRAPHYS BY WEI WANG AND P. C. SUN AN ALBUM OF PRUNUS MUME
1981.10.　29X22cm　99面　精裝　定價400元

　　「影中有詩，詩中有禪」之當代攝影家王惟教授伉儷，藉藝術擷取自然，依靈感捕捉奧秘，以達匠心獨運之意境。王惟教授暨夫人孫佩貞女士，鶼鰈情篤，志同道合，同為中國攝影學會博學會士。其作品曾多次入選國際影展，並榮獲銀牌、銅牌等特獎。今歲國人發起推廣梅花運動，王教授伉儷為共襄盛舉，由歷年所攝梅花照片，精選數十幅，並附以詩文，精印成帙，以響諸同好。

73005　國家一級古蹟專集
PHOTOGRAPHS OF THE FIRSTCLASS NATIONAL HISTORICAL REMAINS
1984.3.　31X22cm　172面　精裝　定價700元

　　中華文化博大精深，古蹟文物極為豐富。此等文化資產，不僅為我中華民族生活的軌跡，同時，也是先民智慧的結晶、歷史的見證。凡我炎黃子孫，均應予以珍視。古蹟維護為目前文化資產保存工作之首要課題，政府評定赤嵌樓、淡水紅毛城，二鯤鯓砲台(億載金城)，澎湖天后宮，台南孔子廟，港龍山寺，祀典武廟，西台古堡，台灣及台北府城北門等十五處，為第一級古蹟，然由於古蹟缺乏妥善照顧屢遭破壞，鄉土文化攝影群基於此種體認，不惜人力、財力，運用專業素養，將台灣地區已指定的第一級古蹟，予以攝影紀錄，並將之輯印為圖集，為致力於保衛鄉土文化而努力。

74009　耿殿棟花卉攝影集
PHOTOGRAPHY BY KENG TIEN-TUNG AN ALBUM OF FLOWERS
1985.10.　30X21cm　132面　平裝

　　耿殿棟先生，山東省桓台縣人，為當代名醫而兼攝影家。耿殿棟先生之作品不徒具形象，重神韻，重創意，重風格，求真，求善，求美，把握永恆於霎那之間，巧奪天工，創造藝術境界。先生在本館展出百數十件的花卉專題攝影作品，為耿殿棟攝影四十年來的一重要里程碑。此一「花卉世界」，集庭園之花、山林之花、田園之花、而到大地之花，無不活生生的看到聞到花解人語。在這本花集裡，有「原野的笑聲」，也有「漫看紅葉聽秋聲」，直把人間花間濃妝淡抹總相宜，渾然成一體。

79012　郎靜山百齡嵩壽攝影回顧集
CHINSAN LONG'S 100TH BIRTHDAY COMMEMORATIVE PHOTO EXHIBITION
1990.11.　29X21cm　95面　平裝

　　我們所敬仰的郎靜山大師，埋首於攝影園地幾達八十餘年，其超越的才華，對我國攝影發展兼具啓蒙與推動的主導作用。回首我國攝影藝術發展史，我們可以說：郎大師一生的攝影工作紀錄，也就是中華民國的一部攝影的簡史；郎大師一生的攝影活動，也可說是中華民國攝影活動的縮寫。郎大師融合世界各國專技及中國傳統藝術，而發明的「集錦照相」，是以中國繪畫理法，用攝影科技製作，配合中國繪畫藝術而成傑作，實爲創舉。其獨特不朽的風格，雄踞國際攝影藝壇，是值得有志於攝影藝術者效法的標竿。本館爲表彰郎大師奉獻攝影藝術的崇高成就，並祝賀大師百齡嵩壽，特爲其隆重舉辦百齡回顧攝影展，並出專集，以爲紀念。

84028　台灣百年攝影展圖錄
A GLIMPSE TO HISTORICAL TAIWAN
1995.11.　30X21cm　144面　定價600元
ISBN：957-00-6497-8（平裝）　統一編號：006309840285

　　「台灣百年攝影展圖錄」記錄一八九五年日軍侵台之時的歷史影像，這些由當時日本的戰地記者所拍攝具有歷史價值與意義的影像圖片，一百多幅忠實地將百年前台灣地區北部、中部、澎湖等地區的原貌記錄下來。並且著重在日軍侵台時，各地區的備戰、作戰，以及當時台灣百姓在百年前的生活景象。

　　若從攝影的深層意義看待這些首次在台灣展出的圖片，當時日本攝影作者在捕捉他的對象時的心境必定不同於今天這幾位爲歷史做比對的攝影工作者。比較起文字而言，影像更直接地震撼人心的深處，同時較容易激起情緒與情感的反應。然而，在今天這個歷史性的時刻，國人對過去歷史逐漸趨於理性反省和審視，才是這個圖錄所含之人文意義。

88010　淡水風貌—張讚傳攝影紀念展

THE SCENE OF TAMSUI : COMMEMORATIVE EXHIBITION OF CHANG TSUAN – CHUAN'S PHOTOGRAPHY

1999.3.　30X21cm　95面　定價600元

ISBN：957-02-3353-2 (精裝)　統一編號：006309880105

　　清咸豐年間，英法聯軍之役後，清廷被迫開淡水爲通商口岸，由於位置特殊，成爲臺灣北部華洋匯集的最大港市，市面建築迥異於臺灣其他地區的傳統都市。除因開港通商而設立的海關、領事館、洋行等外，長老教會在近河口山丘的頂埔一帶設立教堂、學堂、洋樓等建築物，使淡水成爲深具「異國風情」的河岸市街。加上有觀音山的自然山形之勝及淡水河河岸地景之美。如此珍貴的自然與歷史資源，誠爲台北盆地開發與臺灣近代社會發展的見證。

　　淡水名醫張鑽傳醫師，長時間利用影像忠實地紀錄淡水的今昔面貌，去年十二月四日，張醫師驟然逝去，本館特藉此攝影紀念展，及圖錄的出版，向張老先生致上最誠摯的敬意與追思。

88042　熊秉明的藝術—遠行與回歸

AN ODYSSEY ABROAD AND BACK—HSIUNG PING-MING'S ART

1999.10　30X21cm　139面　定價650元

ISBN：957-02-4916-1 (平裝)　統一編號：006309880422

　　長年旅居巴黎的華人藝術家熊秉明，集哲學、文學、繪畫、雕塑、書法之精髓於一身，他對人生哲學的體悟與藝術創作的實踐，統合了中國文人的精神，又加以旅居法國五十年，對於東西文化融合與反芻，致力無遺。本館於十月六日至三十一日展出「熊秉明的藝術—遠行與回歸」，共展示熊秉明雕塑、平面、書法作品共一○八件。此巡迴展覽，不僅一圓熊先生的思鄉夢，也得以海峽兩岸中國人能共同欣賞這位傑出華人藝術家的創作成果與藝術成就。

89019　牆攝影比賽得獎作品集

PRIZE-WINNING PHOTOGRAPHIC WORKS FROM THE "WALL" PHOTOGRAPHY CONTEST

2000.5.　30X21cm　80面　定價200元

ISBN：957-02-5926-4（平裝）　統一編號：006309890192

　　爲配合牆特展，特別舉辦牆攝影比賽，讓喜好攝影藝術的各界人士，能有機會參與此項別開生面而具意義的攝影比賽活動。這次的牆攝影比賽，拍攝的主題爲古今中外各式各樣的牆，從這些參賽的作品當中，有拍自世界各地，別具地方特色與造型或具歷史價值的牆，同時我們也發現不少台灣傳統建築物的牆、傳統農村逐漸凋零的土埆牆以及攝自澎湖、金門等地傳統民居的山牆、院牆、圍牆等美侖美奐極具吸引人。

　　在七四五件參賽作品中，由資深攝影家傅崇文、顏倉吉、周志剛三位先生負責評審，順利評審出金牌獎林銘修等作品共66件，這些得獎作品除將安排與牆特展分區展覽外，並將彙集出版。本次牆攝影比賽獲得喜好攝影人士的熱烈迴響，除對得獎者表示祝賀之意，也希望本館未來各類活動都能獲得大家的支持與鼓勵。

89035　光陰的故事：黃伯驥七十攝影展

REFLECTIONS ON DAYS GONE BY：PHOTOGRAPHS BY HWANG PAI-CHI AT 70

2000.8.　25X25cm　144面　定價600元

ISBN：957-02-6563-9（平裝）　統一編號：006309890350

　　黃伯驥醫師，民國二十年出生於屏東東港，在行醫之餘開始從事攝影的摸索與學習。行醫時所接觸的愁苦與壓抑，對應戶外開朗、喜悅、幸福的影像，使黃醫師常不覺疲累地帶著相機，捕捉、探訪生命的堅毅與驚喜。一張張富有內涵的影像所呈現的庶民面容與文化生活面貌，除了紀錄我們共同生活空間的一些共同時光與記憶外，亦促使人們反思人與土地、環境之間的維繫關係，它的影像美學是豐富且獨特的。

　　本館此次舉辦「光陰的故事—黃伯驥七十攝影展」，內容主要紀錄六、七○年代轉型中的大台北都會風貌，其中，作者以獨具的人文觀察眼光，述說童年情懷、都市的兒童與親情、勞動階層的面容，以及庶民文化生活等題材。對一位業餘自修的攝影家而言，他的關懷和幽默感，替我們在這急速變遷的現代社會，留住了許多溫馨與美好的影像。不僅爲我們都會發展史研究提供生動且具體的資料，也可呈現台灣當代攝影藝術蓬勃的創作情思和成果。

應用藝術類

74006　清代家具藝術
THE ART OF CH'ING DYNASTY FURNITURE
1985.8.　31X22cm　127面　精裝　定價600元

　　中國家具造型優美，作工精巧，其典雅、厚重、明快的特質，融雕刻、漆藝、鑲嵌與榫法等卓越的技藝於一爐，眞是一門由高度智慧創造出來的工藝美術，更是我們生活藝術之主流，爲世人所珍視與喜愛。國立歷史博物館多年來均以弘揚中華歷史文化藝術爲職志，鑑於中國古典家具藝術日漸式微，特舉辦「中國古典家具藝術展」，由旅日華僑張允中先生提供珍藏家具百件，全部由東京運台，在本館隆重展出。並就展出家具編印專輯，提供參考與研究。

78005　歐洲玻璃藝術展
THE ART EXHIBITION OF EUROPEAN GLASS WARES
1989.2.　20X20cm　46面　平裝

　　「玻璃」發明於五千年以前，流傳至今日，玻璃器物仍在我們生活中佔有極重要的地位。尤其在西方文明中，玻璃成爲每個時代反映當代藝術風格的文物之一。歷經淵遠流長的演進，直到十九世紀中期，歐洲因受產業革命的影響，規格化大量化的工業產品，充塞於生活空間，基於追求自然，反機械化情懷，以英、法爲中心藝術家，展開了所謂「新藝術」運動。「新藝術」運動所追求的「回歸自然」及「突破傳統藝術的範疇」溶入於玻璃藝術的創作，將科學技法與藝術作最好的結合與詮釋，帶動了西方百年來玻璃藝術創作的風潮。

　　本館爲迎接春節，基於多元化引進世界藝術，以拓展國人對藝術鑑賞的視野，特商請我旅日著名收藏家張允中先生，提供多年來精心收藏的歐洲玻璃藝術精品七十三件，除葛萊作品外，尚包括擅長套色雕法及熱灑裝飾技法的杜姆兄弟及表現水面景色聞名於世的瓦特等人的傑作，因玻璃藝術之展出在台灣尚屬首次，特編印展覽圖錄提供社會大眾觀賞。

78018　蔡文穎動感藝術
CYBERNETIC ART OF TSAI WEN-YING
1989.12.　25X26cm　140面　平裝

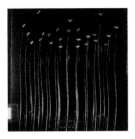

　　本館向來對國人在海外的藝術創作，寄予高度之關切，並引介先進觀念，帶動國內蓬勃藝術創作風氣，以提供海內外藝術家互相切磋與觀摩的良機。

　　蔡文穎先生，不僅結合時代脈動，並反應時代精神。人類生活在廿世紀，受到科技之影響，產生巨大改變，傳統的人文精神，在今科技時代裡，亦必須有新的詮釋。蔡先生之動感雕刻，寓意深刻地將人文精神與科技材料結合，作品一新耳目，不再流露人類受機械之凌駕，而傳達兩者間調和地互為依存的積極觀念，展現出科技時代中，樂觀自信的新人文精神。蔡先生作品之精緻性以及科技與藝術創作理念之完美結合，實值國人深思與切磋。

應用藝術類

84016　第四屆民族工藝獎得獎作品專輯
THE FORTH FOLK CRAFTS AWARDS
1995.7.　29X21cm　103面
ISBN：957-00-5975-3（平裝）　統一編號：006309840166

　　本館配合文化建設基金管理委員會辦理民族工藝獎的展覽展出，其目的就在於負起傳承與發揚工藝美術文化的推廣教育。本屆民族工藝獎得獎作品依其分類包含編織、雕刻、陶瓷、金屬、其他等五類二十七件作品，就其作品而言，都具有其獨特的工藝美術價值，從質材的選擇、工藝的技巧、燒熔、配以色彩圓融和諧，有些作品更兼具實用與裝飾性，在實用的前題下，也賦予巧妙的潤飾，將原本單純的工藝技巧昇華為欣賞藝術，一方面反映藝術家的生活情趣，一方面也反映出時代的風格，尤其在今日工業經濟日愈發達的社會，生活腳步快速而繁忙，生活藝術的提昇是今日國人當深思的課題，希望能藉由民族工藝獎的激勵、觀摩，促成國內精緻文化的成長與再創造。

85024　第五屆民族工藝獎得獎作品專輯
THE FIFTH FOLK CRAFTS AWARDS
1996.7.　29X21cm　112面　定價550元
ISBN：957-00-7796-4（平裝）　統一編號：006309850242

在現代社會中，一切工藝技術均朝向可由規格化、模式化的機械生產，並且逐漸取代傳統手工的技術，然而，在機械夾雜著電子化的龐大勢力使手工藝式微的今天，傳統工藝的雋永仍然能絲絲入扣。換言之，傳統手工藝的特殊性在於加注了作者的個人傳習脈絡。

本屆民族工藝獎得獎作品依其分類包含編織、雕刻、陶瓷、金屬、其他等五類二十六件作品，都具有獨特的工藝美術價值，部份作品更兼具實用性與裝飾性。在今日工業經濟日益發達的社會，人們生活腳步快速而繁忙，生活品質的提昇是今日國人當深思的課題，希望藉由民族工藝獎的激勵、觀摩，促成國內對民族工藝之美的再認識，而精緻文化的成長與再創造亦是我們的使命。

86008　1997李名覺舞台設計回顧展
SETS BY MING CHO LEE, TAIWAN, 1997
1997.3.　30X21cm　88面　定價320元
ISBN：957-00-8764-1（平裝）　統一編號：006309860081

李名覺先生是美籍中國藝術家，被譽爲「美國設計界的一代宗師」。本館此次舉辦「1997年李名覺舞台設計回顧展」，展出從1964年成名作《伊雷克特拉》，到1996年的《羅生門》等五十件代表作的模型，以及平面素描圖稿，演出實況攝影等相關資料，總數高達兩百多件。這些作品的內容涵括希臘悲劇、莎劇、古典劇、現代劇、音樂劇，乃至歌劇與舞蹈的舞台設計。

本館出版「1997李名覺舞台設計回顧展」圖錄，首創國內表演藝術團體與博物館合作先例，展現出舞台設計藝術獨特的美感。

87037　竹塹玻璃藝術展圖錄

GLASS ART FROM HSINCHU

1998.12.　30X21cm　111面　定價400元

ISBN：957-02-2896-2 (平裝)　統一編號：006309870376

　　臺灣玻璃產業自清光緒十三年(1887)陳雨成在台北開設第一家以坩堝窯手工吹製生產玻璃器皿的工廠，發展至今已有百年歷史。新竹地區由於盛產矽砂和天然氣瓦斯，提供了玻璃產業有利的發展條件，今日臺灣玻璃工廠約八成集中於此，成為當地最有特色、最具代表性的傳統產業。

　　新竹地區的玻璃產業依生產技術及產品用途之不同，分玻璃工業與工業二類；前者以實用為主，後者則多為裝飾品，大量外銷。

　　《竹塹玻璃藝術展》收錄新竹地區玻璃製造者及民族工藝狀得獎人等作品共計61件，分磨刻噴砂彩繪、脫蠟鑄造、玻璃畫、實心和空心、吹製及拉絲六類。

88027　風華再現—明清家具收藏展

CLASSICAL CHINESE FURNITURE OF THE MING & QING DYNASTIES

1999.6.　36X26cm　256面　定價1500元

ISBN：957-02-3929-8 (精裝)　統一編號：00639880274

　　國立歷史博物館於民國八十八年六月二十六日起至九月五日止在本館舉行「風華再現—明清家具收藏展」。本次展覽以歷史發展為主軸，呈現中國家具發展重要年代表，及每個時代家具種類及其特色，並整理每個時代重要代表圖片資料，輔以實物家具之不足。明清家具是本展覽的主題，共計約一百二十五件；來源包括北京故宮博物院提供清代家具及兩件描繪清代家具重要發展的家具繪畫、香港收藏家及台灣收藏家所收藏的明式家具及清代家具為主，質材包括黃花梨及紫檀為主，旁及雞翅木、楠木等。展品包括寶座、羅漢床、架子床、屏風、椅、凳、桌及香几等，品類齊全，精緻典雅，期待藉由史料與實物之展示，完整呈現中國家具發展的風格與特色。

89014　玲瓏晶燦：中華古玻璃藝術展
DELICACY AND GLAMOUR —ANCIENT CHINESE GLASSWORK
2000.3.　30X21cm　144面　定價650元
ISBN：957-02-5650-8（平裝）　統一編號：006309890142

　　雖然西方玻璃的製造時間比中國早，但中國由於自身獨特的審美觀與文化價值導向，使得中國亦自外於西方傳統而產生「鉛鋇玻璃」系統(混濁而非透明)—欲求仿製玉的溫潤質感，而成為中國玻璃的一大特色。

　　「玲瓏晶燦—中華古玻璃藝術展」即是透過四個主題：「中國本土樣式」、「外國傳入樣式」、「玻璃與玉器之間的關係」、「玻璃與絲路之間的關係」的安排，進行一趟古玻璃的探秘與禮讚，期冀從沉寂千年靜默不語的文物，及神祕悠遠的瑩光流彩中，體會每一件歷經險阻、飽受考驗而碩果僅存的珍寶背後隱藏的文化交流、社會經濟發展、審美價值與階級地位等，各個層面的問題進行思考與反省。

　　本展除了提供古代玻璃品進行共時性探究之外，尚結合現代玻璃創作，跨越時空組合古今玻璃作品，提供多元的觀看與思考模式。

89015　實空演義：現代玻璃藝術
A TALE OF EMPTINESS：CONTEMPORARY GLASS ART
2000.3.　30X21cm　104面　定價600元
ISBN：957-02-5651-6（平裝）　統一編號：006309890152

　　在中國，玻璃藝術是眾多工藝成就中相當特別的一項，玻璃器自古便是奢侈品，受到王宮貴族的珍愛與賞玩，綜觀中國玻璃器發展歷程，中西文化交流發揮重大的影響力，就是這個特性，使得玻璃藝術不斷有創造與再生的契機，隨著時代進步，推陳出新。

　　本次中國現代玻璃藝術展，邀請到當今國內玻璃藝術先驅王俠軍先生帶來其多年來的創作成果，跟隨著作品，我們體驗到這十多年來台灣玻璃藝術的大幅邁進。王俠軍先生擅長將傳統與現代巧妙結合，從古老的智慧中，孕育出鮮活生命力，讓藝術品成為人們心靈上的依歸。我們期待玻璃藝術能成為隨之而來的藝術盛事。

應
用
藝
術
類

技藝類

65001　中國剪紙藝術
THE ART OF CHINESE PAPER CUTTING

1976.1.　28X22cm　112面　精裝　定價400元

　　我們的歷史文化，光輝燦爛，源遠流長；我們的傳統藝術，更是風格獨特，彌久常新。剪紙藝術可稱剪畫，或剪紙畫，是中國舊時社會民間一種祈求吉祥納福的象徵。其起源在南北朝時，當時北朝婦女慣於歲暮年初佳節，以巧剪「宜春帖子」張諸門楣，以示吉氣。可知剪紙藝術，在六朝至唐代，已在我國社會流行應用，為民間所喜愛。五代以後，剪紙畫更是普遍推廣，成為民間婦女應行事務，而為我國民族工藝美術中重要的一環。沿至宋元明清，隨時代演進，剪紙藝術由簡而繁，一幅剪畫，往往刀法圓熟，佳趣天成，似同畫家名作，而不知其為剪紙。

　　山西鄧冀雲章女士之剪紙畫，以其畢生之時間與精力，全部貢獻於剪畫之製作，重行發揮剪畫藝術之功能，前後多次展出，國際藝壇交相讚譽，對我中華文化復興之鼓勵，有莫大之意義。國立歷史博物館以鄧冀雲章女士之近百幅作品，特予付印，以供海內外人士揣摩觀賞。

75001　中國古典節序插花（黃永川著）
CHINESE CLASSICAL FLORAL ARTS IN SEASONS (BY HUANG YUNG-CHUAN)

1986.3.　25X20cm　206面　精裝　定價650元

　　在豐富的中華民族藝術中，插花與生活關係最為密切。插花是以花木為素材，透過人們的巧手慧心，再創宇宙生命的一種藝術表現形式，可以怡情養性，美化生活環境。黃永川先生專攻中國美術史，對中國古代插花藝術的研究造詣頗深，曾於「中國古典插花藝術展」期間出版我國第一本插花史專著《中國古代插花藝術》。是書圖文並茂，插花界奉為中國插花溯源的圭臬。時隔兩年，復見示其近著《中國古典節序插花》，此書以前書為基礎，將古代中國文化生活中與插花生活有關的節日予以整理排列，並按古代插花觀念，以真實材料復原，從中不僅得窺中國插花藝術的輝煌博大之體系，對中國插花藝術之發揚與風格之建立也提供了更為具體可行的規範。

76003　中國古代插花藝術（黃永川著）
CHINESE ANCIENT FLOWER ARRANGEMENT (BY HUANG YUNG-CHUAN)

1987.3.　22X20cm　156面　精裝　定價320元

插花藝術原爲我中華民族優美文化之一環，始於我國六朝時代，盛行於唐宋兩朝，迨至明季以降，花學成立，並傳介於日、韓諸國，迄今已漸及世界，爲人類文明生活普遍的習尚。作者黃永川先生，擅長國畫，專攻中國美術史，對我國插花藝術之起源、發展、演變，以及創作技巧與花器類別等潛心研究，歷經十數寒暑，近著「中國古代插花藝術」，境界深遠，敘述細膩，實爲一本充實生活藝術的好書：於弘揚歷史文化，倡導傳統藝術，都有很大的貢獻。

76005　中國母親花—萱草
THE DAY LILY-THE MOTHER'S DAY FLOWER OF CHINA

1987.4.　25X19cm　101面　平裝　定價250元

爲了讓更多人知道萱草是中國的母親花：讓更多人認識中國傳統文化的深遠廣大，無所不包，本館舉辦了「中國母親花萱草花藝展」。然而，必須特別提出的是此「中國母親花—萱草」一書的出版，將是「中國母親花萱草花藝展」落實其意義的最主要工作。全書依序爲植物篇、倫理篇、觀賞篇、實用篇四部分。「植物篇」說明萱草花的原產地、品種、生態、栽植狀況等，這是知識的敘述，是「眞」。「倫理篇」摘舉出萱草花其來有自、淵源久遠的教孝功能，寓涵「善」的本旨。「觀賞篇」是以國畫、書法、插花、攝影等不同形態的藝術，展現萱草花蘊藉含藏的「美」。「實用篇」則以食譜和有關藥用性能的解說，闡釋萱草花的多種功「用」。萱草花眞、善、美、用，盡皆包融，是一種蘊含文化意義最深廣的花。望國人能瞭解它、喜愛它。

77010　THE ART OF TRADITIONAL CHINESE FLOWER ARRANGING (BY HUANG YUNG-CHUAN)
中國傳統插花藝術（黃永川著）

1988.6.　29X22cm　207面　精裝

國人在二千年前的漢代已使用圓形的陶盆以象徵廣大的池塘或湖寫，盆內安置陶樹、陶樓與陶鴨，透過象徵的手法在有限的空間裡展現大自然無限的生機。這種以盆盤器當做池塘或大地的觀念到了六朝時侯與佛教之以水養花供佛的習尚相結合，而成一種新的藝術表現形式—插花藝術。插花原就是最典型的生活藝術，中國插花是以中國人對花木之美的特殊品味爲基礎，透過文化意識與固有的審美觀，以花木神態形色之架構與自然人文關係爲依歸，假瓶盤爲地，別造靈奇的一種藝術表現形式。

78019　宜興茶壺精品錄

A RECORD OF EXQUISITE YI XING TEAPOTS

1989.12.　28X21cm　90面　平裝　定價500元

　　本館舉辦的「己巳年春節特展」，共包括了竹藝、銀器、玻璃器等六大項，其中，人們最駐足留戀的是—明清宜興壺藝精品展。明清時代的宜興茶壺，尤其最具代表性的是紫砂壺，它的顏色簡素、體型小巧；最盛時期的名聲，甚至可媲美景德鎮的瓷器。

　　本館特別從當時展出約二百件的展品中，挑選出九十件精品中的精品，其中少數爲本館所收藏，其餘主要是國內宜興紫砂壺收藏家王度先生、黃正雄先生，以及張添根先生盛意提供的收藏品；另外加上概説宜興壺藝特色的文字，編集成此書，以饗同好。希望能從此書中，亦能一暢愛陶之旅。

84004-1　歷代紫砂瑰寶

THE TREASURABLE VIOLET SAND TEAPOTS IN ALL DYNASTIES IN CHINA

1995.6.　30X22cm　208面　定價1600元

　　紫砂是一種紫紅色、質細、可塑性強滲透性好的細泥，由這種細泥製成的壺，經一千一百至一千二百五十度窯火燒製而成。紫砂壺以宜興所製最有名，明清宜興壺，除壺本身的品質優良，文人的參與也提高了紫砂壺的地位，文人愛喝茶進而在壺上題詩句、銘刻，製壺匠師更在壺底簽名和蓋印章的習慣，把紫砂壺從一個日常飲茶的器具，帶進了文人雅士創作藝術品的天堂。

　　本圖錄集合南京博物院、北京故宮博物院、北京首都博物館、天津藝術博物館及宜興紫砂工藝陳列館之作品圖片，十分珍貴。

85008　中國傳統插花藝術展—民間插花

TRADITIONAL CHINESE FLOWER ARRANGING FOLK ARRANGEMENT

1996.3.　30X21cm　104面　定價360元

ISBN：957-00-6848-5（平裝）　統一編號：006309850084

　　愛花是中國人與生俱來的天性，而插花更爲我最優美的民族藝術之一，在中國古代，民間插花是流行於常民之間的一種藝術表現形式，最早可追塑到漢代的春盤及綵花、節慶等，到六朝以後開始普遍流行，唐代更有戴花、鬥花、綵花、把花等形式，因此，民間插花，是具有悠久歷史的一種民間藝術表現形式。

　　「中國傳統插花藝術展—民間插花」展覽圖錄規劃出中國特有的節氣如：歲朝、元宵、清明、端午、中秋、冬至等等主題的插花作品，並配合春、夏、秋、冬四季以不同色彩來象徵民間對季節變化的感情，此次作品以民間插花爲主題，結合民間手工

技藝類

藝，將中華傳統插花的形式與内涵，用創新手法應用於現代生活，提供國人生活精緻化並提昇精神品質。

85017　中華插花史研究（黃永川著）

A STUDY OF THE HISTORY OF CHINESE FIOWER ARRANGING (BY HUANG YUNG-CHUAN)

1996.5.　26X19cm　295面　定價900元

ISBN：957-00-7302-0（平裝）　統一編號：006309850173

插花藝術爲中華民族最優美的文化表現之一環，其肇端始自六朝時代（公元二二○－五八九年），盛行於唐宋兩朝，迨至明季以降，花學成立，並傳介於日韓諸國。

本書計分九章。第一章緒論，概說插花藝術在美術史上的特殊意義；第二章探討插花藝術的起源，包括我國插花藝術成立前，古老人類對花卉之美的關心；第三章至第八章分別就魏晉以前至清代我國插花藝術發展情形作斷代式的敘述與比較，是本書的重點。至於第九章結語，是作者黃永川先生從美術史的角度對「中華插花史」研究後所作的結論，以簡略的條例式臚列，用供今後我國插花發展之參考。

86009　易經與中國插花的六十五花相

I CHING AND THE SIXIY-FIVE STYLES OF TRADITIONAL CHINESE FLOWER ARRANGEMENT

1997.4.　29X21cm　88面　定價500元

ISBN：957-00-8946-6（平裝）　統一編號：006309860091

易經與中國插花的六十五花相主題，將中國插花作品的方位角度所象徵的精神性意義與易經的六十四卦相相結合，透過花藝作品來闡述中國久遠高深的哲學思想。將易經的道理、觀想和内涵運用在花藝的表現上，則是更讓人有所期待與盼望，而這些作品不單只是有著絢爛奪目的形式或者鮮艷嬌嫩的色彩與姿態，它們同時具備了純樸的内在。這也符合了「形質兼備」的中國傳統美學要求。

本圖錄係將展出的作品六十五件與易經有關的作品及花藝家創作的三十餘件精彩的作品，共計一百件擇其精要並拍攝下來。經過精心設計的會場佈置，讓讀者得以欣賞展覽的成果，爲中國傳統插花紀錄下特殊的插花作品。

86023　茶的文化

CONNOISSEUR'S TEA

1997.7.　30X22cm　292面　定價1200元

ISBN：957-00-9821-X（精裝）　統一編號：006309860230

　　根據「茶經」的記載：「茶之爲飲，發乎神農氏，聞於魯周公。」可見中國人飲茶已有悠久的歷史，我們可謂世界上最懂得飲茶的民族。而「茶」經歷了漫長的涵泳亦轉化爲深邃獨特的華夏藝術。

　　本館爲闡揚中國茶藝文化的雅致風尚，故精心籌劃了「茶的文化」特展，並以紫砂壺爲主要展品，配以朱泥壺、天目茶碗、茶盞等飲茶用具來呈現中國茶藝一脈相傳的發展。

技藝類

86034　中國插花藝術（黃永川著）

CHINESE FLOWER ARRANGEMENT (BY HUANG YUNG-CHUAN)

1997.9.　23X20cm　198面　定價800元

ISBN：957-02-0325-0（精裝）　統一編號：006309860349

　　中國插花藝術歷史悠久，風格獨具，表現手法與形色意義，均攸關中國人生活體驗與藝術哲學，是一部中國的插花史，可以視爲中國人生活藝術史之縮影。國立歷史博物館與美國舊金山亞洲博物館鑑於中國插花的風格與特殊品味，聯合舉辦一項大規模之「中國古典插花展」。爲使國際友人對我優美藝術有更深之了解，作者黃永川先生以平實的筆調，從更周全的角度再撰寫「中國插花藝術」一書，以配合此一甚具意義之活動。

　　本書的內容分中國插花藝術的形成、中國插花藝術簡史、中國人的插花觀念、中國插花的特質、中國插花的類型、花材的形意與搭配、花材的象徵意義、技葉的折曲與加工技法、如何插好一盆中國式插花、及中國插花的鑑賞等十章，內容除融會了古來中國的插花觀念，且涵蓋了中國文化和插花關係的概念理論與實際技法。

技藝類

87012　第十四屆中國傳統藝術展─書藝與花藝

THE ARTS OF CALLIGRAPHY AND FLOWER ARRANGEMENT

1998.4.　30X21cm　104面

ISBN：957-02-1126-1 (平裝)　統一編號：006309870128

　　中華花藝文教基金會八十七年度大展，以「書藝與花藝」為主題，再次進行研究,性的立體展示。從書法結構之點、線、面中尋求美感。

　　書法之質量構成美感要素，以有無相生、虛實相應的學理，應用在藝術表現，均以視覺心理為根據。表現在花藝的創作上，似乎也有相通的共性，中國插花的美感原則，依然未偏離虛實相應的原理，回歸到視覺心理的探討。書法創造過程，包含思想、材料、技法三個要素；亦為插花創作的共通要素。

　　此次的展出，重新審視中國書法的精髓，並將之與插花藝術結合，實是對「傳統」一詞，做了絕佳詮釋。展覽後並有圖錄出版，供雅好者誌賞。

88009　一九九九中華插花藝術展─陶與花

CERAMICS AND FLOWERS─THE ART OF FLOWER ARRANGEMENT IN 1999

1999.3.　30X21cm　107面　定價600元

ISBN：957-02-3342-7 (平裝)　統一編號：006309880096

　　插花藝術在中國已超過一千五百年的歷史，在三月間的「花朝」時節以「陶與花」為主題結合陶藝的二百四十件花藝作品展出，深具意義。

　　花藝是花卉植物從自然生長轉向以人的觀點進行審美和抒情、詩意的表意符號，藉由插花形式的展現。承載花卉植物的器皿與花材本身結合成密不可分的整體，陶藝與花藝的主題，便是在這兩種質材親土性的特質上相遇合，並緊密的糾結。

　　本圖錄由國立傳統藝術中心籌備處、中華婦女陶藝社、中華花藝基金會及國立歷史博物館合作完成，藉由透過陶藝與花藝之美，為社會大眾帶來歡愉喜悅的美感。

88040　裝飾結的創作—第八屆東亞三國結藝聯展

THE ART OF DECORATIVE KNOTS：THE 8TH INTERNATIONAL EXHIBITION OF
TRADITIONAL KNOTS

1999.8.　29X21cm　132面　定價600元

ISBN：957-02-4900-5（精裝）　統一編號：006309880402

結藝藝術是我國一項富有生活色彩的傳統工藝，原始的人類
為了生活實用，結合了雙手與智慧，而有綰繩編結的技巧。日
本、韓國在地緣、文化、藝術都與我國有密切的關係，在繩結藝
術的表現尤是。日本承襲早期唐風，韓國則有晚清風格。從這些
展出材質的選擇、聰穎的技巧、色彩的布局、造形的和諧看出，
每件作品都呈現各民族之美感以及其特有文化內涵的精神性所
在。

89002　二○○○中華插花藝術展—世紀之約

THE ART OF CHINESE FLOWER ARRANGING IN THE NEW MILLENNIUM

2000.2.　30X21cm　144面　定價550元

ISBN：957-02-5428-9（平裝）　統一編號：006309890023

中華花藝基金會創會迄今十六年，努力的宗旨在於致力中國
古典花藝史料的梳理以及尋求傳統花藝在歷史與現代不同時空中
的定位，藉由歷史性、學理性、美學性及創作實踐互動理路，花
藝基金會的花藝創作者以傳統詮釋現代；就既有的媒材做創意思
考的新發現。另一條脈絡則是，藉由現代的創作思想回溯傳統的
內容，從批判反省的角度進行傳統花藝的創新。

本館與中華花藝基金會共同舉辦的「世紀之約」花藝展覽，
即在提供社會大眾對歷史、藝術及文化的多面性觀察與探究，除
了觀賞多采多姿的視覺美感之餘，花藝基金會以嚴謹的研究態度
呈現的創作成果，更具有宏觀歷史的氣勢。

中華叢書—歷史文物叢刊

　　國立歷史博物館自四十四年籌備之始，即在不斷之研究發展中推展工作，使國立歷史博物館成爲當時一新興崛起之學術機構。「歷史文物叢刊」即是當時具代表性的研究著作。

　　此叢刊共出版27冊，內容包括博物館、宗教藝術、服飾、文物綜論、歷史文化以及書法篆刻等主題，由當時在學術界有舉足輕重地位的學者專家所執筆；此系列圖書大多爲中英對照，提供給國內外學者專家共同參考與指教，在當時的學術界貢獻良多。

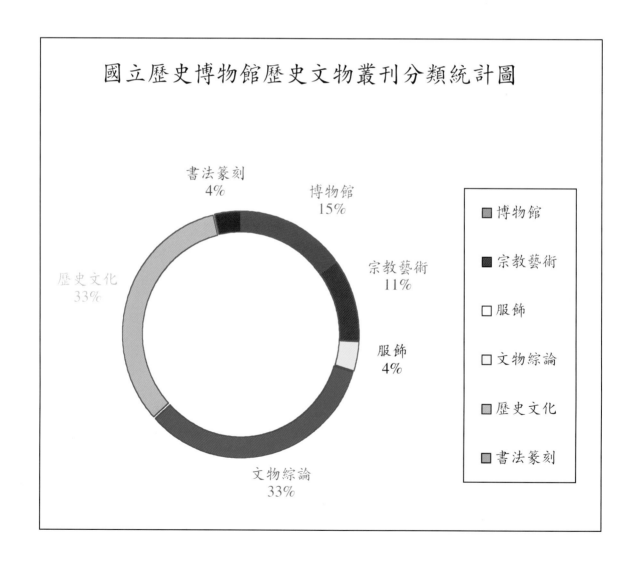

國立歷史博物館歷史文物叢刊分類統計圖

47001　　敦煌藝術（勞幹著）(歷史文物叢刊第一輯之一)
FRESCOES OF TUNHUANG（BY LAO KAN）
　　1958.3.　18X13cm　114面　平裝　定價32.00元

　　中國古代藝術，向以壁畫爲主，而於今猶存者，厥惟敦煌壁畫，最爲世所推重，此一偉大之藝術遺產，實不啻一部中國古繪畫史。歷史博物館之建館之初，即闢室複製，由羅寄梅先生設計，胡克敏教授繪製。勞幹先生曾遍歷我國西北，探察斯境，且於此具有多年之精深研究，撰成此書。讀者手之，則於敦煌壁畫之內容及其變遷跡象，宛然在目，尤可知其於中國繪畫史上之地位與影響，極爲重大。

47002　　歷代圖書版本志要（羅錦堂著）(歷史文物叢刊第一輯之二)
THE EVOLUTION OF CHINESE BOOKS（BY CHIN-TANG LO）
　　1958.7.　19X13cm　168面　平裝

　　本書對於雕版發明前我國文字流傳之工具以及雕版發明後歷唐迄清各代刻書之概況，因時先後，分別敍述，板刻源流，較然明晰，卷末附列圖版二十幅，用以參閱，意在藉供審辨舊刻之參考與應用也。

49001　　造紙的傳播及古紙的發現（李書華著）
　　　　（歷史文物叢刊第一輯之三）
THE SPREAD OF THE ART OF PAPER-MAKING（BY LI SHU-HWA）
　　1960.2.　19X13cm　77面　平裝

　　造紙爲我國四大發明中對於人類之最大貢獻，本書關於造紙術傳播之史實，旁徵博引，參證綦詳，並敍及近五十餘年來，我國西北發現漢晉唐諸代古紙文件甚夥，獲知中國古代紙之構造、成分及其製法，極爲寶貴。同時附有古紙文件插圖五幅，用供參閱。

49002　火藥的發明（趙鐵寒著）(歷史文物叢刊第一輯之四)
THE INVENTION OF GUNPOWDER（BY CHAO TIEH-HAN）
1960.9.　19X13cm　104面　平裝　定價24.00元

　　我國之火藥發明，久已著稱於世。惜少專書爲之綜合論證。鐵寒先生特撰此書，對火藥發明及其使用演進，詳爲參證，徵引精博，立論分明，讀者欲對此問題求得明晰正確之概念，手此一帙，不待他書。

49003　商周銅器（譚旦冏著）(歷史文物叢刊第一輯之五)
YIN AND CHOU BRONZE（BY T'AN TAN-CHUNG）
1960.12.　19X13cm　122面　平裝　定價32.00元

　　自近代考古學興起後，中國殷商時代青銅器，乃得有計劃之發掘，大批出土。計自民國十二年起，先後在河南新鄭縣、輝縣及安陽小屯村，獲有銅器甚夥，如禮器中之牢鼎、蟠虺紋鼎、圜壺，樂器中之編鐘、特鐘，兵器中之戈、矛、戟、鉞、戰車配件等，於研求我國禮樂刑政均具極高歷史價值。本書敍述商周之銅器形製、沿革、文飾、用途及出土之經過等甚詳，附有圖版十餘幀，閱此一書，得知商周銅器之全貌。

50001　鄭和下西洋之寶船考(包遵彭著)(歷史文物叢刊第一輯之六)
ON THE SHIPS OF CHENG-HO（BY PAO TSEN-PENG）
1961.12.　19X13cm　122面　平裝

　　明代三保太監鄭和七次奉使航海下西洋，所歷南海及印度洋沿岸凡三十餘國，爲十五世紀之盛事，較之航海家哥倫布及甘馬之航行早八十餘年，其所乘之寶船，爲有明一代航海船舶之巨者，向爲人所稱道。惟史載該船建造制度，過於簡略，世之研史者，莫由稽考，復以史闕有閒，久爲歷史懸案，本書詳考明史及諸家載籍碑傳，檢討比對，不僅於此十五世紀宣威海外之寶船長闊制度獲致徵實，且於有明一代之造船技術與學術，均有論證。

53001　國立歷史博物館展覽器物舉隅（高去尋等著）

SELECTED EXHIBTS OF THE NATIONAL

MUSEUM OF HISTORY（BY KAO CHU-SHUING）

1964.3.　19X13cm　98面　平裝

國立歷史博物館爲參加紐約世界博覽會展覽品，提選了銅器、玉器、石刻、陶器、瓦當、貨幣、敦煌寫經等十四類計三百二十四件藏品參加展示。深得國內外學術界所注意。本書所收錄的文字，或爲當時研究、鑑定、審選的意見，或爲考訂說明之作，對於了解本館展品，實有很大的意義。

53002　中國博物館史（包遵彭著）（歷史文物叢刊第一輯之七）

A HISTORY OF CHINESE MUSEUMS（BY PAO TSEN-PENG）

1964.6.　20X14cm　216面　精裝　定價45.00元

我國歷史悠久，文化遺產甚豐。自上古以來，法象制器，於宮室、衣裳、舟車、弓矢、書契、曆律等制作，造詣精微，垂則後世。其蒐集陳列，供人欣賞研究，向爲社會所重。民間蒐藏風氣，尤爲廣被，而典藏制度，均爲博物館規模之淵源所自；就博物館學之意義與要素言，我國早已具有相當成規。作者對於博物館之淵源及其近代發展之情形，包括文物蒐藏，沿革遞遭，乃至組織規模，無不徵文考獻，詳盡靡遺，撰成我國第一部博物史。

54001　殷周青銅器求眞（張克明著）(歷史文物叢刊第一輯之八)

A STUDY OF BRONZE IMPLEMENTS OF YIN AND

CHOU DYNASTIES（BY CHANG K'O-MING）

1965.5.　19X13cm　84面　平裝　定價24.00元

本書爲辨別傳世青銅器之眞偽，乃列舉安陽、新鄭、輝縣三大發掘所獲之器物，對於殷周塚墓所出銅器之數量，形制、款識、銹色、銹疤，無不參考舊籍，揆諸實物，審察較量，悉心研究，指點其同異，尋求其特徵。並就館藏殷周彝器、兵器、車器，選精攝影，逐品附圖列說，揭櫫其奧秘，考述其作用。持此鑑定青銅器，庶乎其不差矣。

54002　想像的歷史與真實的歷史之比較（李濟著）
THE COMPARISON OF IMAGINATIVE HISTORY
AND AUTHENTIC HISTORY（BY LI-CHI）
1965.8.　19X13cm　32面　平裝

　　此書由李濟先生所執筆，談到舊史學的一般性質、進化論的
啟發作用、由自然歷史到人文歷史、近代考古學的貢獻、博物館
所能宣傳的歷史知識以及歷史意識與現實生活等。可作爲研究歷
史的參考。

55002　古物保存法（包遵彭著）(歷史文物叢刊第一輯之九)
CHINESE PROTECTIVE LEGISLATION ON
CULTURAL PROPERTIES（BY PAO TSEN-PENG）
1966.5.　19X13cm　124面　平裝　定價23.00元

　　本書將古物之含義、界說與維護古物之要素暨國際間以往維
護古物會議之經過等等，作一確切而有系統的闡述，實爲研究古
物保存之一良好讀物。後附英文，便于歐美學者閱讀。

55003　冕服服章之研究（王宇清著）（歷史文物叢刊第一輯之十）
A STUDY OF REGALIA（BY WANG YU-CHING）
1966.10.　19X13cm　173面　平裝

　　本書將冕服服章之界說、起源、章目、章次、圖說、彰施、
涵義等，以及歷代冕服制度之實施，作詳盡的敘述與考證。並附
有圖版二十六種。後附英文，便于歐美學者閱讀。

56001　漢代樓船考（包遵彭著）（歷史文物叢刊第二輯之一）
STUDY OF THE LOU-CHUAN OF HAN PERIOD（BY PAO TSEN-PENG）
1967.3.　20X14cm　118面　精裝

本書對於漢樓船軍制、式樣、建造法式，暨樓船的兵器、樓船航海術、航線港口等詳爲闡述，力求考證。並附圖多幅。後附英文，便于歐美學者閱讀。

56002　行神研究（葉郭立誠著）(歷史文物叢刊第二輯之三)
A STUDY OF PATRON GODS（ BY YEH-K`UO LI CHENG）
1967.11.　19X13cm　187面　平裝

本書作者，對於我國南北各省民間祈祀之行神，潛心研究，三十餘載。採擷資料，極爲豐富。諸凡俗籍流傳，志書記載，乃至外人著錄，斷殘點滴，廣事蒐羅；從而披沙撿金，排比論說，以闡明其於社會風俗與夫工商行業之影響。實裨益於研究我們文化民俗者之參考。

57001　國立歷史博物館藏周磬之研究（莊本立著）
　　　　（歷史文物叢刊第二輯之二）
A STUDY OF THE CHIME STONES（BY CHUANG PEN-LI）
1968.3.　19X13cm　85面　平裝

本書對於磬之種類、形式、製作，周磬之尺寸，編磬之密度，以及周磬之音高，分別加以研討、計算、釐測，並附圖列表，補苴說明，由此可知周代對於音律之研究及音響原理方面，已有相當進步。中外音樂學者，手此一書，堪爲研究我國古代音樂之藉助焉。

中華叢書

57002　國立歷史博物館藏蔣鳳墓誌銘研究（黃典權著）

（歷史文物叢刊第二輯之四）

A STUDY OF THE EPITAPH OF CHIANG FONG（BY HWANG TIEN-CHUAN）

1968.5.　19X13cm　63面　平裝

　　南明上護軍驃騎將軍蔣鳳墓誌銘之出土，於南明史學中，無異滄海遺珠，近代史學者至爲重視。本書就蔣氏墓誌銘全文爲題綱，分目考證，廣徵博引，與明鄭史料，多所印證。不惟可補舊史之闕，亦有助於明史之研究。

57004　明監國魯王壙誌之研究（包遵彭主編）

（歷史文物叢刊第二輯之五）

RESEARCH ON INSCRIPTIONS OF THE STELE ESTABLISHED

BY THE COUNSELOR OF MING DYNASTY, KING LU（BY PAO TSEN-PENG）

1968.11.　19X14cm　70面　平裝　定價20.00元

　　魯王以海壙誌之發現，對於明史所載鄭成功謀害魯王之誣枉，得以辨正，曉然大白於天下後世，關係明代史事至巨。本書以壙誌字跡漫漶，多有闕疑，而諸家考辨，又見歧異，乃參照諸家學者之意見，加以徵引疏證，並錄有關記載發現壙誌經過及魯王史蹟等文，藉以有助於研究明清史者之參考。

57005　國立歷史博物館藏品舉隅（包遵彭編著）

（歷史文物叢刊第二輯之六）

THE COLLECTIONS OF THE NATIONAL

MUSEUM OF HISTORY（BY PAO TSEN-PENG）

1968.12.　19X14cm　134面　平裝　定價38.00元

　　本書著錄各篇，皆乃國內專家學者對於國立歷史博物館藏品研究、鑑定之意見，或爲考訂、說明之作，介紹古器物及藝術品凡十有四種。其中包括殷墟、新鄭、輝縣出土之商周器、玉器，洛陽地區出土之漢唐陶器、漢熹平石經，以及兩漢六朝瓦當、石雕，戰國秦漢璽印，敦煌寫經等，均爲國內學術界之所重視。

58001 漢畫與漢代社會生活（何浩天著）(歷史文物叢刊第二輯之七)
SOCIAL LIFE DURING THE HAN DYNASTY AS SEEN
FROM HAN PAINTINGS（BY HO HAO-T'IEN）
1969.8. 19X13cm 143面 平裝 定價45.00元

　　國立歷史博物館蒐藏漢畫原拓，如武梁祠石刻畫，河南、山東等地出土之漢墓石刻畫，成都附近出土之漢墓磚畫等拓本，至為珍貴。本書僅就成都出土磚畫拓本，擇其若干幅，加以分析研究，廣為徵引，詳實參證：並類別附圖，藉以闡述兩漢之聲明文物，以及人情風俗與社會經濟情況，印證史籍，較然有如指掌。

59001 國立歷史博物館創建與發展（包遵彭著）
（歷史文物叢刊第二輯之八）
THE FOUNDING OF THE NATIONAL
MUSEUM OF HISTORY（BY PAO TSEN-PENG）
1970.1. 19X14cm 231面 精裝 定價60.00元

　　作者乃國立歷史博物館之籌創主持人及首任館長，故能於建館宗旨，始作規模，文物蒐藏，國內外展覽與研究發展，種種致力於推行歷史與美術教育，弘揚中華文化，促進國際文化交流工作等等，將十餘年間之慘澹經營，如數家珍，詳述靡遺。

66001 唐三彩（譚旦冏著）（歷史文物叢刊第三輯)
T'ANG THREE COLOR POTTERY（BY T'AN TAN-CHIUNG）
1977.1. 19X13cm 107面 平裝 定價44.00元

　　國立歷史博物館藏有大批古代陶器，其中以唐代陶器為最多，而唐代陶器中又以唐三彩器最為最顯著。這批陶器大都是河南博物館的舊藏，少數由他方移來入藏的。近經整理、修復而陳列出來的唐代陶器共有一百四十六件。本文是以唐三彩器為主，兼及於唐代其他陶器，而更是以國立歷史博物館所陳列出的展品為主，兼及於傳世的和出土的他處藏品。在依據上，除以有關記載外，當以出土有墓誌銘的陪葬品，為對照的重點。

66002　「佛經變相」美術創作之研究（陳清香著）
（歷史文物叢刊第二輯)
A STUDY ON THE ILLUSTRARIONS FROM
THE BUDDHIST SUTRAS（BY CHEN CHING-HSIANG）
1977.3.　19X13cm　128面　平裝　定價45.00元

　　佛教文化是中國文化的三大主流之一，自東漢明帝時傳入，魏晉以後流布漸廣，至隋唐時代蔚然大盛，它融和了儒、道二家思想，形成博大精深，燦爛輝煌的歷史文化。佛教思想影響中國文化是多方面的，其中表現在美術創作上，最為深鉅，所遺留下來的創作遺蹟，也最為豐富。在佛教美術作品的範疇中，佛經變相是一重要題材，也是中國美術史上相當特殊的創作。雖然其取材內容出自佛教經典，而風格面貌卻是純粹的中國化，是故變相的創作，不僅在說明當代人民的宗教信仰，同時也顯示了當時的政教狀況，社會經濟；其人物衣冠居室形態等，均是魏晉、隋唐等時代最真切的生活描述。『佛經變相美術創作之研究』一書內容豐富，有其權威性，可供研究者參研。

66003　新鄭銅器（譚旦冏著）（歷史文物叢刊第三輯)
HSIN CHENG BRONZE INPLEMENTS（BY T'AN TAN-CHIUNG）
1977.6.　19X13cm　113面　平裝　定價44.00元

　　新鄭銅器的出土，以及收藏的經過，據新鄭古器圖錄下冊所載，節錄如下：『新鄭古器，於中華民國十二年八月二十五日，發現於河南新鄭縣城李氏園中，園主名銳，字崑山，因鑿井灌溉，掘地三丈許，偶觸古器，初得大鼎一，中鼎二，以八佰餘金，售於許昌張慶麟，繼續發掘，事為姚知事延錦所聞，尼之，不可。時陸軍第十四師靳師長雲鶚駐鄭，以原價收回張慶麟購去之物，續計共得器八十九、碎銅片六百三十七，於九月十七日，儘數運至河南古物保存所，交所長何日章保管。』依據河南博物館運台文物清冊所載，新鄭銅器的原號為「天」字，有鼎形器六件，鐘形器四件，壺形器三件，盤形器二件，兕觥二件，虎彝、豐侯、罍、洗等各一件，天字九十六號外銅器鼎殘片五塊一蒲包，共計為新鄭銅器二十二件。經過史博館修補、整理與陳列，並用這些實物為依據，作概括的介紹與探討。

67005 國立歷史博物館藏印選輯（王北岳編拓）（歷史文物叢刊第三輯)

THE COLLECTION OF CHINESE SEALS IN THE
NATIONAL MUSEUM OF HISTORY（BY WANG PEI-YUEH）

1978.5.　19X13cm　78面　平裝　定價36.00元

東方國家多用璽印，蓋源於中國，中國之用璽印，始於殷，行於周，而盛於秦漢以迄於今，其用途一以表示使用者之職位，一以作爲徵驗之信物，文人雅士，復有將其居第之齋軒館閣名號或口誦心唯之格言詩句，鐫於印上，藉傳久遠。本館藏印，多爲出土物，部分爲沈次量先生舊藏捐贈本館，其歷史價值與藝術價值並高，國內外金石家，每於觀後建議本館印行專集問世，以廣流傳，本館特邀當代金石家王北岳先生就館藏印拓模成集，汰蕪存精，選輯成帙，以慰國內外金石家喁喁之望。

68001 善業埿造像之研究（黃永川著）（歷史文物叢刊第三輯)

AN INTRODUCTION TO BUDDHIST CLAY
OR SHAN YEH CLAY（BY HWANG YEONG-CHUAN）

1979.4.　19X13cm　99面　平裝　定價28.00元

善業埿造像的佛教藝術，是中華文化之一環，是佛教文化中之瑰寶，在中國雕塑藝術史上，尤有其重要的地位。本館黃永川先生，精於繪畫創作，以及美術史論的研究，對於佛教藝術亦多涉及，「善業埿造像之研究」，是黃先生研究成果中的一篇專題報告，内容充實，考證詳盡，是介紹佛教文物善業埿造像的一篇專門性文章，也是社會人士了解善業埿的最佳參考資料。

70012 中華漆飾藝術（范和鈞著）（歷史文物叢刊第三輯)

THE DECORATIVE ART OF CHINESE LACQUER WARE（BY FAN HO-JUNE）

1981.5.　19X13cm　228面　平裝　定價60.00元

中華漆飾藝術，源自我國虞舜，三千年來，每當自由思想及民間藝術抬頭的時代，漆飾工藝便呈百花齊放的異彩。第一次在二千年前之戰國，第二次在四百年前之明代。朱太祖以平民開國，在民風習俗上，平易近人，盡撤異族統治時，思想上限制，乃能在小品文章及書畫陶情方面，傳下許多性靈中之傑作。漆器製作亦不例外，承宮庭之獎掖，受士人之傳讚，全國各地之漆飾名家，無不精心製作，爭奇鬥勝，自由發揮。當時傳世之漆器製品計有八大類，千百種之多。今日中國也是百鳥齊鳴百花齊放的時代，漆飾文化，理應復興，若經各方稍予提倡，必可在漆飾史上，寫下第三次復興的一頁。爲緬懷先人文物遺產，竭力提倡漆

器藝術，經由歷史博物館秦景卿主任之推薦以及故宮博物院周功
鑫小組及楚戈先生之協助攝製圖片，使本書順利出版問世。爲研
究漆飾工藝之重要參考圖書。

72007　明清兩代琺瑯器之研究（劉良佑著）（歷史文物叢刊第五輯）
PAINTED AND CLOISONNE ENAMEL OF THE MING
AND CH'ING DYNASTIES（BY LIU LIANG-YU）
1983.9.　20X13cm　188面　平裝

　　本文是作者數年來在國立故宮博物院實際工作所得的一些經
驗。全文共分爲三大部份，第一部份是琺瑯發展的歷史；第二部
份是畫琺瑯的鑑定；第三部份是掐絲琺瑯的鑑定。全部內容的資
料，得自於三方面的結論：第一是分析比較了故宮所藏的二千八
百七十件精美的中國琺瑯器所得的結論。第二是研究了故宮文獻
處所藏的中國古代官府作器的原始記錄，如有關的法令、奏摺、
工作記錄等等。第三是運用現代科學工具所作的工作報告，如X
光透視、顯微放大檢查、窯業實驗、修復實驗等等。主要目的，
並非在於對其他理論的批判，而是在說明，中國琺瑯工藝的眞
象，以及在鑑定工作上的一些客觀的憑藉。

張大千圖書系列

藝壇大師大千先生舉世同欽，一生熱愛歷史文化，開拓藝術創作大道，其繪畫承先啓後，融匯古今，隨筆揮寫，包羅萬象，永遠受人們喜愛讚賞，永遠受人們珍藏，世代不朽。

國立歷史博物館爲宏揚大千先生的藝術造詣，早在民國四十八年首次舉行「張大千先生國畫展」，于右任先生爲之主持揭幕；其後，五十一年夏又舉行大規模之「張大千畫展」，並展出巨作「四天下」以及新作「黃山前後澥」；民國五十六年，舉辦「張大千近作展」，翌年舉辦「張大千長江萬里圖展」。至六十二年又盛大舉辦「張大千創作國畫回顧展」。翌年秋在日本東京中央美術館舉辦「張大千畫展」，並出版首冊「張大千畫集」，獲國內外觀眾熱烈的讚賞。

自六十四年起，歷史博物館對大千先生的作品，作連續性和計劃性的向國內和國際間隆重推薦與展覽，當年九月提供大千先生三十年來的精品八十幅，在國家畫廊舉辦中西名家畫展，另提代表作六十幅，至韓國漢城國立現代美術館展出；六十五年新春，大千先生由美返國，特舉辦「歸國畫展」，當年並爲其出版「張大千作品集」。

六十六年夏，本館精心策劃，爲大千先生舉辦在台中市舉辦近作展，翌年三月在高雄舉行「張大千畫展」，秋季又在台南市展出；自此大千先生的繪畫移向中南部，深入廣大的民間。六十八年一月，歷史博物館在香港文化協會舉辦「中國現代畫壇三傑作品展」，有大千先生四十幅作品展出，轟動港澳。

六十九年開始，歷史博物館對大千先生的生平作品，決定作系統性的介紹，凡大千先生書法和繪畫，均予整理編印，而出版「張大千書畫集」第一集，二月間再舉辦「張大千書畫展」，至年底「張大千書畫集」第二集問世。

七十年二月，歷史博物館舉辦「張大千近作展」，三月集大千先生代表作三十幅，運法國巴黎東方博物館參加「中國國畫新趨向展」，七月間邀請先生在國家畫廊爲「寶島長春」巨畫，作開筆儀式，造成國內藝壇的大高潮。

七十一年四月，歷史博物館邀請大千先生與君璧先生當眾合繪「慈湖長春圖」，流傳世間，視同珍璧。同年，「張大千書畫集」第三集出版。

七十二年元月，歷史博物館舉辦「張大千近作展」，爲萬眾期待的三十六尺「廬山圖」，亦同時在國家畫廊展出，打開我國畫史上的新紀元。接著，「張大千書畫集」第四集出版。不料，七十二年三月十二日大千先生竟以心臟不適住入榮總，而於四月二日與世長辭，留給人們無限的哀思。其最後著作「廬山圖」及新編「張大千年譜」，均一併編入「張大千書畫集」第五集。

民國七十四年至民國七十九年，本館爲紀念張大千先生，極力搜羅其作品圖版，包括海內外公私家之收藏精品，因而出版了「張大千書畫集」第六集、「張大千紀念文集」、「張大千學術論文集」、「張大千九十紀念展書畫集」以及「張大千書畫集」第七集。尤其「張大千九十紀念展書畫集」更榮獲「生活藝術類優良圖書金鼎獎」，代表了藝文界對本館在此項工作的肯定與鼓勵。

民國八十二年假本館「國家畫廊」舉行了「渡海三家收藏展」，更加肯定張大千之於藝術界的輝煌成就。

民國八十五年，本館研究員巴東先生於【史物叢刊12】發表「張大千研究」論文一篇，這是一本研究張大千藝術的著作，全書分早、中、晚期來評析，是研究張大千者不能錯過的一本書。

62001　　張大千畫集

CHANG DAI-CHIEN'S PAINTINGS

1973.2.　　29X21cm　　115面　　精裝　　定價320元

　　張大千先生卓然自成大家、橫絕千古的藝術成就，蜚聲國際、舉世同欽，國立歷史博物館在籌辦張大千先生回顧展之餘，特別選印其作品編印成專集以供同好，藉以推展美術教育與提昇社會風氣並宣揚大千先生高風義行，虛懷若谷之情操，以滿足社會各界對於大千先生作品之佩慕與喜愛。

65003　　張大千作品選集

THE PAINTINGS OF CHANG DAI-CHIEN

1976.5.　　29X22cm　　134面　　精裝　　定價450元

　　大千先生，德藝兼修，譽滿寰宇，他的藝術有大氣磅礡之概，他的畫格雖然根植於他素所尊尚的石濤與八大的畫風，然更是把自己的傳統藝術，發揚光大，邁進新的領域，自成一格。大千先生繪畫方面的造詣，向有「南張北溥」(南方張大千，北方溥心畬)、「東張西畢」(東方張大千，西畢卡索)之稱，享譽國際藝壇，是中國美術史上近百年來成就最大的畫家。本館特隆重舉辦大千先生歸國畫展，將兩次展出的傑作，徵其同意由本館選輯其中精品，編印「張大千作品選集」，並承總統府資政張岳公親為署耑，尤感激無既。

68002　　張大千巴西荒廢之八德園攝影集（王之一攝）

A PHOTOGRAPHICAL RECORD OF CHANG DAI-CHIEN' PA

TEH GARDEN IN BRAZIL （PHOTOGRAPHED BY WANG ZE-I）

1979.7.　　31X23cm　　全四冊　　平裝

　　王之一君，以其所攝八德園專輯獻大千居士，居士視之欣然。居士經營此園近三十年，游憩於此園者二十年。居士長離故國，栖遑海外，謀求一靜適地，潛心藝事，至巴西於聖羅附近，見一盆地，喜其似成都平原，竟購得之，於是糾工築室，掘地為湖，積土為坡陀，樹木花果，必故國所有者植之。蓋居士治園如作畫，不肯輕下一筆，園之雄渾絢麗處，或奇峭清逸處，莫不如其畫然。園之始建也，居室無藻飾，但取其適。畫室則力求其廣，空闊如禪院齋堂，居士磅礡其間，寫巨荷，寫山水，或攤地上，伏地點染之。晨曦初上，清霧未收，居士坐亭中，天鵝悠然至，此時真物我兩忘也。不意，巴西政府議開河渠，園當其衝，

居士三十年心力，其將付諸洪流乎？藉此攝影集，足資賞覽此
圖，而覽者自能想像居士如何寄情於丘壑間。

張大千圖書系列

69001　張大千書畫集(第一集)

THE PAINTINGS AND CALLIGRAPHY OF CHANG DAI-CHIEN VOL.1

1980.1.　31X22cm　145面　精裝　定價550元

　　大千張爰先生，爲當代的藝壇大師，以書畫享譽中外，萬方
敬崇。雖居高齡，仍孜孜不倦於藝事，年來作品，益見新貌。應
國立歷史博物館之邀，遴其近作在國家畫廊展出。特以先生書畫
近作，參合其早年精品數件，出版專集，用廣流傳。除畫作外，
先生雅擅書藝，而立之年，已屹然成家，確立了「張大千書
風」。近年所作融碑入帖，獨樹風格，愈趨蒼渾古逸，瀟灑縱
橫，實寓畫意於其中。本集亦選有十餘幅，以便讀者體會其畫風
與詩意之趣。並將每幅作品款書與鈐印，加以釋述，用資玩味參
考。

69004　大千居士近作第一集

THE PAINTINGS OF CHANG DAI-CHIEN

1980.10.　36X26cm　12面　平裝　定價120元

　　大千先生，自幼獻身藝事，畢生作畫。他歷遊世界名勝，視
野愈廣，胸中的丘壑更勝，他的畫藝，也建立了自我獨特面目，
創造了邁古開新的風格。「大千居士近作第一集」是本館將居士
近作12幅，編輯成冊，提供愛好者欣賞。

69006　張大千書畫集(第二集)

THE PAINTINGS AND CALLIGRAPHY OF CHANG DAI-CHIEN Vol.2

1980.12.　31X22cm　130面　精裝　定價550元

　　藝壇宗師張爰大千先生，運筆墨之靈，抒造化之機，「超然
象外，物我兩忘」，風格獨具，不同凡品。國立歷史博物館爲崇
敬其繪畫之造詣，與其忠貞不二之偉大人格，歷年以來曾多次展
出其作品，均轟動藝壇，盛極一時；嘗先後編印畫冊，海外人士
極表歡迎。本館爰於建國七十年初春，再舉辦「張大千先生書畫
展」，復續印「張大千先生書畫集」(第二集)，使一代藝術大師之
輝煌藝術，照耀畫史：不僅有助於中華美術教育之光大，亦有益
於民族精神教育之發揚。

69008　西康游屐

THE PAINTINGS OF CHANG DAI-CHIEN

1980.12.　35X26cm　25面　平裝　定價160元

　　此書共收集張大千先生十二幅書畫，供同好觀賞。內容為 (一)雅州高頤闕 (二)飛仙關 (三)多功峽鐵索橋 (四)沙坪獨木橋 (五) 兩河口瀑布 (六)二郎山 (七)瓦寺溝 (八)五色瀑 (九)日地 (十)御林宮雪山 (十一)跳鍋莊 (十二)金剛寺番僧。

70004　張大千書畫集(第三集)

THE PAINTINGS AND CALLIGRAPHY OF CHANG DAI-CHIEN Vol.3

1981.8.　29X22cm　128面　精裝　定價550元

　　張大千先生，一生造歷史文化之美，造現代人生之美，更造了天地萬物之美，構成了許許多多完美的世界，為當代藝壇宗師，享譽國際畫壇數十年。大千先生以深厚的學術與人格修養為基礎，當其胸羅造化，自是見地透脫，而其放筆直掃，神趣天成。國立歷史博物館素以發揚中華優美傳統文化為職志，對大千先生的寸箋尺楮，無不視同拱璧；今再將其近作，予以系統之編排與整理，名為「張大千書畫集第三集」，用饗同好。

72001　張大千書畫集(第四集)

THE PAINTINGS AND CALLIGRAPHY OF CHANG DAI-CHIEN Vol.4

1983.1.　31X22cm　142面　精裝　定價550元

　　大千先生書畫集，本館曾編印三集，風行海內外，為藝苑所珍貴。然猶渴望時有新作印行，本館因假自國內收賞家所藏，編為第四集，觀者當歡喜讚歎，老筆縱橫，愈變愈奇，承歷世之傳統，開當代之新風，繼往開來，非此老莫屬。

72006　張大千書畫集(第五集)
THE PAINTINGS AND CALLIGRAPHY OF CHANG DAI-CHIEN Vol.5
1983.10.　31X23 cm　152面　精裝　定價600元

藝壇大師大千先生舉世同欽，一生赤忱爲國，熱愛歷史文化，開拓藝術創作大道，留給我們的是無數的財富與資產。其作品，早年到晚年，有千幅、萬幅，傳播在國內、國外，傳播在世界上每一個角落。其繪畫，承先啓後，融匯古今，隨筆揮寫，包羅萬象。永遠受人們喜愛讚賞，世代不朽。國立歷史博物館爲宏揚大千先生的藝術造詣，「張大千書畫集」第五集的編印出版，將最後鉅作「廬山圖」及新編「張大千年譜」一併刊出。張大千代表我們國家的大光榮，他的藝術亦將萬古常新！

74004　張大千書畫集(第六集)
THE PAINTINGS AND CALLIGRAPHY OF CHANG DAI-CHIEN Vol.6
1985.7.　31X22cm　161面　精裝　定價600元

張大千先生於民國七十二年四月二日辭世，長眠於外雙溪畔摩耶精舍梅丘，無疑的，大千先生是承傳過去，開拓現代的藝壇巨匠，爲我們這一代寫下了閃爍古今、輝煌燦爛的一頁。本集所編印之大千先生作品，除部份選自本館藏品外，復承張岳公，張漢卿，王新衡，羊汝德，張徐雯波，張添根，張建安，張麟德，林柏年，霍宗傑，林福潭，黃永川諸先生提供珍藏，鼎力贊助，盛意可感。

77005　張大千紀念文集
ESSAYS OF IN MEMORY OF CHANG DAI-CHIEN
1988.4.　26X19cm　209面　平裝

張大千先生爲近代以來深受世人矚目的中國畫壇一代大師。其畫作，承襲了中國傳統繪畫的精華之外，他從不自我設限，而時時刻刻感應時代脈息，賦予新的活力。在傳統與現代兼容並蓄之下，法古變今，創出獨具一格的青綠潑彩畫，其內蘊豐碩、氣勢昂然，爲中國繪畫另闢新貌。本紀念文集，乃經兩年時間，對歷年來評述大千先生藝事行誼之論述，廣爲搜集，彙編成冊。旨在以此一文獻，提供世人作爲學術研究。至於所選錄諸文，係從先生畢生之治藝表現與其藝術成就上著眼。撰作者包括在台及由台灣去海外的專家學人；另外尚有大陸藝文界人士所撰者。全書目次的安排，是將張大千本人所撰或口述列於前；其餘，則大致按寫作年代之先後爲之。

77013　張大千學術論文集
ESSAYS OF THE SYMPOSIUM OF CHANG DAI-CHIEN'S ART
1988.9.　26X20cm　214面　平裝

　　七十七年五月，適逢大千先生九十冥誕，爲緬懷一代大師畢生藝術，及其對中國文化藝術傳承發揚之功，本館除隆重舉辦盛大紀念、印行紀念文集、畫冊專集外，並召開學術研討會，邀集海內外學人，共發表論文十篇，深受藝壇矚目重視，堪稱藝壇學界之盛事，會後經參與學人之整理刪增後，乃彙爲本學術論文集。庶幾增添研究當代藝事之重要資料，亦表對一代大師崇敬追思。

78001　張大千九十紀念展書畫集
THE CATALOGUE OF THE ANNTVERSARY EXHIBITION
OF CHANG DAI-CHIEN'S 90ᵀᴴ BIRTHDAY
1989.1.　39X28cm　311面　精裝

　　當代我國最偉大的藝術家張大千先生，生於民前十三年，卒於民國七十二年，生平處於中國社會變動最大的新舊時代之間，雄情萬丈，才氣橫溢，交遊廣闊，獵藝至廣，除精通書畫創作外，兼治文學詩詞、藝理鑑定、篆刻版本、盆栽造園、烹飪染織、乃至琴韻戲曲等無不精到，至爲世人所推許。

　　七十七年五月爲大千先生九秩冥誕，本館鑑於其偉大成就，爰特舉辦一系列之紀念活動，活動項目包括國際學術研討會及書畫紀念念展等，其中紀念展部分特邀其寶眷徐雯波女士、哲嗣保羅先生及美國親朋好友陶鵬飛先生伉儷等提供精作百餘件，另加黃天才先生及本館所藏大千先生早期與盛年代表作，共計一二〇件，這些作品幾已概括大千先生各期創作之代表，茲爲方便後人查考，特將所有展品精印成帙，用申敬佩及緬懷之意。

79005　張大千書畫集(第七集)
THE PAINTINGS AND CALLIGRAPHY OF CHANG DAI-CHIEN Vol.7
1990.5.　31X23cm　143面　精裝　定價600元

　　大千先生爲近代之書畫大家，他在中國藝術史上有其不可動搖的地位。先生一生留下數量驚人的作品，散見於世界各地，本館秉持保存重要文化資產之宗旨，極力蒐集先生作品圖版及文字資料，多年來出版有關先生書畫文集，不下十餘種；去年本館所出版的「張大千九十紀念展書畫集」更榮獲七十八年度行政院新聞局所頒「生活藝術類優良圖書金鼎獎」，代表了藝文界對本館在此項工作的肯定與鼓勵。此次新出版之「張大千書畫集第七集」乃是這一系列工作的延續，其中蒐羅作品圖版，包括海內外公私

家之收藏精品，莫不驚嘆大師創作力之豐沛雄渾，令人倍思欽慕之情。

82003　渡海三家收藏展－張大千、溥心畬、黃君璧

COLLECTOR'S EXHIBITION OF THREE MASTERS CHANG

DAI-CH'IEN　P'U HSIN-YÜ　HUANG CHUN-PI

1993.11.　35X27cm　423面　　定價2800元

ISBN：957-00-3207-3（精裝）：957-00-3208-1（平裝）

統一編號：006309820052

　　本館有鑑於張大千、溥心畬、黃君璧三大家「開發傳統、拓展新局」共同成就之重大意義，特於一九九三年元旦至同年四月，假本館「國家畫廊」舉行「渡海三家收藏展」。

　　為配合展覽及研究成果，遂有展覽目錄之出版。目錄前半部為「展出作品圖版」，依序為張大千作品九十四件、溥心畬作品八十八件、黃君璧作品四十一件，共二百三十三件。以收集溥、黃兩家一生各期代表作以及張大千潑墨風格作品為主，其演進歷程，件件精品。後半部為「研究資料」，首先為「作品解說」，將三家共二百二十三件作品彩色圖版，與其所開發之傳統畫作黑白圖版排比對照，做為掌張、溥、黃三家與傳統淵源及變革關係之參考。在作品解說之後，附有張、溥、黃三家年表中英文合譜，全書內容豐富詳實，期能對渡海三家成就之研究及推廣工作，有所助益。

85035　張大千研究（巴東著）【史物叢刊12】

THE ART OF CHANG DAI-CHIEN（BY BA TONG）

1996.12.　21X15cm　396面　定價280元

ISBN：957-00-8366-2（平裝）　統一編號：006304850354

　　「張大千研究」是第一本以嚴肅精神研究張大千藝術的中文著作，而不是街談巷議、印象隨筆式的。而大部份對張大千有興趣的學者，即便不是隨興之作，也是重點式的評析論斷，像本書這樣作全面性研究分析的，還是首次，有了這兩個第一，「張大千研究」自然成了對張大千藝事有興趣和欲研究張大千者不能錯過的一本書。

　　本書將張大千一生的藝術分成早、中、晚三個時期來討論。巴東先生搜集了大量畫蹟並使用豐富的文字資料說明：張大千早期畫風如何受到明末四僧以及金碧山水的影響。中期有敦煌之行，畫風也由早年的清新但稍嫌單薄而邁入精麗雄渾的境地。晚期在接受西方文化和視覺經驗的刺激下，終於結合他深厚的中國藝術涵養，形成嶄新的潑墨潑彩畫風。

89042   無人無我・無古無今：張大千畫作加拿大首展

A MASTER OF PASS, PRESENT, AND FUTURE：THE FIRST EXHIBITION
OF CHANG DAI- CHIEN'S PAINTING IN CANADA

2000.11.   30X21cm   240面   定價600元

ISBN：957-02-6798-4（平裝）   統一編號：006309890420

中國近代知名畫家無數，而近年來最受世人矚目，也最具知名度的藝術大師，則非張大千（1899-1983）先生莫屬。大千先生是一位完全出身於古典中國藝術背景的傳統畫家，早年的繪畫風格取法於明清人的文人水墨風格，中年時又遠赴敦煌考古，學習到了唐宋時代色彩鮮豔，描寫精細的繪畫風格。是以他的藝術發展範疇牽涉很廣，幾乎包含了一整個中國藝術史的縮影。他的後半生又曾經長期旅居歐美，使他在晚年開創了一種現代感的潑墨潑彩畫風，與傳統中國畫有很大的不同。因此張大千的藝術創作在某種程度上，也代表了中西藝術交流的一些重要成果，其中有很大的文化意義，值得後人對其推崇與研究。

此次本館與加拿大溫哥華美術館、維多利亞美術館共同合作，籌辦了這項跨國展出的畫展活動，精選了約六十件張大千早晚各時期的畫作，包括各種不同的題材，內涵、風格、技法，分別加以解析：同時專文的部分也就張大千所涉及到的一些藝術相關問題，做了相當程度的釐清說明，希望將張大千豐富多元的面向，對世人有一較全面而精要地呈現。

中華文物之美系列

　　中華文物之美系列，爲國立歷史博物館於民國76-78年最具代表性的出版套書，此套書涵蓋內容廣泛，舉凡玉、唐三彩、青花瓷、清代服飾、陶俑、中國古陶、中國繪畫、雕刻、中國刺繡、商周銅器、中國書法和清代家具等共十二種：內容豐富、圖片精緻、印刷精美，全書中英對照，爲國人欣賞文物之最佳參考研究叢書。

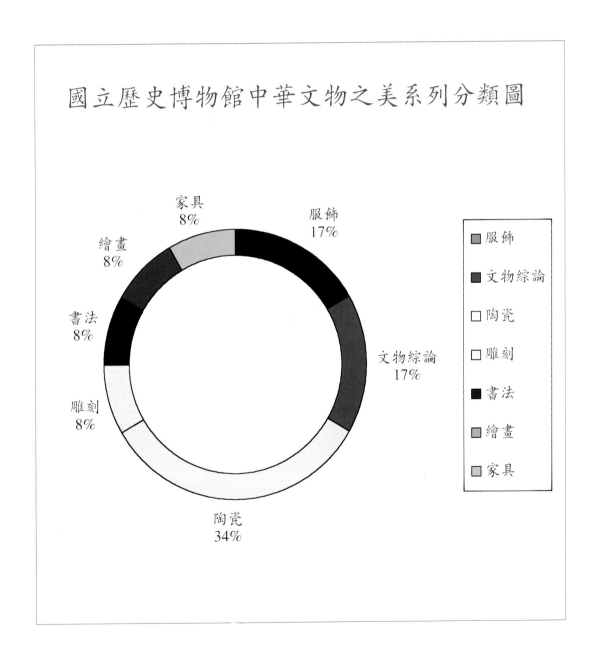

國立歷史博物館中華文物之美系列分類圖

76022　中國傳統美德的象徵—玉

JADE— A TRADITIONAL CHINESE SYMBOL OF NOBILITY OF CHARACTER

1987.12.　27X20cm　96面　精裝　定價150元

　　我國玉器，由於質潤色雅，雕工精美，成爲中華文物塊寶。玉器不僅是淑人君子象徵，且爲鎮撫社稷寶器。因此，國人愛玉，敬玉，崇玉，實與我國歷史文化，民族精神，社會生活息息相關。

　　國立歷史博物館收藏歷代玉器，包括禮瑞器，符節器、裝飾玉、鑲嵌玉、及喪葬玉等，大部分爲河南新鄭、輝縣商周古墓所出土，或爲價購或爲收藏家所捐贈，多有傳世之珍品，無論質地、色澤、刻工均屬上乘，並自成一完整體系，文彩絢爛，古趣盎然。今特輯印成冊，以供研究參考。

77003　形色璀璨的中國陶藝—唐三彩

THE TRI-COLOR POTTERY OF T'ANG DYNASTY

THE COLORFUL ART IN THE MIDDLE AGES OF CHINA

1988.1.　26X20cm　80面　平裝

　　中國是陶瓷的母邦。在五、六千年的中國燒陶技術發展中，時多創作，代有新猷，尤其至漢代以後發展更爲精緻，而有瓷的誕生。唐三彩在火度上雖然較低，但其釉色華美，造型雅麗，被認爲是中國陶藝的奇葩，至爲博物館及收藏家所珍愛。本館收藏唐三彩近百件，且各類兼備，是研究唐三彩最重要的資料，其於歷史與藝術尤富參考價值。特予整理付梓成輯，期對中華文化之闡揚，信有裨助。

77007　冰肌玉骨—青花瓷（佘城著）

BLUE-AND-WHITE PORCELAIN OF THE MING AND

CH'ING DYNASTIES（BY SHEH CH'ENG）

1988.6.　27X20cm　87面　精裝　定價300元

　　中國爲「陶瓷母邦」，享譽世界。其中青花瓷溫潤素雅，清新脫俗；其在中國瓷器發展史上，具有特殊意義和藝術價值，成爲中外人士所喜愛的藝術品，至今仍流行不輟。

　　青花瓷以明朝宣德時期所燒製者最具代表性，宣德青花瓷質地細緻，製作精工，結合傳統與創新，具有水墨畫淋漓揮灑，生動自然之美。明朝宣德以後的青花瓷，則色彩漸淡，簡逸明朗，不作層層飾滿裝飾，自然的，有陰柔清雅之美。後繼的青花顏色轉濃，染色卻是圖案式的平整，缺乏生動之趣。

　　基於青花瓷之擴展，又有所謂青花釉裡紅、黃釉青花、三彩、五彩、鬥彩等青花複合彩繪，或典雅樸實，或色彩鮮艷，益添青花繁複多姿的色彩。

77008　展現中國織繡之美—清代服飾（林淑心著）
A DISPLAY OF THE BEAUTY OF EMBROIDERY COSTUMES
OF THE CH'ING DYNASTY（BY LIN SHWU- SHIN）
1988.6.　27X20cm　96面　定價300元

　　中國素有「衣冠王國」的美譽，歷代服飾絢麗多姿，精美絕倫：無論在形制、質料、縫製技法上，皆因時代、地域不同，展現各異的風貌，形成中國文化史上燦爛光輝的一頁。

　　自滿族入主中國，在服飾上，強迫漢人遵照其習俗，改服滿族服飾，因此從整個服飾發展史觀之，清代時期之服飾形制最為龐雜與繁縟，由於年代距今不遠，且保存實物亦較多，足以展現中國織繡之美。

　　清代男子皆剃髮垂辮，冠帽之制有禮帽與便帽之別：服裝上則包括袍、褂、襖、衫、褲等形制，其中袍褂為最主要的禮服。女子方面，后妃命婦仍承襲明制，以鳳冠、霞帔作為禮服，普通婦女則穿披風、襖裙之屬。婦女的下裳多穿裙子，以紅色為貴，材料選擇上多用綢緞，上繡各類花紋，精緻美觀。

77009　泥塑的永恆藝術—陶俑
POTTERY FIGURINE THE ETERNAL WORLD OF CERAMIC SCULPTURE
1988.6.　27X20cm　90面　精裝　定價300元

　　先秦以迄清代，國人於喪葬禮俗中，多習用俑偶、車馬等象生之物，作為送死之具，此即所謂「明器」。列為明器之一的偶人，通稱為「俑」：推其始作約在春秋、戰國之際：其最初功用當係作為殉葬生人的代替物。至於俑之質材則因土、木、石、玉、銅等之不同，遂有陶俑、木俑、石俑、玉俑、銅俑等稱謂。

　　各類俑偶在歷代均有其不同演變，惟當以「陶俑」最值得探究，其類別繁多，造型萬狀，足以作為中國歷代社會生活及雕塑藝術上的實證文物。本館館藏陶俑多屬地下出土文物，歷代皆備，極具完整體系：其中，尤以陶俑製作鼎盛期的漢代、北朝及隋唐，質量並稱，允為歷代陶俑之代表。本館有鑑陶俑在中國歷史文物上之獨特性，爰就館藏陶俑珍選近百品，精印成集，俾予中外文物愛好者之參考及鑑賞。

78002　生活與智慧的結晶－中國古陶（黃春秀著）
A CRYSTALLIZATION OF LIFE AND WISDOM
－ANCIENT CHINESE POTTERY（BY HUANG CHUN-HSIN）
1989.1.　27X20cm　96面　精裝　定價300元

中國是舉世公認的陶瓷母邦，是世界上陶器出現最早的國家，陶器的發明和使用，代表的就是人類文明的展現及其演進過程。所以，若以中國的陶器發展史來說，幾乎就是一部中國人民具體而微的文明生活演進史。本書爲您介紹有關中國古陶的扼要概況，冀能增加您對中國的歷史、文化、藝術、有更深一層的喜愛與認識。歷史博物館在國內本就以陶器的收藏著稱，除了唐三彩質量兼具之外，多年來，更不斷增加石器時代的彩陶及漢綠釉陶等藏品。本書中收錄的中國古陶，全屬本館所度藏。

78006　木墨絪緼・氣韻生動的—中國繪畫（劉平衡著）
MISTY AND LIVELY CHINESE PAINTING（BY LIOU PING-HEN）
1989.2.　27X20cm　96面　精裝　定價300元

中國繪畫從中唐以後，漸發展成爲文人畫的水墨形式，並與詩詞和書法藝術結合，形成具有獨特風格和形式的東方藝術。

國畫講究用筆和皴法，這種特有的筆墨寫意觀念構成了繪畫的本質，而詩意和文學的加入，則提昇了繪畫的風格。長久以來它又被認爲是讀書人修心養性、怡情和立品的一種方式，因而與書卷氣合爲一體，構成文人畫的特有氣質。

國畫的構圖形式也和西方大異其趣，立軸、長卷、冊頁、扇面、連屏就成了國畫特有的格式。在構圖上它往往大量「留白」，使之具有空靈感覺，在留白處題詩、作跋或加蓋印信、閒章，這也都是國畫的特色。本館特編輯「水墨絪緼氣韻生動的中國繪畫」以供同好者觀賞與研究。

78007　蘊藉深厚取精用弘的中國工藝－雕刻（高玉珍著）
SIGNIFICANT USEFUL CHINESE TECHNOLOGY
－CARVING（BY KAO YU-CHEN）
1989.3.　27X20cm　88面　精裝　定價300元

我國自漢唐以降，文物粲然大備，製作精進，品類繁多，工藝美術，亦多樣化。雕刻方面；如五代的雕版、宋元雕漆、明清竹木雕刻，都是文化史和藝術史上值得探討研究的課題，也成爲中國工藝美術史上的一大特色。

本書僅就雕刻中的牙雕、木雕、竹雕、雕漆四類做深入淺出的趣味性介紹，以表達中國工藝精緻豐富的一面。

78008　巧手慧思色彩絢麗的－中國刺繡（林淑心著）
DEXTROUS AND COLORFUL CHINESE EMBROIDERY
（BY LIN SHWU-SHIN）
　1989.5.　27X20cm　92面　精裝　定價300元

　　「刺繡」，是我一項歷史悠久的傳統工藝，追溯其源或早於三代。「刺繡」，俗稱「女紅」，是我國歷代婦女人人必備的技藝，也是家庭中的重要副業。

　　歷代留存的繡品文物，都是先民一針針的心血所完成的藝術。從其設計的主題，我們可以了解當代人們的思想觀念及宗教信仰的概念。從使用的色彩及構圖理念，可以追求探討先民的審美觀念及染色技術的情況。運針手法及繡技的變化，讓我們體會先民的耐心、智慧及千變萬化的表現手法。

　　本館爲促使國人重視此項日趨式微的民間藝術，特搜集歷代繡品及各式繡法，作系統性的介紹，以廣流傳。期能倡導民間刺繡工藝的再提昇，以宏揚這優美典雅的傳統藝術。

78009　璀璨之珍、豐潤之源－商周銅器（劉平衡著）
BRILLIANT AND AFFLUENT BRONZES OF
THE SHANG AND CHOU DYNASTIES（BY LIOU PING-HEN）
　1989.5.　27X20cm　96面　　精裝　定價300元

　　商周之際，大約是紀元前十六世紀至第三世紀，是我國青銅器時代，由於生活工具的改良，帶來了農、工業的發展，而兵器的改良則帶給國家社會安定。總之，社會因青銅器而富庶，國家因青銅器而強盛。

　　青銅器除了製作工具和兵器之外，包括有食器，水器、酒器，樂器、錢幣、度量、鏡鑑、璽印，車馬佩飾等等，種類繁雜，造型美觀。銅器的銘文包括史學、文學、曆法及書學等方面，提供了史學家最可靠眞實的研究資料；銅器的花紋，卻是美術家、民俗家所喜愛搜蒐研究的，從那裡可以整理出先民對天象及自然的看法，以及當時的社會習俗及宗教禮儀，因此，銅器在中國已成爲一門專有學問。

78011　飛躍靈動、幻化萬千的－中國書法（張懿風著）
THE GRAPHIC BALLET OF THE WRITER'S BRUSH
CHINESE CALLIGRAPHY（BY CHANG YIH-FENG）
1989.6.　27X20cm　91面　精裝　定價300元

　　書法藝術可以說是東方特有的文字書寫藝術，其藝術精神與技巧之表現，常富有高度之美感。書法與繪畫一樣講求結構、布局，還注重行氣、分間布白、輕重變化等，更因書體不同，而各具特色；因而書法藝術在東方漢學文化區城獨樹一幟，成爲一特有的藝術範疇。

　　此次歷史博物館編輯本書，多承故宮博物院慨名提借所藏歷代具代表性精品圖版，國內養和堂張添根先生慨提珍藏之近代名家法書十餘幅，及大千先生哲嗣張葆羅先生提供令尊行書一件，均由本館攝製圖片，編印專集。藉以宣揚中國優美文字藝術，以饗中外讀者。

78014　尚象成形，備物致用的－清代家具
THE FURNITURE OF CH'ING DYNASTY THE
ART PIECES WITH UTILITY PURPOSES
1989.9.　27X20cm　96面　精裝　定價300元

　　中國家具造形優美，做工精巧，其典雅、厚重、明快的特質，融雕刻、漆藝、鑲嵌與榫法等卓越技藝於一爐，真可說是一門高度智慧結晶的工藝美術。

　　本書共分爲座椅，几、案、桌，屏風，櫃，花，花几，床榻等六個主題，質材則包括紫檀、花梨、楠木、烏木等貴重木材，或刻畫雲紋、龍紋，或描金彩繪，或嵌入螺鈿、雲石、象牙等技巧，在線條與色彩上充分表現中國人的巧思慧心，而榫卯精密，結構嚴謹，有古典含蓄、圓潤之美。

　　家具與我們日常生活朝夕相處，密不可分，兼具實用性與藝術性。清式家具雕琢精細，繁簡相宜，線條明確，縟麗而不失清新婉約，實爲中國典型家具的代表。

史物叢刊

　　本館爲加強歷史文物學術研究，秉持立言不朽，歷久常新的宗旨，自八十四年開始出版叢書形式的「史物叢刊」：史物叢刊的特色，在於大多邀請學者專家發表專業性學術論著，每冊文字約十萬字至二十萬字，都是學術界精闢立言，至今已出書二十五冊。內容上涵蓋文物、藝術、歷史、民俗、博物館等相關論題，殷切希望能爲本館學術研究注入活力，並得以達成歷史傳承，社會文化教育深度推廣的時代新使命。

國立歷史博物館史物叢刊分類圖

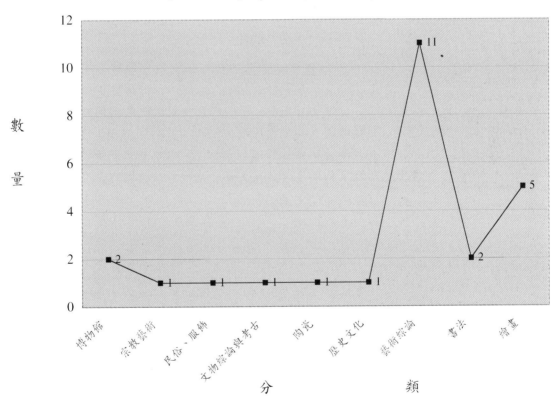

84010 茹古涵今集(上)【史物叢刊1】

ENCOMPASSING THE ANCIENT AND MODERN

1995.6. 21X15cm 178面 定價280元

ISBN：957-00-5690-8 (平裝) 統一編號：006304840109

　　八十四年二月底，黃光男館長接任本館後，為加強學術研究風氣，乃有出版《史物叢刊》之舉，首集選定本館現職研究人員近年來所作短篇論文二十二篇，名為「茹古涵今」集作為本刊之首，分上、下兩冊用資拋磚引玉。

　　茹古以資積微，涵今庶足廣文，《故事成語考》也謂「茹古涵今皆言學博」，本集之旨趣庶幾盡矣！

　　本集之內容計分：一、器物類以概述館藏銅器、陶器、瓷器、玉器、錢幣、牙雕等；二、繪畫類以館藏繪畫為主，展覽活動為輔，從中得悉本館發展之梗概；三、其他包括博物館行政及與現代或古代文物制度相關文章之集成。

84007 茹古涵今集(下)【史物叢刊1】

ENCOMPASSING THE ANCIENT AND MODERN

1995.6. 21X15cm 178面 定價280元

ISBN：957-00-5691-6 (平裝) 統一編號：006304840119

　　本書內容包括第一篇從「五位頌」論中國的繪畫創作途徑「五位頌」即1「正中偏」2「偏中工」3「正中來」4「偏中至」5最高境界「兼中到」。另外有一篇對中國工藝雕刻的認知，二篇分別論述楊善深及江兆申的繪畫藝術；一篇介紹西方十九世紀歐洲名畫，比利時列日博物館展出作品，及其他包括博物館行政與現代或古代文物制度等相關文章之集成。

84005 六朝時代新興美術之研究（黃永川著）【史物叢刊2】

A STUDY OF EMERGENT ARTS IN THE

SIX DYNASTIES（BY HUANG YUNG-CHUAN）

1995.5. 21X15cm 178面 定價280元

ISBN：957-00-5480-8 (平裝) 統一編號：006304840050

　　六朝時代（公元二二〇～五八九年）上承兩漢餘緒，是一段政治紊亂，社會擾攘的時代，舊有的思想面臨崩潰的考驗，固有的道德觀也起了激烈的動搖，在此人心陷入極端懷疑與苦悶之中，宗教情緒最易產生，佛道教就在這種環境下滋長起來。此種思想空虛引發出的知慾渴求伴隨著中西文化交通的開發，使中國人的眼界大開，一躍而至蔥嶺以西，地中海以東，印度洋以北之廣袤區域，一反前代拘謹樸實，進而形成了磅礴雄偉之氣。

　　六朝的美術隨著政經之變革，一面保存固有傳統之「嚴整」，一面順受西風東漸之沖激，從而形成空前未有之新局：即不唯保有漢代樸厚渾成，更而形成時代特色，表現其疏朗的、清新的、俊逸的一面。

　　本文以六個章節分述其歷史與淵源，並詳述新藝術發展之軌跡，最後分類介紹六朝時代新興美術的樣式與風格及其在美術史上的地位。

84007　衣錦行—中國服飾史相關之研究（林淑心著）【史物叢刊3】
THE HISTORY OF CHINESE TEXTILES,COSTUMES
AND ACCESSORIES（BY LIN SHWU-SHIN）
1995.5.　21X15cm　196面　定價280元
ISBN：957-00-5479-4（平裝）　統一編號：006304840070

　　本文集論及之主題範疇，涉及中國歷代服飾、染織及服飾生活有關的佩飾，包括玉器、鼻煙壺、帶鉤等。包括通論性的概述及主題性的論述，相關專文，一方面可作各項分類研究的參考資料，一方面也可藉由各篇之闡述，貫穿歷代服飾生活文化之重要主題，而對中國服飾史的演變有比較明確的了解。

　　文中以「從服飾史的觀點，論館藏唐俑之斷代」乃開啓服飾史研究的新方向，對於今後服飾史的研究，提供更多元化的切入點，及思考的新方向。

84009　陶瓷釋義：火燄之泥（成耆仁著）【史物叢刊4】
ART OF FIRING CLAY:A RAMBLE ON
CHINESE CERAMICS（BY KEE-IN SUNG）
1995.6.　21X15cm　272面　定價280元
ISBN：957-00-5692-4（平裝）　統一編號：006304840090

　　中華文物歷經五千年，孕育出許許多多不朽的藝術與人才，陶瓷藝術即是其中之一。陶瓷史的發展是先人智慧和科技的結合，中國瓷器的出現較之歐美整整提早了二千年，實在令人興奮！

　　本書論及兩晉南北朝的羊形青瓷器和北魏巫師俑、陶倉、遺留在韓國的唐代陶瓷器、唐宋元金陶枕、前河南博物館館藏明器、唐三彩、中國古代貿易瓷、韓國新安出土元代陶瓷器、荷據時代台灣轉出口陶瓷器以及遊日本古陶瓷之路等。雖是淺談，卻是筆者旅居台北十載以來研究中國陶瓷自我成長的足跡。另外，特意收錄的「銅鏡介紹」和「民俗雕刻品」，為陶瓷以外的主題。銅鏡，器面紋飾變化多；民俗雕刻品的內容與形制更是五花八門，反映出時代演變的軌跡和審美感，並藉此比較陶（泥）、銅（金屬）、竹木石等因不同材質而呈現出各類藝術品之間的異與同。

84008　嘉義地區繪畫之研究（林柏亭著）【史物叢刊5】
THE HISTORY OF PAINTING IN CHIA-YI（BY LIN PO-TING）
1995.6.　21X15cm　260面　定價280元
ISBN：957-00-5672-X（平裝）　統一編號：006304840080

　　臺灣之開拓由南向北進展，清代的嘉義，因處於農業鄉鎮的形態，在城市以及文化方面的發展較為遲緩。「甲午戰爭」失敗，清廷因割讓臺灣與日本。自一八九五年，日本開始統治臺灣，臺灣的政治、經濟、社會、文化都產生極大的改變。在新環境下，有相當活躍的文化活動，詩社甚多，常以琳瑯山閣為聚會之地，原屬文人的詩畫雅集，由於畫家加入，發展為詩書畫的結社，並產生一些畫會的組織。

　　一九二七年日政當局開辦「臺展」(1927-1936)，接著又有「府展」(1938-1943)等官展，設有東洋畫、西洋畫部。由於嘉義地區贊助繪畫活動的仕紳能詩書者居多，以致在日據時期的新美術運動中，傾向支持與傳統繪畫較為近似的東洋畫。嘉義畫家積極參與「臺展」、「府展」，而且入選，獲獎的成績，比起文化古都臺南，和新興大都會臺北，毫不遜色。

　　本文從臺灣的開拓談起，進而討論清代嘉義地區的繪畫，接著討論日據時期新的變遷與影響，再論嘉義畫家的畫會組織、作品風貌，經由與其他地區之比較顯現其特色與在臺灣的地位。

84015　建築與文化近思錄（漢寶德著）【史物叢刊6】
RECENT REFLECTIONS ON ARCHITECTURE
AND CULTURE（BY HAN PO-TEH）
1995.6.　21X15cm　336面　定價280元
ISBN：957-00-5923-0（平裝）　統一編號：006304840159

　　本書收錄漢寶德先生近年來在建築與文化上的思考，例如：自一九八八到九二年，四次為「廿一世紀基金會」寫文化評估，涉及建築、都市、工藝等台灣現況的評述，是較廣泛的評論台灣的空間與造型文化。即對所謂「所生藝術」觀察思考的紀錄。

　　〈自經濟文化互動看台灣文化建設〉一文是唯一的一篇「自經濟發展的觀點談文化建設」的文章。文中建立了一個模型，說明富裕生活會產生怎樣的良性與劣質的文化，及關於傳統建築的轉化與延續的文章。一篇發表在「中華書局八十週年論文集」中，談建築傳統的延續，作者認為未來的建築傳統應以民間多元發展為主要方向。另外談中國建築的傳播方式，一為國內的傳播方式，一為國外的傳播方式。最後一篇〈邁向廿一世紀的台灣〉所寫的文化資產的維護與發揚，回顧了過去廿年台灣古建築維護的歷程及其室礙難行之處。

84014 台灣美術發展史論（王秀雄著）【史物叢刊7】

A DISCUSSION OF THE HISTORICAL DEVELOPMENT
OF TAIWAN'S ART（BY WANG HSIU-HSIUNG）

1995.6. 21X15cm 320面 定價280元

ISBN：957-00-5924-9（平裝） 統一編號：006304840149

　　台灣在歷史的發展及地理空間地位上的獨特性，使其美術史的發展與這種特殊的背景密切關連。基於美術創作是社會的產物，所以特從史學、心理學、社會學、文化人類學的觀點加以分析探討，使其具宏觀的視野。

　　從〈戰前台灣美術發展簡史〉到〈日據時代台灣官展的發展與風格探釋──兼論其背後的大眾傳播與藝術批評〉、〈台灣第一代西畫家的保守與權威主義暨其對戰後台灣西畫的影響〉及〈戰後台灣現代中國水墨畫發展的兩大方向比較研究──劉國松、鄭善禧的藝術歷程與創造心理探釋〉，書中均採學術論文的研究方法，以文獻及作品風格析釋其形成的原因及其孕含於內的心理、政治、社會因素，再以客觀理性的態度洞察其脈絡及真義。以藝術批評的觀點，來探討廖修平成為國際間著名版畫家的奮鬥史及心路歷程，並藉以詮釋台灣版畫的發展過程。

84030 近代繪畫選論（劉芳如著）【史物叢刊8】

SELECTED ESSAYS ON MODERN CHINESE PAINTING（BY LIU FANG-JU）

1995.12. 21X15cm 292面 定價280元

ISBN：957-00-6552-4（平裝） 統一編號：006304840307

　　中國繪畫史上所稱的「近代」，大抵是以鴉片戰爭（西元一八四〇年）為起始。當其時，西方文明伴隨政、經勢力的大舉入侵，亦對本土美術帶來了強烈的衝擊。原本於清中葉已漸趨式微的傳統繪畫，緣此激盪，遂得以重新獲得滋養，並朝向多元化的領域，形成饒有時代特質的嶄新風格。

　　本書是任職故宮博物館書畫處劉芳如女士著作。文章從十九世紀東、西方的藝術觀揭開序幕，清晰概論清末民初海上畫派之溯源及代表選介。以簡煉的文字對中國自鴉片戰爭以來，近代極具代表性的七位畫家：居娣、居廉、虛谷、任伯年、齊白石、徐悲鴻、溥心畬的人格與繪畫風俗，時代背景與環境，作深入精闢的剖析。

史物叢刊

84035　歷史文物賞析【史物叢刊9】
AN APPRECIATION OF HISTORIC ARTIFACTS
1995.10.　21X15cm　178面　定價280元
ISBN：957-00-6638-5 (平裝)　統一編號：006304840357

　　本館爲宣揚優美歷史文化，發揮社會教育功能邀請沈春池文教基金會合作，舉辦「認識歷史文物之美夏令研習營」本書以介紹本館歷年典藏的歷史文物、美術品爲主，主講人員由本館資深之專家學者擔任，内容包括「表現高度藝術的唐三彩」、「中國古玉器的鑑賞」、「綜觀常玉繪畫風格」、「認識中國古代錢幣」、「中國歷代陶俑鑑賞」、「中國繪畫的概説」、「認識中國五千年的陶瓷史」、「清代官窯瓷器賞析」和「石灣陶的藝術表現」。由於内容精采、深淺適中，又切合時勢所需，除夏令營學員外，普獲各方正面迴響。爲順應各方要求，遂將課程内容圖文集結出版，以饗社會同好。

85005　商周青銅兵器暨夫差劍特展論文集
　　　　（王振華等合著）【史物叢刊10】
A COLLECTION OF ESSAYS RELATION TO "EXHIBITION OF SHANG AND
CHOU BRONZE WEAPONRY AND THE SWORD OF FUCHAI" (BY WANG C. H.)
1996.1　21X15cm　258面　定價280元
ISBN：957-00-6691-1 (平裝)　統一編號：006304850057

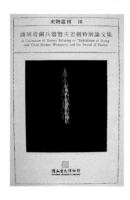

　　本書乃古越閣王振華伉儷所珍藏116件古代青銅兵器，曾在北平故宮及本館展出，一九九五年本館四十週年館慶，特邀海内外大陸學者專家爲文論述，每篇論文均從形制、製造、裝飾、器物銘文等不同角度切入，形制之針對考古研究，製造與科學技術史的相關性，裝飾提供對美術史的研究，器物銘文更是攸關中國文化的大事。參閲本書，不僅對古代兵器可有基本了解，並可認識中國古代工藝科技水準、青銅文化的成就，且能欣賞古代青銅藝術之美。

85029　藝術史與藝術批評的探索（郭繼生著）【史物叢刊11】
RETHINKING ART HISTORY AND ART CRITICISM（BY KUO JASON -C.）
1996.9.　21X15cm　264面　定價280元
ISBN：957-00-8205-4（平裝）　統一編號：006304850295

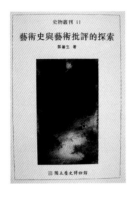

　　本書是郭繼生教授集結近年來對藝術史與藝術批評思索的研究。他特別關心到藝術與文化政治的關係。所謂文化的政治指的是權力關係在文化（包括藝術）的獲取、維持與表現權力時所扮演的角色。書中談到收藏家與藝術之間的互動關係，論四十年來從現代主義到後現代主義繪畫之文化脈絡，另有戰後台灣文化政治與藝術的敘述，和台灣藝術「本土」論述作再思考，均對戰後台灣藝術的生產和接受與其社會、政治、及經濟脈絡的關係有嚴肅的批評與卓見。以及討論中國自十九世紀以來受西方文化衝激對百年來中國藝術家所面臨之挑戰，二十世紀中國水墨畫之常與變，藉弘仁、黃賓虹、陳其寬等個別藝術家之繪畫風格，述說中國畫家中國傳統式的轉化，均有獨特的見解。

85035　張大千研究（巴東著）【史物叢刊12】
THE ART OF CHANG DAI-CHIEN（BY BA TONG）
1996.12.　21X15cm　396面　定價280元
ISBN：957-00-8366-2（平裝）　統一編號：006304850354

　　「張大千研究」是第一本以嚴肅精神研究張大千藝術的中文著作，而不是街談巷議、印象隨筆式的。而大部份對張大千有興趣的學者，即便不是隨興之作，也是重點式的評析論斷，像本書這樣作全面性研究分析的，還是首次，有了這兩個第一，「張大千研究」自然成了對張大千藝事有興趣和欲研究張大千者不能錯過的一本書。

　　本書將張大千一生的藝術分成早、中、晚三個時期來討論。巴東先生搜集了大量畫蹟並使用豐富的文字資料說明：張大千早期畫風如何受到明末四僧以及金碧山水的影響。中期有敦煌之行，畫風也由早年的清新但稍嫌單薄而邁入精麗雄渾的境地。晚期在接受西方文化和視覺經驗的刺激下，終於結合他深厚的中國藝術涵養，形成嶄新的潑墨潑彩畫風。

史物叢刊

史物叢刊

85036　書史與書蹟—傅申書法論文集（傅申著）【史物叢刊13】
ESSAYS ON THE HISTORY OF CHINESE CALLIGRAPHY：
TANG THROUGH YUAN（BY SHEN C.Y. FU ）
1996.12.　21X15cm　264面　定價280元
ISBN：957-00-8458-8（平裝）　統一編號：006304850364

　　本書比較著重於從傳世書蹟去看書法發展史，依論題的先後
為序。時間上包括唐宋元三代，以明清為主的論文將在下次出
版。由於研究北宋人的書論而寫下了〈顏魯公在北宋及其書史地
位之確位〉；作者以歷代實跡為例寫下了〈顏書影響及分期〉。
因擔心國寶蘇東坡的〈寒食帖〉的再度外流，所以為國人寫了
〈天下第一蘇東坡—寒食帖〉；因與日本書學泰斗中田勇次郎先
生合編《歐美所藏中國法書名蹟集》，針對歐美藏品寫了〈宋代
皇室及金人之書法〉及〈趙孟頫的影響〉。因為整理張即之的書
蹟，先後發表了〈張即之和他的中楷〉和〈真偽白居易和張即
之〉；因為湖州趙孟頫國際研討論而寫下了〈趙孟頫書小楷常清
靜經及其早期書風〉，又因研究元明書家而寫了〈鄧文原的致景
良尺牘〉及〈元代大書家鄧文原及其書跡〉。

86005　博物館的文物蒐藏及典藏制度【史物叢刊14】
THE COLLECTION AND PRESERVATION SYSTEM OF MUSEUM
1997.2.　21X15cm　166面　定價280元
ISBN：957-00-8664-5（平裝）　統一編號：006304860054

　　博物館的建立，隨著時代的進步，已是專業文化的研究機
構，而非過去所謂的貯藏室格局。所以，需致力於建立具有主題
性、風格性、重要性的收藏；其後，更需講求整理、編目、登錄
等實務，亦即典藏制度的明確和周全。如此方能充分利用於研究
或展示的需要上，推動其文化服務大眾的功能。

　　本書所收八篇論文原發表於民國八十五年十二月中旬本館舉
辦的「博物館的文物蒐藏及典藏制度」研討會上，篇篇皆為國內
公私立博物館負責人的經驗之談與心得建言，確實值得一讀。

86011　　七友畫會及其藝術之研究（林永發著）【史物叢刊15】
THE SEVEN FRIENDS PAINTING CLUB AND ITS ART（BY LIN YUNG-FA）
1997.4.　21X15cm　250面　定價280元
ISBN：957-00-8973-3（平裝）　統一編號：006304860113

　　七友畫會成立於民國44年(1955)，由馬壽華、陳方、陶芸樓、鄭曼青、張穀年、劉延濤、高逸鴻所組成的國畫團體。七友會員都經歷了國家災難、社會轉型和文化現代化的衝擊。本書主要是藉由七友畫會的活動，瞭解中華民國政府遷台以來，我國傳統繪畫對台灣地區美術發展的影響，進而做史料的蒐集與整理；並從藝術原作中，了解七友藝術表現的形式和內涵。用現象學的觀點對資料作客觀的觀察，理性的分析。用完形心理學的理論對七友的作品，融入視覺造形的美感經驗，欣賞其質量美。

　　隨著社會和政治環境的開放，國民的審美品味及經濟力量的提升，慢慢的已由唯美走向反省。美術館、畫廊相繼成立，畫會的影響力也跟著減弱。台灣美術現代化的要求也更為迫切，因此如何尋找台灣美術的生命力，再創傳統藝術的生機是當前美術界重要的課題。

86024　　傳統‧現代藝術生活【史物叢刊16】
THE APPRECIATION OF CHINESE ART IN MODERN LIFE
1997.6.　21X15cm　256面　定價280元
ISBN：957-00-9822-8（平裝）　統一編號：006304860242

　　由國立歷史博物館與財團法人田家炳文教基金會合作舉辦傳統，現代藝術生活系列講座，深獲各界讚許，為使是項講座發揮最大效益，使不克前來聽講民眾，有機會閱讀精彩內容，經請主講學者專家，整理提供演講文稿，集成一冊出版，包括張光遠「傳統文物和現代生活藝術的關係」，漢寶德「文物收藏的興味」，林保堯「佛像之美—世俗與莊嚴」，王耀庭「古畫今看」，劉芳如「由國畫創作談傳統與現代的衝擊」，林柏亭「觀鳥與賞畫」，黃光男「現代水墨畫類型析論」，杜忠誥「書法藝術欣賞舉隅」，傅申「美國的中國書畫收藏」等九篇文物藝術類演講論文，非常精彩，值得參閱。

86031　悠閒靜思—論陳進藝術文集（石守謙等著）【史物叢刊17】

AN ANTHOLOGY ON CHEN CHIN'S ART（BY SHIH SHOU-CHIEN）

1997.8.　21X15cm　240面　定價280元

ISBN：957-02-0069-3（精裝）　統一編號：006304860311

　　陳進女士接受日本的教育，但出身新竹書香世家，並在中國傳統家庭教育之下，仍然保持著中國的傳統思想，從她的創作中自然可以發現源自於中國的脈絡。對膠彩畫的一份執著超過一甲子，從日據時代經過留學日本，再到台灣光復，我們可以從作品內容中發現時空轉換的痕跡，但是以膠彩做為表現形式的核心又有著不變的矜持。她的作品中顯現一種閨秀的氣質，這種氣質屬於女性特殊的敏銳與陰柔，同時在整體表現上呈現出極為細膩的寫實風格，在以膠彩為媒材的創作領域裡，她的觀察和思緒並未受到東洋畫傳統的限制。

　　本書收錄現代藝術評論者對陳進女士藝術之析論，如想了解我國膠彩畫及陳進藝術，此書是極佳之參考資料。

86039　藝評家群像（呂清夫著）【史物叢刊18】

ART CRITICISM AND ART CRITICS（BY LU CHING-FU）

1997.10.　21X15cm　256面　定價280元

ISBN：957-02-0415-X（平裝）　統一編號：006304860391

　　《藝評家群像》為現任師大工藝教育學系暨研究所呂清夫教授著作。本書的目的在於探討國際藝術評論家的思想，從早期的里德(Herbert Read)、文特利(Lionello Venturi)、普列尼(Marcelin Peiynet)、格林堡(Clrment Greenberg)、史坦堡(Leo Steinberg)、阿羅威(L. Alloway)、詹克斯(Chales Jencks)、羅森堡(Harold Rosenberg)、宋妲(Susan Sontag)、麥克魯漢(Marshall Mcluhan)、針生一郎(Ichiro Hariu)、哈貢(Michel Ragon)，到最近的詹克斯(Chales Jemclss)，均在探討之列，其中遇有與東方藝術思想相關的部份，也特別提出討論。

　　由於作者從各個不同角度解析，不同觀點來闡述，均有獨到精闢的見解。讀者在讀完本書後，相信對於國際藝評家的思想會清楚瞭然，且在藝術的領域，必然收穫良多。

86043　佛雕之美【史物叢刊19】
THE SPLENDOUR OF BUDDHIST STATUARIES
1997.12.　21X15cm　232面　定價280元
ISBN：957-02-0613-6（平裝）　統一編號：006304860430

　　佛教從東漢時代自印度中亞等地傳入中國，經過長時間發展，深受中國文明與智慧的消融與轉化。由於皇室與民間的深入倡導與影響，自然也帶動了中國佛教藝術的高度發展，因此在南北朝時代開始開鑿中國著名的名山大窟，如雲岡、龍門、鞏縣、麥積山、天龍山、響堂山，以及敦煌等地，皆成為佛教藝術的聖地，其優美壯麗，令人嘆為觀止的雕塑與壁畫，俱為世界人類文明遺下的瑰寶，亦令後人仰嘆先民絕高的藝術智慧與創造力，能將佛教高深的哲理轉化於藝術成就之表現。

　　歷史博物館於民國八十六年舉辦「佛雕之美」之專題特展，並出版專輯圖錄乙套三冊；此外並廣納館內外佛教藝術深研有成之專家學者論文，編輯成史物叢刊第19集《佛雕之美》，希望讓國人欣賞及認識到中國佛教藝術的深宏偉大。

87011　觀賞認知、解釋與評價—美術鑑賞教育的學理與實務
　　　　（王秀雄著）【史物叢刊20】
APPRECIATION, COGNITION, INTERPRETATION, AND JUDGMENT：
THEORIES AND PRACRIOE PRACTION OF ART APPRECIATION
INSTRUCTION（BY WANG HSIU-HSIUNG）
1998.3.　21X15cm　316面　定價280元
ISBN：957-02-1019-2（平裝）　統一編號：006304870113

　　隨著交通與資訊的發達，以及休閒時間的增多，接觸中外古今美術之機會，勢必比以往更多，所以美術鑑賞教育更顯得重要。本書以哲學、美學、美術史、心理學、社會學、符號學、解釋學、文化人類學等科際整合之方法，有系統地探討美術鑑賞教育的理論與實務。

　　本書內容共分六篇，〈第一篇、美術鑑賞能力的發展〉；〈第二篇、美術作品的意義與內涵的解釋原理探釋〉；〈第三篇、美術批評與美術史教學的同與異〉；〈第四篇、美術批評鑑賞教學之研究〉；〈第五篇、社教機構美術鑑賞教育的理論與實務〉；〈第六篇、鄉土美術的特質與其鑑賞要點〉。

88022　筆歌墨舞—書法藝術【史物叢刊21】

THE FLOWERING BRUSH—THE ART OF CHINESE CALLIGRAPHY

1999.6.　21X15cm　260面　定價280元

ISBN：957-02-3732-5（平裝）　統一編號：006304880227

　　書法藝術是中國的獨特藝術門類，既包含了文字的意義作爲傳達的工作，又深具結構型態之美可供欣賞。

　　本館與財團法人田家炳文教基金會共同辦理「筆歌墨舞—書法藝術」研習活動，透過現今國內學者專家對書法藝術的認識，以精闢講演配合幻燈片介紹，提昇國人對於書法藝術的欣賞。全書各篇章依其總論及各書體之介紹循序安排，首篇〈書法的藝術與欣賞〉將中國書法藝術表現做提綱挈領的敘述，也提出一些可供參佐的欣賞角度：〈商周秦漢書法作品欣賞〉介紹中國早期出現的書法作品，對作品傳世情形、碑刻特色以及書法表現做了說明：〈楷書藝術〉、〈行書藝術〉、〈草書藝術〉、〈隸書藝術〉、〈篆書藝術〉、等更就該書體名稱、出現的時序、以及各個時期具代表性作品加以說明，各種書體獨特的表現方式經由簡明扼要文字敘述，配合豐富圖版進而有了鮮明活潑的呈現。

88033　台灣水墨畫與環境因素之研究（黃光男著）【史物叢刊22】

A STUDY ON THE INK PAINTINGS OF TAIWAN（BY HUANG KUANG-NAN）

1999.6.　21X15cm　256面　定價280元

ISBN：957-02-4391-0（平裝）　統一編號：006304880336

　　台灣光復以後水墨繪畫產生根本上的變化，對中國水墨繪畫的發展而言，標誌出一種特殊的地域性區隔。

　　本書作者黃光男博士集理論與創作之經驗，就光復後五十年之發展，以〈社會發展與美術創作〉及〈水墨畫發展環境與時機〉爲總論，討論美術創作在社會發展變遷中的演變軌跡，以彰顯水墨畫創作與其環境因素的關鍵所在。

　　全書總結兩年間作者對台灣水墨畫諸多關鍵議題之論析，並以宏觀視角，觀察台灣水墨畫之整體情狀。

89006　博物館之營運與實務—以國立歷史博物館爲例
（黃光男等）【史物叢刊23】
ADMINISTRATION OF MUSEUM AND SOME PRACTICAL ISSUES
—THE NATIONAL MUSEUM OF HISTORY（BY HAUNG KAUNG-NAN ETC.）
2000.1.　21X15cm　314面　定價280元
ISBN：957-02-5477-7（平裝）　統一編號：006304890066

　　《博物館之營運與實務》是國立歷史博物館館長、副館長，及各部門主管共同執筆的一本博物館學專著。

　　二十世紀新興的各項人文學術中，博物館學可能是最充滿理論與實務互動關係的一門知識。由於全球各地對自然與文化環境的重視，博物館不僅被大量的興建，而且還演變出形式繁多的類別。在這種紛異日新的客觀情勢之下，本來就缺乏悠久穩固體系基礎的博物館學或理論，自難免產生界域上的混淆。因此有人認爲：對博物館的生存言，二十世紀是危機也是轉機。而就博物館學的發展言，理論或將退居幕後，其「放諸四海皆準」普遍性原則將愈來愈弱。

　　然而就和所有的學問一樣，學理上的知識多源於實務經驗的累積。儘管當前我們正面臨著一個「博物館爆炸」的現實時刻：儘管有關博物館的一些定義可能已不適用於目前，但是只要是關心人類文化環境工程的人，仍然都會正視博物館的定位問題。所以無論今後博物館發展的實際情形怎樣，博物館學仍會有很多討論空間的。

　　國立歷史博物館基於以上認識，特由館長黃光男博士召集各部門主管，各就本身業務範圍闡述博物館相關的理論及實務問題。全書共收論文十五篇，內容除涵蓋展覽、典藏、研究、推廣教育等博物館基本業務外：還討論了公共關係、電腦化趨勢、人事、會計、安全等博物館經營中不可輕忽的行政問題。這是一本別開生面之作，值得各界參考。

88054　台灣畫壇風雲（洛華笙著）【史物叢刊24】
PAINTING TREASURES OF TAIWAN（BY LO HWA-SUN）
1999.12.　21X15cm　316面　定價280元
ISBN：957-02-5351-7（平裝）　統一編號：006304880544

　　本文作者洛華笙以流暢風趣的筆法，介紹林玉山，趙少昂、鄭善禧、黃光男、胡念祖、李奇茂、歐豪年、陳進、林之助、楊三郎、陳慶熇、何肇衢、王藍、劉其偉、吳承硯與單淑子、廖修平等十六位畫家的背景、家庭、生長過程、畫藝畫風及人生。

論文集

　　國立歷史博物館除了「史物叢刊」中，發表的相關性論文研究報告，以及「張大千學術論文集」（已列入張大千圖書系列）和紀念性、研究性論文之外，亦出版專題性研討會、座談會的論文報告共13種，總數計47冊。其內容涵蓋博物館、宗教藝術、民俗服飾、文物綜論、歷史文化、藝術總論、書法與繪畫等。

　　為增加本館研究之深度與廣度，促進國際間館際交流，並推廣研究之成果，論文集的出版，實為學術界最珍貴的資產，不僅提供專業經驗之傳承，對學術研究風氣之推動以及國際間相關經驗之分享均有舉足輕重的影響力，期望本館對文化教育推動的努力與貢獻，能夠帶動整個社會更加重視文化生活與品味。

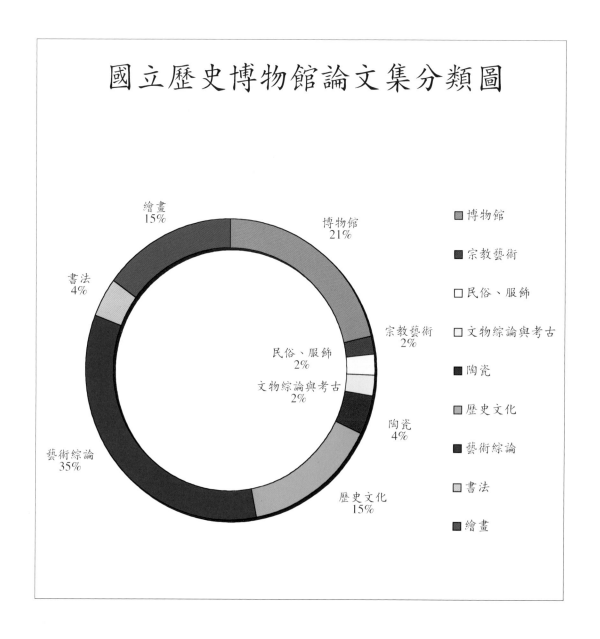

國立歷史博物館論文集分類圖

繪畫 15%
博物館 21%
書法 4%
宗教藝術 2%
民俗、服飾 2%
文物綜論與考古 2%
陶瓷 4%
藝術綜論 35%
歷史文化 15%

■ 博物館
■ 宗教藝術
□ 民俗、服飾
□ 文物綜論與考古
■ 陶瓷
■ 歷史文化
■ 藝術綜論
■ 書法
■ 繪畫

論文集

60001　包遵彭先生紀念論文集
ESSAYS IN MEMORY OF PAO TSEN-PENG
1971.2.　27X20cm　全一冊　精裝

　　「包遵彭先生紀念論文集」由國立歷史博物館、國立中央圖書館、美國聖若望亞洲研究中心共同編印而成，主要是紀念國立歷史博物館的首任館長包遵彭先生。全書收集論文共三十三篇，內容包含歷史、服飾、民俗、文獻、藝術、文物等，書後並附有包遵彭先生著述目錄，提供各界研究參考。

83004　中國古代貿易瓷國際學術研討會論文集
INTERNATIONAL SYMPOSIUM ON ANCIENT CHINESE TRADE CERAMICS : COLLECTED PAPERS
1994.10.　31X22cm　516面
ISBN：957-00-4511-6（精裝）　統一編號：006304830052

　　國立歷史博物館近年來致力於國際文化交流工作，舉辦「中國古代貿易瓷國際邀請特展」，開創了我國與世界知名博物館合作先例，在展覽的同時並籌辦了「中國古代貿易瓷國際學術研討會」。此會邀請英、法、德、比利時、瑞典、韓國、日本、泰國、菲律賓、南非、中國大陸等各地專研中國貿易瓷的著名專家學者與會發表論文，誠為本年學術文化界之盛事。本館全力編印論文集出版，相信這份豐盛的研究報告，足以為全世界的研究中國貿易瓷做一有力的見證。

85010　建館四十週年文化藝術學術演講論文集
ACADEMIC CONFERENCE OF ART & CULTURE TO COMMEMORATE THE 40TH
ANNIVERSARY OF THE NATIONAL MUSEUM OF HISTORY
1996.4.　30X22cm　176面　定價800元
ISBN：957-00-7018-8（精裝）；957-00-7019-6（平裝）
統一編號：006309850106

本圖錄爲國立歷史博物館四十年之紀念論文集，內容主要爲
國立歷史博物館之前瞻與回顧，透過教育部郭部長爲藩先生、文
建會鄭主委淑敏、故宮博物院秦院長孝儀及大英博物館羅勃·安
德森館長及現任黃館長光男，歷任王館長宇天、何館長浩天、陳
館長癸淼、陳館長康順等，爲國立歷史博物館之過去與未來，留
下珍貴而精闢之文章。

86022　亞太地區博物館會議論文集
PROCEEDINGS OF A SYMPOSIUM ON THE FUTURE OF ASIA—PACIFIC MUSE-
UMS:THE REGIONAL MUSEUM—DIRECTOR'S PERSPECTIVE
1997.6.　30X21cm　232面　定價500元

ISBN：957-00-9770-1（平裝）　統一編號：006309860222

本書爲國立歷史博物館於1997年5月間舉辦之「亞太地區博
物館館長會議」之論文合集，文中包括國內博物館館長論文5篇
及國外論文8篇，此次會議討論以「博物館與社區、社會之互動
關係」、「亞太地區博物館之展望」、「博物館行政實務與企業經
營」爲主要議題，因此發表之論文可說是亞太地區各館間的一難
得之經驗交流之紀錄，每篇論文之後並附有會議討論的重點內容
提供讀者參考。

87002　「博物館學研討會—博物館的呈現與文化」論文集
A SYMPOSIUM ON MUSEOLOGY—MUSEUM PRESENTAION AND CULTURE
1998.1.　30X21cm　205面　定價500元
ISBN：957-02-0753-1(平裝)　統一編號：006304870021

博物館事業是一項有關呈現的事業，作爲社會機制下的產
物，博物館呈現了人類歷史發展中，社會、政治、經濟、教育的
集結。其所涵蓋的，是時間，也是空間：包括了人、物質、以及
社會。簡言之，就是人類文化的呈現。博物館事業也是一項實務
爲主的事業，是一門有關博物館的研究與科學。具有社會和教育
的角色與功能。本論文集的八篇論文，收錄自本館八十六年十二
月一日及二日舉辦之「博物館學研討會」。本次研討會及於博物

館學的範疇內，以「博物館的呈現與文化」爲主題，邀請在此方面的學者專家及博物館專業人員，就博物館有關物質、空間、社會等三個層面與文化的關係進行學理的探討。以期博物館事業之相關從業人員，於學理的建構下，相互研討，交換心得。

87005   從展覽籌劃出發：博物館實務研討會論文集
PROCEEDINGS OF THE MUSEUM CONFERENCE : AUSTRALIA-TAIWAN DIA-LOGUE
1998.1.   30X21cm   140面
ISBN：957-02-0828-7 (平裝)   統一編號：006304870051

國立歷史博物館近年來一直致力於國際文化交流工作，先後舉行多項國際合作展覽，此次與澳洲沃隆岡大學及新南爾斯大學合作，於1997年12月6日舉辦「精緻&敘事：澳洲當代工藝展」，並於12月7~8日舉行「從展覽籌畫出發：博物館實務研討會」。

　「從展覽籌劃出發：博物館實務研討會」主要是探討博物館、美術館專業人員的實務經驗，會中邀請具有多年策劃展覽經驗的中外學者共同與會，研討會論文共有十篇，內容均以展覽策劃爲主軸，期望帶給博物館、美術館相關專業人員有所助益。

87035   中國文學與美學學術研討會論文集
A SYMPOSIUM ON CHINESE LITERATURE AND AESTHETICS
1998.11.   30X21cm   130面
ISBN：957-02-2892-X (平裝)   統一編號：006304870359

中國的文學和美學，歷經數千年的歷史演進，到今天已累積豐厚文化內涵，它所呈現的是中國人獨特的哲學觀、文化觀及藝術觀，這種特質，不僅不會隨時空移轉，反而是與時俱進，歷久而彌新。本次〈中國文學與美學學術研討會〉共發表二場專題演講，七篇論文，其中〈道家美學觀〉、〈論中國美學史中的神理觀與風骨論〉、〈文化美學與中國情懷〉涵蓋整體人文與美學思想，〈近代台灣水墨畫美學之研究〉、〈南宋牧牛圖—其傳統及象徵意義之研究〉、〈自然與意象—論傳統會畫創作中的知性及感性經驗〉則對圖像的意涵有精闢的創見，不僅溯源自歷史的長流，也觸及現階段台灣美學發展。至於〈瓶史與明季公安體的美學觀〉、〈別眼識山川—談中國古典詩中山水意象的歸隱與流浪意識〉、〈中國的人生觀與中國建築的空間〉等篇也分別從明末文學流派、詩詞的意象、建築空間等層面來探討文學與美學。相信此次研討會，定能引領我們同臻文學與美學互補互顯、融合爲一的更高境界。

87041　二十一世紀博物館的新視覺—博物館館長論壇研討會論文集

NEW VISIONS FOR MUSEUMS OF THE 21ST CENTURY-A FORUM OF MUSEUM
DIRECTORS : THE ANTHOLOGY OF FORUM PAPERS

1998.12.　30X21cm　176面

ISBN：957-02-3110-6 (平裝)　統一編號：006304870418

在邁入二十世紀的前夕，正是我們回顧過去、展望未來的適當時機。博物館作為國家民族文化保存的重要機制，透過其典藏、展覽、研究成果與推廣教育為一般大眾提供終生學習的機會，透過各國博物館的經驗與交流，為下一世紀的博物館經營與發展做適度規劃，使其更能發揮保存文化與提供學習機會的功能。此次會議邀請中、英、美、比利時、捷克、拉脫維亞、愛沙尼亞、白俄羅斯等國之知名博物館館長與國際博物館協會主席共同參與，將就其所涉足的領域如展覽規劃、典藏品的保存與蒐集、教育活動的理念與設計、公共關係的建立等議題發表看法。國內博物館從業人員與美術、歷史、博物館學領域學者專家，亦將從本國與實務的觀點參與討論，在相激相盪之下，為二十一世紀博物館事業蘊孕更適切完善的發展方向。

88001　東方美學學術研討會論文集

THE SYMQOSIUM ON ORIENTAL AESTHETICS AND ARTS

1999.1.　30X21cm　220面

ISBN：957-02-3085-1 (平裝)　統一編號：006304880019

國立歷史博物館為慶祝四十三周年館慶，結合國內、外學術界學者參與本館研究成果發表，藉以提升美學及歷史知識研究水準，並增進國際友誼和學術交流。此次研討會論文子題為：一.古代東西方美學的理性主義　二.印度古典美學理論與當代表現的問題　三.中國與土耳其文化關係探源　四.戰後的日本美學教育　五.古代中國的言語、世界、藝術　六.土耳其人對安那托利亞動物紋之影響　七.文人畫質探源　八.泰國皇家艦隊　九.日本藝術中的西方幻想　十.西方影響之下的二十世紀中國繪畫。本館深信透過「東方美學學術研討會」尋求更具效能的多元的跨世紀文化，創造全民的福祉。

88004　新世紀新方向—博物館行銷研討會論文集

NEW DIRECTIONS FOR THE NEW CENTURY-PROCEEDINGS OF THE CONFER-
ENCE ON MUSEUM MARKETING

1999.1.　29X21cm　210面

ISBN：957-02-3149-1 (平裝)　統一編號：006304880049

「行銷」的意義，即在於有效的執行預定的政策與目的，是一項推展業務的方法，也是一項社會過程。本次「博物館行銷研討會」擬建構博物館全方位的行銷思考，加之多元化的企業管理，以其加強國內博物館事業，面對社會潮流的遞變，開展長久永續的經營。

本論文集結合十一位國內外博物館行銷專家、學者及企業顧問，提供推廣博物館業務的新思考方向及新手法。內容包括文化行銷的策略與原則，博物館與文化觀光，實務操作及案例分析。

88021　新世紀台灣水墨畫發展學術研討會論文集

A SYMPOSIUM ON THE DEVELOPMENT OF TWAIWANESE INK PAINTING IN
THE NEW CENTURY

1999.4.　30X21cm　192面

ISBN：957-02-3658-2 (平裝)　統一編號：006304880217

台灣光復以後，中國水墨畫對台灣的美術發展有極大的影響，許多著名水墨畫人相繼渡海來台，形成台灣水墨畫的新世紀。為回顧此一歷史上的重要美術發展現象，我們試圖結合國內、國外的學術資源，於美術節舉辦研討會，藉以深入探討台灣近代美術史與水墨繪畫的脈動趨勢與面貌。

本研討會的範疇共涵蓋了四個主題：

1、探討近百年中原水墨畫與台灣之關係。

2、探討台灣光復以後大陸渡海來台畫人對台灣美術發展
　之影響。

3、研析傅狷夫先生書畫藝術成就。

4、探討台灣水墨畫之發展與現象。

此研討會為行政院文化建設委員會辦理行政院文化獎系列活動之一，充分顯示政府對於文化獎得獎人的肯定及對台灣水墨畫發展的深切關懷。

88048　1901-2000中華文化百年論文集Ｉ ＩＩ
CHINESE CULTURE CENTENARY
1999.11.~12.　30X21cm　428面　定價1800元
ISBN：957-02-5098-7 (一套：精裝)　統一編號：006304880485

88049　1901-2000世界文化百年論文集Ｉ ＩＩ
WORLD CULTURE CENTENARY
1999.11.~12.　30X21cm　250面　定價1000元
ISBN：957-02-5118-2 (一套：精裝)　統一編號：006304880495

88050　1901-2000台灣文化百年論文集Ｉ ＩＩ
TAIWAN CULTURE CENTENARY
1999.11.~12.　30X21cm　342面　定價1400元
ISBN：957-02-5124-7 (一套：精裝)　統一編號：006304880504

　　「中華文化百年」、「世界文化百年」及「台灣文化百年」，係國立歷史博物館以三年時間籌劃，並在多方學者專家參與之下，使得百年來文化層獲得全面性的回顧與觀察。

　　除適逢世紀之交，為此新世紀來臨所作之回顧展望之外，三大計畫亦代表歷史博物館營運之方針與積極進行之政策。博物館所肩負之使命在於社會教育功能之發揮，同時，必須深化學術研究，以求其精緻、準確，掌握社會文化脈動之所趨，對教育功能給予新的詮釋意義與價值。歷史博物館所評估三大計畫之必要性，在於經由分類研究，彰顯百年來傳統與現代之間的演進與變化，以為邁進新世紀之參考架構。為新世紀來臨之時，對中華文化之檢證做為深耕之基礎；對世界文化之影響聯繫以開拓視野；對台灣本土文化之研究以釐定發展方向。

　　「中華文化百年」所著重之研究在於，繪畫、書法、考古、大眾文化及雕塑與建築等五個方面，從藝術發展、人類歷史發現到百年來大眾生活文化之積澱，討論中華文化在百年之間的變遷與影響。此中適切地符合中華文化命題，對大陸、台灣及香港等華人地區的文化藝術進行比較研究，以彰顯中華文化之普遍性觀察。

　　「世界文化百年」之研究從世界性的文化思想、歷史與社會、藝術交流與發展、博物館和傳承等四個層次，探討與中華文化、台閩文化發展息息相關的文化型態，以中國為主要基準，延伸至海外發展史、社會學、中西文化、思想交流等議題，均在百年來產生關鍵性的影響。

　　而根據台灣百年來文化發展變遷史實作專題性調查研究，構成「台灣文化百年」研究的基調。經由歷史、文藝、生活、族群等分類研究，彰顯百年來傳統與現代之間的演進與變化，檢討百年來台閩關係、地方傳統、區域性文化變遷等內容，以為邁進新世紀之參考架構。

論文集

三大計畫共計五十二篇學術論文，圖版超過一千五百餘幀，總計約壹佰參拾餘萬言。「世界文化百年」、「中華文化百年」、「台灣文化百年」將整合爲全面性的百年歷史回顧，乃爲史博物館對即將跨入新世紀時，開展文化之省思。更可依各計畫之架構及研究成果延伸至其他之展覽與研究計畫，故具有高度之後續性。

89003　「看誰在說話—台灣當代美術中的個人與社群關係」座談會文集
LOOK WHO'S TALKING—THE RELATIONSHIPS BETWEEN THE INDIVIDUALS AND THE SOCIAL ENVIRONMENT IN THE CONTEMPORARY ART OF TAIWAN
2000.1.　30X21cm　27面
ISBN：957-02-5470-X(平裝)　統一編號：006304890036

所謂「多元文化主義」，並非全然否定西方強勢文化的影響力，而是各種文化從根本的基礎點上，積極爭取自身發言權，也就是建立自身的論述，或言說版本的的正當性。

本展《複數元的視野：台灣當代美術1988—1999》由陸蓉之女士策劃，國立歷史博物館與山藝術文教基金會共同主辦，分爲六項主題：「懷舊與鄉愁」、「通俗文化與社會現象」、「抽象藝術」、「女性意象」、「傳統與再生」、「科技與大眾傳播」，由策展人邀請七十五位藝術家參展。展覽專輯由南方朔(王杏慶)、蕭瓊瑞、陸蓉之、黃海鳴、石瑞仁、高千惠、傅嘉琿、王嘉驥、張心龍等一共九位評論家分別撰述專文，從文字上也展現「複數元的視野」來詮釋本世紀的最後一代。

89009　東方美學學術研討會論文集（一九九九）
THE SYMPOSIUM ON ORIENTAL AESTHETICS AND ARTS
2000.2.　29X21cm　251面
ISBN：957-02-5553-6(平裝)　統一編號：006304890096

國立歷史博物館策劃以回顧文化歷史與藝術爲主題，舉辦第二屆「東方美學學術研討會」，邀請國內、外學者專家共九位撰寫專文，描寫近年來的歷史、文化風貌，相信這些精彩的文化美學觀察論述，對新世紀文化發展必能有所增益。論文內容爲：1.恆特羅佛教的驚懼美學／班哈明 譜雷西亞多 索理斯(墨西哥) 2.伊斯蘭裝飾的美學效果—以埃及瓷器形式爲研究對象／穆罕 達哈 胡世印(埃及) 3.中國繪畫故事性體裁之研究—兼論現代水墨畫創作趨向／黃光男(中華民國) 4.馬國華人書法對華人之凝聚力量／陸景華(馬來西亞) 5.唐代中國茶美學／史美德(瑞典) 6.東方精神—二十世紀前半匈牙利收藏中國瓷器之研究與回顧／方天娟(匈牙利) 7.由原始陶俑探討古代人的生活美學—以新羅陶俑爲研究現象／成耆仁(中華民國) 8.現代戲劇在台灣的美學走向／馬森

(中華民國) 9.越南傳統戲劇中的時間與空間排列／麗提好鳳(越南)。藉美感與生活經驗,引發更具效能的多元化,跨世紀文化。

89024　中國文學與美學學術研討會論文集
A SYMPOSIUM ON CHINESE LITERATURE AND AESTHETICS
2000.5.　29X22cm　132面
ISBN:957-02-6047-5 (平裝)　統一編號:006304890244

　　為二十一世紀現代社會轉化精神質素,並累積中國文化的學術深度,且透過對傳統文學與美學之理論、思想,為現代人提供重新審視中國現代文藝與美學的内在意涵。主要藉由傳統文學與美學領域之探討,彰顯中國現代文學與藝術範疇中所具有的美學的思想與意義。

　　本研討會邀集學者專家發表四篇論文,一場專題演講,並請當代詩人、作家以「美的追求與創造」為主題進行專題座談。各就本身之專業領域,以「中國現代文藝的形質」為主題,將現代文藝的時間範圍界定在五四運動(1918年)之後的中國文藝發展。

89026　博物館與建築:邁向新博物館之路─博物館館長論壇論文集
MUSEUM AND ARCHITECTURE:TOWARD A NEW MUEUM
2000.5.　30X21cm　231面
ISBN:957-02-6088-2 (平裝)　統一編號:006304890264

　　此書為八十九年四月二十七日至二十八日舉辦博物館館長論壇所發表論文之合輯與會議記錄。内容涵蓋大英博物館等七國總共八個博物館館長有關博物館建築更新及展場規劃的意見。論文内容分兩個議題:議題一是博物館的記憶與願景;議題二是展覽空間與空間藝術。期望此探討議題對博物館從業人員能有更深的助益,並在這種多元化與創新營運觀念的潮流下,調整腳步,面對挑戰。

89046 地震災後文化資產保存維護學術研討會論文集
SYMPOSIUM ON "THE RESERVATION AND MAINTENANCE OF
ARTIFACTS AFTER EARTHQUAKES" TREATISE
2000.11. 30X21cm 256面
ISBN：957-02-7049-7(平) 統一編號：006304890462

　　地震災後文化資產保存維護學術研討會邀請到台灣及日本多位專家學者針對相隔四年的阪神・淡路大地震與921集集大地震做一對話。就雙方政府在面對地震之後的策略方案、地震後文化資產的搶救原則、隨著地震災後文化資產的流失帶來的人文反省、乃至災後歷史建築的結構補強及文物修復的各種實踐案例作深入檢討。

　　在二十世紀的尾聲，世界各地地震災情頻傳，在這樣的時空之下，我們應當正視防災計劃的建立，從地震的慘痛經驗中，重新體認文化累積的重要與人類生活的價值。

論文集

館 刊

國立歷史博物館館刊

　　國立歷史博物館自四十四年創建迄今已四十五年，在此期間，由館方編輯出版的代表期刊是國立歷史博物館館刊，它經歷了不定期集刊【第一至十二期以及第二卷一期到第二卷十一期】（50.12~81.6）、季刊【第二卷十二期以及第三卷一期到第四卷四期】（81.10~83.10）、雙月刊【第五卷一期到第七卷三期】（84.4~86.6）和目前之月刊【第七卷四期迄今】（86.7~89.9）等多種型態，其收錄的論述主要著重於器物、書畫、文獻史料、風土民俗、宗教藝術、藝術論叢、原始藝術、博物館學以及文教機構等九大類，其中並兼顧報導性及歷史文物教育的推廣。至於稿源則分由館內同仁暨國內外各相關學界的專家學者提供。館刊的編印具體顯示了本館對學術研究的重視，畢竟有了研究的基礎，展覽的品質才能不斷的提昇，也才會產生新的視角與新的創造。

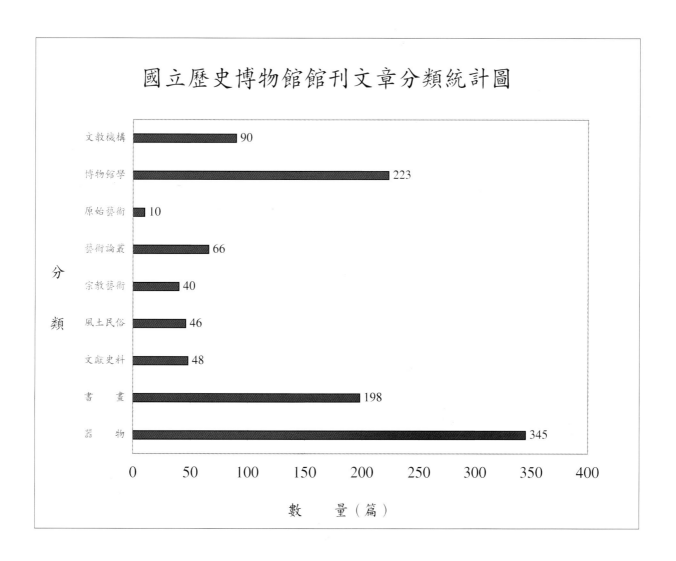

國立歷史博物館館刊~歷史文物月刊

第一卷至第十卷第九期分類索引

民國50年12月~89年9月（西元1961.12~2000.9）

壹、器物

（一）銅器/金屬

(三)玉石

張克明	漢武氏祠石刻考述	1：6	4
費凱玲	介紹「中國古代玉器」	1：11	1
林淑心	商代出土玉器的研究	2：3	21
林　凌	中國四千年玉器展	2：3	115
那志良	館藏玉麟符命名之探討	2：6	6
傅樂志	先秦至漢玉器上龍紋的演變	2：6	50
唐培智	環狀玉器概述	2：6	59
那志良	耳飾用的玉玦	2：7	62
唐培智	圭與璋	2：7	69
那志良	古玉名著—古玉圖考	2：8	34
唐培智	古玉脫胎探索	2：9	46
林淑心	精巧絕倫的清代玉雕藝術	2：9	50
楊建芳	館藏河南周墓出土古玉—輝縣琉璃閣墓甲及墓乙玉器研究	3：2	34
耿寶昌	莊麗典雅的清代康熙彩瓷	3：4	72
楊伯達	釋璋	4：2	86
林淑心	清 翡翠雙龍帶鈎	5：3	80
劉靜敏	春秋晚期 玉玦	5：5	75
高玉珍	漢 熹平石經殘石	5：5	76
楊式昭	清 全綠玻璃翡翠扳指	5：5	81
劉良佑	廣州南越王墓出土玉飾動物造型之探討	8：5	13
鄺力耕	清代玉雕之美—德州休士頓自然科學博物館展出記	8：6	76
王文建、劉曉明	趙眛與「龍」—從西漢南越王墓出土龍紋玉器談起	8：8	28
劉靜敏	河南輝縣琉璃閣觸牙形玉器選	8：8	37
楊淑玲	卑南遺址出土玉器之美	8：9	40
劉雲輝	唐竇曒與其玉帶考	9：2	18
唐世欽	徐州漢代畫像石中的龍	9：5	33
劉雲輝	北周若干雲及其玉帶考	9：7	52
黃春秀	館藏珍品/清文如璧日月雙神	9：12	1
王樹村	掩經千餘年曝經僅千日—說北京房山石經	9：12	23
張明華	玉龍的功能	10：1	34
吳美鳳	歡樂昌熾，「鋪」身未明—淺談漢代的鋪首銜環	10：1	43
唐世欽	徐州獅子山楚山墓中的玉器精華	10：2	33
唐世欽	徐州漢代畫像石	10：7	52

(四)通貨

作　者	篇　　　名	卷期	頁數
丁陳漢蓀	宋元明三代銅錢的分析	1：9	7
楊雲萍	南明時代的錢幣	1：10	57
鄺力耕	壓勝錢	2：2	31
鄺力耕	龍銀概述—戊辰春節龍銀特展選介	2：7	120
黃亨俊	中國先秦貨幣概論	2：8	102
黃亨俊	秦朝貨幣概論	2：9	72
張惠信	清季在華流通的外國貿易銀元	2：12	48
楊式昭	館藏中國古代錢幣概說(上)	5：1	57
陳鴻琦	館藏中國古代錢幣概說(下)	5：2	51
楊式昭	周聳肩空首足無文大布	5：5	97
楊式昭	元 行中書省銀錠	5：5	98

林淑心	清代服章之研究	1：11	19
林淑心	唐代女裝的特色	1：12	40
林淑心	漢代女子服飾考略	2：2	23
林　凌	夏威夷「中國清代袍服織繡展」紀行	2：4	99
張新芳	歷史婦女鞋襪史事淺說	2：5	75
林淑心	唐代染織工藝的特色	2：6	101
林　凌	館藏袍服織繡精品選介	3：4	80
林淑心	綜論漢族服飾的特色	5：1	48
林淑心	清 黃緞彩繡龍袍	5：5	100
羅煥光	館藏珍品/清 立式花蝶大繡片	7：5	1
Maria Therisia Worch 著 林春美譯	古老織品的運輸、陳列和庫存指南	8：5	76
李季育	絲繡乾坤—刺繡中的人物、花鳥與蟲獸	8：9	55
江碧貞 何兆華	黔東南苗族服飾探秘	9：11	5
江碧貞	黔東南苗族服飾考察及分類	9：11	13
林淑心	能、巧、妙、神—從歷史博物館「清壽幛繡品」談起	10：4	55
林淑心	絢麗多彩的服飾寶庫—中國少數民族服飾文化意涵	10：7	15
黃春秀	民族服飾文化意涵—形制、紋飾與色彩	10：7	22

(九)璽印

作　者	篇　　　　名	卷　期	頁數
夢　谷	談印章	1：6	6
王北岳	印章與刻篆	1：7	33
姜慧音	由璽印的演變探測篆刻的美術性(譯文)	1：10	7
王北岳	由璽印的演變探測篆刻的美術性	1：10	27
費凱玲	談中國的印璽	1：12	18
黃玉里	印石珍品—田黃‧雞血	2：1	26
楊式昭	赤玉丹霞—昌化雞血石	6：5	32
楊式昭	館藏珍品/雲龍黑皮田黃印章	7：8	1
蔡耀慶	明代篆刻作品初探	9：1	58
蔡耀慶	明代篆刻作品再探	9：5	60
蔡耀慶	【清代篆刻藝術賞析】之一 清代初期的篆刻表現	9：6	65
蔡耀慶	【清代篆刻藝術賞析】之二 清代篆刻藝術的表現	9：8	64
蔡耀慶	【清代篆刻藝術賞析】之三 丁敬之後的篆刻表現	9：10	76
蔡耀慶	【清代篆刻藝術賞析】之四 蓬勃而多樣的篆刻表現—清晚期的篆刻風貌	9：12	56
曾紹杰	從買印譜到編印印譜	10：3	8
王家誠	趙之謙傳17 印奴	10：6	62

(十)文房用具

作　者	篇　　　　名	卷　期	頁數
王行恭	唐宋出土硯的特徵	7：9	12

(十一)文物綜論

作　者	篇　　　　名	卷　期	頁數
張克明	國立歷史博物館藏展新鄭、安陽、仰韶、輝縣等遺墟出土器物及其他文物概述	1：1	11
那志良	古器物研究與教學的新方向	1：2	7

貳、書畫

(一)繪畫

王家誠	【趙之謙傳】11 悲盦	9：12	43
王家誠	【趙之謙傳】12 三憐	10：1	68
（法）多明尼克·羅恩斯滇撰、蘇美玉譯	澳諾黑·杜米埃（Honore Daumier）—自傳式的草稿	10：2	43
王家誠	【趙之謙傳】13 此日獨醒能幾人	10：2	52
何懷碩	嚴飭端莊—懷念曾紹杰先生	10：3	14
王家誠	【趙之謙傳】14 雲散雪消華殘月缺	10：3	26
王家誠	【趙之謙傳】15 逢世但守口	10：4	26
蘇美玉	淺談一位常玉收藏家—亨利·彼得·赫謝	10：5	48
郭燕橋	八十自述—沉浸繪事的心路歷程	10：5	53
王家誠	【趙之謙傳】16 忘拙忘巧	10：5	72
宗典	張彥遠生卒年考及其他—《歷代名畫記》的再認識	10：6	55
王家誠	【趙之謙傳】17 印奴	10：6	62
黃貞燕	【中國近現代美術評論家郎紹君訪談錄】 二十世紀中國水墨畫家李可染	10：7	70
王家誠	【趙之謙傳】18 終身錢	10：7	77
王家誠	【趙之謙傳】19 鵲壺奇譚	10：8	54
王家誠	【趙之謙傳】20 鄧石如騎驢進京	10：9	76

(四)版畫/年畫

作　者	篇　　　名	卷　期	頁數
郭立誠	關於民俗版畫門神	1：7	36
郭立誠	談神禡	1：9	13
郭立誠	由館藏「蟲王」板畫説起	1：10	4
郭立誠	冬「九九」與夏「九九」	1：11	13
郭立誠	談館藏民俗版畫的價值	2：8	6
潘元石	談虎爺	2：8	26
潘元石	現存最早的兩幅中國年畫	4：4	6
盧錦堂	中國年畫的起源、發展與地方特色	4：4	15
陳樹升	中國年俗版畫—兼談年畫在台灣的推展	4：4	24
莊伯和	中國年畫中的仕女造形美	4：4	33
吳哲夫	中國年畫中的門神	4：4	40
潘元石	民國初期台南商舖圖章	5：2	44
郭祐麟	館藏珍品/秦叔寶·尉遲恭	6：1	1
蘇美玉	林布蘭版畫之內心世界的光耀	6：1	45
羅毅恩、黃慧琪	林布蘭的版畫	6：1	49
潘元石	談中國的年畫藝術	6：1	80
郭祐麟	館藏民俗版畫淺談	6：1	84
劉靜敏	館藏珍品/清末 財神年畫「寶馬駝來，錢龍引進」	8：2	1
楊永智	一步一版印·道盡古早情—台灣傳統版印特藏室及其藏品介紹	8：2	52
李福清	三國演義中的<長版波>故事年畫	9：1	45
楊永智	德化堂的藏經閣—從台南德化堂珍藏的清代古板畫談起	9：10	5
李福清	三國故事年畫圖錄（上）	9：11	31
李福清	三國故事年畫圖錄（下）	9：12	5
楊永智	灶馬桃符話春禧	10：2	5

林雪卿、鐘有輝	台灣現代版印年畫的趨勢	10：2	11
高俊清	天津楊柳青木板年畫	10：2	27

參、文獻史料

(一)圖書文獻

作　者	篇　　　名	卷　期	頁數
楊家駱	國立歷史博物館藏蕭一山先生著清代通史稿跋	1：3	22
包遵彭	讀蕭一山先生清代通史	1：3	23
黃典權	上護軍驃騎將軍蔣鳳墓誌銘研究	1：5	23
葉程義	漢熹平石經春秋公羊傳殘文考釋	2：3	72
張克明	憶往事談文獻	1：9	1
郭立誠	天水冰山錄研究之一—嚴嵩家藏贈禮畫	2：4	61
郭立誠	天水冰山錄研究之二—釋器—	2：5	86
郭立誠	天水冰山錄研究之三—天水冰山錄裏的舶來品	2：6	66
郭立誠	天水冰山錄研究之四	2：7	74
葉　文	鶯歌史話	5：3	56
鄒力耕	明監國魯王壙誌	5：5	79
劉靜敏	宣德彝器圖譜之探討	6：2	44
蘇啓明	台灣古書院小史	7：4	48
蘇啓明	從古地圖看歷史上的台灣	7：8	42
唐世欽	伏羲女媧小考	8：9	53
史金波	風采各異内容豐富的中國少數民族古文字及其文獻	10：3	48
吳美鳳	十世紀初期以前的人異乘具略考	10：5	60

(二)史料

作　者	篇　　　名	卷　期	頁數
張其昀	介紹蕭一山清代通史	1：3	21
李　濟	想像的歷史與眞實的歷史之比較	1：4	25
蔡文怡	孔子聖像探討	1：8	114
翁同文	中國坐椅起源與絲路交通	2：1	7
孔德成	中國文字與美術的關係	2：2	2
蘇瑩輝	從莫高、榆林二窟供養者像看瓜、沙曹氏的聯姻外族	2：3	52
張光賓	俞和書樂毅論與趙孟頫書漢汲黯傳	2：4	51
蘇瑩輝	從文字學和史學觀點略論兩宗—東周石簡的價值	2：5	19
莊伯和	中國文字之美	2：5	64
張光遠	周成王時獻侯鼎與天黿家族考	2：6	22
莊　申	唐代的絹馬貿易	2：12	33
王震亞	匈奴在溝通中西經濟、文化交流中的貢獻	3：2	44
林冠群	藏族的歷史概說	4：1	49
簡吟慧	西藏學研究概況	4：1	77
王民信	宋與西夏的關係	4：3	12
史金波	穿越時空・古國新詮—西夏學的研究現況與國學之互動	4：3	34
史金波	西夏活字版文獻及其特點—世界上現存最早的活字印本探考	7：3	22

羅　豐	訪西夏考古專家牛達生教授談西夏木活字印刷	7：3	40
林瑤琪	台灣漢人常見的姓氏聯宗	8：3	29
林瑤琪	原住民的姓名何去何從	8：4	34
林瑤琪	台灣客家人的播遷與世系源流	8：5	44
廖慶六	從族譜窺探台灣回族之姓氏淵源	8：7	63
蘇啟明	台灣地名沿革縱橫談	8：8	44
齊東方	中國古代圍棋棋具考	8：8	54
成耆仁	西安紀行—尋漢唐文化之足跡	8：9	58
林淑心	麻六甲「黛安哪沉船」紀要	8：9	67
范明煥	隘的故事—台灣開墾設礙簡史	8：12	81
楊永智	【台灣源流的故事—紙業篇】台南王源順紙行	9：2	47
康才媛	陸羽《茶經》煮茶法趣味之探討	9：12	48
朱歧祥	甲骨文考釋舉例—《甲骨文合集》第6057版	10：2	58
成耆仁	鄂圖曼文明的搖籃—土耳其紀行	10：8	23

肆、風土民俗

(一)風土民俗/技藝

作　者	篇　名	卷　期	頁數
尹建中	民俗文物在傳統及變遷的社會中所扮演的角色	1：2	13
黃永川	民間技藝的整理與發揚	1：10	1
張新芳	淺談傀儡戲與皮影戲	1：10	8
曾培堯	從歷史博物館民初婚禮生態展談台灣古俗婚嫁習俗	1：10	13
葉程義	八仙考述	1：10	38
唐美君	台灣寺廟社會與宗教效用	1：12	10
張新芳	談古老的投壺遊戲	1：12	44
唐美君	台灣公廟與宗族的文化意義	2：1	14
謝鴻軒	漫談中國對聯	2：2	9
郭立誠	八仙故事與戲曲小說	2：3	57
莊伯和	天王腳下的邪鬼	2：3	64
張新芳	談唐代明器中的四神十二時	2：4	82
阮昌銳	民間的動物信仰	2：5	12
莊伯和	中國風獅爺研究——兼論中琉獅子之比較	2：8	12
黃春秀	試尋譯存袋戲偶頭的造型美	2：8	29
李麗芳	「假面」的民俗角色	2：9	78
林茂賢	歌仔戲舞台道具簡介	2：9	94
李福清	關羽肖像初談(上)	4：4	46
(B.Riftin)	關羽肖像初談(下)	5：1	27
汪幼絨	西藏之風土與民情	4：1	55
丁　瑋	大稻埕之旅	6：1	66
陳鴻琦	西王母—漢代民間信仰舉隅	6：4	26
江桂珍	台閩文物工作小組初勘行—金門史蹟巡禮	6：6	88
黃璧珍	玉門關探蹤	7：7	57
林瑤琪	台灣漢人的香火傳承習俗	8：2	36
李豐楙、謝宗榮	台灣信仰習俗概說	9：2	24

(二)史蹟

伍、宗教藝術

陸、藝術論叢

(一)人物

(二)美術/藝術綜論

(三)雕刻

| 劉靜敏 | 館藏精品/清 雕竹節蓮塘清趣提梁壺 | 8：3 | 1 |
| 林淑心 策劃 | 跨越千禧年 文化的回顧—記中華文化百年論文集（三）建築與雕刻篇 | 9：10 | 88 |

(四)花藝

作　者	篇　　　　　名	卷 期	頁數
黃永川	中國插花藝術發展史略	1：11	15
黃永川	關於中國插花藝術的花器比例	2：3	15
黃河長	不負古人告後人—記「中國古典插花藝術展」	2：3	105
黃永川	中國插花藝術中國的賞水與枝腳之美	2：4	22
黃永川	中國插花的天地之道與方位應用	2：6	122
黃永川	九秋與中國插花	2：8	62
黃永川、 方　圓	概談佛教插花	4：3	80
黃永川	關於中國插花中的六十五個「花相」	7：2	46
徐嘉禧	順天應時・陰陽消長—談十二辟封與花的生息	7：2	51
林泊佑	巴黎「中國傳統插花藝術展」紀要	7：3	98
黃燕雀	書藝與花藝之美	8：4	14
王悟生	字裡乾坤展花藝—第十四屆花藝展展場設計構思	8：4	26

柒、原始藝術

作　者	篇　　　　　名	卷 期	頁數
江　上	台灣山胞的藝術	1：9	86
陳文玲	從台灣原住民文物看「原始藝術」—回顧與展望	6：2	56
陳錦芳	原始藝術的衝擊	7：1	62
江桂珍	台灣原住民概述	7：1	64
吳炫三	從藝術創作觀點談陳澄清先生的台灣原住民文物收藏	7：1	74
陳奇祿	台灣原住民的文化與藝術(上)	7：8	36
陳奇祿	台灣原住民的文化與藝術(下)	7：9	32
李福清	布農族神話初探—神話、巨人故事及鬼話	8：1	5
李福清	布農族神話初探—民間故事及傳說	8：2	40
江桂珍	神靈之蛛—排灣族的琉璃珠	9：1	30
方紹能	苗疆十年考察	9：11	23
燕　寶	從苗族神話、史詩探苗族族源	9：11	51
尼　瑪	淺談蒙古族薩滿教	10：3	63

捌、博物館學

(一)博物館學綜論

作　者	篇　　　　　名	卷 期	頁數
黃季陸	近代博物館發展之趨勢	1：1	2
包遵彭	中國博物館事業發展史	1：1	56
何浩天	博物館的新職—英文中國郵報三月二十四日社論(譯稿)	1：3	29

(二)文物保存/維護

陸宗潤	宋元時期書畫裝裱的沿革—關於書畫裝裱和修復學的初步探討之三	6：6	116
陸宗潤	明代書畫裝裱工藝發展概述—關於書畫裝裱和修復學的初步探討之四	7：1	96
陸宗潤	清代書畫裝裱概述—關於書畫裝裱和修復學的初步探討之五	7：2	93
丁　瑋	由旗後砲台的修護看台灣古砲台	7：3	74
陸宗潤	〈弘法大師像〉掛軸修復記	7：3	82
郭祐麟	北大青銅文物保護研修班進修記	7：4	55
張婉真	法國陶瓷修復—技法與從業論理的探討(譯文)	7：8	21
成耆仁	博物館文物保存科學	7：7	72
成耆仁	陶瓷修護示範有感	7：8	26
許雅惠	澳洲民俗藝術文化保存之現況	7：9	72
張婉真	藝術與科學—法國博物館研究科技室介紹	8：3	76
三浦定俊著、林煥盛譯	ICCROM邁向世界文化財保存之路的橋樑	8：5	72
林煥盛	百年經驗—日本的文化保護法發展歷程	8：9	83
Amanda Whitting-ton撰、王竹平譯	該是重視保存科技專業的時候了	9：5	88
黃春秀	文物保存與維護—「亞太科技交流暨海峽兩岸文物保護與防災國際學術研討會」參加心得	10：1	87
楊軍昌	X光無損探傷分析方法在文物保護修復及古代工藝技術研究中的應用	10：6	72
宋淑悌	司母戊鼎的X光檢測及其鑄造工藝	10：6	80
陳永源	由九二一震災文物搶救談保護歷史建築	10：9	5
成耆仁	回憶九二一勘察災區與文物搶救	10：9	15
林煥盛	山河雖異動、人文不變貌—震災後文化資產的保存工作	10：9	24

(三)展覽/展示空間

作　者	篇　名	卷　期	頁數
文　華	第一座國家畫廊落成‧馬壽華書畫精品展覽	1：1	14
貫　生	中國書畫藝術世界巡展的意義和展地	1：1	17
姚谷良	國立歷史博物館的美術活動	1：1	36
費海璣	國立歷史博物館漢唐文物特展的意義及其展品	1：2	39
勞　榦	國立歷史博物館漢唐文物特展的介紹	1：2	34
嚴鴻序	國立歷史博物館的特展	1：2	46
王宇清	全球華僑華裔美展鳥瞰	1：3	19
秦景卿	博物館的展覽與藏品保護	1：7	39
愚　人	中國歷代樂器展覽簡介	1：8	88
長　江	川端康成文藝生涯展覽追記	1：8	92
林淑心	「張大千早期作品展覽」開幕詞(譯文)	1：8	108
陳立夫	由歷史樂器之展出略談音樂教育之重要	1：8	110
蔡　萍	國立歷史博物館近年重要特展舉隅	1：9	48
美　純	「廿世紀中國名家畫展」在歐洲巡展的影響及其成就	1：9	59
翟　羽	國際特展三例	1：10	44
蘇南成	從「中華古物」與「民俗文物」特展談中華傳統的新形象	1：11	41
雨　亭	光輝燦爛的藝術之月—國家畫廊十月書畫展覽	1：11	47
翟　羽	七十年春節的一項特展	1：12	53
黃河長	在巴黎舉辦的「中國現代繪畫新趨向展」	1：12	56
秦景卿	中國古陶瓷展併介紹香港求知雅集	2：1	44

許文綺	香港博物館「香港故事」展的展示分析	6：4	82
張婉眞	有關「黃金印象」及其延伸討論	6：6	72
謝世英	有關「晚清民初繪畫特展」	7：1	46
劉平衡	奧塞美術館來台展出感言	7：1	49
劉平衡	晚清至民初水墨畫展觀後感	7：2	38
陳奕愷	千古莊嚴法相──北朝佛教石雕藝術展	7：4	6
謝世英	「水殿暗香：荷花特展」後記	7：6	84
劉靜敏	館際展覽之交流與省思──以館藏牙雕暨明清銅爐特展赴日展出為例	7：8	30
謝世英	從展覽籌劃出發──博物館實務研討會(謝世英等譯)	7：9	6
郭長江	人與畫的對談──一場展覽的呈現	8：4	6
黃永川	氣挾風霜爍古今──陳慧坤畫展	8：6	6
楚　戈	結情作品展自敘帖	8：9	14
林志峰繪	中華文物通史展參觀路線圖	8：11	4
蘇啓明	從文物看中國歷史──中華文物通史展序論	8：11	6
戴春陽	館史憶昔/典藏歷史留名錄──周樹聲	8：11	79
張婉眞	從「尚‧杜布菲回顧展」談國際性展覽的策劃方向	8：12	57
張懷介	信仰與生活──談「台灣常民文物展──信仰與生活」展覽定名	9：1	85
陳玉珍	水墨夢幻──荒木實回顧展	9：1	88
五井野撰 林淑心譯	【日本浮世繪藝術特展專輯】浮世人間相──日本浮世繪藝術欣賞	9：3	6
張蕙心	博物館展示設計的光環境──以「日本浮世繪藝術特展」為例	9：3	18
蔡耀慶	深植於斯土，勃發於斯土──李亦園學思展	9：5	84
蔡耀慶	聖人心日月，仁者壽山河──李普同書法紀念展	9：12	39
馮幼衡	法外趣──魚沉於水、鳥飛在天 觀董陽孜書展	10：3	20
蘇啓明	東方神韻──南京博物院藝術陳列館展示設計	10：5	81

(四)典藏/捐贈/撥交/清點

作　者	篇　　　　名	卷　期	頁數
何浩夫	國立歷史博物館所藏日本歸還的古物	1：1	20
一　民	國立歷史博物館接受撥交及捐贈的文物	1：1	30
包遵彭	博物館之蒐集工作	1：6	1
李麗芳	博物館的典藏	2：8	89
潯　金	華僑楊達志捐玉報國	2：1	67
蔡靜芬	記館藏文物清	7：1	86
黃光男	典藏品的意義與應用	8：3	68
黃慧琪	高第在台北──高第建築藝術展之展示規劃	8：8	15

(五)教育推廣/文化交流

作　者	篇　　　　名	卷　期	頁數
張朋園	國立歷史博物館的國際交換工作	1：1	51
葉程義	國立歷史博物館國際文化交流工作概略	1：3	11
包遵彭	出席國際博物館學會七屆大會經過	1：4	50
葉程義	國立歷史博物館與中南美文化交流工作	1：6	21
葉程義	國立歷史博物館與美國聖若望大學文化交流工作	1：7	1
王旌德	亞太地區博物館研討會紀實	1：8	57
美　純	中韓文化開創新猷	1：8	76
姜慧音	澳洲文化訪問記	1：11	50
葉程義	中哥文化交流的一頁	1：11	53

(六)雜論

陳鴻琦	中國大陸文物出口・鑑定概況與相關法規(1950-1990)	5：3	76
羅毅恩、黃慧琪	不當的藝術品交易管理—以英國博物館和畫廊為例	6：3	82
白　婷	印象之旅	7：1	55
洪德仁	北投生活環境博物園區的夢想與芻議	8：1	69
郭長江	菁華立現—談特展圖錄的封面設計	9：1	76
編輯部	植物園四季暢遊—春	9：4	52
編輯部	植物園四季暢遊—夏	9：7	44

玖、文教機構

(一)國立歷史博物館

作　者	篇　　名	卷　期	頁數
包遵彭	國立歷史博物館之創建與發展	創刊號	3
包遵彭	國立歷史博物館之創建與發展	1：1	1
王　康	源遠流長的歷史博物館	1：2	30
莊廷黻、何新祥	中國的傳統與現代潮流—國立歷史博物館贈畫美國聖若望大學典禮上演講詞(譯文)	1：4	21
包遵彭	國立歷史博物館十四年	1：6	10
蔡　萍	國立歷史博物館近年重要工作舉隅	1：8	45
葉程義	國立歷史博物館歷年大事記要(續)	1：8	94
何浩天	張大千與歷史博物館	2：2	13
何浩天	國立歷史博物館的時代任務	2：3	2
葉程義	國立歷史博物館歷年大事記要(續)	1：9	68
郭　軔	掌文化公器為藝術傳薪—歷史博物館三十而立	2：4	2
陳康順	史博館幾度百年春	3：3	6
賀　倩	大英博物館館長來訪與本館再繪合作藍圖	3：4	98
蔡　琳	千呼萬喚—西夏文物迎到史博館	4：3	6
羅煥光	撫今憶昔—國立歷史博物館館景	5：5	1
包遵彭	國立歷史博物館的創建與發展(重刊)	5：5	6
羅煥光	國立歷史博物館歷年大事紀	5：5	44
葉倫會	國立歷史博物館觀摩記	6：6	114
高以璇	相約在東方—國立歷史博物館與俄羅斯國立東方民族藝術博物館締結姊妹館	7：4	82
蘇啟明	國立歷史博物館館務發展近況及未來經營方向	7：9	79
劉靜敏	館史憶昔/國立歷史博物館闢建「國家畫廊」經過	8：7	90
高以璇	館史憶昔/國立歷史博物館創建館長—包遵彭	8：8	90
黃光男	新世紀・新出發—建館四十三週年感言	8：12	1
蔡靜芬	數位博物館—國立歷史博物館電腦化現況	10：3	84

(二)文教機構

作　者	篇　　名	卷　期	頁數
包遵彭	記大英博物館	1：2	26
林柏年	紐約大都會博物館之文物倉庫	2：1	34
翟　羽	夏威夷比夏普博物館巡禮	2：3	101
黃秀慧	《私人美術館篇》之一屹立於永和的楊三郎美術館	3：2	90
高以璇	《私人美術館篇》之二楊英風美術館專訪	3：2	96

李麗芳	日本規劃九州國立博物館的動態	9：4	86
編輯部	【館史憶昔】小山天舟與史博館因緣	9：5	65
李麗芳	日本福岡市博物館遊蹤	9：5	72
李明珠	博物館的重塑與再生—第九十四屆美國博物館協會年會紀實	9：6	80
成耆仁推廣教育組	南海藝聞—八十八年國立社教機構經營管理終身學習考察活動	9：7	90
李麗芳	日本石川縣立博物館巡禮	9：8	74
李麗芳	現代都市中的歷史博物之旅—日本神奈川縣立歷史博物館	9：9	79
陳玉珍	美國紐約藝術空間—另類美術館與當代美術館介紹	9：10	82
張乃翥	中國考古學博物館洛陽分館巡禮—探尋華夏文明的源流‧展現河洛文化的菁華	9：11	73
李麗芳	日本杜都知性之旅—仙台市博物館	9：12	69
高以璇	中國歷史博物館巡禮	10：1	81
林世英	南紀‧熊野博物行—日本和歌山的博物歷史	10：3	75
林世英	【世界博物館遊蹤】浪花歷史情—日本國立民族學博物館	10：8	61
韓慧泉譯	一個大型機構的更新—大英博物館	10：8	77
李永翹	國立敦煌藝術研究所成立始末	10：9	37
肯森‧郭克著 陳伶倩、黃宗偉譯	由舊建築到新博物館—新加坡亞洲文明博物館	10：9	85

館　訊

國立歷史博物館館訊

　　國立歷史博物館館訊於民國七十五年十月正式發刊，內容包括本館重要展覽及活動之預告與報導、館藏珍品之介紹以及國內外與博物館相關之重要新知的譯介等，此外並將台北市當月所有藝文活動之時間、地點，逐一列表刊出，以便利讀者參與各項文化活動，帶動更蓬勃的文化風氣。

　　本館館訊可說是一種合知識性、報導性、服務性三者並重的一份小型刊物，希望藉著它使所有展覽的訊息延伸到更廣泛的層面，讓每一項精心設計的展覽吸引更多的民眾前來參觀，進而促進全民的文化參與。

　　由於報導內容漸與當時出版之館刊與展覽摺頁多所重覆，因此此份小型刊物於民國八十三年元月份出版最後一期，總計出版80期。長達八年陪著我們共同成長的刊物，從此畫上休止符，實有遺憾之感。

國立歷史博物館學報

　　一個現代的博物館，其地位與成就應建立在紮實的學術基礎上，而學術的成就乃能彰顯一個現代博物館的研究水準與能量。本館除積極推展學術交流，增進專業知識外，更有學術性質高的「學報」問世。

　　本館的「學報」以專業的、學術的、多元的態度為主旨，文章並非徵文的方式所構成，皆由本館研究人員來撰寫，且經由外審通過後始能發表，目前共出版十七期。民國84年12月出版創刊第一期，為年刊形式；第二期則改為半年刊形式；為增進學術研究之風氣，自第三期開始又再度改為季刊形式至今。希望透過學報的精緻與深度能為文化界、學術界提供更豐碩的成果。

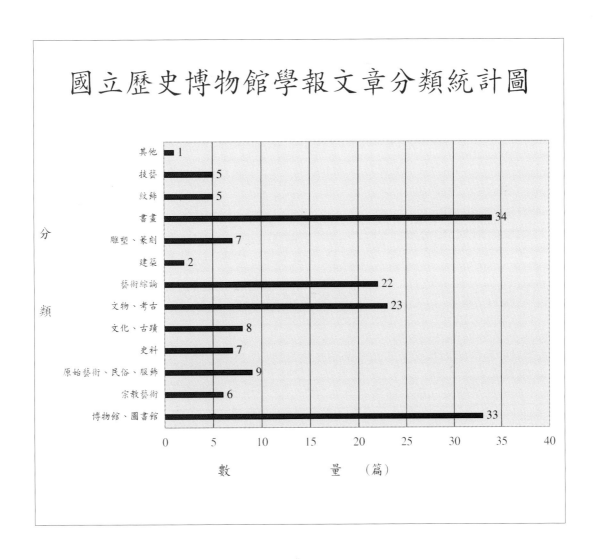

國 立 歷 史 博 物 館 學 報
第一期至第十七期（分類索引）

壹、博物館、圖書館

編號	篇　　名	作　者	期數	頁數
1.	博物館展覽規劃與實務運作試析—以國立歷史博物館為例	胡懿勳	2	149
2.	博物館的溝通功能與展望	韓慧泉	2	169
3.	談博物館教育政策的擬定	辛治寧	3	127
4.	生態展示的意義	張婉真	3	167
5.	誰來博物館?	陳玉珍	4	181
6.	教育學習單於博物館教育之應用	辛治寧	5	121
7.	談法國近年展覽會觀念的發展趨勢	張婉真	5	147
8.	國立歷史博物館「黃金印象—奧塞美術館名作特展」展示評量與觀眾調查	張婉真 辛治寧	7	71
9.	博物館展覽與溝通	韓慧泉	7	157
10.	略述博物館附屬圖書館之功能	黃文美	7	227
11.	淺談一人圖書館	李素真	7	239
12.	色彩應用與一場展覽的呈現	郭長江	9	165
13.	博物館專業的肇始	辛治寧	10	101
14.	博物館引用民間資源的文化反省	韓慧泉	10	115
15.	圖書館與博物館選擇典藏品應考量因素	黃文美	10	127
16.	遠距教學之應用	李素真	10	137
17.	博物館組織之探討	李明珠	11	155
18.	博物館與大學合作的理念與實踐—以歷史博物館遠距人文藝術課程為例	吳國淳	11	175
19.	從觀眾的需求來探討博物館的服務導向	李盈盈	11	195
20.	杜布菲展覽觀眾研究	吳國淳	12	61
21.	電腦媒體對博物館的影響	李素真	12	239
22.	公共服務與社會需求—略舉一九四○至七○年代博物館專業發展之相關議題	辛治寧	13	97
23.	圖書館與博物館藏品分類之研究	黃文美	13	115
24.	非營利機構之服務品質研究—以國立歷史博物館展覽組義工運用為例	李盈盈	13	127
25.	探討國立歷史博物館觀眾參觀與服務品質滿意度之結果	李盈盈	14	121
26.	圖書館與博物館藏品登錄之介紹	黃文美	15	67
27.	「觀眾服務滿意度意見調查表」之成果分析與檢討	韓慧泉	15	77
28.	博物館典藏文物管理—溫濕度控制及防震措施	張慈安	16	49
29.	「文字的形意象特展」觀眾研究	吳國淳	16	95
30.	楊基炘攝影展展示評量及問卷調查結果與分析	李盈盈	16	113
31.	博物館展場空間規劃與展示設計的考量與思維—以「牆」特展為例	郭長江	17	43
32.	資訊時代的博物館	黃文美	17	79
33.	淺談圖書館與博物館的共通性	李素真	17	89

貳、宗教

編號	篇　　名	作　者	期數	頁數
34.	論「當代新道家」對西方文明在思惟上所產生衝擊	蘇佩萱	6	71
35.	試論媽祖信仰與台灣移民史的關係—從荷蘭阿姆斯特丹國家博物館館藏「媽祖神蹟圖」談起	江桂珍	6	119

捌、文物、考古

玖、文學

拾、藝術綜論

拾陸、圖案、紋飾

拾柒、技藝

年　報

國立歷史博物館年報

　　現今博物館儼然成為人類傳遞經驗、累積智慧不可或缺的場所，並肩負著推動研究、展覽、典藏與與教育之大任，更充任休閒、圖證、資訊之提供者角色，它身負的時代性任務是何等神聖與艱鉅。今天，人類面臨的世紀，可說是博物館事業發展的世紀，更是將博物館事業發展的興衰視為國家開發程度指標的世紀；因此，一個博物館的經營，就是必須將博物館視為文化生產的事業體之一，轉換輸入經營企業的經營元素，讓博物館注意到觀眾的需求，以觀眾為尊，注意觀眾開發，重視成本效益及研發行銷推廣的策略，使博物館的業務發展恆保現代性、創造性及國際性；有效配合國家文化策略，提昇民眾的社會生活價值，領導全民的精神生活。

　　國立歷史博物館以經營企業的管理精義，追求業務發展的卓越性，使得本館運作上能有效的朝向學術化、專業化、資訊化、精緻化的方向精進。在追求高質量的研究與展覽時，使得文化發展更呈多元性。

　　自民國八十六年開始，本館為策勵未來，每年將全年度各組室之業務工作成果，有效彙整成「年報」，誠心向國人提出報告，並期許本館未來能以更穩健的腳步，更貼近社會大眾的心靈，共同創造人類的新文明。

國立歷史博物館年報
The National Museum of History
Annual Report
1996.7-1997.7

1998
國立歷史博物館年報
1998 Annual Report of
the National Museum of History

1999
Annual Report of
the National Museum of History
July 1 , 1998- June 30 , 1999

八十八年度
國立歷史博物館年報
民國八十七年七月一日
至八十八年六月三十日

錄影帶、光碟系列

錄影帶

　　爲實踐「博物館社區化、家庭化」之理念，以及更有效的推廣文化教育、社會教育，本館特將重要展覽與典藏文物製成錄影帶。除定期於本館播放給參觀民眾觀賞之外，亦可提供給各社教單位及學校參考利用。

　　本館迄今拍製的錄影帶共有43卷，大致可分爲九類，以本館所舉辦之特展和典藏文物爲主要拍攝主題，內容豐富，可帶領有興趣之社會大眾，享受視聽的知性之旅。

國立歷史博物館拍製錄影帶一覽表

編號	錄　影　帶　名　稱	拍攝時間
1.	國立歷史博物館文物欣賞簡介 Guide for Artifacts of National Museum of History	83年
2.	明清銅爐名品展 Fine Bronze Incense Burners of the Ming and Ch'ing Dynasties	85年
3.	漢代文物展 A Special of Han Dynasty Artifacts	85年
4.	連雅堂紀念文物展 Lien Ya-t'and Memorial Exhibition	85年
5.	館藏唐三彩 A Special Exhibition of Tang Tri-Colour Pottery	85年
6.	府城文物展 An Exhibition of Taiwan Folk Crafts	85年
7.	台灣早期民間服飾展 An Exhibition of the Folk Costume in Early Taiwan	85年
8.	館藏青銅器特展 A Special Exhibition on the Bronze Ware in the Collection of the National Museum of History	85年
9.	陳進的繪畫事件 The Art of Chen Chin	85年
10.	中國傳統插花藝術—民間插花 Traditional Chinese Flower Arranging-Folk Arrangement	85年
11.	趙二呆紀念展 Chau Er-Dai Memorial Exhibition	85年
12.	千峰翠色—越窯特展 Special Exhibition of Early Chinese Greenware—Principally Yueh Ware	85年
13.	雙玉交輝—潘玉良、常玉作品展 The Art of Pan Yu-Lin.The Art of San Yu	85年
14.	原生文明—史前彩陶展 Painted Pottery	86年
15.	赤玉丹霞—昌化雞血石文物展 Chicken-Blood Stone Seals and Sculpture	86年
16.	鏡光映美—中國歷代銅鏡展 Ancient Bronze Mirrors	86年

17.	吳冠中畫展 Arts of Wu Guanzhong	86年
18.	水墨新視覺—晚清民初繪畫展 Later Chinese Painting	86年
19.	佛雕之美 The Splendour of Buddhist Statuaries	87年
20.	真善美聖—藍蔭鼎的繪畫世界 Hymn of Colors ~ The Art World of Ran In-ting	87年
21.	中國文人雅趣藝術特展 Arts from the Chinese Scholar's Studio	87年
22.	金門古文物特展 A Special Exhibition of Early Artifacts in Kin-men	87年
23.	絲繡乾坤—清代刺繡文物特展 The Cosmos of Silk ~ A Special Exhibition of Ch'ing Embroidery	87年
24.	陳永森紀念展 Chen Yung-Sen Memorial Exhibition	87年
25.	原鄉譜曲—洪瑞麟逝世週年紀念展 The Tone of His Homeland Commemoration Exhibition of Jui Lin's Art	87年
26.	西漢南越王墓文物特展 Artifacts in the Nanyue King's Tomb of Western Han Dynasty	87年
27.	高第建築藝術展 Antoni Gaudi	87年
28.	尚·杜布菲回顧展 Rétrospective Jean Dubuffet 1919-1985	87年
29.	中國古代陶俑研究特展 A Special Exhibition of Ancient Chinese Figurines from the National Museum of History	87年
30.	竹塹玻璃藝術展 Galss Art from Hsinchu	87年
31.	台灣常民文物展—信仰與生活 The Popular Belief and Daily Life Seen from Early Taiwanese Artifacts	88年
32.	隆古延今—張隆延書法九十回顧展 A 90th Year Retrospective of Chinese Calligraphy by Chang Long-Yien	88年
33.	雲水雙絕—傅狷夫的藝術世界 1998 Executive Yuan Culture Award The Wonders of Clouds and Water —The Art of Fu Chuan-Fu	88年

34.	第三及第四屆傑出建築師作品展 The Exhibition of the 3rd and 4th R.O.C. Outstanding Architects Award Recipients	88 年
35.	如雪・如冰・如影—法國居美美術館館藏中國陶瓷展 Terre de Neige,de Glace,et d'ombre	88 年
36.	藝鄉情眞—李澤藩逝世十週年紀念展 Truthful Sentiment in the Art World—A 10-Year Memorial Tribute to Lee Tze-Fan	88 年
37.	風華再現—明清家具收藏展 Splendor of Style:Classical Furniture from the Ming and Qing Dynasties	88 年
38.	揚州八怪書畫珍品展 The Art of The Eight Eccentrics of Yang Zhou	88 年
39.	彩墨千山—馬白水九十回顧展 A Retrospective of Ma Pai-Sui at Ninety	88 年
40.	道教文物 Cultural Artifacts of Taoism	88 年
41.	龍文化特展 The Beauty of Dragons Decorative Motifs of Dragons in Chinese Cultural Artifacts	89 年
42.	牆 Wall	89 年
43.	中國少數民族服飾 Costumes and Accessories of Chinese Minorities	89 年

國立歷史博物館文物欣賞簡介

Guide for Artifacts of National Museum of History

明清銅爐名品展

Fine Special of Han Dynasty Artifacts

漢代文物展

A Special of Han Dynasty Artifacts

連雅堂紀念文物展

Lien Ya-t' and Memorial Exhibition

館藏唐三彩

A Special Exhibition of Tang Tri-Colour Pottery

府城文物展

An Exhibition of Taiwan Folk Crafts

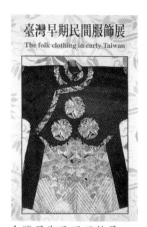

台灣早期民間服飾展

An Exhibition of the Folk Costume in Early Taiwan

館藏青銅器特展

A Special Exhibition on the Bronze Ware in the
Collection of the National Museum of History

陳進的繪畫事件

The Art of Chen Chin

中國傳統插花藝術-民間插花

Traditional Chinese Flower Arranging-Folk Arrangement

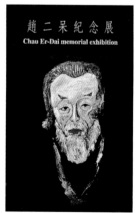

趙二呆紀念展

Chau Er-Dai Memorial Exhibition

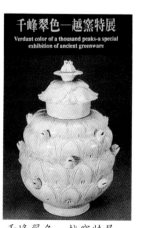

千峰翠色──越窯特展

Special Exhibition of Early Chinese Greenware
Principally Yueh Ware

雙玉交輝—潘玉良、常玉作品展

The Art of Pan Yu-Lin.The Art of San Yu

原生文明—史前彩陶展

Painted Pottery

赤玉丹霞—昌化雞血石文物展

Chicken-Blood Stone Seals and Sculpture

鏡光映美—中國歷代銅鏡展

Ancient Bronze Mirrors

吳冠中畫展

Arts of Wu Guanzhong

水墨新視覺—晚清民初繪畫展

Later Chinese Painting

佛雕之美

The Splendour of Buddhist Statuaries

眞善美聖——藍蔭鼎的繪畫世界

Hymn of Colors ~ The Art World of Ran In-ting

中國文人雅趣藝術特展

Arts from the Chinese Scholar's Studio

金門古文物特展

A Special Exhibition of Early Artifacts in Kin-men

絲繡乾坤——清代刺繡文物特展

The Cosmos of Silk ~ A Special Exhibition of Ch'ing Embroidery

陳永森紀念展

Chen Yung-Sen Memorial Exhibition

原鄉譜曲—洪瑞麟逝世週年紀念展

The Tone of His Homeland Commemoration
Exhibition of Jui Lin's Art

西漢南越王墓文物特展

Artifacts in the Nanyue King's Tomb of
Western Han Dynasty

高第建築藝術展

Antoni Gaudi

尚·杜布菲回顧展

Rétrospective Jean Dubuffet 1919-1985

中國古代陶俑研究特展

A Special Exhibition of Ancient Chinese
Figurines from the National Museum of History

竹塹玻璃藝術展

Galss Art from Hsinchu

台灣常民文物展—信仰與生活

The Popular Belief and Daily Life Seen from
Early Taiwanese Artifacts

隆古延今—張隆延書法九十回顧展

A 90th Year Retrospective of Chinese Calligraphy
by Chang Long-Yien

雲水雙絕—傅狷夫的藝術世界

1998 Executive Yuan Culture Award The Wonders of
Clouds and Water —The Art of Fu Chuan-Fu

第三及第四屆傑出建築師作品展

The Exhibition of the 3rd and 4th R.O.C.
Outstanding Architects Award Recipients

如雪·如冰·如影—法國居美美術館
館藏中國陶瓷展

Terre de Neige,de Glace,et d'ombre

藝鄉情眞—李澤藩逝世十週年紀念展

Truthful Sentiment in the Art World—A 10-Year
Memorial Tribute to Lee Tze-Fan

風華再現—明清家具收藏展

Splendor of Style:Classical Furniture from
the Ming and Qing Dynasties

揚州八怪書畫珍品展

The Art of The Eight Eccentrics of Yang Zhou

彩墨千山—馬白水九十回顧展

A Retrospective of Ma Pai-Sui at Ninety

道教文物

Cultural Artifacts of Taoism

龍文化特展

The Beauty of Dragons Decorative motifs
of Dragons in Chinese Cultural Artifacts

牆

Wall

中國少數民族服飾

Costumes and Accessories
of Chinese Minorities

光碟系列

　　科技的進步，致使多元化的教育方式成爲現代教育的新趨勢，光碟教學系統即是隔空學習的一種型態；主要目的在於以無遠弗屆的方式與精神推廣博物館文化藝術教育工作，並賦予博物館成爲社會大眾學習與接近歷史文化資源之功能。以電腦網路上的使用者爲教學對象，進行漸進的、互動的自我學習模式，激發使用者探索藝術文化的熱誠和興趣，並鼓勵學習者積極汲取知識，以彰顯藝術文物欣賞教育功能。

　　本館發展光碟學習系統，即是秉持以上的理念所進行的，自民國84年出版第一片光碟片「國立歷史博物館典藏菁華─張大千・溥心畬・黃君璧」外，爲配合政府終身學習之理念，陸續出版美麗五千年人與宇宙篇以及人與服飾篇兩種，提供觀眾更生動的學習機會，經由光碟學習系統並可連接至本館豐富典藏資料庫，讓電腦使用者超越時空限制遨遊於歷史文化藝術的世界。

84031　國立歷史博物館典藏菁華—張大千‧溥心畬‧黃君璧

1995.4.

統一編號：006309840314

1、　藝術家傳記

2、　作品賞析

3、　開發傳統

4、　旅遊與寫生

5、　筆墨意境之創新

6、　參考資料

87023　美麗五千年—人與宇宙篇

1998.6.

統一編號：006309870237

　　　歷史文化藝術是人類社會共同的精神成就，它應該為全人類所共享，如同陽光、空氣、水，無分階級地位，不論種族年齡，任何人皆有充分的權利與機會享有文化資源。本光碟旨在介紹中華藝術文化，學習內容分為二部分：

1、　輝煌殿堂【商周青銅器】

2、　彩色世界【唐三彩】

經由互動式多媒體電腦教學型態，

激發使用者探索藝術文化世界的好奇心，

進而認識與欣賞中華藝術之美。

88026　美麗五千年—人與服飾篇

1999.5.

統一編號：006309880264

　　　中華傳統服飾源遠流長，形制優美，織染技法多元，紋飾、色彩、材質之豐富及藝術風格的獨特，堪稱世界之冠，而服飾文明內在的精神意義及孕涵的思想，更形成社會禮俗及人文探討的各種有趣的課題。歷史博物館終身學習光碟系統的主題「美麗五千年—人與服飾篇」將引導你從各角度了解這些問題，並欣賞中國服飾之美。本光碟旨在介紹中華藝術文化，學習內容如下：

1、　服裝的奧秘

2、　服裝工藝之美

3、　服裝的符碼

4、　服裝與生命禮俗

5、　服裝的故事

編　後　語

　　為慶祝本館四十五週年紀念，國立歷史博物館整理歷屆館長及所有同仁的努力成果，特別將民國45年至今（民國89年11月）所有出版品分類、製作索引、編撰提要，以提供大眾應用與參考。

　　整個蒐集圖書的過程，相當艱辛，因為早期限於經費的有限與人力的不足，致使出版品的發行無法與展覽同步，導致很多有意義的展覽，無法留存具體的圖書，甚至有些已經發行的出版品，因為印製數量有限，以至於在當時即以絕版，卻無保留與歸檔。現今整理分類的圖書大多是由本館圖書室提供，有些則是資深同仁捐贈而得，但願經過這次有效且大規模的整理過程，真正能帶給本館同仁及相關社教團體實質的利用價值。

　　除了本書所列之重要出版品之外，向來以社會大眾為依歸，服務為首要宗旨的歷史博物館來說，尚有出版展覽說明書、海報、專冊、活動表、中英文館介等，由於均屬小冊子，並未列入本書範圍，然使用者若有所需，可另向本館資料室及推廣組查詢，本館絕對本著使用者為導向的積極服務態度為社會大眾做最誠摯的服務。

　　最後特別感謝黃光男館長及研究組陳永源主任的指導與鼓勵，使得此書能夠順利完成，亦感謝編譯小組召集人蘇啓明先生於編輯過程中的經驗傳承、義工陳玉樹先生的拍攝圖書封面、以及助理簡玉珍小姐的幫忙建檔、還有其他各組室主任同仁的協助，在此一併致謝。

國家圖書館出版品預行編目資料

國立歷史博物館出版書目提要：1955-2000.11
＝Summary of major catalogues published
by the National Museum of History from
1955-November 2000 / 國立歷史博物館研究
組編輯 . -- 臺北市 ： 史博館, 民89
　　面：　公分

ISBN 957-02-7161-2（平裝）

1.著作目錄　2.出版目錄　3.提要

014.33　　　　　　　　　　　　　　89017279

國立歷史博物館出版書目提要（1955-2000.11）

Summary of Major Catalogues Published by the National
Museum of History from 1955-November 2000

發 行 人　黃光男
出 版 者　國立歷史博物館
　　　　　臺北市南海路49號
　　　　　電話：886-2-23610270
　　　　　傳眞：886-2-23610171
　　　　　網址：www.nmh.gov.tw
編　　輯　國立歷史博物館研究組
編輯委員　國立歷史博物館編輯委員會
主　　編　陳永源
執行編輯　李素眞
助理編輯　簡玉珍
圖片拍攝　蘇啓明、陳玉樹
美術設計　李素眞、商希眞
印　　製　四海電子彩色製版股份有限公司
出版日期　中華民國八十九年十一月
定　　價　新台幣1000元
統一編號　006308890484
I S B N　957-02-7161-2